古典文獻研究輯刊

三六編

潘美月・杜潔祥 主編

第4冊

群書校補（三編）

——出土文獻校補（第二冊）

蕭　旭 著

國家圖書館出版品預行編目資料

群書校補（三編）——出土文獻校補（第二冊）／蕭旭 著 --
初版 -- 新北市：花木蘭文化事業有限公司，2023〔民 112〕
目 4+248 面；19×26 公分
（古典文獻研究輯刊 三六編；第 4 冊）
ISBN 978-626-344-262-7（精裝）
1.CST：古籍 2.CST：校勘
011.08 111022048

ISBN-978-626-344-262-7

古典文獻研究輯刊
三六編 第四冊 ISBN：978-626-344-262-7

群書校補（三編）
——**出土文獻校補**（第二冊）

作　　者 蕭 旭
主　　編 潘美月、杜潔祥
總 編 輯 杜潔祥
副總編輯 楊嘉樂
編輯主任 許郁翎
編　　輯 張雅淋、潘玟靜　美術編輯　陳逸婷
出　　版 花木蘭文化事業有限公司
發 行 人 高小娟
聯絡地址 235 新北市中和區中安街七二號十三樓
電話：02-2923-1455／傳真：02-2923-1452
網　　址 http://www.huamulan.tw 信箱 service@huamulans.com
印　　刷 普羅文化出版廣告事業
初　　版 2023 年 3 月
定　　價 三六編 52 冊（精裝）新台幣 140,000 元

群書校補（三編）
——出土文獻校補（第二冊）

蕭旭 著

目次

第六冊

第七冊

第八冊

第九冊

第十冊

第十一冊

第十二冊

北大漢簡（三）校補

《北京大學藏西漢竹書（三）》包括《周馴》、《趙正書》、《儒家說叢》、《陰陽家言》四篇〔註 1〕，其中《周馴》由韓巍、閻步克作釋文注釋，《趙正書》由趙化成作釋文注釋，另二篇由朱鳳瀚、陳侃理作釋文注釋。茲據以作校補，本文所引整理者的說法，有的部分有節省。

一、《周馴》校補

（1）維歲正月更旦之日，龏（共）大子朝，周昭文公身自貣（敕）之，用茲念也（P123）

整理者注：「貣」即「貣」字異體，讀為敕（貣、敕皆透母職部字。）《說文》：「敕，誡也。」（此陳劍先生說。）

按：陳說可通，但「貣」從弍（即「二」）得聲，「貣」從弋得聲，「貣」、「貣」二字形近致訛，不是異體關係。簡文「貣」也有可能讀作誀，誘導、勸導義。《玉篇殘卷》「誀」字條引《埤蒼》：「誀，誘也。」《廣韻》、《集韻》並同。《廣雅》：「誂、誀、訹、謏，誘也。」「謏、誘」二字誤倒〔註 2〕，釋語當作「謏也」〔註 3〕。「誀」與「謏」、「誘」同義，即誘導義。《廣韻》：「謏，

〔註 1〕《北京大學藏西漢竹書（三）》，上海古籍出版社 2015 年版。

〔註 2〕參見胡吉宣《玉篇校釋》，上海古籍出版社 1989 年版，第 1849 頁。

〔註 3〕《玉篇殘卷》「謏」字條引《廣雅》正作：「誂、誀、訹、誘，並謏也。」《玉篇殘卷》「誀」字條引《廣雅》：「誀，謏也。」《玉篇殘卷》「訹」字條、《玄應音義》卷 3、12、16、《慧琳音義》卷 9、55、65 引《廣雅》並作：「訹，謏也。」（《玄應音義》卷 16、《慧琳音義》卷 65「謏」作俗字「謏」）《慧琳音義》卷 35 引《廣雅》：「誂，謏也。」都以「謏也」作解釋語。宋本《玉篇》：「誀，

誘為善也。諛，上同。」是誘導為善之義。《論語·子罕》「夫子循循然善誘人」之「誘」即此義。誀之言餌也，餌即引誘義，引誘可向善，也可向惡。「誀」是指用言語誘導為善的分別字。

（2）爾為不能意眾百姓而使之，皆欲吾復生也，則成周之民非而民也（P125）

整理者注：「為」表示假設。意，義為「體察」、「考慮」。

按：意，讀為隱，俗作穩。《方言》卷6：「隱，定也。」《廣雅》：「隱，安也。」

（3）及文王薨，大子發立，節（即）有天下，環（旋）正海內（P126）

整理者注：環讀為旋，隨即。正，義為「定」。

按：裴學海曰：「即，猶已也、既也。《廣雅》：『節，已也。』按『節』與『即』古通用。《書·顧命篇》：『茲既受命還。』漢石經『既』作『即』。『既』與『即』皆訓已，故通作。」〔註4〕裴說是，但引《廣雅》則非是，「節」訓已者，王念孫、錢大昭都指出「已」與「止」同義〔註5〕，「節止」之義。

（4）皆勉侍矣（P127）

按：「侍」當作「待」。整理者已指出簡106、115、155「侍」當作「待」，此亦當同。《呂氏春秋·審為》、《淮南子·道應篇》作「皆勉處矣」。待、處，皆「留止」、「留居」義。

（5）昭王……乃與其奴宵出……於是乃挂幼扶老，抱負赤子，以從昭王（P127）

整理者注：挂，懸挂，在此引申為「牽攜」。「挂幼扶老」後多作「攜幼扶老」。

按：挂，當徑讀為攜。《廣雅》：「地膽，青蠵也。」《御覽》卷951陶洪（弘）景《本草經》：「地膽，一名青蛙。」《千金翼方》卷4同〔註6〕，「蠵」

誘也。」《集韻》引《博雅》：「詸，誘也。」是宋代已經誤倒矣。

〔註4〕裴學海《古書虛字集釋》，中華書局1954年版，第606～607頁。

〔註5〕王念孫《廣雅疏證》，錢大昭《廣雅疏義》，並收入徐復主編《廣雅詁林》，江蘇古籍出版社1992年版，第404頁。

〔註6〕《御覽》卷951引《吳氏本草經》：「地膽，一名青虹。」《證類本草》卷22：

即「蛙」也。《廣韻》「街」字條引《風俗通》:「街，攜也，離也。四出之路，攜離而別也。」「子鵠」或作「子巂」。《廣韻》:「窐，又音攜，亦作甗。」《集韻》「畦」或作「畦」，「眭」或作「矓」。《太平廣記》卷81引《梁四公記》「蜀閩」，舊注:「上音攜。」《文昌雜錄》卷6同。亦其證。《淮南子·泰族篇》載此事作「昭王奔隨，百姓父兄攜幼扶老而隨之」，正作「攜」字。

（6）闔廬入地乃十于餘年，而木既出矣（P127）

整理者注:「于」在此為語助詞，無實義。「于餘」即「有餘」，亦見於簡96。

按：簡 96:「三百于餘人。」整理者指出《呂氏春秋·愛士》「于」作「有」。于，讀為有，一聲之轉。「有」用法同「又」。

（7）咎犯對曰:「非駿勿駕，毋使肖（小）人也；非爵（雀）勿罷，毋大不仁也。」（P133）

整理者注：爵讀為雀。「罷」應為「羈」之異體，在此讀為羅。

林志鵬曰：爵當讀作雀。疑簡文「罷」字下部所從為「維」之異體，右半如閻說為「糸」之省形，字從糸從馬，會縶馬意。「罷」字從网、從維，即「羅」字〔註7〕。

陳劍曰：所謂「罷」字可隸定作「𦋺」（其下半如作「馬」跟「呂」這樣的偏旁組合則不成字；全字釋為「羈」於文字學上亦嫌根據不足）。「𦋺」字應該分析為「從网駘聲」，跟馬王堆簡帛的「駘」字聯繫起來理解。《十問》:「春爵員駘。」整理者原注釋說:「爵，通『雀』字。員，通『圓』字。《五十二病方》、《養生方》兩帛書稱蜂子為蜂駘、黃蜂駘，其駘字音義均與子相近。朱駿聲《說文通訓定聲》曾論及子字籀文形變為甾，《方言》注:『甾音枲，聲之轉也。』可供參考。此處春雀圓駘應指雀卵。」據此，《周訓》之「爵」字也應讀為「雀」;「𦋺」字則亦正可讀為這類用指「雀卵」的「駘」，但簡文中係作動詞用，意為「取其駘」，亦即「取其卵」。簡文對「非爵勿𦋺」的解釋跟「仁」相聯繫，而不取鳥雀之卵、尤其是當春日鳥雀孵化之時不取

「地膽，一名青蛀（烏蝸切）。」「虹」、「蛀」必是「蛙」形誤，注音「烏蝸切」不誤，《圖經衍義本草》卷34「蛀」正作「蛙」。

〔註7〕林志鵬《北京大學藏竹書〈周訓〉「非雀勿羅」試解》，簡帛網2012年4月28日。

其卵，正乃古代君王「仁政」之一〔註8〕。

范常喜曰：「驅」字當從閻說讀作「羈」，訓作羈束〔註9〕。

按：「非駿勿駕」句，陳劍指出可跟《晏子春秋·內篇雜上》「勿乘駑馬，則無置不肖於側乎」對讀。馬王堆帛書《二三子問》：「聖人之正（政），牛參弗服，馬恒〈極〉弗駕。」《御覽》卷359引《太公陰謀》：「武王曰：『吾欲造起居之誡，隨之以身。』《箠書》曰：『馬不可極，民不可劇。馬極則躓，民劇則敗。』」亦此誼。「肖」讀如字，其上當脫「不」字。《晏子》正作「不肖」。「驅」字圖版作「[illegible]」，當從陳劍說釋作「豁」，讀為迨、隸、逮，及也，引申為追取、捕捉。

（8）去還忿（P139）

整理者注：還忿，積怨。《方言》卷13：「還，積也。」

王挺斌曰：「還忿」讀為「悁忿」更佳。「悁」字本有「忿」義〔註10〕。

按：王說是也，字亦作慁。《說文》：「悁，忿也。慁，籀文。」又「忿，悁也。」二字互訓。《文選·思玄賦》張平子注引《字林》：「悁悁，忿恨也。」字亦作痛，《列子·楊朱》：「心痛體煩。」字亦作餶，《初學記》卷28引《廣志》：「真定御梨……可以解煩釋餶。」《事類賦注》卷27引魏文帝詔「餶」作「悁」。《類聚》卷87引魏文帝詔群臣曰：「（蒲萄）味長汁多，除煩解餶。」《證類本草》卷23引作「悁」。

（9）聽諫而毋復（覆）過（P139）

整理者注：復，通「覆」，義為掩蓋，字亦作「愎」。《春秋繁露·必仁且知》：「其強足以覆過。」《呂氏春秋·似順》：「好愎過而惡聽諫。」

按：當以「愎」為本字，很戾之義，下文「人君其強適足以復過」，復讀為愎，與「強」相應。「復」、「覆」皆借字，注者蔽於《春秋繁露》作「覆」字，未達厥誼也。《呂氏春秋·誣徒》：「愎過自用，不可證移。」高誘注：「愎，戾。證，諫。」高注是也。《逸周書·謚法解》：「愎佷（很）遂禍（過）

〔註8〕陳劍《北大竹書〈周訓〉「非爵勿駘」小考》，復旦古文字網2012年4月29日。

〔註9〕范常喜《北京大學藏西漢竹書〈周訓〉「非雀勿驅」補釋》，《勵耘語言學刊》2015年第2期，第94～96頁。

〔註10〕王挺斌《讀北大簡零拾》，清華大學出土文獻研究與保護中心網站2015年11月24日。

曰剌。」孔晁注：「去諫曰愎，反是曰佷。」「愎過」即「愎佷遂過」省文。《左傳·僖公十五年》：「愎諫違卜。」杜預注：「愎，戾也。」又《昭公四年》：「汰而愎諫。」杜預注：「愎，佷也。」「愎諫」即佷戾不聽諫之義。《戰國策·趙策一》：「好利而鷙復。」《韓子·十過》「復」作「愎」。《管子·五輔篇》：「下愈覆鷙而不聽從。」《史記·酷吏傳》：「京兆無忌、馮翊殷周蝮鷙。」古無「愎」字，借「復」字為之，「覆」、「蝮」亦借字〔註 11〕。

（10）昔趙閒（簡）子身書二牘，而親自繇（籀）之（P140）

按：《御覽》卷 146 引《韓詩外傳》佚文作「簡子自為二書牘，親自表之」，又卷 606 引無「書」字，餘同。表，標也，明也。言顯明其意。

（11）不智（知）自以為少而年已管（暮）也（P140）

整理者注：管，又見馬王堆帛書《繆和》：「管管然能立志於天下。」張政烺引《荀子·非十二子》「莫莫然」，指出「管」應讀為「莫」。此處應讀為「暮」。

按：《繆和》「管管」讀為「慔慔」，勉也。此「管」應讀為「趏」，越也，過也。字或作趄、陌，又省作百〔註 12〕。年已管者，年歲已度過，今言虛度也。

（12）民何歸沃，從有道處（P144）

整理者注：《爾雅》：「沃泉縣出。」郭璞注：「沃，從上溜下。」《左傳·僖公二十三年》孔疏：「沃，謂澆水也。」「歸沃」形容民之歸順如水之流下。

按：「沃」字圖版作「[illegible]」，是「汝」字。東漢《楊震碑》「汝」作「[illegible]」，形近。

二、《趙正書》校補

（1）吾當以今〔歲〕死，而不智（知）其月日，故出斿（遊）天下，欲以變氣易命（P189）

整理者注：變氣易命，改變氣數與天命。《史記·高祖本紀》：「秦始皇

〔註 11〕參見王念孫《讀書雜志》卷 12，又卷 16《餘編上》引作王引之說，中國書店 1985 年版，本卷第 6～7、32 頁。又見王念孫《廣雅疏證》，收入徐復主編《廣雅詁林》，江蘇古籍出版社 1992 年版，第 236 頁。

〔註 12〕參見蕭旭《「蝗蟲」名義考》，收入《群書校補（續）》，花木蘭文化出版社 2014 年版，第 2187～2188 頁。

帝常曰：『東南有天子氣。』於是因東遊以厭之。」所謂「變氣」當與此有關。

按：此秦始皇自知將死，故出遊天下以變氣易命，與《史記》「東遊以厭天子氣」無涉。

（2）今病蔫（篤），幾死矣。其亟日夜揄（輸）趣（趨），至白泉之置，毋須後者（P189）

整理者注：亟，疾也，速也。揄，疑讀為輸，委輸也。「趣」通「趨」，走也，疾行。須，待也。

某氏曰：「亟」同「極」，盡也。「揄趣」為疊韻連綿詞，似可讀為「驅騾」。此句為「窮日夜奔走」之義〔註13〕。

陳劍曰：讀「其亟日夜揄，趣至白（？）泉之置，毋須後者」。「白」字疑當釋「甘」。

鄭公渡曰：「亟日夜揄」即亟日夜進。

曰古氏曰：「揄」字讀作「偷」（偷偷地、行動隱秘），「其」字為表希冀之詞。

蒿耳曰：「亟日夜揄」與「亟日夜上」相對，其詞義或正相反，疑即楚簡訓「下」的「逾（降字之借）」。所謂「上」指上行，從地方到中央；所謂「揄」指下行，從中央到地方。里耶 8-1523「洞庭叚（假）守繹追遷陵亟日夜上，勿留」與「其亟日夜揄，趣至白泉之置，毋須後者」可以對讀，「毋須後」與「毋留」相當，「須後」為同義詞，當訓為「遲滯」，非「等待」義。《說文》：「後，遲也。」須亦訓遲。《後漢·清河孝王傳》：「且復須留。」「須」、「留」為同義連用。

王寧曰：揄，引也，本牽引義，引申為引領義。「揄」下疑寫脫「行」字，「揄行」即「引行」，謂引領隊伍而行。「趣」通「趨」是也，然「趨」與「至」之間不當斷讀。「趨至」當為秦漢人常用語，謂疾行至某處〔註14〕。

按：陳劍說是也。「亟」是副詞，疾速義。揄，讀為踰，音轉則為踰、趦，字亦作遙、搖。《方言》卷6：「遙，疾行也，南楚之外曰遙。」是說趕緊日夜

〔註13〕「抱小」《讀〈北京大學藏西漢竹書（叁）〉（一）》，復旦古文字網2015年11月17日。下文引諸說未列出處者皆見文下評論。

〔註14〕王寧《讀北大漢簡〈趙正書〉札記》，簡帛網2015年12月11日。

兼程，趨至甘泉驛站，不要等後面的隨行人員。

（3）今道遠而詔期宭（群）臣（P190）

按：「詔期」亦作「照諅」、「照期」、「昭諅」、「照記」，「昭告」之義。

（4）燕王喜而軻（軻）之謀而倍（背）秦之約（P191）

整理者注：《史記·蒙恬列傳》：「燕王喜陰用荊軻之謀而倍秦之約。」

按：簡文上「而」字當作「用」。《說文》：「倍，反也。」「倍」正字，「背」轉是借字，整理者括注「倍（背）」誤。

（5）齎之金玉（P192）

按：齎，讀為資，《史記·李斯傳》正作「資」。

（6）臣聞之曰：「變古亂常，不死必亡。」（P193）

按：亂，變易也。《賈子·立後義》：「欲變古易常者，不死必亡，此聖人之所制也。」《史記·鼂錯傳》太史公贊引語曰：「變古亂常，不死則亡。」《董子·順命》：「變古易常，而災立至。」皆可互證。《御覽》卷84引《周書》文王昌曰：「吾聞之：『無變古，無易常。』」《韓子·南面》：「治者必曰：『無變古，毋易常。』」此反面之辭。《晏子春秋·內篇雜上》：「夫古之重變古常，此之謂也。」「常」上脫「易」字，諸家皆失校。

三、《儒家說叢》校補

（1）辟（譬）若秋蓬之美其支（枝）葉而惡其根萁（基）也，見時風至而厥（蹷）矣（P211）

整理者注：厥，通「蹷」。《左傳·襄公十九年》：「是謂蹷其本。」杜預注：「猶拔也。」

某氏曰：萁讀為荄，《廣雅》：「荄，根也。」〔註15〕

按：某氏說是，《文子·符言》：「枝葉茂者害其根荄。」正「根荄」與「枝葉」對舉。但整理者讀為基亦不誤。「荄」之訓根，語源就是「基」。合二說為一，斯會通矣。王念孫曰：「《爾雅》云：『荄，根。』郭注云：『俗呼

〔註15〕「抱小」《讀〈北京大學藏西漢竹書（叁）〉（一）》，復旦古文字網2015年11月17日。

韭根為荄。』《韓詩外傳》云：『草木根荄淺。』根荄之言根基也。古聲『荄』與『基』同。」〔註16〕《說苑·敬慎》作「根本」，基亦本也。《晏子春秋·內篇襍上》作「根」，王念孫曰：「《治要》作『孤其根荄』。《類聚》、《御覽》並作『孤其根本』，今本云云，亦後人以《說苑》竄改。」〔註17〕讀厥為蹷訓拔，是也。《晏子》、《說苑》並作「根且拔矣」。《左傳》孔疏：「蹶者，倒也。」拔則蹶矣，其義相因。字亦作撅，《韓詩外傳》卷2：「草木根荄淺，未必撅也。飄風興，暴雨墜，則撅必先矣。」《說苑·建本》作「拔必先矣」。是撅亦拔也。

（2）臣聞之，愚者自慧，不宵（肖）者多悔，惑（惑）者不問其路，弱（溺）者不問其遂也。辟如臨戰乃鑄兵，饐（噎）而後鑿井，僂則僂……」（P211）

整理者注：僂，《公羊傳·莊公二十四年》「夫人不僂」，何休注：「疾也，齊人語。」此句《晏子春秋》作「噎而遽掘井，雖速亦無及已」，可證簡文「僂」是疾、速之義。

按：《晏子春秋·內篇襍上》：「夫愚者多悔，不肖者自賢，溺者不問墜，迷者不問路，溺而後問墜，迷而後問路，譬之猶臨難而遽鑄兵，噎而遽掘井，雖速，亦無及已。」《荀子·大略》：「迷者不問路，溺者不問遂。」楊倞注：「所以迷，由於不問路；溺，由於不問遂。遂，謂徑隧，水中可涉之徑也。」《晏子》「墜」當據簡文及《荀子》作「遂」，道也。王念孫曰：「案『墜』本作『隊』，『隊』與『隧』同。《廣雅》曰：『隊，道也。』《大雅·桑柔》傳曰：『隧，道也。』溺者不問隊，謂不問涉水之路，故溺也。不問隊，不問路，其義一而已矣。《荀子·大略篇》楊倞云云，是其證。後人誤以『隊』為『顛墜』之墜，故妄加『土』耳。《治要》引正作『溺者不問隧』。」〔註18〕

（3）君慧臣忠，則死〈列〉都得（P211）

某氏曰：「慧」當讀為「惠」。惠，仁也。「君惠臣忠」為古人習語，詳細

〔註16〕王念孫《廣雅疏證》，收入徐復主編《廣雅詁林》，江蘇古籍出版社1992年版，第879頁。

〔註17〕王念孫《晏子春秋雜志》，收入《讀書雜志》卷9，中國書店1985年版，本卷第6頁。

〔註18〕王念孫《晏子春秋雜志》，收入《讀書雜志》卷9，中國書店1985年版，本卷第6頁。

的討論可參蔡偉《誤字、衍文與用字習慣——出土簡帛古書與傳世古書校勘的幾個專題研究》（復旦大學 2015 年博士學位論文）〔註 19〕。

按：某氏說是，《說苑·政理》、《家語·賢君》正作「君惠臣忠」，而某氏失引《說苑》。所謂「死」字，蘇建洲指出本就是「列」〔註 20〕。

（4）……長忍乎？子能數搖……（P212）

按：《韓子·解老》：「事大眾而數搖之則少成功，藏大器而數徙之則多敗傷，烹小鮮而數撓之則賊其澤，治大國而數變法則民苦之。」疑與簡文相關。簡文疑當作「子能數搖之而成功乎」。

四、《陰陽家言》校補

（1）人君好垂（埵）盧（爐）（P231）

整理者注：垂，通「埵」，冶爐用的吹風鐵管。《淮南子·本經》「鼓橐吹埵」，高誘注：「埵，銅橐口鐵筒，埵入火中吹火也。」

王寧曰：銀雀山漢簡《人君不善之應》：「人君好垂（埵）盧（爐）橐，抏金盧。」據此，「盧（爐）」下可補「橐」字，下簡 11 有「人君抏金炭，垂盧（爐）橐，鼓金石」句亦可證。此處「垂」讀「埵」疑非是，細循文意，此恐當與「抏」一樣為動詞……疑此「垂爐橐」之「垂」當讀為朵動之「朵」，「朵」本樹木枝葉華實下垂之貌，人張嘴開合只動下頷若垂然，故稱「朵頤」，引申為開合義。蓋爐橐吹火要張縮，若開合然，故云「朵」也。《人君不善之應》中此句下有「抏金盧」之句，《陰陽家言》整理者據簡 11 作「抏金炭」認為「盧」當為「炭」之誤，是也。抏，秏也。「抏金炭」即消耗金屬和炭〔註 21〕。

按：王說簡文當補作「垂盧橐」，「垂」是動詞，是也，但所釋則誤。垂。徑讀作吹。

〔註 19〕「抱小」《讀〈北京大學藏西漢竹書（叁）〉（一）》，復旦古文字網 2015 年 11 月 17 日。

〔註 20〕蘇建洲說見簡帛網 2015 年 12 月 7 日。

〔註 21〕王寧《北大簡三〈陰陽家言〉零釋》，簡帛網 2016 年 1 月 2 日。

北大漢簡（四）校補

《北京大學藏西漢竹書（四）》包括《妄稽》、《反淫》二篇漢賦〔註1〕，其中《妄稽》由何晉作釋文注釋，《反淫》由邵永海、傅剛作釋文注釋。茲據以作校補，本文所引整理者的說法，有的部分有節省。

一、《妄稽》校補

（1）孝弟（悌）茲（慈）悔（誨），恭敬仁孫（遜）（P59）

整理者注：「茲悔」即「慈誨」，慈愛教誨。或「悔」通「宥」，「慈宥」謂仁慈寬宥。

王曉明曰：悔字當讀為惠〔註2〕。

蘇建洲曰：悔讀為惠。《管子・五輔》：「孝悌慈惠，以養親戚。」〔註3〕

王寧曰：「悔」曉紐之部，陰聲；「惠」匣紐質部，入聲。二者讀音差距較大，故言「悔」讀為「惠」可疑。疑整理者讀「茲悔」為「慈誨」是，「慈」謂慈惠，誨謂教誨，是兩個義項，《說苑・建本》：「賢父之於子也，慈惠以生之，教誨以成之。」〔註4〕

某氏曰：「悔」、「惠」二字的古音並不相近（「悔」為曉母之部，「惠」為匣母質部，古韻學家或以「惠」字為脂部去聲字），並不具備通假的條件。

〔註1〕《北京大學藏西漢竹書（肆）》，上海古籍出版社2015年版。

〔註2〕王曉明《北大簡〈妄稽〉校讀簡記（一）》，復旦古文字網2016年6月7日。

〔註3〕蘇建洲說見《北大漢簡〈妄稽〉初讀》，簡帛網2016年6月25日。下引省稱作「《初讀》」。

〔註4〕王寧《讀北大簡四《妄稽》零識》，簡帛網2016年7月14日。下引王說未列出處者皆出此文。

而且在傳世及出土文獻中也未見「悔」、「惠」相通之例，所以將「悔」讀為「惠」，從語音方面來講，是不能成立的。「悔」可讀為「敏」，「敏」有勤勉的意思。今簡文不云「孝弟（悌）茲（慈）仁，恭敬孫（遜）悔（敏）」，而作「孝弟（悌）茲（慈）悔（敏），恭敬仁孫（遜）」者，乃倒錯其文以就韻耳〔註5〕。

按：王曉明、蘇建洲說是也。關於「悔」、「惠」的古音問題，我曾求教於龐光華。龐答覆說：「『悔』曉紐之部，陰聲。有人迷信古無去聲之說，把『惠』的上古音定為質部，入聲。『惠』據《廣韻・霽韻》讀去聲，胡桂切，仍是陰聲韻脂部，漢代去聲一定是陰聲，不是長入，『惠』在漢代肯定不帶入塞音尾。之、脂上古音雖分，但也有合韻之例。曉、匣旁紐雙聲，可通。孫玉文最近的大書已證上古有去聲。」蔣斧印本《唐韻殘卷》第5葉、敦煌寫卷P.2011王仁昫《謬補缺切韻》卷4「惠」並讀去聲，胡桂切，歸入《霽韻》，此《廣韻》所本。《逸周書・寶典》：「九德：一孝，二悌，三慈惠，四忠恕，五中正，六恭遜，七寬弘，八溫直，九兼武。」亦其確證。惠，仁恩。北大漢簡（三）《周馴》說重耳「李〈孝〉弟（悌）茲（慈）仁」，又說中山之君「孝以茲（慈）仁」，又說無卹「孝弟（悌）茲（慈）仁」。《說文》：「惠，仁也。」

（2）鄉黨莫及，於國無論（倫）（P59）

按：於，讀為舉。

（3）力勁夬（決）觡，不好手抚（P59）

整理者注：「夬」同「決」，裂開，分裂。觡，鉤。《方言》卷5：「鉤，宋楚陳魏之閒謂之鹿觡，或謂之鉤格，自關而西謂之鉤。」《淮南子・主術訓》：「桀之力，制（折）觡伸鉤，索鐵歙金。」「抚」疑通「夭」，《說文》：「夭，屈也。」

王寧曰：「抚」當讀「校」或「較」，《小爾雅》：「校、戰，交也。」即較量、角力。此二句是說周春力氣很大，但不喜歡和人動手較量，說明他性情溫和，不喜歡爭鬥。

按：我舊校《淮南》，亦引《方言》訓觡為鉤，並指出俗字亦作「鉻」。

〔註5〕「黔之菜」說，《說北大簡〈妄稽〉篇之「孝弟（悌）茲（慈）悔」》，復旦古文字網2016年7月15日。

《六韜・犬韜・練士》:「有拔距伸鉤，強梁多力，潰破金鼓，絕滅旌旗者，聚為一卒。」〔註 6〕《論衡・效力篇》:「奡育，古之多力者，身能負荷千鈞，手能決角伸鉤，使之自舉，不能離地。」〔註 7〕馬王堆帛書《養生方》:「裹其灰以抿（搭）手，可以翕壺折角，益力。」《釋名》:「夬，決也，有所破壞，決裂也。」《廣雅》:「夭，折也。」字亦作拗，《尉繚子・制談》:「拗矢折矛。」拗亦折也。

（4）敦次忠篤，善養父母（P59）

整理者注：次，處。敦次猶敦處，謹慎處世。或「次」，序。敦次猶敦序，蓋同《尚書・皋陶謨》「惇敘九族」之「惇敘」，謂依次親厚族人。

王曉明曰:「敦次」當讀為「尊節」，即遵守法度〔註 8〕。

按:「鳲鳩」已經指出王說不確。「敦次忠篤」四者平列。敦，讀為惇，敦厚。次，讀為齊，齊肅、莊重。

（5）垂顡折骼（額）（P60）

整理者注：顡，額頭。

王曉明曰：整理者說非是。顡就是額頭，已經「垂顡」，何來再「折額」，「折額」亦不通。「骼」當如字讀。折骼即折腰，即彎腰。《列女傳》載醜女鐘離春有「其為人也，極醜無雙……折腰出匈，皮膚若漆」的記載〔註 9〕。

余曉春曰:「垂顡」蓋言突顡、突額〔註 10〕。

按：余君得其義，而未得其字。垂，讀為自，專字作頧，字亦作椎。《說文》:「頧，出額也。」《吳越春秋・王僚使公子光傳》:「碓顡而深目。」「碓」是「椎」形誤字。《呂氏春秋・遇合》:「雄顡廣顏。」舊校:「一作『推顡』。」「推」、「雄」亦並為「椎」形誤字。《文選・魏都賦》李善注、《白氏六帖事類

〔註 6〕《六韜》據影宋鈔本，四庫本「拔距」誤作「披距」。《御覽》卷 437 引作「枝格」，《長短經・練士》作「破格」，恐皆誤。

〔註 7〕以上參見蕭旭《淮南子校補》，花木蘭文化出版社 2014 年版，第 196 頁。

〔註 8〕王曉明《北大簡〈妄稽〉校讀簡記（一）》，復旦古文字網 2016 年 6 月 7 日。下引「鳲鳩」說見此文下之評論。

〔註 9〕王曉明《北大簡〈妄稽〉校讀簡記（五）》，復旦古文字網 2016 年 6 月 19 日。其說又見張傳官《北大漢簡〈妄稽〉校讀與復原箚記》，《出土文獻》第 11 輯，中西書局 2017 年版，第 298 頁。

〔註 10〕余曉春說見《初讀》，簡帛網 2016 年 6 月 7 日。

集》卷7〔註11〕、《御覽》卷382引《呂氏》正作「椎顙」。字亦作魋，《史記·蔡澤傳》：「魋顏蹙齃膝攣。」「魋顏」即「頧顙」。「魋」又同音借作「頹」，《類聚》卷75引梁·劉孝標《相經序》：「頹顏慼（蹙）齃。」〔註12〕

（6）股不盈拼（骿），脛大五搋（P60）

整理者注：盈，豐滿。拼讀為骿，並排、並列。搋，疑此通「籆」，《後漢書·崔駰傳》：「協準籆之貞度兮。」李賢注：「準，繩。籆，尺。」

陳劍指出「拼」字圖版作「拼」，當從「井」作「拼」字，云：「搋」原讀為「握」韻部不合，亦甚可疑。待考。「拼」應釋讀為「拼（橐）」，「拼」與「拼」形、音皆近。「拼（橐）」見於銀雀山《守法守令等十三篇》簡904：「中□之木把拼（橐）以上，室中不盈百枚者，親死不得為郭（槨）。」《銀雀山漢墓竹簡〔壹〕》第144頁注〔九〕：「拼，疑當讀為橐，二字均從幵聲。把橐，指木材之粗細。《孟子·告子下》：『拱把之桐梓。』趙岐注：『把，以一手把之也。』《說文》：『橐，小束也。』」按「拼（橐）」於馬王堆帛書《五十二病方》亦兩見（182、302行，皆用為度量藥草之單位），還見於《養生方》86、149行。其所謂「小束」之義，據與「把」對文、又與「拱」相當，蓋大小亦近於「兩手合圍」。妄稽大腿細至不足兩手合圍，與其脛又甚粗大逾恆相襯，醜惡可知〔註13〕。

王寧曰：疑「搋」即「擭」之假借，《說文》：「擭，一曰握也。」「五擭」即「五握」。

按：注說全誤。「拼」、「搋」是量詞〔註14〕，待考。王寧讀搋為擭，可備一說。小徐本《說文》尚有「一曰搤也」四字，「搤」亦是「捉握」義。股不盈拼言其細，脛大五搋言其粗。簡文「臂肤八寸，指長二尺；股不盈拼，

〔註11〕《白孔六帖》在卷21。

〔註12〕以上參見蕭旭《史記校札》，收入《群書校補（續）》，花木蘭文化出版社2014年版，第1983～1984頁。

〔註13〕陳劍《〈妄稽〉〈反淫〉校字拾遺》，復旦古文字網2016年7月4日。下引陳說皆見此文。

〔註14〕「ee」讀搋為握，說同《北京大學藏西漢代竹書墨跡選粹》（人民美術版社2012年版），陳劍早已指出「搋讀為握韻部不合」。「ee」說見《初讀》，簡帛網2016年6月8日。陳劍說轉引自蔡偉《試說北大漢簡〈妄稽〉之「臂肤八寸」》，復旦古文字網2012年12月22日。下注引蔡說亦見此文。整理者出版《北京大學藏西漢竹書（肆）》時蓋據陳劍說刪去「搋讀為握」之說。

脛大五揔」是說指長於臂、脛大於股〔註15〕，此異於常人，固醜女之狀。《說苑・君道》：「脛大於股者難以步，指大於臂者難以把，本小末大，不能相使也。」

（7）食既相澤（P60）

整理者注：既，此謂食畢。澤，湯汁沾澤。

按：澤，讀為釋，浸泡。《說文》：「釋，漬米也。」引申之，凡漬皆謂之釋。字亦作液、醳，《周禮・考工記》：「凡為弓，冬析幹而春液角。」鄭玄注引鄭司農曰：「液，讀為醳。」賈公彥疏：「先鄭液讀為醳者，醳是醳酒之醳，亦是漬液之義，故讀從之也。」簡文是說醜女食畢則把碗碟浸泡於水。

（8）勺乳繩縈，坐肄於席（P60）

整理者注：繩縈，疑形容乳房下垂的樣子。「肄」同「肆」，列。

按：勺，讀為佻，音轉亦作弔，懸也。肆，伸展、展放。坐肄于席，指伸兩足如箕形也，古人也稱作「肆踞」、「箕踞」、「箕坐」。

（9）年始十五，面盡魿腊（P60）

整理者注：魿，魚名。腊，乾肉。「魿腊」蓋謂皮膚乾裂粗糙。

某氏曰：「魿腊」即上博九《禹王天下》簡31之「鯩䱜」。關於「鯩䱜」，一是蔡偉認為「鯩」讀為「鱗」，「鯩䱜（皵／錯）」猶云「鱗皴」。另一種是蘇建洲先生認為「魿」讀為「皯」，「䱜」自然就是《容成氏》的「䱜（皵）」。我們認為，戰國楚簡《禹王天下》簡31「身鯩䱜」之「䱜」與《容成氏》簡23＋24「面𠦝䱜」之「䱜」都應讀為「腊」〔註16〕，字又作「昔」，《說文》：「昔，乾肉也。」字或作「焟」，《廣雅》：「焟，乾也。」《容成氏》「面𠦝䱜」之「䱜」徐在國讀為「皵」，或讀為「粗」，皆非是。孟蓬生、徐在國讀《容成氏》「面𠦝䱜」之「𠦝」為「乾」，可從。「𠦝（乾）䱜（腊／昔）」為同義複詞，就是「乾枯」的意思。《抱朴子・極言》曰：「面無光色，皮膚枯腊，脣焦脈白，腠理萎瘁者，血減之症也。」可以參考。「魿」、「鯩」待考〔註17〕。

〔註15〕整理者曰：「『胅』同『夭』，長也。」蔡偉謂「胅讀為趺」，並引《廣雅》「趺，長也」及王念孫說，指出字亦作「夭」。整理者出版《北京大學藏西漢竹書（肆）》時蓋陰取蔡說而陽沒其名耳。

〔註16〕引者按：上博（二）《容成氏》簡24「𠦝」原作「旗」。

〔註17〕「抱小」說，復旦古文字網2015年12月19日。

王曉明曰：「魿」在此亦應讀為「鱗」，也可能「魿」就是「鱗」字的異體。「面盡鱗腊」是說臉上皮膚粗如枯魚之鱗。《黃帝內經・靈樞》「論疾診尺第七十四」謂：「尺膚澀者，風痹也。尺膚粗如枯魚之鱗者，水泆飲也。」〔註 18〕

按：某氏聯繫上博簡，讀䱜為腊、昔、焟，是也。《說文》：「昔，乾肉也，從殘肉，日以晞之，與俎同意。腊，籀文從肉。」《繫傳》：「昔者，肉開析（坼）之象〔註 19〕。俎左旁亦象切肉也。」「腊」是「昔」的後出分別字。俗字亦作㫺，《玉篇》：「焟，乾也，亦〔作〕㫺，同。」焟謂火乾，㫺謂日乾，其義一也。胡吉宣改「㫺」作「腊」〔註 20〕，非是。《高僧傳》卷 2：「日給鵝腊一雙。」《金剛映卷上》卷 1「腊」作「㫺」。抱小又謂「𩵋䱜」即「乾腊（昔）」，亦是也。《初學記》卷 28 引《山海經》：「雲山之上，其實乾腊。」郭璞注：「腊，乾梅也。」《禮記・檀弓上》鄭玄注：「木工宜乾腊，且豫暴。」《釋名》：「複，其下曰舄。舄，腊也。行禮久立，地或泥濕，故複其末下，使乾腊也。」又「腊，乾昔也。」正「乾腊」、「乾昔」連文。亦作「乾㫺」，《慧琳音義》卷 82：「乾㫺：音昔，肉乾也。」《可洪音義》卷 26 作「乾腊：音昔。」山鵲搆巢常在木杪之枝，喜燥惡濕，故名為「乾鵲」，也作「䳽（鳱）鵲（䧿）」〔註 21〕。《禮記・檀弓下》有人名「陳乾昔」，蓋以鳥名取名〔註 22〕，此古人常例。「昔」是日乾或火乾之肉，引申則有乾枯義。乾枯之物易開裂，「皵」是皮膚乾枯開裂義的分別字，「㰦（楷）」是木皮乾枯開裂義的專字，其義皆相因。敦煌寫卷 P.2011 王仁昫《刊謬補缺切韻》：「楷，皮甲錯。或作皵、浩。」「浩」疑是「焟」形譌。《篆隸萬象名義》：「皵，擴字，㫺字。」呂浩誤錄作「橫字，腊字」，但校語指出「『橫字』疑當作『楷字』」則是〔註 23〕。然則徐在國讀䱜為皵，孟蓬生說同（某氏失引）〔註 24〕，亦未為失。物乾枯開裂則

〔註 18〕王曉明《北大簡〈妄稽〉校讀簡記（三）》，復旦古文字網 2016 年 6 月 9 日。

〔註 19〕《繫傳》據新安江氏藏版，「析」當為「坼」形譌，四部叢刊本又誤作「祈」。汪憲、苗夔、王筠並失校。汪憲《說文繫傳考異》，苗夔《說文解字繫傳校勘記》，王筠《說文繫傳校錄》，並收入丁福保《說文解字詁林》，中華書局 1988 年版，第 6846 頁。

〔註 20〕胡吉宣《玉篇校釋》，上海古籍出版社 1989 年版，第 4085 頁。

〔註 21〕參見蕭旭《「乾鵲」名義考》。

〔註 22〕王筠謂「人名乾昔者，或取堯如腊之義」，存參。王筠《說文解字句讀》，收入丁福保《說文解字詁林》，第 6847 頁。

〔註 23〕呂浩《篆隸萬象名義校釋》，學林出版社 2007 年版，第 425 頁。

〔註 24〕孟蓬生《上博竹書（二）字詞札記》，簡帛研究網 2003 年 1 月 14 日。其說正式發表在《上博館藏戰國楚書研究（續編）》，上海書店出版社 2004 年版，

麤糙，字亦作錯（「交錯」字本作「遣」），《爾雅》：「棤，皵。」郭璞注：「謂木皮甲錯。」《釋文》：「棤音錯。皵音舄。」《集韻》：「錯，物理麤也。」粗磨石為錯，摩擦亦為錯，皆取粗糙為義。蔡偉說魿、鯩讀為鱗，魿腊、鯩鰆猶言鱗皴，可備一通。「鱗皴」也作「粼皴」、「皵皴」、「皵皵」，《禪宗頌古聯珠通集》卷 20：「風雲頭角黑粼皴。」《無門慧開禪師語錄》卷 1：「衲僧拄杖黑皵皴，不屬陰陽別是春。」《雲外雲岫禪師語錄》卷 1：「智門主丈子去年也黑皵皵地，今年也黑皵皵地。」余則疑魿（鯩）讀為離〔註 25〕，音轉亦作列（裂），坼裂義。老人謂之棃（梨、黎）者，取皮膚枯裂為義，語源亦是離或列（裂）。《方言》卷 1：「棃，老也，燕代之北鄙曰棃。」郭璞注：「言面色似凍棃。」《說文》：「耇，老人面凍黎若垢。」《詩・行葦》鄭箋：「耇，凍梨也。」《釋名》：「耇，垢也，皮色驪悴恒如有垢者也。或曰：凍梨，皮有斑黑如凍梨色也。」凍棃，猶言凍裂。魿腊、鯩鰆，猶言乾枯坼裂。《莊子・外物》：「任公子得若魚，離而腊之，自制（浙）河以東蒼梧以北莫不厭若魚者。」「離而腊」是動詞，簡文「魿腊（鯩鰆）」則作狀詞，狀詞即由動詞而來。

（10）長髮誘紿（P63）

整理者注：誘，疑同「秀」，美。紿，《說文》：「絲勞即紿。」此蓋謂頭髮細密纏繞。

王曉明曰：「誘紿」疑讀為「秀髻」。「髻」為假髮〔註 26〕。

王寧曰：當讀「長髮秀治」，「治」訓「理」，理順意，「秀治」謂秀美而理順。

按：《說文》「絲勞即紿」是指絲弊舊而鬆緩，與「怠」同源，非其誼。當

第 476 頁。

〔註 25〕《史記・齊太公世家》：「北伐山戎、離枝、孤竹。」《集解》：「《地理志》曰：『令支縣有孤竹城。』疑離枝即令支也，令、離聲相近。應劭曰：『令音鈴。』鈴、離聲亦相近。《管子》亦作『離』字。」是其證。敦煌寫卷 P.2718《茶酒論》：「有酒有令。」P.3910「令」作「禮」。S.5475《六祖壇經》：「若實不相應，合掌令勸善。」敦博本 077「令」作「禮」。P.3610《開蒙要訓》「捩」字注直音「令」。P.2578《開蒙要訓》「犁」字注直音「令」。「清洌」音轉則作「青令」、「清泠」。皆其比。這種語音現象，古籍甚是常見，參見蕭旭《〈玉篇〉「洌，清洌」疏證》，收入《群書校補（續）》，花木蘭文化出版社 2014 年版，第 1896～1900 頁。

〔註 26〕王曉明《北大簡〈妄稽〉校讀簡記（二）》，復旦古文字網 2016 年 6 月 8 日。其說又見張傳官《北大漢簡〈妄稽〉校讀與復原札記》，《出土文獻》第 11 輯，中西書局 2017 年版，第 300 頁。

引《廣雅》:「紿，纏也。」誘，讀為修，長也。

（11）觭（奇）牙白齒（P63）

整理者注:《楚辭·大招》:「靨輔奇牙。」蔣驥注:「奇牙，美齒也。」

按:奇，讀為踦。《說文》:「踦，武牙也。」《集韻》引作「虎牙也」。段玉裁曰:「虎，一本作『武』，避唐諱耳。今俗謂門齒外出為虎牙，古語也。《大招》云:『靨輔奇牙。』《淮南》云:『奇牙出，醶酺搖。』高注:『將笑故好齒出也。』按:奇牙，所謂踦也。《可部》曰:『奇，異也，一曰不耦。』笑而露其齒，獨好，故曰奇牙。」桂馥曰:「踦，或借『奇』字，《大招》云云。」〔註27〕

（12）大（太）息歌詠，謬謬爰恤（P63）

整理者注:歌，言說。《玉篇》:「詠，善言。」「謬謬」疑同「穆穆」，安靜、默默。爰恤，哀傷。「爰」讀作「咺」，悲傷。恤，憂。

王曉明曰:詠應讀為吟。「歌詠」就是「歌吟」〔註28〕。

按:某氏以「恤」與下句「簫」互易，云:「簡文以『條（脩）』、『簫（嘯）』、『臭』為韻。『謬謬』應為擬聲詞，可讀為『嗷嗷』。恤讀為饖（或『穢』）。《廣雅》:『鯹、鱢、腐、饖，臭也。』則『星（腥）腐臊恤（饖/穢）』四字同義，在簡文中都是指臭味。大（太）息、歌、詠，其聲音如猨嘯之謬謬（嗷嗷），而其體味腥臊惡臭，則若蛇臭之芀芀（烈烈）也。」〔註29〕王說是也，吟古字亦作唫〔註30〕。歌吟（唫），歌詠歎息，與上「太息」相應。「謬謬」同「嘐嘐」，從口從言一也。字亦作「膠膠」等形，《詩·風雨》:「雞鳴膠膠。」毛傳:「膠膠，猶喈喈也。」《玉篇》:「嘐，雞鳴也。」是《玉篇》以「膠膠」為「嘐嘐」，《廣韻》「嘐」字條引《詩》正作「嘐嘐」。《集韻》:「咬，咬咬，鳥聲，通作膠。」又「嘐，嘐嘐，聲也。」方以智謂「交交、嘄嘄、膠膠、

〔註27〕段玉裁《說文解字注》，桂馥《說文解字義證》，並收入《說文解字詁林》，中華書局1988年版，第2702頁。

〔註28〕王曉明《北大簡〈妄稽〉校讀簡記（三）》，復旦古文字網2016年6月9日。其說又見張傳官《北大漢簡〈妄稽〉校讀與復原札記》，《出土文獻》第11輯，中西書局2017年版，第303頁。

〔註29〕「黔之菜」說，《讀北大漢簡〈妄稽〉小札一則》，復旦古文字網2016年6月22日。

〔註30〕從林與從金、從今之字古通，參見張儒、劉毓慶《漢字通用聲素研究》，山西古籍出版社2002年版，第1004、1015頁。

嘐嘐、咬咬」並同〔註 31〕，是也。恤，讀為歑、㖅，《玉篇》：「歑，嗚也。」《廣韻》：「歑，嗚歑歑。」又「㖅，口嗚㖅㖅。」《集韻》：「㖅，聲也，或作歑。」爰，猶而也〔註 32〕。謬謬爰恤，猶言嘐嘐然而鳴。

（13）星（腥）腐臊簫（鱐），芀芀蛇變（P63）

整理者注：簫，讀作鱐。《禮記・內則》鄭注：「鱐，乾魚。」此謂乾魚之臭。芀芀，疑即「栗栗」，戰抖貌。

王曉明曰：蕭（簫），應該讀為朽。「腥腐臊朽」四字平列，乃「腥臊」、「腐朽」錯列成文〔註 33〕。

陳劍曰：「芀」應釋「刈／艾」，簡 51-52「幼長皆芀（艾）」，「艾」（原讀為「慄」）疑即「懲艾」之「艾」，字亦作「乂」、「忞」。簡 55 謂「妄稽忿忿，自身芀（艾）之」，「艾」可訓為「治」；但「芀芀」該如何讀待考。

王寧曰：簫當讀溲。「溲」即溲溺，此句言腥若腐肉，臊若溲溺。「刈／艾」應無可疑，此字在此當讀「餲」，字或作「餲」、「餀」，又音轉為「饐」、「饐」、「饖」。蓋「芀芀」即「餀餀（餲餲）」、「饐饐」、「饖饖」等，本義是食物腐敗的氣味，引申為浓烈的難聞气味。「蛇臭」謂蛇身上的腥臭氣味，民間所謂「蛇腥味」是也。

魏宜輝曰：「艾艾」可讀作「藹藹」，指氣味的濃烈〔註 34〕。

按：「變」字圖版作「[illegible]」，何有祖指出應釋作「臭」〔註 35〕。某氏以「簫」與上句「恤」互易，其說見上文所引；又讀「芀芀」為「烈烈」，指氣味濃烈薰人，是也。簫，讀為焦。

（14）笑胃（謂）周春，奉（捧）頰壴（豎）雜（P63）

整理者注：雜，疑讀作準（頔），顴骨。

王曉明曰：「壴」字網友東潮已指出乃「壹」字誤釋。「雜」字從圖版看，

〔註 31〕方以智《通雅》卷 9，收入《方以智全書》第 1 冊，上海古籍出版社 1988 年版，第 377 頁。

〔註 32〕參見裴學海《古書虛字集釋》，中華書局 1954 年版，第 148 頁。

〔註 33〕王曉明《北大簡〈妄稽〉校讀簡記（三）》，復旦古文字網 2016 年 6 月 9 日。其說又見張傳官《北大漢簡〈妄稽〉校讀與復原札記》，《出土文獻》第 11 輯，中西書局 2017 年版，第 303 頁。

〔註 34〕魏宜輝《讀北大漢簡〈蒼頡篇〉〈妄稽〉篇札記》，《古典文獻研究》第 19 輯下卷，鳳凰出版社 2017 年版，第 283 頁。

〔註 35〕何有祖《讀北大簡〈妄稽〉條記（一）》，簡帛網 2016 年 6 月 5 日。

右下從「口」，應釋為「嚨」。此「嚨」疑相當於後世的「咂」，即「嗚咂」之「咂」，乃親吻之意〔註36〕。

按：王說是也，所謂「嚨」，嚴格隸定作「𩁹」。「嗚咂」乃俗字，本字為「歍歃」，亦作「歍㗭」、「嗚歃」、「嗚㗭」、「嗚唼」。《說文》：「歍，一曰口相就。」又「歃，歍歃也。㗭，俗『歃』。」《繫傳》：「歃，口相就也。」「㗭」為會意字。《玉篇殘卷》：「歍，《說文》又曰：『二口相就也。』今亦為烏（嗚）字，在口部。」《玉篇》：「歃，嗚歃也，亦作㗭。」〔註37〕《玉篇》引《聲類》：「㗭，鳴（嗚）㗭也。」《廣韻》：「㗭，歍㗭，口相就。」「歃（㗭）」的俗字亦作嗛、唼（色甲切，音迊）、呥，《玄應音義》卷24：「呥食：古文嗛，又作唼，同。《通俗文》：『入口曰呥。』」「歍㗭」的接吻義，可單言「歍」，亦可單言「咂（唼）」。

（15）我今與女（汝）處，訾孰之瘣者（P63）

整理者注：訾，衡量。瘣，疑同「媿」，羞愧，慚愧。

王曉明曰：「處」字網友東潮已指出乃「豦」字誤釋。此句應斷作「我今與女（汝）豦訾，孰之瘣者」。疑「豦訾」讀為「沮訾」，乃「詆毀」的意思。「我今與女（汝）豦訾」是說我今天和你互相詆毀〔註38〕。

何有祖曰：「處」字作「[illegible]」，當是「豦」字，疑讀作「噱」。《說文》：「噱，大笑也。」〔註39〕

劉建民等曰：豦訾，應該讀為「據貲」，是守護、保有錢財的意思〔註40〕。

按：王氏斷句是也。《說文》：「豦，鬭相丮不解也。從豕虍，豕虎之鬭（鬥）不相捨。」簡文即用本義，指兩人爭吵不相捨。或讀豦為詛，咒罵。訾讀為呰，口毀，訶斥。二句是說我和你關係不好，哪個應該羞愧呢？醜女自言有理。

〔註36〕王曉明《北大簡〈妄稽〉校讀簡記（三）》，復旦古文字網2016年6月9日。其說又見張傳官《北大漢簡〈妄稽〉校讀與復原札記》，《出土文獻》第11輯，中西書局2017年版，第304頁。「東潮」即王挺斌，其說見《初讀》，簡帛網2016年6月6日；又見王挺斌《北大簡〈妄稽〉與〈反淫〉研讀札記》，簡帛網2016年6月29日。

〔註37〕《玉篇殘卷》作：「[illegible]（歃），《說文》：『嗚（嗚）[illegible]（歃）也。』野王按：口相嗚（嗚）之聲也，或為[illegible]（㗭）字。」錯譌較多。

〔註38〕王曉明《北大簡〈妄稽〉校讀簡記（三）》，復旦古文字網2016年6月9日。

〔註39〕何有祖《讀北大簡〈妄稽〉條記（一）》，簡帛網2016年6月5日。

〔註40〕劉建民、漆雕夢佳《西漢竹書〈妄稽〉補釋札記二則》，《出土文獻》第11輯，中西書局2017年版，第325頁。

（16）妄稽因新製踵緒之衣，縠帛之常（裳）（P63）

整理者注：「踵緒」即「踵續」，蓋謂衣服拖曳連續不斷。

王曉明曰：整理者說非是。「緒」、「續」非一字，不得相通。「踵緒」應與「縠帛」對文，也應是指絲帛一類的東西。「緒」即「絲」，「踵」就讀「重」，「踵」本身也有重複的意思。「重」為厚重或雙層之意〔註41〕。

按：王說讀踵為重，是也，但緒訓絲頭，無絲義。緒，讀為紵，指色白而細的麻布。簡36「絺緒」亦讀作「絺紵」。

（17）沐膏抹□（P63）

楊元途曰：「抹」下一字作「」，其右旁疑當為「旨」。此字左旁殘缺，疑即「脂」字或至少此字當讀為「脂」。「脂」正與「膏」相對〔註42〕。

按：楊說是也。沐，潤澤也。沐膏者，澤髮。抹脂者，面唇傅粉。

（18）流項□有，璣狗桀招，馬躍往來之裴（P63）

整理者注：璣狗，珠璣狗馬，謂珍寶玩好之類，此處所指未詳。桀，高大。招，褲子。此「桀招」蓋即「大招」。裴，長衣。《玉篇》：「裴，長衣貌。」

按：「躍」字圖版作「」，楊元途釋作「趯（躍）」。「流項」下之字圖版作「」，與簡文「之」字多作「」同〔註43〕。此三句某氏讀作「流項之有璣，狗桀招，馬躍往，來之裴裴」，云：「『狗』、『馬』相對，且也押韻。『桀招』應是形容動作的。『裴』下有重文符。」〔註44〕簡文當讀作「流項之有璣，狗桀招，馬□躍，往來之裴裴」。「躍」字上當脫一字，疑當作「騰躍」。桀讀為趨。《說文》：「趨，趌趨也。」又「趌，趌趨，怒走。」」《廣韻》：「趨，走皃。」招讀為趫，輕捷善走；或讀為超，跳躍輕走義。《爾雅》：「（犬）短喙猲獢。」「桀招」即「猲獢」，狀狗疾走之貌，本字作「趨趫」，亦即《韓詩外傳》卷1之「橋褐」、《文選·射雉賦》之「揭驕」。裴裴，讀為「斐斐」。《說文》：「斐，往來斐斐也。」《廣韻》：「斐，斐斐，往來貌。」《關尹子·三極》：「人之善琴

〔註41〕王曉明《北大簡〈妄稽〉校讀簡記（四）》，復旦古文字網2016年6月13日。其說又見張傳官《北大漢簡〈妄稽〉校讀與復原札記》，《出土文獻》第11輯，中西書局2017年版，第304頁。

〔註42〕楊元途《北大漢簡〈妄稽〉、〈反淫〉校讀筆記》，復旦古文字網2016年6月3日。本文所引楊說全出此文。

〔註43〕「落葉掃秋風」說，《初讀》，簡帛網2016年6月5日。

〔註44〕「ee」說，《初讀》，簡帛網2016年6月15日。

者，有悲心則聲悽悽然，有思心則聲遲遲然，有怨心則聲回回然，有慕心則聲裴裴然。」「裴裴」、「回回」即「裴回」重言而分用，「裴回」亦作「裵回」、「俳佪」、「徘徊」、「俳回」，往來旋轉貌，故引申為不定義。簡文「裴裴」正狀狗馬等玉製項飾之旋繞貌。

（19）蕢（臾）嬶（婁）之紽，夏纍（襮）短常（裳）（P63）

整理者注：蕢讀作臾，拖曳。「嬶」同「婁」，穿戴。《詩．山有樞》：「子有衣裳，弗曳弗婁。」毛傳：「婁亦曳也。」紽，縫合之裘。《詩．羔羊》：「羔羊之皮，素絲五紽。」孔疏：「然則縫合羔羊皮為裘，縫即皮之界緎，因名裘縫為緎。五緎既為縫，則五紽、五總亦為縫也，視之見其五，故皆云五焉。」夏，大。「纍」同「襮」，衣領。

按：整理者讀蕢為臾，是也，餘說皆誤。「臾」即「蕢」古文。《詩》「紽」是量詞，毛傳：「紽，數也。」《廣雅》同。《玉篇》、《廣韻》並云：「紽，絲數也。」非此文之誼。嬶，讀為摟，字亦作婁。《說文繫傳》：「摟，曳也，聚也。」紽，讀為袉，俗字亦作袘。《說文》：「袉，裾也。」指衣服的後襟。臾摟之紽，言其衣後襟拖曳也。「纍」同「暴」，讀為褭、袍，長衣。夏袍，長袍。

（20）腹若抱曳，傑（犖）脅膺波（P63）

整理者注：傑讀若犖，嶙峋突露。犖脅，謂肋骨嶙峋突露堅硬。「波」同「陂」，坡起，不平。膺波，謂胸向前隆起不平，疑即雞胸。

按：「膺」字圖版作「」，實從疒旁〔註 45〕。「曳」字圖版作「」，疑為「臾」形譌。「臾」字武威醫簡 85 作「」，居延新簡 3847 作「」，二字相近。「抱臾」是疊韻連綿詞，是「部婁」、「培塿」、「峿嶁」音轉，圓形高起之貌，亦指圓形高起之物。又轉作「孚俞」、「符瘐」、「餢鍮」、「餢鍮」、「付蔞」等形〔註 46〕。簡 49：「鳶肩傑胅。」整理者謂「『傑胅』疑同前『傑脅』」，是也。傑，讀為秝。《說文》：「秝，稀疏適〔秝〕也。讀若歷。」〔註 47〕《廣雅》：「稀、秝，疏也。」字亦作歷，《文選．登徒子好色賦》：「齞唇歷齒。」李善

〔註 45〕「那個人」也已指出，《初讀》，簡帛網 2016 年 6 月 4 日。

〔註 46〕參見程瑤田《果蠃轉語記》，收入《續修四庫全書》第 191 冊，上海古籍出版社 2002 年版，第 518～520 頁。又參見蕭旭《麵食「餺飥」、「餢飳」、「蝎餅」名義考》。

〔註 47〕「秝」字據段玉裁說補。段玉裁《說文解字注》，上海古籍出版社 1981 年版，第 329 頁。

注：「歷，猶疏也。」傑脅者，言脅骨稀疏。讀波為陂，是也，但不指隆起。《方言》卷6：「陂，衺也。陳楚荊揚曰陂。」謂偏頗。

（21）髮若龜尾，宿（縮）宿（縮）必施（拕）（P63）

整理者注：「宿」同「縮」。《說文》：「縮，亂也。」縮縮，頭髮長短不整紛亂的樣子。施讀為拕，拖曳。

按：「龜尾」無所謂亂，注說非是。宿宿，讀為「縮縮」，當引《說文》：「縮，一曰蹴也。」「蹴」同「蹙」。物不申曰縮，收縮義。行不舉趾亦曰縮，故「縮縮」為緩行之貌、徐趨之貌。《文選・宋文皇帝元皇后哀策文》李善注引《尚書五行傳》：「晦日而月見西方謂之朓，朔而月見東方謂之側匿。」又引鄭玄注：「朓，猶條達也。條達，疾行貌。側匿，猶縮縮，行遲貌。」字亦作「蹜蹜」、「宿宿」，《禮記・玉藻》：「執龜玉，舉前曳踵，蹜蹜如也。」鄭玄注：「著徐趨之事。」《釋文》：「蹜蹜，色六反，本或作宿，同。」《論語・鄉黨》：「勃如戰色，足蹜蹜如有循。」《集解》引鄭玄曰：「足蹜蹜如有循，舉前曳踵行之也。」《御覽》卷388引作「縮縮」。宿宿必拕者，即舉前曳踵蹜蹜如也之誼。

（22）揆（夔）據（懅）鹿驚（P63）

整理者注：「揆」通「夔」，獸名。「據」通「懅」，懼怕。

按：據，讀為遽，《說文》：「遽，一曰窘也。」《廣雅》：「遽，懼也。」「懅」是後出俗字。揆，讀為鵼，字亦作鶟，鳥名。或讀揆為鯘，魚名。

（23）言笑為為，笑胃（謂）周春（P66）

整理者注：「為」疑同「唯」。唯唯，恭順的樣子。

按：「為」是「寪」省文，俗字作噅、歪，指口角歪斜。《說文》：「寪，口咼也。」又「咼，口戾不正也。」《玉篇》：「噅，口不正也，醜也。」《廣韻》：「噅，口不言正。」口不正言為寪（噅），門不正開為闖，其義一也。「噅噅」狀妄稽言笑之醜。

（24）郢（挰）命（領）騫（褰）衣，齊阿之常（裳）（P66）

整理者注：「郢」通「挰」，舉也。「命」即「令」，讀作領。「騫」通「褰」，提起。齊，齊地。阿，地名，屬齊。

王曉明曰：整理者讀郢為捏，似不可信。疑郢應讀為挺，立起、直立。挺領，即立起領子〔註 48〕。

按：「鶱」字圖版作「[illegible]」，何有祖指出字從鳥，當釋作「鶱」。郢，讀為裎。《說文》：「裎，袒也。」《集韻》：「裎，倮也。」字亦作程，《漢書・母將隆傳》：「程奏顯言。」顏師古注引蘇林曰：「程奏，露奏也。」字亦省作呈，呈露。阿，細繒也。東阿出繒，故名繒為阿。

（25）鐵（纖）費繢（繪）純，裹以鄭黃（P66）

整理者注：纖，小，細。費，疑通「紼」，裳幅之緣飾。「繢」同「繪」，彩繪。純，鑲邊。鄭黃，鄭地的黃色衣料。

按：「繢」讀如字，指紅色的絲帶。《周禮・春官・宗伯》：「諸侯祭祀席，蒲筵繢純。」鄭玄注：「繢，畫文也。」王引之駁鄭說，云：「繢為赤色之組。《深衣》曰：『具父母大父母衣，純以繢；具父母衣，純以青。』繢與青相對為文，蓋亦以赤色之組為緣。」〔註 49〕王說是也，此既有成說，而注者不知徵引，妄說通假。《漢書・食貨志》：「乃以白鹿皮方尺，緣以繢，為皮幣。」「繢純」即純以繢，亦即緣以繢，謂以紅色絲帶緣之耳。「鐵費」待考。

（26）長彘以行（P66）

整理者注：長彘以行，蓋謂行步悠緩。《說文》：「後蹏廢謂之彘。」段玉裁注：「廢，鈍置也，彘之言滯也。」

按：彘，讀為躋，踏也，蹈也。

（27）絺緒（赭）緹黃（P66）

整理者注：絺，細葛布。「緒」同「赭」，赭紅色。緹，紅黃色的絲織物。

按：緒，讀為紵，白而細的麻布。「絺紵」是古書成語。

（28）玉瑵（爪）玦印，色若秋包（苞）之英（P66）

整理者注：「瑵」同「爪」。玉瑵，謂以玉飾手。「印」疑讀作「玄」，蓋同「懸」，懸佩。

按：玉瑵，稱美人的手指甲。「印」無讀「玄」之理。「玦印」待考。

〔註 48〕王曉明《北大簡〈妄稽〉校讀簡記（五）》，復旦古文字網 2016 年 6 月 19 日。
〔註 49〕王引之《經義述聞》卷 9，江蘇古籍出版社 1985 年版，第 209 頁。

（29）高朐（珣）大綦（璂），翡翠誰式（P66）

整理者注：「朐」同「珣」，玉名。「綦」同「璂」，玉名。《廣雅》：「誰，就也。」王念孫《疏證》：「謂相依就也。」「式」疑同「飾」。

按：上文「玉璠」寫手飾，此句寫足飾。「誰」字圖版作「[illegible]」，王挺斌釋作「讙」或「護」，傾向釋「讙」，並指出秦漢文字「護」可以省略「又」旁〔註50〕。「誰」訓相依就，此《韓詩》說，是親近義〔註51〕，非此文之誼。朐，讀為絇，字亦作屨、軥、鉤，又省作句，指履頭飾物。「綦」讀如字，屨繫，鞋帶。《晏子春秋・內篇諫下》：「景公為履，黃金之綦，飾以銀，連以珠，良玉之絇，其長尺。」《類聚》卷84引「絇」作「句」，《書鈔》卷136引作「鉤」。《儀禮・士喪禮》：「乃屨綦結於跗，連絇。」此簡「[illegible]」當釋作「讙」，「護」之省文。式，讀為翼。言以翡翠護翼絇綦。

（30）韱（纖）隄（緹）襲糂（屣）（P66）

整理者注：緹，赤色絲織品。襲，量詞，猶言一套。

按：「襲」當是動詞，《小爾雅》：「襲，合也。」此猶言覆蓋。

（31）桃支（枝）象荅，鑑蔚粉墨（P66）

整理者注：象荅，象牙裝飾的盛具。《說文》：「荅，桮荅也。」鑑，鏡。「蔚」同「熨」，熨斗。

按：「桮荅」是盛放杯盤的竹籠，皆與此文寫虞士服飾無涉。象荅，疑讀為「象輅」，象牙裝飾的車。《釋名》：「天子所乘曰玉輅，以玉飾車也。輅亦車也。謂之輅者，言行於道路也。象輅、金輅、木輅，各隨所以為飾名之也。」也作「象路」，《周禮・春官・巾車》：「象路、朱樊纓，七就，建大赤以朝，異姓以封。」鄭玄注：「象路，以象飾諸末。」「鑑蔚粉墨」四者皆修飾容貌所用。「熨斗」本字作「尉（尉、㷉）」，字已從火，後又加火旁作「熨」乃俗字，此治小學者之常識。（附記：范常喜說：「『桃支（枝）象荅』分別

〔註50〕王挺斌《北大簡〈妄稽〉與〈反淫〉研讀札記》，簡帛網2016年6月29日。

〔註51〕本字當是追，《方言》卷12：「追，隨也。」桂馥曰：「『就』當為『訧』。」王筠、胡吉宣從其說；桂馥又謂「就」是「就（倞）」之譌，皆非是。桂馥《說文解字義證》，齊魯書社1987年版，第218頁。桂馥說又見《札樸》卷1，中華書局1992年版，第34頁。王筠《說文解字句讀》，中華書局1988年版，第88頁。胡吉宣《玉篇校釋》，上海古籍出版社1989年版，第1853頁。桂馥下說見《札樸》卷7，第256頁。

指桃枝竹編成的席、象牙雕成或雕飾的薰籠。整理者訓鑑為鏡，可從。蔚當讀作緭（褽），手套。」〔註 52〕）

（32）馮（憑）吸皆顧，七旬為夜（P66）

整理者注：「馮」同「憑」，滿也，盛也。吸，吸氣，《說文》云：「內息也。」「憑吸」意謂心中氣盛憤懣。或即「憑噫」，亦謂氣鬱積憤懣。

按：「吸」是動詞，《說文》云「內息」，「內」即「入」字，注者不知其誼。吸，讀為悒，憂悶不安。憑悒，猶言憂悶。

（33）周春與出，遇妄稽門。見春而笑，仞仞□□（P68）

按：「遇」是「過」誤書。仞，讀為訒。《說文》：「訒，頓也。」「頓」同「鈍」。訒訒，口吃貌，今吳語尚謂口吃為「訒」，字又作「叨」。

（34）……瞻諸，前龜後阸（P68）

余曉春曰：「瞻諸（蟾諸）」就是癩蛤蟆〔註 53〕。

按：余君說是也。「蟾諸」亦作「詹諸」、「蟾蠩」、「蟾蜍」。《爾雅》：「鼁鼀，蟾諸。」《說文》：「鼀，圥鼀，詹諸也。」阸，讀為疿，疿子〔註 54〕，也稱作「疿癗」、「疿磊」、「疿瘤」。《廣韻》：「疿，疿癗。」又「癗，疿癗，皮外小起。」指皮外起小粒。《證類本草》卷 22 引《圖經》：「蟾蜍形大，背上多疿，行極遲緩，不能跳躍，亦不解鳴。」又引陳藏器曰：「蟾蜍身大背黑，無點，多疿磊，不能跳，不解作聲，行動遲緩。」後阸者，言妄稽背上如蟾諸有疿子也。

（35）曲指蠲踝（P68）

整理者注：「蠲」疑同「屬」，連屬。

按：曲指不得連屬至踝，注說非是。蠲，讀為獨。人皆足內外有踝，妄稽

〔註 52〕范常喜《北大漢簡〈妄稽〉所記美人用具詞語疏釋》，《中國文字》2020 年夏季號（總第 3 期），第 296～297 頁。

〔註 53〕余曉春說見《初讀》，簡帛網 2016 年 6 月 8 日。

〔註 54〕「疿」亦作「痱」，熱生小瘡，語源是「沸」，言內熱沸起。《玄應音義》卷 14：「皰沸：《通俗文》：『體蛘沸曰癀沮。』江南呼沸子，山東名癀沮。」《巢氏諸病源候總論》卷 35：「盛夏之月，人膚腠開，易傷風熱。風熱毒氣搏於皮膚，則生沸瘡，其狀如湯之沸。輕者帀帀如粟粒，重者熱汗漬漬成瘡，因以為名，世呼為沸子也。」

獨否，故為異耳。

（36）穜（腫）朏廢脂（P68）

整理者注：朏，腳彎曲。《廣雅》：「朏，曲腳也。」「廢脂」疑即「瘖俳」。《素問・脈解篇》：「內奪而厥，則為瘖俳，此腎虛也。」王冰注：「俳，廢也……腎氣內奪而不順，則舌瘖足廢，故云此腎虛也。」

王寧曰：「脂」字右旁「音」疑本作「言」，字是從月信省聲，即「䐢」之或體，《說文》：「䐢，起也。」段注：「當云『肉起也』。《素問》曰：『濁氣在上則生䐢脹。』王砅注：『䐢，脹起也。』」

張傳官曰：「穜（腫）朏廢脂」當與「曲指蠲踝」對應，「穜（腫）朏」和「廢脂」應該都是偏正結構。「朏」指臀。「腫朏」就是臃腫的臀部。脂讀為臆，指胸部或胸骨。「廢臆」大抵就是塌縮的胸部或胸骨的意思〔註 55〕。

按：「瘖」是口啞不能言之病，與此無涉，注說非是。朏，讀為詘、屈，彎曲，「朏」乃曲腳之分別字。脂，讀為瘖。《說文》：「瘖，跛病也。讀若脅，又讀若掩。」字亦作尳，《廣雅》：「尳、尳，蹇也。」「尳」同「跛」。《廣韻》：「尳，蹇跛之皃。」又「尳，跛也。」字亦作踚，P.2011 王仁昫《刊謬補缺切韻》、蔣斧印本《唐韻殘卷》並云：「踚，跛行貌。」《玉篇》：「踚，足跛踚也。」字亦作痷，《集韻》：「踚，跛疾，或作尳、痷。」「廢」指足傷殘，《淮南子・覽冥篇》：「走獸廢腳。」高誘注：「廢腳，跛蹇也。」「廢脂」同義連文。

（37）見富不為變，見美不為嶸（榮）（P68）

整理者注：「嶸」同「榮」，棄，見《列子・周穆王》「榮汝之糧」張湛注。

按：訓棄不通，且「榮」無棄訓，張湛注非是。《列子》之「榮」讀為贏，擔負之義〔註 56〕。嶸，讀為瞢〔註 57〕，字亦作營，迷惑。諸葛亮《新書・將志》：「見利不貪，見美不淫。」淫亦惑亂義。與簡文義同。《晏子春秋・外篇上》「不為大利變」，即「見富不為變」之誼。

〔註 55〕張傳官《北大漢簡〈妄稽〉校讀與復原札記》，《出土文獻》第 11 輯，中西書局 2017 年版，第 302～303 頁。

〔註 56〕參見牟廷相《雪泥書屋雜志》卷 4，收入《續修四庫全書》第 1156 冊，上海古籍出版社 2002 年版，第 521～522 頁。又參見王汝璧《芸麓偶存》卷 2，收入《續修四庫全書》第 1462 冊，第 79 頁。

〔註 57〕「補白」《北大簡〈妄稽〉中與簡 61、62 有關的簡序試調》已及之，復旦古文字網 2016 年 6 月 25 日。

（38）壹接周春，無所用士（事）（P68）

整理者注：壹，專一。

按：「壹」猶言一旦，副詞。

（39）妄稽為布席善傳之，邑（挹）入其衣而數揗之（P68）

按：傳，讀為籑，字亦作饌、養、篹。《說文》：「籑，具食也。饌，籑或從巽。」考《說文》：「僎，具也。」字亦作撰、譔。「饌」是具備飲食義的分別字。

（40）□□□之，□擊擣之，隨而猶之，執而窌之，楬解□之，虞士乃三旬六日焉能起（P68）

整理者注：「猶」通「猷」，疑此假借為「搖」，搖動。窌，疑讀若摎，繫縛，捆綁。《說文》：「摎，縛殺也。」

王寧曰：「隨」是「追」的意思。「猶」即「揂」、「揫」之假借，今言「揪」者，此句意思是追上揪住。「窌」古以為「窖」字，此讀為「梏」。楬解□之，疑讀「揭掛□之」，「揭」是高舉，「掛」是繫掛，大約是高高地吊起來的意思。「掛」下也當是個表示毆打義的動詞。因為這番毆打，虞士躺了三十六天才能起身。

按：「擊擣」前缺字圖版作「[illegible]」，王曉明釋作「泰」〔註58〕。隨，追也；讀楬為揭，王說是。猶，讀為遒，迫也。字亦作蹭、鰌、緧、蹴、蹵，《莊子．秋水》風謂蛇曰：「鰌我亦勝我。」《釋文》：「鰌，音秋。李云：『藉也，藉則削也。』本又作蹭，子六反，又七六反，迫也。」成玄英疏：「以腳蹭踏於風。」《荀子．彊國篇》：「大燕鰌吾後。」楊倞注：「燕在齊北，故曰後。鰌，蹴也，藉也，如蹴踏於後。」「藉」同「躤」。隨而猶之，謂追而踐踏之。窌，讀為抱，抱持。其餘未詳。

（41）蕭（肅）蕭（肅）淮淮（P69）

整理者注：肅肅，敬也。淮淮，疑同「唯唯」，恭順貌。

按：注說大誤。此寫妄稽之醜惡，何得言恭順？蕭蕭，讀為「慅慅」，亦作「騷騷」，動擾貌。淮淮，讀為「睢睢」，跋扈貌。「蕭蕭淮淮」是對上文妄稽「搖臂兩指」（簡45）把虞士打傷的描寫。

〔註58〕王曉明《北大簡〈妄稽〉校讀簡記（五）》，復旦古文字網2016年6月19日。

（42）慮聞一里，遬（速）若建鼓（P69）

整理者注：《廣雅》：「慮，廣也。」

張傳官曰：「遬」當讀為「咳嗽」之嗽。「慮」疑可讀為嘘（歔），指歎息、歎氣。「慮」亦可讀為呼，指呼號〔註 59〕。

按：遬讀為速，是也。慮訓廣未見經傳。慮，讀為臚。《國語・晉語六》韋昭注：「臚，傳也。」俗字亦作**𧬕**，見《集韻》。

（43）朝嶙聲聲，當門塞戶（P69）

整理者注：嶙，象聲詞。

按：注說無據。「嶙」同「吟」，《集韻》引《埤倉》：「吟吟，語也。」

（44）左手把之，右手拭之。適得其指，因朐折之。適得其耳，究㷵而起（P70）

整理者注：朐，彎曲。

伊強曰：簡 59：「誶（捽）拭緄（混）緄（混）。」兩例「拭」字，頗疑當讀為「搣」。《說文》：「搣，批也。」又「批，捽也。」又「把，握也。」〔註 60〕

王寧曰：「究」為「極」義。「㷵」字從火劫聲，疑讀為「挾」或「夾」，謂以手指夾持之。「究夾而起」即盡力夾住提起來，今言揪住耳朵也。

按：伊強說是也。朐，讀為拘，執持。究，讀為毆（攰）。《說文》：「毆，揉屈也。」《廣韻》：「毆，毆屈。」又「毆，強擊。」《集韻》：「攰，強擊也。㷵，讀為抾，俗字作拹。《方言》卷 6：「抾摸，猶言持去也。」《集韻》：「抾，持也。馬融曰：『抾封狶。』或作拹。」《文選・羽獵賦》：「抾靈蠵。」李善注引韋昭曰：「抾，捧也。」

（45）妄稽忿忿，自身芀之。疏齕鉗錯，疾齸筮（噬）之（P70～71）

整理者注：疑「芀」通「扐」，捆綁。《集韻》：「扐，縛也。」亦或「芀」同「竻」，刺。疏齕鉗錯，蓋謂張口咬牙切齒。疏，分開。「齕」同「頜」，上下頜。

〔註 59〕張傳官《北大漢簡〈妄稽〉校讀與復原札記》，《出土文獻》第 11 輯，中西書局 2017 年版，第 306～307 頁。

〔註 60〕伊強《試釋〈忘稽〉中的「搣」字》，簡帛網 2016 年 6 月 20 日。

陳劍曰：按西北漢簡數見「艻」字，或訛作「芀」（如居延漢簡 123.63『[illegible]』等）。前者勞榦先生已曾正確釋讀為「刈」，裘錫圭先生又對有關字形辭例等有詳論。「艾」可訓為「治」。

王寧曰：「䶑」疑是「牙」的或體，或作「齖」。

按：「竻」訓刺指竹刺，名詞，非其誼也。「扐」訓捆綁，實是「勒」字。此簡「艻」讀為勒，猶言勒緊、拉緊。《釋名》：「勒，絡也，絡其頭而引之也。」《玉篇》：「勒，抑勒。」疏，讀為束。齕，讀為摞，亦束也。鉗，古刑具名。錯，讀為笮，音轉亦作鑿，亦古刑具名。疏齕鉗錯，言束縛虞士而施刑。「䶑」是「惡」增旁字。

（46）跪進涶（唾）淺（濺），以時閒之（P71）

整理者注：跪進，跪著奉進。「涶」同「唾」，唾沫。淺，濺，噴射。

按：「跪」字圖版作「[illegible]」，楊元途釋作「趍」，謂即「跪」之異體。楊說是也，北大漢簡（三）《周馴》「趍而進之」，亦作「趍」。「濺」乃俗字。淺，讀為濽，字亦作䗖。《說文》：「濽，污灑也。一曰水中人。」段玉裁曰：「《史記·廉藺傳》作『濺』，楊泉《物理論》作『䗖』。皆音子旦反。『中』讀去聲。」〔註 61〕《玄應音義》卷 7：「唾濺：又作濽、䗖二形，同。」正作「唾濺」。亦作「唾䗖」，《玄應音義》卷 3：「澆濽：下又作濺、䗖二形，同，子旦反。《說文》：『濽，相汙灑也。』《史記》『五步之內，以血濺大王衣』作『濺』，揚（楊）泉《物理論》云『恐不知味而唾䗖』作『䗖』。江南行此音，山東音湔，子見反。」此段說所本。

（47）能過乎度（宅），不可當月而睇（P73）

整理者注：當，對。「睇」蓋同「睼」，迎視。

按：睇，微微側視，此乃古楚語。《說文》：「睇，目小視也。南楚謂眄曰睇。」《玉篇》引「睇」作「眱」，弟、夷一聲之轉，「眱」是「睇」改易聲符的異體字。《方言》卷 2：「睇，眄也。陳、楚之閒，南楚之外曰睇。自關而西，秦、晉之閒曰眄。」《楚辭·山鬼》：「既含睇兮又宜笑，子慕予兮善窈窕。」王逸注：「睇，微眄貌也。」「睇」寫婦人美目。言不可者，極言其美。

（48）陰象簪，尌（駐）觭（奇）牙，步蘭（闌）下（P73）

〔註 61〕段玉裁《說文解字注》，上海古籍出版社 1981 年版，第 565 頁。

整理者注：陰，隱於陰影之中。象簪，象牙之簪，此代指美人虞士。「尌」同「駐」，停步駐留。「觭牙」即「奇牙」，漂亮牙齒，此亦代指美人虞士。

按：注者說「象簪」、「奇牙」可以代指美人虞士，未聞。「觭牙」即「犄牙」，已詳上文。陰，讀為先，俗作簪，插也，字亦作撍。綴物為簪，所綴之物亦為簪，名、動相因。尌，讀為鬥，俗作逗。鬥奇牙者，寫婦人之笑貌媚態。《楚辭．大招》：「靨輔奇牙，宜笑嗎只。」《淮南子．修務篇》：「口曾撓，奇牙出，𪘏酺搖。」高誘注：「冒若將笑，故好齒出。」王粲《神女賦》：「美姿巧笑，靨輔奇牙。」

（49）日短歲昭（P73）

整理者注：「昭」疑同「迢」，長久。

何有祖曰：「昭」字圖版作「[illegible]」，即「船」字。「船」在文中與「短」相對為文，似形容時間長。「船」字如以舟為聲，讀作「壽」。《說文》：「壽，久也。」字也有可能以「召」為聲，讀作「迢」〔註 62〕。

按：「日短歲船」是周春及時行樂之辭，言歲日苦短，「船」不得據對文訓長。某氏讀船為遙，舉上博（九）《舉治王天下》簡 4+16：「日短而世意（億）矣」為證〔註 63〕。此與上博簡的文義無涉。「船」即「舸」別字，刀、周一聲之轉。船亦短也。《釋名》：「舸，貂也。貂，短也。」《廣雅》：「矤，短也。」無緣之衣（即短衣）謂之裯，短尾之犬謂之矤、㹻，短尾之鳥謂之鵰（周），無緣之斗謂之刁，其義一也。小車謂之軺，小船謂之舸、舠、船、刀，小魚謂之鯛、鮉，小兒留髮謂之髫、髫，皆取短義。

（50）妄稽大越，纖纖（嘰嘰）哭極（P73）

整理者注：越，怨恨。《大戴禮記．曾子事父母》：「則是越之也。」王聘珍《解詁》：「越，疾也。」「纖」同「嘰」，哀歎聲。

王寧曰：越當讀姡。《說文》：「姡，面醜也。」這裡用為羞慚意。

按：「越」無怨恨義，所引《大戴》「越之」與下文「疏之」對文，「越」是「戚」形誤，親近也〔註 64〕。且王氏「越，疾也」之訓出《廣雅》，是輕疾、疾速義，本字當作「跋」，不是怨恨義。注者昧於故訓，妄引一通。越，讀為

〔註 62〕何有祖《讀北大簡〈妄稽〉條記（一）》，簡帛網 2016 年 6 月 5 日。
〔註 63〕「ee」說，《初讀》，簡帛網 2016 年 6 月 8 日。
〔註 64〕參見孫詒讓《大戴禮記斠補》，中華書局 2010 年版，第 45 頁。

怴。《公羊傳·桓公五年》:「曷為以二日卒之？怴也。」何休注:「怴，狂也，齊人語。」《廣雅》:「怴，怒也。」又「怴怴，亂也。」纔纔，讀為「悠悠」，字或作「偯偯」。馬王堆帛書《合陰陽》:「衾滅者。」帛書《天下至道談》「滅」作「哀」。《說文》:「悠，痛聲也。《孝經》曰:『哭不悠。』」今本《孝經·喪親章》「悠」作「偯」。

（51）妄稽大病，音若搤（P73）

整理者注：搤，掐住，扼住。疑「搤」下句讀符號當為重文符號，句為「音若搤搤」。

按：校作「音若搤搤」是也，但所釋則誤。搤搤，讀為「嗌嗌」，音轉則作「啞啞」。

（52）淫瑟緣辟（臂）（P73）

整理者注：淫，大也。瑟，讀若蝨，蝨子。

按：「淫」訓大，指程度深，如云「淫威」、「淫禍」、「淫雨」是也。《廣雅》:「淫，游也。」淫、游一聲之轉。淫瑟緣臂，言游走之蝨沿著其手臂爬行。

（53）魋纂（皺）瘁訥（P73）

整理者注:「魋」疑同「癀」，陰部病。「纂」同「皺」，鼓起，突出。「瘁」同「癃」，小便不通。「訥」疑同「癈」，癈疾。

按：說「纂」同「皺」是也，其餘諸說皆誤。癈之言廢，謂四肢傷殘。此文言妄稽因狂怒而生大病，何得生陰部病，又何得致四肢傷殘？不思之甚也。「皺」是「纂」俗別字，字亦作臊、皱、曝、爆。魋，讀為𠂤、堆，高起突出。《史記·蔡澤傳》:「魋顏蹙齃膝攣。」「瘁」字圖版作「[illegible]」，當釋作「⿸厂夆」〔註65〕，即「瘁」，同「胮」，腫脹，字亦作肨、胮、脺、膸、㿓。訥，讀為勃，勃起。「魋纂瘁訥」四字一義，但言身體腫脹耳。

（54）臨勹疥腸（P73）

整理者注:《廣雅》:「臨，大也。」「臨勹」蓋謂腦勹隆大突起。疥，疥疾。

按:「疥疾」是疥瘡，與「腸」怎麼連文？疥，讀為瘳。《說文》:「瘳，引

〔註65〕「那個人」也已指出，《初讀》，簡帛網2016年6月4日。

縱曰瘃。」字亦作摩、瘈、瘌、掣，抽掣、牽拕、引縮之義。疥腸者，腸痙攣也。勺，讀為灼，灸也。《說文》:「灼，灸也。」〔註66〕又「灸，灼也。」二字互訓，謂以火艾薰灼治病。《楚辭・七諫・怨世》:「唐虞點灼而毀議。」王逸注:「點，汙也。灼，灸也。猶身有病，人點灸之。」臨勺疥腸，謂臨到薰灼治療則腸痙攣也。

（55）鞠（鞫）李（理）而投之面，李（理）盡不棄（P75）

整理者注:「鞠李」蓋即「鞫理」，鞫治審理。面，面頰。

王曉明曰:「鞠」在此應讀為「掬」。掬，兩手捧物也〔註67〕。

按:整理者說鞫治審理而投之面頰，不知何意。王說是也。鞠，讀為匊、𦦙，俗作掬。《說文》:「𦦙，撮也。」又「匊，在手曰匊。」《玄應音義》卷11:「掬，又作鞠，同。」謂兩手捧取。《說文》:「李，果也。」蓋謂淮北惡人兩手捧取李子而食，卻把李子送到臉上，李子吃完了仍在吃。

（56）我妬也，疾蹪（墮）纍瓦毀襲杯，解擇（釋）成索別瓶橘（桔）（P75）

整理者注:疾，快。「蹪」同「墮」，掉落。纍，堆積，重疊。襲，重，疊。解，解開。成，重，層。別，分離。「橘」同「桔」，桔槔，汲井水之木。

王曉明曰:「橘」應讀為「繘」。「繘」為栓繫汲瓶的繩子。古代在井中汲水一般皆用繘栓繫的瓶子，所以古籍中有時會「繘」、「瓶」並提……大意是說極力毀壞累積在一起的瓦和疊在一起的杯子，解開已經連接在一起的汲瓶和繩子。這裡累瓦、襲杯、瓶和繘都象徵周春和虞士的關係〔註68〕。

按:王說大致得之，而未得「杯」字之誼。「蹪」字圖版作「[illegible]」，其右從「隋」，當釋作「躇」，讀為隓，毀壞，字亦作墮、隳。簡文「躇」、「毀」同義對舉。《慧琳音義》卷14引《考聲》:「杯，瓦器未燒者也。」杯讀為坏，俗作

〔註66〕今本「灸」誤作「炙」，治《說文》諸家皆校作「灸」。參見《說文解字詁林》，中華書局1988年版，第9938頁。

〔註67〕王曉明《北大簡〈妄稽〉校讀簡記（四）》，復旦古文字網2016年6月13日。其說又見張傳官《北大漢簡〈妄稽〉校讀與復原劄記》，《出土文獻》第11輯，中西書局2017年版，第309頁。

〔註68〕王曉明《北大簡〈妄稽〉校讀簡記（四）》，復旦古文字網2016年6月13日。其說又見張傳官《北大漢簡〈妄稽〉校讀與復原劄記》，《出土文獻》第11輯，中西書局2017年版，第309頁。

坯、柸，未燒成磚瓦的土坯。音轉亦作㲉，《說文》:「㲉，未燒瓦器也。讀若筩莩。」《廣雅》:「㲉，培也。」「培」即「坏」異體。坏之言胚，磚瓦之胚胎也。成，讀為瓺。《說文》:「瓺，甕似瓶也。」俗字作㼷、墭，P.2011 王仁昫《刊謬補缺切韻》、蔣斧印本《唐韻殘卷》並云:「墭，㔶器。」「㔶」同「甌」，瓶器。《集韻》:「墭，器也，或作㼷。」《類篇》:「㼷，甗也。」《集韻》「甗」誤作「甋」。方成珪曰:「『甗』譌『甋』，據《類篇》正。『甗』與『瓺』同。」〔註 69〕趙振鐸從方說〔註 70〕。「成索」與「瓶繘」同義。「疾蹢」與「解擇」對舉，「疾」亦當是毀壞義，其字待考。

（57）而離卑李，晝肖（宵）不瞑（眠）（P75）

整理者注:「離」同「罹」，遭受，遭遇。李，疑通「使」。卑使，賤待。

按:度整理者之意，「待」是「侍」誤書。余謂「李」讀為痙，字亦作悝，或省作里，又作慈，憂病也。《說文》:「慈，楚潁之間謂憂曰慈。」此用楚語。言妄稽遭受憂病，晝夜不眠。

（58）念女（汝）之事我，亦誠苦勞矣。不忍隱，何不走？不勝堇（勤），何不逃（P75）

整理者注:忍隱，忍耐克制。勤，辛勞。

張傳官曰:「忍隱」就是「隱忍」。「堇」當讀為難或艱〔註 71〕。

按:「不忍」成詞，非「忍隱」為詞。隱，憂苦、苦痛。本字為慇，《說文》:「慇，痛也。」字亦省作殷、慇，俗作㥯。

（59）何則我妬以自敗也（P75）

按:當點作:「何則？我妬以自敗也。」自問自答句。

二、《反淫》校補

（1）根欋疏而分離（P121）

整理者注:《文選·七發》:「根扶疏以分離。」李善注引《說文》:「扶疏，

〔註 69〕方成珪《集韻考正》卷 4，收入《續修四庫全書》第 253 冊，上海古籍出版社 2002 年版，第 204 頁。

〔註 70〕趙振鐸《集韻校本》下冊，上海辭書出版社 2012 年版，第 321 頁。

〔註 71〕張傳官《北大漢簡〈妄稽〉校讀與復原劄記》，《出土文獻》第 11 輯，中西書局 2017 年版，第 309 頁。

四布也。」「欋疏」與「扶疏」義同。《正字通》:「欋，木根盤錯。」《淮南子·說林訓》:「木大者根欋，山高者基扶。」

按：宋本《淮南子》作「擢」，《山海經·海內經》郭璞注引作「欋」，《文子·上德》作「瞿」，並同，字或作拘、駒、據、劇，皆交錯盤曲之義〔註72〕。今本《說文》作「枎疏，四布也」。「扶（枎）」音轉作蟠，亦盤聚之義。尹灣漢簡《神烏傅（賦）》:「絕繫有餘，紈樹欋棟。」陳劍說「欋棟」即「欋疏」〔註73〕。亦作「擢踈」，《集韻》:「擢，擢踈，枝葉敷布皃。」「欋疏」即「枎（扶）疏」轉語〔註74〕。倒言則作「疏瞿」，《老子指歸·生也柔弱章》:「為道先倡，物以疏瞿。」

（2）夏即票（飄）風靁辟（霹）磿（靂）之所繳（激）也，冬即蜚（飛）雪焦（霄）霓（霰）之所褋（P121）

整理者注：繳，與「激」古音可通。激，衝擊震盪。《文選·七發》:「冬則烈風漂霰飛雪之所激也，夏則雷霆霹靂之所感也。」所寫夏冬之物與此互錯。褋，聚集。

按:「靁」為衍文，或其下脫「霆」字〔註75〕。烈，讀為冽。

（3）葉菀薖（脩），榦車槁（P121）

整理者注：菀，萎死貌。薖，字從艸譎聲。本文簡39有「譎鐔曲校」語，「譎」即「脩」之或體。故「薖」即「蓨」。《集韻》:「蓨，乾也。」《詩·中谷有蓷》毛傳:「脩，且乾也。」《釋文》:「脩，本或作蓨。」車槁，即「枯槁」。

按：所謂「薖」字，某氏指出:「本篇『隨』字，所從『隋』旁寫得與『脩』極似，故整理者皆誤釋……簡4整理者釋讀為『脩』之字，實亦從『隨』，這個字應該就是『蓨』的異體。『菀蓨』蓋即『委隨』一聲之轉。『委隨』有萎

〔註72〕參見蕭旭《敦煌寫本〈莊子〉校補》，收入《群書校補》，廣陵書社2011年版，第1229～1230頁。

〔註73〕陳劍說轉引自方勇《讀北大漢簡札記》，《魯東大學學報》2013年第2期，第65頁。

〔註74〕參見桂馥《說文解字義證》，齊魯書社1987年版，第485頁。

〔註75〕本文余最初發佈於復旦古文字網2016年6月27日。曹建國說「『雷』下當補一『霆』、『電』之類的字」，又說「乘靈獵車」句「『車』前補一『之』」，又說「『折風』即『逝風』」，又說「濮之肉」句「『濮』前後當有缺文」，又「變馮之卵」條引《呂氏春秋》為證，都是採用拙說而未作說明。曹建國《遊道與養生：北大藏簡〈魂魄賦〉譾論》，《長江學術》2017年第3期，第100～101頁。

弱義，《七發》云：『四支委隨，筋骨挺解。』簡文因為說的是葉子，所以『宛隨（委隨）』二字都加了艸頭。」〔註 76〕改釋「蘧」作「薩」，讀「菀薩」為「委隨」，是也，但當訓為下垂。「下垂」是「委隨」的本義〔註 77〕。

（4）蜚（飛）鳥聞之，籥䎔蜚（飛）陽（揚）。孟（猛）獸聞之，垂耳不行。王孫聞之，兆（遙）思心揚（P121）

整理者注：「籥䎔」當為聯緜詞，義蓋同「躡蹀」，往來小步貌。《文選・南都賦》：「脩袖繚繞而滿庭，羅襪躡蹀而容與。」李善注：「躡蹀，小步貌。」「籥䎔蜚陽」描寫鳥飛沈緩盤旋之貌。《文選・七發》：「飛鳥聞之，翕翼而不能去。野獸聞之，垂耳而不能行。」呂延濟注：「皆感琴而然。翕，斂也。」「翕翼」亦躡蹀之貌。

按：躡蹀，字亦作「懾慄」、「囁喋」、「襵㒓」，音轉亦作「蹈蹀」、「踥蹀」、「蹀蹀」等形，倒言則作「蹀踥」、「蹀躞」、「蹀蹈」。《廣雅》：「㒓、疊、襵、結，詘也。」「襵㒓」同義連文，猶言屈折也，不舒展貌，故引申為小步貌〔註 78〕。蜚陽，當讀為「飛翔」，盤旋徐飛貌，故與「躡蹀」連文。鳥翼不搖曰翔。字亦作「飛揚」，《呂氏春秋・盡數》：「集於羽鳥與為飛揚。」舊校：「揚，一作翔。」宋玉《高唐賦》：「雕鶚鷹鷂，飛揚伏竄。」考《莊子・至樂》：「咸池九韶之樂，張之洞庭之野。鳥聞之而飛，獸聞之而走，魚聞之而下入，人卒聞之相與還而觀之。」乃《七發》及此文所本。

（5）乘靈（軨）獵車，駕誘騁之馬（P123）

整理者注：靈，通「軨」。軨獵車，一種輕便小車。《漢書・宣帝紀》：「太僕以軨獵車奉迎曾孫。」顏師古注：「文穎曰：『軨獵，小車，前有曲輿不衣也，近世謂之軨獵車也。』孟康曰：『今之載獵車也。前有曲軨，特高大，獵時立其中，格射禽獸。』李奇曰：『蘭輿輕車也。』師古曰：『文、李二說皆是，時

〔註 76〕參見「紫竹道人」說，《北大漢簡〈反淫〉初讀》，簡帛網 2016 年 6 月 22 日。下引省稱作「《初讀》」。其說又見鄔可晶《關於〈北京大學藏西漢竹書〉三、肆、伍冊釋文注釋的一些意見》，收入張兵主編《中國簡帛學刊（第二輯）》，齊魯書社 2018 年版，第 130 頁。

〔註 77〕參見蕭旭《〈說文〉「委，委隨也」義疏》，收入《群書校補》，廣陵書社 2011 年版，第 1413～1418 頁。

〔註 78〕參見蕭旭《〈淮南子〉古楚語舉證》，收入《淮南子校補》附錄二，花木蘭文化出版社 2014 年版，第 829～832 頁。

未備天子車駕，故且取其輕便耳，非藉高大也。孟說失之。』」誘騁，謂爭先馳騁。《楚辭》宋玉《招魂》:「步及驟處兮，誘騁先，抑騖若通兮，引車右還。」王逸注:「誘，導也。騁，馳也。言……己獨馳騁，為君先導也。」

按：據下文文例，「車」上脫「之」字。《說文》:「軨，車轖間橫木也。轜，軨或從霝，司馬相如說。」《玉篇》:「軨，力丁切，車闌也。轜，同上。」此文「靈」即「轜」。顏師古等說是也，《鹽鐵論·散不足》:「古者椎車無柔（輮），棧輿無植。及其後，木軨不衣，長轂數幅（輻），蒲薦苙蓋，蓋無染絲之飾。」此足為文穎「曲輿不衣」說之確證。不衣者，言無覆蓋也。「軨」古音當讀闌，指車欄。《楚辭·九辯》:「倚結軨兮長太息。」《文選》揚雄《甘泉賦》:「據軨軒而周流兮。」李善注:「韋昭曰:『軨，欄也。軒，檻板也。』軨與櫺同。」《後漢書·張衡傳》《思玄賦》:「撫軨軹而還睨兮。」「軨」為車欄，故可倚可據可撫也。舟上有窻櫺之小舟謂之舲（艫），亦以有木欄為窻而取名耳。小車謂之軨（轜、靈），小舟謂之舲（艫、櫺、靈），其義一也。《類聚》卷 57 張衡《七辯》:「駟秀騏之駮駿，載軨獵之輶車。」《玉海》卷 151 引同。簡文乃其所本。「誘騁」當作「秀騏」，駿馬名。《文選·赭白馬賦》:「纖驪接趾，秀騏齊亍。」李善注引《尸子》:「馬有秀騏、逢騩。」五臣本作「秀驥」。《梁書·張率傳》《舞馬賦》:「軼跨野而忽踰輪，齊秀騏而竝末駟。」

（6）攝下（夏）服之筴，載烏嗃（號）之弓（P123）

整理者注：攝，持。下，通「夏」。夏服，良箭名。《文選·子虛賦》:「左烏號之雕弓，右夏服之勁箭。」李善注引服虔曰:「服，盛箭器也。夏后氏之良弓名繁弱，其矢亦良，即繁弱箭服，故曰夏服也。」一說指古之善射者夏羿的箭囊，見《史記·司馬相如列傳》索隱。

按:「服」即「箙」省借。《說文》:「箙，弩矢箙也。」指盛矢之器。夏服，當指夏后氏之箙，或夏羿之箙。「筴」當是「箭」誤書。

（7）馬四扶，車折風（P123）

按：扶，讀為服，實為犕，乘駕。馬四扶者，駕御四馬也。折，讀為逝，音轉亦作掣，形容快疾。車折風者，言車如逝風一樣快疾。

（8）取射千金之重（P123）

整理者注:《文選·七發》:「於是使射千鎰之重，爭千里之逐。」張銑注:

「射，猶賭也。」

按：「取」為「趣」省文，讀為趨，爭逐也。

（9）尋虎狼，摯蜚（飛）鳥（P123）

整理者注：尋，通「撏」，此即獵取義。摯，擊也。

蔡偉曰：「尋」通「撏」，可取，訓為牽引、拉引之引。又「撢」、「尋」亦聲近而義同，《說文》：「撢，探也。」〔註 79〕

按：「撏」是拔取、摘取義，無獵取義。蔡偉說可通。尋，讀為侵，陵犯也。摯訓擊者，讀為鷙。《說文》：「鷙，擊殺鳥也。」《文選．七發》：「恐虎豹，慴鷙鳥。」此「鷙」是狀詞。

（10）道極狗馬之才，窮射御之巧（P123）

按：《文選．七發》：「於是極犬馬之才，困野獸之足，窮相御之智巧。」又上文云「伯樂相其前後，王良造父為之御，秦缺樓季為之右」，故云「相御」。呂向注：「相謂相馬者。御謂御車者。」《文子．上仁》：「上車攝轡，馬服衡下，伯樂相之，王良御之，明主乘之，無御相之勞而致千里，善乘人之資也。」《淮南子．主術篇》略同。

（11）楚英之昔（腊），菜以山膚。濮之肉，秏（芼）以筍蒲（P124）

整理者注：楚英之昔，蓋指楚英所產之乾肉。「菜」指加入蔬菜。《文選．七發》：「犓牛之腴，菜以筍蒲。肥狗之和，冒以山膚。」李善注：「山膚，未詳。」秏，《七發》作「冒」。李善注以「冒與芼古字通」，引鄭玄《禮記註》：「芼，菜也，謂以菜調和之也。」《集韻》：「芼，以菜和羹。」

按：《禮記．內則》鄭玄注僅云：「芼，菜也。」「謂以菜調和之也」七字當是李善注語。正文「濮」字上或下脫一字。「昔」字圖版作「[illegible]」，某氏改釋作「鹿」〔註 80〕，是也。

（12）胜胜（猩猩）之啗（P124）

整理者注：《呂氏春秋．本味》：「肉之美者，猩猩之脣。」啗，《說文》：「食也。讀與含同。」此蓋以「啗」代指脣，猶以「奔」代指馬。

〔註 79〕蔡偉《讀北大漢簡〈反淫〉札記二則》，《出土文獻與傳世典籍的詮釋國際學術研討會會議論文集》，復旦大學 2017 年 10 月 14～15 日，第 6～8 頁。

〔註 80〕「落葉掃秋風」說，《初讀》，簡帛網 2016 年 6 月 6 日。

按：未見以「啗」指脣用例。啗，讀為圅，俗字作肣、函。《說文》：「圅，舌也。肣，俗圅從肉、今。」此文與《呂氏》不盡相同。

（13）變（鸞）凴（鳳）之卵（P124）

按：「變」字圖版作「[illegible]」，或釋作「彎」，讀為鸞〔註81〕。《呂氏春秋・本味》：「流沙之西，丹山之南，有鳳之丸。」高誘注：「丸，古卵字也。」

（14）捖〔之〕不毀，壹啜而散（P124）

整理者注：《玉篇》：「捖，摶圓也。」《文選・七發》作：「摶之不解，一啜而散。」李周翰註：「摶之不解，言黏也。啜，嘗也。一嘗而散，言滑也。」

按：《書鈔》卷144引王粲《七釋》：「軟滑膏潤，入口流散。」正可移以釋「壹啜而散」。

（15）愔尋歈憂，紅顏溉（既）章（P125）

整理者注：「愔尋」二字古皆侵部，當為疊韻聯緜字。「歈憂」皆古幽部，亦當為疊韻聯緜字。上古幽部可以和侵部相通，故「愔尋歈憂」可視為疊韻聯緜字連用，其語義與「懮受」（幽部）、「夭紹」（宵部）、「窈窕」（幽部、宵部）等聯緜字相同，指體態輕盈多姿貌。溉，通「既」，已經。

按：整理者說乃約取邵永海說〔註82〕，繫聯「夭紹」、「窈窕」，皆無據。《淮南子・繆稱篇》：「父之於子也，能發起之，不能使無憂尋。」又「聖人之行義也，其憂尋出乎中也。」許慎注：「憂尋，憂長也，仁念也。」于省吾讀尋為憛〔註83〕，是也，謂憂思之長。愔，讀為懕、懨，憂思沉靜。漢蔡琰《胡笳十八拍》：「雁飛高兮邈難尋，空腸斷兮思愔愔。」歈，讀為悠，音轉為慆、繇，憂思之義。《爾雅》：「繇，憂也。」《方言》卷10：「慆，憂也。」既，盡也。章，同「彰」。愔尋歈憂，四字同義連文。二句描寫美女憂思沉靜之態，盡顯於紅顏也。

〔註81〕「落葉掃秋風」說，《初讀》，簡帛網2016年6月5日。

〔註82〕邵永海《〈反淫〉字詞考釋》，《北京大學藏西漢竹書（肆）》附錄，上海古籍出版社2015年版，第176～177頁。

〔註83〕參見于省吾《淮南子新證》，收入《雙劍誃諸子新證》，上海書店1999年版，第412頁。

（16）芬惑（郁）尋（慼）忽，不知〔旦〕……（P125）

整理者注：芬惑，即「芬郁」，香氣濃郁。《文選·七發》:「眾芳芬郁，亂於五風。」尋忽，即「慼忽」，恍忽。《荀子·解蔽篇》:「凡人之見鬼也，必以其慼忽之閒、疑玄之時正之。」楊倞注:「慼忽，猶恍惚也。」江總《詠蟬》:「忖聲如易得，尋忽卻難知。」

按：如整理者說，「郁」皆當作「鬱」。然其說皆誤。《荀子》之「慼忽」，義同「奄忽」、「倏忽」，疾速之義，楊倞注非是〔註84〕。芬惑，讀為「紛惑」，惑亂貌。尋，讀為淫。忽，讀為物。淫物，此指上文的花草、香酒、美女。《韓子·解老》:「得於好惡，怵於淫物，而後變亂。」

（17）夫子弗欲離（麗）邪（P125）

整理者注：麗，施行。

按：離，讀為歷，經歷。上文簡11:「夫子弗欲過邪？」《說文》:「歷，過也。」二句義同。整理者注:「過，探訪，至也，此指加入。」亦非。

（18）乃使陽文、洛纂，西它（施）、毛菸（嬙），含芳被澤，燕服從容，陽（揚）鄭衛之浩樂，結敫（激）楚之遺風（P126）

整理者注：含芳，喻美質。被澤，蒙受寵惠。從容，悠閒舒緩貌。

按：整理者說全誤。《文選·七發》:「於是乃發激楚之結風，揚鄭衛之皓樂。使先施、徵舒、陽文、段干、吳娃、閭娵、傅予之徒，雜裾垂髾，目窕心與，揄流波，雜杜若，蒙清塵，被蘭澤，嬿服而御。」李善注引《列子》:「穆王為中天之臺，鄭衛之處子，施芳澤、雜芷若以滿之。」(《列子·周穆王篇》) 又引《神女賦》:「沐蘭澤，含若芳。」又引《尚書大傳》:「古者后夫人至於房中，釋朝服，襲嬿服，入御於君也。」《文選·神女賦》:「沐蘭澤，含若芳，性和適，宜侍旁。」李善注:「沐，洗也。以蘭浸油澤以塗頭旁，宜侍王旁。」「含芳被澤」指修飾打扮而言，即「雜杜若，被蘭澤」、「施芳澤，雜芷若」之誼，謂以花草之芬芳薰體，以蘭澤之膏塗頭髮也。從容，讀為「從諛」，音轉亦作「從欲」、「屬臾」，奉承貌，即《七發》「御」字之誼。

（19）夫子弗欲登邪（P126）

整理者注：登，通「得」。

〔註84〕參見蕭旭《荀子校補》，花木蘭文化出版社2016年版，第302～303頁。

按：注誤也。上文簡 18「登京（景）夷之臺，以望汝海」云云，歷陳諸樂，此「登」即承「登臺」而言，自當讀如字。

（20）竽瑟陳前，鐘殸（磬）暨（既）張，繆（僚）艾男女，襍坐奄留，六博投枝，相引為曹（P127～128）

整理者注：投枝，即「投壺」，古音可通。《史記・滑稽列傳》：「若乃州閭之會，男女雜坐，行酒稽留，六博投壺，相引為曹。」

按：《淮南子・兵略篇》：「彈琴瑟，聲鍾竽，敦六博，投高壺。」

（21）挾蘆竿，垂芳餌（P128）

整理者注：《類聚》卷 61、《初學記》卷 24 引傅毅《洛都賦》：「垂芳餌於清流，出漩瀨之潛鱗。」

按：《初學記》卷 24 未引《洛都賦》此二句。整理者蓋據《全後漢文》卷 43 鈔錄，彼輯文注出處云：「《類聚》卷 61，又《初學記》卷 24 引三條。」謂《初學記》僅引《洛都賦》三條，彼自不誤。

（22）投與浮汎，以騖鰱鯉（P128）

整理者注：《莊子・外物》：「任公子為大鉤巨緇，五十犗以為餌，蹲乎會稽，投竿東海，旦旦而釣，期年不得魚。」

按：不知引《莊子》何意？「汎」同「泛」。浮泛，指釣浮，今吳語謂之魚浮子。《淮南子・說林篇》：「釣魚者泛杭。」高誘注：「泛，釣浮。」與，猶以也。投與浮泛，言投以魚浮也。

（23）前有昭（沼）沱（池），後有莞蒲，中有州堆，往來復路（P129）

整理者注：復路，即「復道」。《漢書・高帝紀》：「上居南宮，從復道上見諸將往往耦語。」顏師古注引如淳曰：「復，音複。上下有道，故謂之復。」

按：注說非是。沼池、州堆間不得上下有道。「復」即「往來」義，「復路」指往來之路。

（24）〔連〕翅（翅）比翼，棱（接）遝（沓）苛（柯）間（P129）

整理者注：棱遝，相當於「雜遝」，指鳥群密集貌。遝，通「沓」，形容紛繁重疊。苛，通「柯」。「苛間」猶枝幹之間。

按：注者未得「棱遝」之誼。棱遝，讀為「駁遝」，字亦作「駁沓」、「駁踏」，又音轉作「颯沓」、「拉搭」、「獵𤢫」、「獵𤢱」、「翋𦑣」、「䳴鷂」、「獵翋」等〔註 85〕。《廣雅》：「獵𤢱，飛也。」北大漢簡（四）《妄稽》：「吸遝還之。」整理者讀為「駁遝」〔註 86〕，是也。

（25）合蒲苴之數，察逆順之風（P129）

整理者注：蒲苴，古代善弋射者。

按：蒲苴，亦作「蒲且」、「蒱盧」、「蒲蘆」〔註 87〕。合，協調，諧合。

（26）吸呠（納）靈氣（P131）

整理者注：呠，通「納」。

按：「呠」乃「吐」字之誤。戰國文字「立」旁往往用作「土」旁〔註 88〕，此則聲符易用。《篆隸萬象名義》：「㕣，狗呠。」《玉篇》作「㕣，犬吐也」。《篆隸萬象名義》：「咽，呠。」《廣雅》作「咽，吐也」，P.2011《切韻》作「咽，欲吐」。《初學記》卷 17 引周斐《汝南先賢傳》：「母至婚家，因飲酒變吐，順恐中毒，乃嘗其吐。」《法華經玄贊決擇記》卷 2 引「吐」作「呠」。疑東漢已有此誤。「吸吐」謂呼吸吐納，《淮南子・齊俗篇》：「今欲學其道，不得其養氣處神，而放其一吐一吸，時詘時伸，其不能乘雲升假（霞）亦明矣。」

（27）西游昆侖，東觀枎（扶）桑（P131）

整理者注：枎桑，即「扶桑」。

按：字亦作「榑桑」、「枎桑」、「浮桑」，《說文》：「榑，榑桑，神木，日所出也。」《淮南子・覽冥篇》：「朝發榑桑，日入落棠。」高誘注：「榑桑，即扶桑，神木也。」北大漢簡（四）《反淫》：「西游昆侖，東觀枎桑。」張衡《髑髏賦》：「西經昧谷，東極浮桑。」也稱作「榑木」、「扶木」，《山海經・東山經》：「南望幼海，東望榑木。」《淮南子・時則篇》：「榑木之地。」高誘注：「榑木，榑桑。」《御覽》卷 37 引作「扶木」。又《墜形篇》：「扶木在陽

〔註 85〕參見方以智《通雅》卷 6，收入《方以智全書》第 1 冊，上海古籍出版社 1988 年版，第 247 頁。王念孫《廣雅疏證》，收入《廣雅詁林》，江蘇古籍出版社 1992 年版，第 195 頁。

〔註 86〕《北京大學藏西漢竹書（肆）》，上海古籍出版社 2015 年版，第 64 頁。

〔註 87〕參見蕭旭《列子校補》，收入《道家文獻校補》，花木蘭文化出版社 2021 年版，第 199 頁。

〔註 88〕參見劉釗《古文字構形學》，福建人民出版社 2006 年版，第 31 頁。

州，日之所曊。」高誘注：「扶木，扶桑也，在湯谷之南。」「扶」取扶疏布散義，木葉茂盛義〔註 89〕。

（28）夫子何不游於埍（逍）垗（遙），處於大廓（P131）

整理者注：游於逍遙，指自處安閒自得。

按：埍垗，讀為「霄霏」〔註 90〕，字亦作「霄窕」、「睄窕」、「陗搋」，指高遠之處。《廣雅》：「陗、搋，高也。」

（29）𧩙（脩）鐔曲校（P133）

整理者注：𧩙鐔，即「脩鐔」，當指建築物上凸出之飾物。《淮南子·本經訓》：「乃至夏屋宮駕，縣聯房植，橑擔榱題，雕琢刻鏤，喬枝菱阿，芙蓉芰荷，五采爭勝，流漫陸離，脩掞曲挍，夭矯曾橈，芒繁紛挐，以相交持。」高誘注：「脩掞、曲校，皆屋飾也。」

邵永海曰：鐔，劍柄末端與劍身連接處兩旁突出部分，狀如蕈類，亦稱劍珥、劍首等。脩鐔，當指建築物上凸出之飾物。《淮南子·本經訓》作「脩掞曲挍」，高誘注：「皆屋飾也。」「脩掞」亦當依「脩鐔」為訓方合高誘「屋飾」之義〔註 91〕。

按：「𧩙」字圖版作「」，某氏說當改釋為「隨」，讀為「橢」〔註 92〕；某氏說《淮南》「脩」是「隋」的形近誤字，當據《反淫》校正；「掞」、「鐔」音近可通〔註 93〕。《淮南》景宋本、道藏本「挍」作「校」，與此文同，作「挍」乃後世俗字。高誘在「脩掞曲校，夭矯曾橈，芒繁紛挐」三句下注：「皆屋飾也。」不是僅解「脩掞曲校」為屋飾。「夭矯曾橈，芒繁紛挐」是形容詞，然則「脩掞曲校」必亦是形容詞，不是名詞。「脩掞曲校」三句都是描寫屋飾的形狀，故高誘曰「皆屋飾也」。另參見下文「檀樹」條。鐔、掞，讀為覃，《說

〔註 89〕東方朔《海內十洲記》：「扶桑在碧海之中，地方萬里……地多林木，葉皆如桑。又有椹樹，長者數千丈，大二千餘圍。樹兩兩同根偶生，更相依倚，是以名為扶桑。」余不取「兩兩同根偶生，更相依倚」說。

〔註 90〕參見「鳲鳩」說，復旦古文字網 2016 年 6 月 3 日。曹建國說同，又是採用別人成說而不作說明。曹建國《遊道與養生：北大藏簡〈魂魄賦〉讀論》說同，《長江學術》2017 年第 3 期，第 101 頁。

〔註 91〕邵永海《〈反淫〉字詞考釋》，《北京大學藏西漢竹書（肆）》附錄，上海古籍出版社 2015 年版，第 180 頁。

〔註 92〕「老學生」說，復旦古文字網 2016 年 6 月 5 日。

〔註 93〕「紫竹道人」說，《初讀》，簡帛網 2016 年 6 月 22 日。

文》:「覃，長味也。」引申則泛指延長。《爾雅》:「覃，延也。」郭璞注:「謂蔓延相被及。」《廣雅》:「覃，長也。」覃（醰）為味之長，燂為火之長，嘾為含之深，潭為水之深，憛為憂之深，譚謂言之大，驔謂馬腿有長毛，其義一也。長矛為錟，面長為頗，其義亦一也。此文「隨」當據《淮南》作「脩」，即「修」字。脩鐔，猶言修長蔓延。《小爾雅》:「校，交也。」猶言連接。曲校，曲交也。「鐔」指劍珥者，亦取延長為義，《釋名》:「劍……其旁鼻曰鐔。鐔，尋也，帶所貫尋也。」「尋」亦「覃」音轉，猶言延及。非「鐔」有突出義，邵說未考《釋名》，又謂「鐔」狀如蕈類，更是想像之辭，臆說無據。

（30）蹟壇總靁（P133）

整理者注：蹟壇，疊韻聯緜字，蓋指曲折迴旋。總，會聚。靁，通「霤」，屋檐。《文選·魏都賦》:「上累棟而重霤」。

邵永海曰:「蹟壇」為疊韻聯緜字，義為曲折迴旋。與「蹟壇」在語音構造上相關的聯緜字很豐富：盤岸、盤桓、盤旋、盤蜿、槃衍、盤盤〔註 94〕。

按：蹟壇，讀為「漫壇」、「漫澶」，倒言則作「譠謾」、「儃僈」、「亶曼」、「亶漫」、「壇曼」、「壇漫」、「澶漫」、「但曼」等形，《廣雅》:「譠謾，緩也。」蔓延相連、伸展之貌。靁，讀為纍，俗作累。《說文》:「纍，綴得理也。」段玉裁曰:「綴者，合箸也。合箸得其理，則有條不紊，是曰纍。《樂記》曰:『纍纍乎端如貫珠。』此其證也。」〔註 95〕總纍，言聚合。

（31）楡（揄）袂容與（P133）

整理者注：楡袂，即「揄袂」，衣袖下垂。《莊子·漁父》:「被髮揄袂。」《釋文》:「揄，音遙，又音俞，又褚由反，謂垂手衣內而行也。李音投，投，揮也。」容與，從容閒舒貌。

按:「揄袂」當從李頤讀為「投袂」，猶言揮袖，奮袖。揄古音讀投。成玄英疏:「揄，揮也。袂，袖也。」林希逸注:「揄袂，揚袂也。」《說苑·善說》:「於是鄂君子晳乃擒脩袂行而擁之舉繡被而覆之。」《類聚》卷 71 引「擒脩袂行」作「揄袂」，《御覽》卷 771 引作「楡袂」。「擒」是「揄」形誤。「揄袂」絕非垂手衣內、衣袖下垂之義。《史記·貨殖傳》:「揄長袂，躡利屣。」「投袂」、

〔註 94〕邵永海《〈反淫〉字詞考釋》，《北京大學藏西漢竹書（肆）》附錄，上海古籍出版社 2015 年版，第 180～181 頁。

〔註 95〕段玉裁《說文解字注》，上海古籍出版社 1981 年版，第 656 頁。

「奮袂」是秦漢人成語。「容與」為古楚語，是「猶豫」、「猶與」之轉，亦作「容裔」、「溶與」、「溶滴」，閒暇貌。

（32）〔刺〕客來□，蓯蓯，尋杖（丈）為巧（P133）

整理者注：刺，簡文作「」，字有殘損，右從「刀」，疑為「刺」字。蓯蓯，疑即「衝蓯」，疊韻聯緜字，相互糾結貌。《漢書．司馬相如傳下》：「騷擾衝蓯其紛挐兮，滂濞泱軋麗以林離。」顏師古注引張揖曰：「衝蓯，相入貌。」為巧，偽巧。

按：圖版「來」字在簡末，其下並無脫文；「蓯」下作重文號。所謂「杖」字，圖版作「」，當是「枝」字。當「刺客來蓯蓯」為句，「尋枝為巧」為句。「衝蓯」是衝撞義，非其誼。蓯蓯，讀作「總總」，眾多貌。《楚辭．九歌．大司命》：「紛總總兮九州。」王逸注：「總總，眾貌。」又《離騷》：「紛總總其離合兮。」王逸注：「總總，猶僔僔，聚貌。」字亦作㩰，《玉篇》：「㩰，眾貌。」《廣韻》：「㩰，眾立。」尋枝，猶言緣枝〔註96〕。「為」讀如字。刺客，指擊劍之客。此描寫劍客之技，能攀緣高枝，故云「為巧」，言為其巧技也。

（33）檀榭（輿）棘㮣，接措（錯）交橫（P133）

整理者注：檀榭，疑即「檀輿」，即檀車。㮣，蓋從「己」得聲，則字與「棘」雙聲，且之職對轉，「棘㮣」當是聯緜字，或即眾多之義。

按：「榭」當即「紆」字，涉上字「檀」而增木旁。檀紆，讀為「盤紆」，盤曲糾結貌。《史記．司馬相如傳》《子虛賦》：「雲夢者方九百里，其中有山焉，其山則盤紆茀鬱，隆崇嵂崒。」字亦音轉作「蟠紆」、「繙紆」，五臣本《文選．長笛賦》：「蚡緼蟠紆，繵冤蜿蟺。」李善本作「繙紆」，注云：「蚡緼繙紆，聲相糾紛貌。繵冤蜿蟺，盤屈搖動貌。」此以「檀紆」狀屋飾之形。《淮南子．本經篇》：「木巧之飾，盤紆刻儼。」高誘注：「盤，盤龍也。紆，曲屈貌。刻儼，浮首，虎頭之屬。皆屋飾也。」此以「盤紆」狀屋飾之形，故高誘亦曰「皆屋飾也」。「棘㮣」當狀屋飾交接之形，其名義待考。

（34）處大廓之究（P135）

整理者注：究，極也。《漢書．蕭望之傳》：「恐德化之不究。」顏師古注：「究，竟也，謂周徧於天下。」《淮南子．精神訓》：「處大廓之宇，游無極之

〔註96〕《淮南子．齊俗篇》：「峻木尋枝。」此「尋」是「覃」音轉，尋枝猶言長枝。

野。」郭璞注：「廓，虛也。」

按：究訓極非其誼，引《漢書》不切。《淮南子》此篇是高誘注，非郭璞注。究，讀為高。大廓之究，猶言太虛之高。

北大漢簡（伍）校補

《北京大學藏西漢竹書（伍）》包括《節》、《雨書》、《揕輿》、《荊決》、《六博》五篇〔註1〕，其中《雨書》由陳蘇鎮作釋文注釋，《荊決》由李零作釋文注釋，另三篇由陳侃理作釋文注釋。茲據以作校補，本文所引整理者的說法，有的部分有節省。

（1）雷戒（駴）執（蟄）（《節》，P39）

整理者注：戒執，即「駴蟄」。駴，擂鼓。「駴蟄」與「驚蟄」相對，指秋雷驚駭蟄蟲，令其伏匿。《淮南子·天文》云「秋分，雷戒蟄」，與此同。

按：「戒蟄」不辭，注說非是。此簡有脫誤，當據《淮南子·天文篇》作「秋分，雷戒，蟄蟲北鄉」。王念孫曰：「『戒』當為『臧』，字之誤也。臧，古藏字。『秋分，雷藏』與上文『春分，雷行』相應。《時則篇》云『八月雷不藏』，是其證也。且『臧』與『鄉』為韻，若作『戒』，則失其韻矣。」〔註2〕王說得其義矣，但「戒」字不誤，《淮南》此處亦非韻語（上文「春分雷行」即無韻語）。《淮南子·時則篇》：「二月失政，八月雷不藏……五月失政，十一月蟄蟲冬出其鄉。」寫失政的後果，正是「雷藏，蟄蟲北鄉」的反面之筆。《呂氏春秋·仲秋紀》：「是月也，日夜分，雷乃始收聲，蟄蟲俯戶。」《禮記·月令》作「是月也，日夜分，雷始收聲，蟄蟲坏戶」，《淮南子·時則篇》作「是月也，雷乃始收，蟄蟲培戶」，《類聚》卷3引《周書時訓》作「秋分之

〔註1〕《北京大學藏西漢竹書（伍）》，上海古籍出版社2014年版。

〔註2〕王念孫《淮南子雜志》，收入《讀書雜志》卷12，中國書店1985年版，本卷第101頁。

日，雷乃始收，後五日，蟄蟲坯戶。」俯、坏、坯、培，並讀為坿，增益。《呂氏》及《月令》「聲」字是衍文，《初學記》卷3、《周禮·考工記·韗人》賈公彥疏引《月令》並無「聲」字。《易緯通卦驗》卷下：「秋分，風涼慘，雷始收。」鄭康成注：「收，藏也。」《易·隨》《集解》引《九家易》：「八月之時，雷藏於澤。」以上皆「秋分雷藏」的記載。簡文及《淮南》之「戒」，當讀為閡。《說文》：「閡，外閉也。」引申則為閉藏義。《集韻》：「閡，藏塞也。」《漢書·律曆志》：「該臧萬物而雜陽閡種也。」顏師古注引孟康曰：「閡，臧塞也。陰雜陽氣臧塞，為萬物作種也。」又引晉灼曰：「外閉曰閡。」蟄蟲北鄉，即《淮南》「蟄蟲冬出其鄉」之誼，北大漢簡（伍）《雨書》簡20「蟄蟲冬行」，義同。

（2）御雷公戰，中折其兵，司馬不得其鄉（嚮）（《節》，P41）

按：「御」字某氏改釋作「迎」〔註3〕。「鄉」讀如字。疑「其鄉」上脫「反（返）」字。謂士卒損折一半，司馬死於外不得返也。

（3）春為牝陳，矛為前行。夏為方陳，弩為前行。六月為員（圓）陳，劍為前行。秋為牡陳，戟為前行。冬為從（縱）陳，杸（殳）為前行（《節》，P41）

整理者注：《五行大義》引《周官》云：「春為牡陳，弓為前行。夏為方陳，戟為前行。六月為圓陳，矛為前行。秋為牝陳，劍為前行。冬為伏陳，楯為前行。」《書鈔》卷175「五陣」條、《御覽》卷301引《周書》略同。

按：《書鈔》引見卷117，非卷175（《書鈔》凡160卷）。《書鈔》、《御覽》引並作「春牝」、「秋牡」，與簡文同，《五行大義》卷4《論治政》引《周官》則「牝」、「牡」誤倒。

（4）不可塞污滿（壑）井窌（窖）（《節》，P43）

整理者注：污，同「洿」。《說文》：「洿，濁水不流也。」滿，同「壑」。《墨子·明鬼下》有「注之污壑而棄之」之語。《淮南子·原道》：「蹪蹈於污壑穽陷之中。」高誘注：「污壑，大壑。」

按：讀滿為壑是也，《淮南子》高誘注「壑讀『赫赫明明』之赫」，亦當

〔註3〕「補白」《關於〈北京大學藏西漢竹書〔伍〕〉釋文注釋的幾點意見》，復旦古文字網2015年11月14日。

徵引。壑，溝也，坑也。「污」同「汙」，所引《墨子》，各本皆作「汙壑」。汙，讀為窊。《說文》：「窊，污衺下也。」字或作洿，《說文》：「洿，一曰窳下也。」低洼曰汙，低洼之處亦曰汙。《莊子．齊物論》：「似洼者，似污者。」簡 40：「利塞下，闐（填）污滿（壑）。」「下」即指污壑。簡 53：「為污池。」污亦汙下之義。朱駿聲則謂《淮南》污借為夼，以申高注訓「大壑」〔註 4〕，《說文》：「夼，大也。」

（5）農夫毋休禦（御）、灰瘳（瞜）菆菅、弋邋（獵）羅罔（網）（《節》，P43）

整理者注：禦，同「御」，治理。瘳，同「瞜」，《說文》：「瞜，燒種也。」灰瞜謂燒草為灰。《呂氏春秋．上農》有「澤人不敢灰僇」，「僇」亦同「瞜」。《禮記．月令》云，仲夏之月「毋燒灰」。菆菅，割取茅草。

按：整理者謂《呂氏》僇讀為瞜，乃襲取王念孫說而不作說明〔註 5〕。然「瞜」指燒草火種，非其誼，王說非也。整理者謂灰瞜指燒草為灰，亦不全面。僇、瘳，讀為燎。灰者燒草為灰，燎者燎木為炭，是二事。《淮南子．本經篇》：「燎木以為炭，燔草而為灰。」是其確證〔註 6〕。

（6）丙丁雨，戊己霽，不乃壬癸為溓（《雨書》，P84）

高一致曰：溓，整理者無說，有恬靜義……「為溓」應當與「霽」義近，也指雨停之意〔註 7〕。

按：溓，讀為斂。言戊己雨霽，不霽則壬癸為之收斂。

（7）若皆在歲後，唯利獨寠（《揕輿》，P139）

整理者注：寠，《說文》云「無禮居也」，蓋指貧陋而居。此處「獨寠」的含義未詳。

按：「獨寠」是疊韻聯緜詞，引《說文》不當。馬王堆帛書《陽陽五行》甲篇：「……唯利蜀寠。」帛書又一殘片作「蜀宭」。「蜀寠（宭）」、「獨寠」是

〔註 4〕朱駿聲《說文通訓定聲》，武漢市古籍書店 1983 年版，第 421 頁。

〔註 5〕王念孫《管子雜志》，收入《讀書雜志》卷 8，中國書店 1985 年版，本卷第 33 頁。王利器治《呂氏》，曾引過王說，整理者蓋即據其書而襲作己說。王利器《呂氏春秋注疏》，巴蜀書社 2002 年版，第 3061 頁。

〔註 6〕以上參見蕭旭《呂氏春秋校補》，花木蘭文化出版社 2016 年版，第 465～466 頁。

〔註 7〕《北大漢簡〈雨書〉初讀》，簡帛網 2015 年 11 月 24 日。下引省稱作「《初讀》」。

「獨鹿」音轉。簡文蓋運轉之義〔註8〕。

（8）吉日嘉時，登高曲（矚）望，相須〈焉〉以色（《荊決》，P171）

整理者注：此卦，《日・荊》作「吉日駕（嘉）之（時），〔登〕高曲（矚）望，相焉以色」。下丑卦有「道路曲望」，「曲望」讀矚望。「相」是相法之相。「須」是「焉」之誤。這裏指相之以色。

某氏曰：「曲」有「周」、「遍」義……「曲望」猶言周望、四望〔註9〕。

王寧曰：「曲」疑當讀「候」〔註10〕。

按：曲，讀為眲，字亦作瞿、瞿，左右驚視也。須，讀為胥，胥亦相也，猶言觀察。登高瞿然而望，故相之以色也。下丑卦「道路曲望，美人不來」，言其失望之至也。

（9）〔翩翩〕蜚（飛）鳥，止陽〔之〕枝（《荊決》，P172）

整理者注：此卦，《日・荊》作「介介非（飛）鳥，止陽之枝」。卯卦有「介〔介〕（靄靄）者雲」，「介介」是形容雲，疑文有誤，當作「翩翩飛鳥」。下卯卦《日・荊》對應簡文有「漏漏（翩翩）非（飛）鳥」，未卦有「偏偏（翩翩）蜚（飛）鵠」。

按：「介介」可形容雲，亦可形容鳥，二者不同源。狀鳥者，用力鳴叫聲，讀為「吤吤」、「嘎嘎」。言嘎嘎鳴叫的飛鳥歇止在向陽的樹枝上。

（11）勞心將死，人莫之智（知）（《荊決》，P175）

按：勞，憂愁、痛苦。字亦作癆，《廣雅》：「癆，痛也。」

（12）有隱者（《荊決》，P175）

整理者注：「隱」可訓痛。《日・荊》作「有意者」。「隱」字右半與「意」相似，「意」是訛寫。

按：意、隱一聲之轉。「意」非訛寫。訓痛本字作「慇」。

（13）〔吾召不來，或為是〕根（恨）（《荊決》，P175）

〔註8〕參見蕭旭《馬王堆帛書〈陰陽五行〉甲篇校補》。

〔註9〕「補白」《關於〈北京大學藏西漢竹書〔伍〕〉釋文注釋的幾點意見》，復旦古文字網2015年11月14日。

〔註10〕王寧《讀北大漢簡（伍）〈荊決〉札記》，復旦古文字網2015年11月30日。

整理者注：或為是根，讀「或為是恨。」

王寧曰：「根」疑當讀「艱」〔註 11〕。

按：根，讀為佷，違戾不從。

（14）海有琅干（玕），南山有時（植）（《荊決》，P175）

整理者注：南山有時，《日・荊》作「每（海）有琅玕，南山有直」。「時」、「直」並當讀為植。這裡是把山中琅玕當成海中珊瑚的移植物。

按：「琅玕」又稱作「石闌干」、「石欄干」。「琅干（玕）」轉語作「闌干」。《莊子・齊物論》《釋文》引向秀曰：「孟浪，音漫瀾，無所趣舍之謂。」此「琅」讀「闌」之證。「琅玕」之為物，據《證類本草》卷 5 引《圖經》、《本草綱目》卷 8，或謂石形似珠，或謂石之美者明瑩若珠之色，或謂象珠之聲，說雖不同，要皆以珠為其喻體。《山海經・海內西經》：「服常樹，其上有三頭人，伺琅玕樹。」郭璞注：「琅玕子似珠。」其子似珠，故樹亦名「琅玕」。《說苑・善說》：「孟嘗君涕浪汗增欷，而就之曰。」一本「汗」作「汙」。盧文弨曰：「浪汗，與『琅玕』同，猶闌干也。舊『浪汙』訛。」程瑤田與盧說同，又指出即《海賦》之「瀾汗」〔註 12〕。《隸釋》卷 5 漢《成陽令唐扶頌》：「君臣流涕，道路琅玕。」又卷 22 後漢《唐君碑》亦有此語。朱駿聲曰：「按：（琅玕）猶言闌干也。琅、闌雙聲字。」〔註 13〕《吳越春秋・勾踐入臣外傳》：「言竟掩面，涕泣闌干。」上四例，「浪汗」、「琅玕」、「闌干」狀眼淚似圓珠。鮑照《冬至詩》：「長河結瓓玕，層冰如玉岸。」《記纂淵海》卷 2 引作「琅玕」，《海錄碎事》卷 3 引作「闌干」，《錦繡萬花谷》前集卷 4 引作「欄干」，此「瓓玕」言冰珠。

（15）有人將至，甚好〔以良。笑言夷色，美人夕（懌）極〕（《荊決》，P175）

整理者注：「甚好」以下，據《日・荊》補。「夷」同「恞」，是喜悅的意思。美人夕極，疑讀「美人懌極」，「懌」是快樂的意思。

〔註 11〕王寧《讀北大漢簡（伍）〈荊決〉札記》，復旦古文字網 2015 年 11 月 30 日。

〔註 12〕盧文弨《群書拾補》，收入《續修四庫全書》第 1149 冊，上海古籍出版社 2002 年版，第 421 頁。程瑤田《釋蟲小記》，收入《程瑤田全集》第 3 冊，黃山書社 2008 年版，第 291 頁。

〔註 13〕朱駿聲《說文通訓定聲》，武漢市古籍書店 1983 年版，第 729 頁。

王挺斌曰：「夕」讀為「豫」，解釋為安樂、快樂之義，則較為直接〔註 14〕。

按：整理者及王挺斌理解「夕極」寫美人的心情，二讀皆通。余謂「夕極」寫美人的容色，夕讀為奕，俗字亦作弈。《方言》卷 2：「奕、僷，容也。自關而西，凡美容謂之奕，或謂之僷，宋衛曰僷，陳楚汝潁之閒謂之奕。」郭璞注：「奕、僷，皆輕麗之貌。」

（16）問亡人，在方中者，不出惑（國）中，得（《六博》，P210）

按：惑，讀為域。「域中」指這人的生活範圍而言。

〔註 14〕王挺斌《讀北大漢簡〈荊決〉短札（一則）》，清華大學出土文獻研究與保護中心網站，2016 年 5 月 23 日。

馬王堆漢墓簡帛校補

馬王堆帛書《周易》經傳校補

馬王堆帛書《周易》經傳的釋文收錄於《長沙馬王堆漢墓簡帛集成》第3冊〔註1〕，《易傳》包括《二三子問》、《繫辭》、《衷》、《要》、《繆和》、《昭力》六篇。茲據《集成》所作的釋文為底本作校補，整理者的說法稱作「新注」，新注所引「張注」指張政烺說（張氏曾參考于豪亮的說法）。本文參考丁四新《楚竹簡與漢帛書〈周易〉校注》〔註2〕，下文引丁說而未另列出處者，皆指《校注》。

一、馬王堆帛書《周易》校補

（1）夕沂〈泥〉若（P12）

新注：張注：「『夕』下一字，右下角殘損，據卷後佚書《二三子問》引文知是『泥』字，此字王弼本作『惕』，『泥』與『惕』古音相近，可以通假。」今按：《二三子問》16上、16下兩見的「夕泥若」之「泥」字，仍是與此相同，寫作「沂」形的；而本篇31下之「泥」字則作「沂」形。秦倞據此認為「『沂』、『泥』形音俱近」。（P13）

丁四新曰：沂亦讀作泥。（P191）

〔註1〕《長沙馬王堆漢墓簡帛集成》第3冊，中華書局2014年版，第12～38、40～162頁。

〔註2〕丁四新《楚竹簡與漢帛書〈周易〉校注》，上海古籍出版社2011年版。

按：帛書《衷》26 上引亦作「沂」。「沂」當是「泥」音轉字，非形誤。本篇 31 下指《辰（震）》「辰（震）遂沂」。本篇 22 下《襦（需）》「襦（需）于沂」，王弼本作「泥」，楚簡本作「坭」，亦同。丁四新說是也，相通之證另詳〔註 3〕。古音「泥」讀同「寧」，乃「惕」音轉字。本篇 5 上《訟》「洫寧」，王弼本作「窒惕」。

（2）〔艮其限〕，戾其肥（？），厲熏（薰）心（P16）

新注：張注：「肥，從肉巳聲，與『肥』字形不同。王弼本作『夤』。《廣韻》『寅』字讀『以脂切』，故『夤』、『肥』可以通假。《釋文》云：『夤，馬云：夾脊肉也。鄭本作臏。』『肥』或即『臏』之異體字。」今按：此說可疑，待考。（P16）

丁四新曰：戾，楚簡本作「㓹」，今本作「列」，《集解》作「裂」。「㓹」乃籀文「銳」字。「㓹」、「戾」均讀作列，聲通。肥，楚簡本作「衠」，今本作「夤。「肥」、「衠」均讀作夤，聲通。「夤」通作「臏」。（P226）

按：《韓詩外傳》卷 2 引作「列其夤」，同王弼本。《說文》：「胂，夾脊肉也。從肉，申聲。」《繫傳》：「《易》云：『艮其限，裂其寅。』『寅』即當此『胂』字。」丁氏讀戾為列，是也，俗作裂。楚簡本實作「㓹」，同「㓹」、「銳」，讀為列，音轉亦作隋。《說文》：「隋，裂肉也。」（《六書故》卷 12「䏍」字條引唐李陽冰本《說文》「裂」作「列」）此是聲訓。字亦作墮，《漢書．賈誼傳》：「迺墮骨肉之屬而抗剄之。」又《蒯通傳》：「披心腹，墮肝膽。」顏師古注並曰：「墮，毀也。」謂毀裂，亦是聲訓。字亦作隳，《文選．廣絕交論》：「隳膽抽腸。」五臣本「隳」作「墮」。「衠」同「胤」，同音借為「寅」，實為「胂」。「肥」即「肥」字，當作「胂」，疑涉上文「根（艮）其肥」而誤書。

（3）良馬遂，利根（艱）貞（P16）

新注：張注：「遂，王弼本作『逐』。帛書常以遂為逐，此處似『遂』字義長。」（P16）

丁四新曰：遂，阜本同，楚簡本作「由」，今本作「逐」。《釋文》：「鄭本作『逐逐』，云：『兩馬走也。』姚云：『逐逐，疾並驅之貌。』一音胄。」案：據簡本、帛本，鄭本、姚本疊「逐」字，非是。「遂」乃「逐」之混用字。「由」

〔註 3〕參見蕭旭《變音複合詞舉證》。

亦讀作「逐」。《說文》:「逐，追也。」(P230)

按：敦煌寫卷 P.2530 同王弼本作「逐」。丁說「由」讀作逐，是也，但引《說文》逐訓追，則非是。據楚簡本作「由」，則帛書及阜本「遂」是「逐」形誤。新注取張說，非是，「遂」字無義。《易·睽》:「喪馬勿逐，自復。」楚簡本「逐」亦作「由」。古音「逐」、「由」相轉，讀為䍃，《說文》:「䍃，跳也。」䍃、跳、躍一聲之轉。又音轉作踰、趟，「踰」古音讀遙(搖)。《玉篇》:「趟，馬跳也。」趟、跳亦一聲之轉。又音轉作陸(坴、騼、踛)，亦跳躍疾驅義。《方言》卷 11:「馬蚿，北燕謂之蛆蟝，其大者謂之馬蚰。」《埤雅》卷 10 引「馬蚰」作「馬陸」。《廣雅》:「蛆蟝、馬蜒，馬蚿也。」《御覽》卷 948「馬蚿」條引《本草經》:「馬陸，一名百足。」又引《吳氏本草經》:「一名馬軸。」「軸」即「蚰」。《莊子·馬蹄》:「(馬)翹足而陸。」《釋文》:「司馬云:『陸，跳也。』《字書》作『騼』。騼，馬健也。」石鼓文《鑾車》:「趍趍弆馬。」「弆」即「坴」。《易》之「馬逐」，即「馬陸(坴)」、「馬跳」、「馬躍」也。漢《桂陽太守周憬功勳銘》:「其下注也，若奔車失轡，狂牛無縻，□勿㠩忽，臚脭不相知。」又「脭老唱兮臚人歌。」黃生曰:「『脭臚』即『舳艫』，然字書無『舳』字。郭璞《江賦》『舳艫相屬。』注:『舳，船後持舵處。艫，船頭刺棹處。』此文亦似言舟行失利，前後不相知。而『舳』與『舳』形聲並遠，無緣假借。」其說「脭臚」當作「舳艫」，即「舳艫」，均是也，但說「舳、舳形聲並遠，無緣假借」則誤，其族孫黃承吉正之，云:「『舳』與『舳』正是屋、沃部切近之曲聲。」〔註 4〕惠棟亦謂「『艫舳』亦作『臚脭』」，桂馥亦謂「舳或作脭」〔註 5〕。

(4)〔束〕白(帛)戔戔(P18)

丁四新曰:戔戔，今本同，《釋文》:「在干(引者按:當作『千』)反。馬云:『委積貌。』薛、虞云:『禮之多也。』又音牋。黃云:『猥積貌。一云顯見貌。』《子夏傳》作『殘殘』。」案:「殘殘」即「戔戔」。黃云「猥積貌」即

〔註 4〕黃生《義府》卷下，黃生、黃承吉《字詁義府合按》，中華書局 1954 年版，第 232～233 頁。黃承吉又說「舳艫」即「鹿盧」轉語，則誤。舳之言陸也，跳躍義，言其船在水中奔突，如陸上之馬跳陸。艫之言盧也。「舳艫」與「鹿盧」無涉。附識於此。

〔註 5〕惠棟《惠氏讀說文記》，桂馥《說文解字義證》，並收入丁福保《說文解字詁林》，中華書局 1988 年版，第 8585～8586 頁。

是「委積貌」。又，「顯見貌」與「委積貌」義通。（P251～252）

按：丁四新說是也，但未明「戔戔」訓委積貌之緣由。戔戔、殘殘，讀為儳儳，參差不齊貌，故訓委積貌、顯見貌，又以狀禮之多也。字亦作「賤賤」，睡虎地秦簡《封診式》：「其頭所不齊賤賤然。」「賤賤」正不齊貌。字亦作「琖琖」，《隸續》卷11漢《膠東令王君廟門碑》：「束帛有琖。」「有琖」即「琖琖」。字或作「諓諓」、「淺淺」，狀巧言之貌。

（5）三歲不遂〈逐（覿）〉（P24）

新注：張注：「帛書中『逐』字多書作『遂』，疑此亦『逐』字，假作『覿』。」（P24）

丁四新曰：遂，楚簡本、今本作「覿」。案：《說文》無「覿」字，《新附》有之，云：「覿，見也。」「遂」為「逐」之譌混字。「逐」通「覿」，音通。（P347）

按：「逐」古音笛，與「覿」同音通借。《爾雅》：「覿，見也。」小徐本《說文》：「儥，見也。」（大徐本「見」誤作「賣」）丁氏失考。劉信芳謂「覿」、「遂」相通〔註6〕。顏世鉉指出張氏改作「逐」沒有必要，謂「遂」讀為「逐」（不必認作誤字），也讀為「覿」〔註7〕，此說可信。

（6）日禝（稷／稷——昃）之羅（離）（P31）

新注：張注：「禝，王弼本作『昃』。按『禝』見漢《靈台碑》『日禝不夏』，或從禾，見《造橋碑》『□□日稷』，乃『稷』之異體。其作『稷』見《郙閣碑》『劬勞日稷兮』，皆讀為昃。」（P32）

按：準確地說，「禝」是「禝」形誤，「稷」是「稷」形誤，「稷」、「禝」是異體字，並讀為側。依據整理的體例，圓括號當改作尖括弧，作「〈禝／稷（側）〉」。張家山漢簡《脈書》：「心與脅痛，不可以反瘦。」「瘦」亦「瘦」形誤，讀作側〔註8〕。古音「畟」、「側」同。「畟塞」又作「側塞」，是其比也。《易・豐》彖曰：「日中則昃。」《釋文》本作「昃」，云：「昃，如字，孟作稷。」「昃」同「側」。馬王堆帛書《陰陽十一脈灸經》甲本「〔不〕可以反稷」，帛書乙本「稷」作「則」。《史記・秦本紀》「（秦）昭襄王。」，《索隱》：

〔註6〕劉信芳《楚簡帛通假彙釋》，高等教育出版社2011年版，第160頁。

〔註7〕顏世鉉《秦簡牘詞語釋讀二則》，《第五屆古文字與古代史國際學術研討會論文集》，臺灣中央研究院歷史語言研究所2016年1月25～27日，第350～351頁。

〔註8〕參見《張家山漢墓竹簡〔247號墓〕》（釋文修訂本），文物出版社2006年版，第120頁。

「名則，一名稷。」《御覽》卷 81 引《尚書中候考河命》:「舜至于下稷，榮光休至。」注:「稷，讀曰側下之側。」《初學記》卷 6 引《尚書中侯》:「至于下稷，赤光起。」宋均注:「稷，讀曰側。」《文選·赭白馬賦》李善注引宋均注:「稷，側也。」《史記·田敬仲完世家》:「齊稷下學士復盛。」《索隱》引《齊地記》:「齊城西門側，系水左右有講室，趾往往存焉。」《索隱》曰:「蓋因側系水出，故曰稷門。古側、稷音相近耳。」《吳越春秋·夫差內傳》:「不知螳蜋超枝緣條，曳腰聳距，而稷其形。」宋本「稷」作「稯」。孫詒讓曰:「稷當讀為側，『側』、『稷』聲近，叚借字。」〔註 9〕此皆「側」、「畟」同音之證。

(7)〔得〕其溍（資）斧，我心不快（P33）

丁四新曰:溍，帛書《昭力》同，漢石經作「齊」，今本作「資」。《釋文》:「資斧:《子夏傳》及眾家並作『齊斧』。張軌云:『齊斧，蓋黃鉞斧也。』張晏云:『整齊也。』應劭云:『齊，利也。』虞喜《志林》云:『齊當作齋，齋戒入廟而受斧。』」案:本爻「〔得〕其溍斧」與六二「壞其茨」相對，「溍」、「茨」異字，則「溍」不當仍讀作「資」。「溍」、「資」當讀作「齊」。宋翔鳳《考異》疏通較詳（引者按:見卷下〔註 10〕）。齊斧，《釋文》錄有四義，未知孰是。王弼注:「斧所以斫除荊棘，以安其舍也。」此似訓資為利。《後漢書·杜喬傳》:「古（引者按:當是『故』字）陳資斧而人靡畏。」李賢注引《前書音義》:「資，利也。」李富孫《異文釋》:「段氏曰:『《說文》:「鍗，利也。」《子夏傳》作齊。應劭云:「齊，利也。」然則鍗為正字，齊為叚借字。』」(引者按:見卷 4〔註 11〕)。今姑從此說。(P443)

按:《周易釋文》張晏語「整齊也」未明晰，蓋有脫文。《文選·檄吳將校部曲》李善注、《西溪叢語》卷上引張晏語作「斧鉞也，以整齊天下」。《漢書·敘傳》:「雖戒東南，終用齊斧。」顏師古注引張晏曰:「齊斧，越（鉞）斧也，以整齊天下也。」〔註 12〕《易·巽》:「喪其資斧。」帛書本《周易》亦作「溍斧」，漢石經、《漢書·王莽傳》引俱作「齊斧」。「資」、「齊」音轉，

〔註 9〕孫詒讓《札迻》卷 3，中華書局 1989 年版，第 85 頁。

〔註 10〕宋翔鳳《過庭錄》卷 3《周易考異》卷下，中華書局 1986 年版，第 50～51 頁。

〔註 11〕李富孫《易經異文釋》卷 4，收入《皇清經解續編》卷 542，上海書店 1988 年版，第 2 冊，第 1324 頁。

〔註 12〕「越」是「鉞」同音誤字，《類聚》卷 14 引徐陵《文帝哀策文》:「鉞斧將戒，璁珩未鳴。」

其字義《釋文》列四說。《文選·檄吳將校部曲》：「要領不足以膏齊斧。」李善注引《漢書音義》引服虔曰：「《易》曰『喪其資斧』，未聞其說。」是漢人已不知其義矣。方以智曰：「齋斧，齋戒受斧也。典故始於北魏，然實因附會齋斧之《易》說也，《魏志》：『凡將出，必齋戒，之廟受斧，故名齋斧。』本因『資斧』或作『齋斧』，故沿立此名。《釋文》云云，因此附會之說，北朝耳食而立事制，遂為典故出處，天下可笑者，寧止此一端邪？」〔註13〕方氏已指斥「齋戒受斧」之說為附會。另有數說：宋胡瑗《周易口義》卷9解作「資貨」，宋李光《讀易詳說》卷9解作「資財器用」，宋沈該《易小傳》卷6解作「財」，宋朱震《漢上易傳》卷6解作「得其資以為利」，宋人多主此說。焦循曰：「資之訓為貨財，貨財亦利也。然則『齊斧』、『資斧』、『利斧』一也。資斧之資，即『懷其資』之資。」〔註14〕高亨曰：「『資』既從貝，當指貝屬而言也。斧當讀為布……斧指銅幣之斧而言也。」〔註15〕清人多主應劭「齊，利也」之說，王筠、徐灝亦從段玉裁說〔註16〕。惠士奇曰：「『資斧』一作『齊斧』，齊之言劑也，齊斧，所以劑斷也。」〔註17〕朱駿聲曰：「齊，叚借為劑、為銻。」朱氏又曰：「銻，《易·旅》『得其資斧』，各家作齊，以資、以齊為之。」朱氏又曰：「資，叚借為劑、為銻。」〔註18〕朱氏兼用惠說、段說。李春桃讀「資斧」為「質斧」、「質鈇」，蘇建洲從其說〔註19〕。諸說惟張晏「整齊」說得「齊」字之誼，但不是「整齊天下」之義。齊，整肅也，莊敬也，此「整齊」之引申義，後出字亦作齋〔註20〕。《爾雅》：「齊，壯也。」

〔註13〕方以智《通雅》卷25，收入《方以智全書》第1冊，上海古籍出版社1988年版，第810頁。

〔註14〕焦循《易通釋》卷12，收入《續修四庫全書》第27冊，上海古籍出版社2002年版，第329頁。

〔註15〕高亨《周易古經今注》卷4，中華書局1984年版，第326～327頁。

〔註16〕王筠《說文解字句讀》，中華書局1988年版，第571頁。徐灝《通介堂經說》卷7，收入《續修四庫全書》第177冊，上海古籍出版社2002年版，第61頁。

〔註17〕惠士奇《易說》卷6，收入景印文淵閣《四庫全書》第47冊，臺灣商務印書館1986年初版，第747頁。

〔註18〕朱駿聲《說文通訓定聲》，武漢市古籍書店1983年版，第572、614、616頁。

〔註19〕李春桃《傳抄古文綜合研究》，吉林大學2012年博士學位論文，第234～235頁。蘇建洲《新訓詁學》，五南圖書出版股份有限公司2016年第2版，第370～371頁。

〔註20〕《禮記·祭統》：「及時將祭，君子乃齊。齊之為言齊也，齊不齊以致齊者也。」上二「齊」字用如「齋」，「齋」即「齊」後出分別字。或謂「齊」訓肅，乃「齋」借字，傎矣。

「壯」同「莊」。《國語・周語下》：「外內齊給，敬也。」韋昭注：「齊，整也。」《賈子・禮容語下》「齊」作「肅」。古書複合詞「齊肅」、「齊敬」甚多，皆取此義。「齊」音轉則作「資」。斧有肅殺之威，故稱作「齊斧」。張軌謂「黃鉞斧」亦得之，指以黃金所飾之斧，飾金亦所以狀肅殺。胡紹煐曰：「謂之齊者，取整齊之義，故又謂之蕭斧。《魏都賦》：『蕭斧戢柯以柙刃。』蕭，肅也，『肅』與『齊』義同。《左文二年傳》注：『齊，肅也。』《楚語》：『明齊整以耀之臨。』『齊肅』連言可證。」〔註21〕「蕭斧」出《說苑・善說》：「譬之猶摩蕭斧而伐朝菌也。」段玉裁曰：「『蕭』亦與『肅』同音通用。『蕭牆』、『蕭斧』皆訓肅。」〔註22〕朱亦棟曰：「《論語》『蕭牆』注：『鄭元（玄）曰：蕭之言肅也。』則蕭斧當亦為肅殺之義也。」〔註23〕三氏說皆是矣。帛書作「溍」，又「資」字音轉，《禮記・緇衣》：「資冬祈寒。」鄭玄注：「資當為至，齊、魯之語聲之誤也。」郭店簡《緇衣》簡10「資」作「晉」。「溍」、「齊」亦音轉，《易・晉》之「晉」，帛書作「溍」，《釋文》：「晉，孟作齊。」「晉」為「臸」隸省，從臸從日，楚簡或借「臸」為「晉」字；「臸」從二至，至亦聲，故音相亂也。

（8）見車恝，其牛諜（P33）

新注：張注：「恝讀為契，義為缺。諜，即『詍』字，在此讀為遝，前頓也。王弼本作『見輿曳，其牛掣』，《釋文》云：『曳，以制反。掣，昌逝反，鄭作犎，云：「牛角皆踊曰犎。」徐市制反。《說文》作𢧵，之世反，云：「角一俯一仰。」子夏作契，傳云：「一角俯（引者按：《釋文》原文『俯』作『仰』）也。」』按『恝』可假為『犎』（即『掣』），『諜』可假為『曳』。王弼本與帛書本用字相通，而二字位置互易，蓋抄寫時筆誤。」〔註24〕（P34）

于豪亮曰：恝疑借作折，諜字即抴字，與「曳」通。故「見車恝」即「見車折」，「其牛諜」即「其牛曳」。帛書、通行本字義各不相同〔註25〕。

韓自強曰：證之阜《易》，帛書「見車恝，其牛諜」句中的「恝」、「諜」

〔註21〕胡紹煐《文選箋證》卷29，黃山書社2007年版，第775頁。
〔註22〕段玉裁《說文解字注》，上海古籍出版社1981年版，第35頁。
〔註23〕朱亦棟《群書札記》卷16，收入《續修四庫全書》第1155冊，上海古籍出版社2002年版，第209頁。
〔註24〕引者按：所引張注見張政烺《馬王堆帛書周易經傳校讀》，中華書局2008年版，第89頁。
〔註25〕于豪亮《帛書〈周易〉》，《文物》1984年第3期，第20頁。

二字顯係前後顛倒〔註 26〕。

丁四新曰：挈，楚簡本作「遏」，阜本作「渫」，今本作「曳」。案：帛本「挈」與下「諜」字互倒。《六十四卦校勘記》云云（引者按：即指張注），饒宗頤、韓自強說同（鄭玉珊亦同意韓說）。諜、渫、遏、曳四字均屬月部，聲通。《說文》：「遏，微止也。曳，臾曳也。」遏、曳義近。諜，楚簡本作「犮」，阜本作「絜」，《集解》作「犎」，今本作「掣」。案：「諜」與上「挈」字互倒。挈、犮、絜、掣四字聲通。其字，義當從許、鄭，本字作「犎」。（P446～447）

丁四新又曰：遾（原釋作『遏』，徐在國、李零等認為當釋作『遾』，即『轍』字），帛本作「挈」，阜本作「渫」，今本作「曳」。案：「遾」即「轍」字。帛本「挈」與下「諜」字互倒。輒（引者按：當作『轍』）、諜、渫、曳四字俱屬月部，同屬舌音，故四字相通。諜、渫讀作抴，音近義同。「遾（轍）」字當讀作「抴」或「曳」。」（P99～100）

顏世鉉曰：上博楚竹書作「見車遏，其牛犮（掣）」，阜陽漢簡本作「見車渫，其牛絜」，今本作「見輿曳，其牛掣」。筆者贊同將上博本《周易》這個字釋為「遏」。表述車被困止、牛被牽制於路上，無法前進〔註 27〕。

按：敦煌寫卷 P.3683 同王弼本。①諸家說「挈」、「諜」誤倒，當作「見車諜，其牛挈」，未必是也。張政烺讀諜為迭，訓前頓；丁四新訓遏為微止，曳為臾曳，均非其誼。曳、挈、渫，並讀為趩（踶），字亦作跇、迣、趉、跩、迿，猶言騰跳、超踰〔註 28〕，此用為奔馳義。《文選·洞簫賦》「超騰踰曳」，四字同義連文。李善注：「曳亦踰也，或為跇。鄭德曰：『跇，度也。』」《家語·顏回》：「兩驂曳，兩服入於廄。」《荀子·哀公》「曳」作「列」，曳亦讀為跇、迣。《說文》：「駕，次第馳也。」《廣雅》：「駕，犇也。」「列」即「駕」，亦即「迾」，亦「迣」字之音轉耳。見車挈（曳、渫），猶言見車馳走也。楚簡本仍當釋作「遏」為是，遏之言趨也、趌也，亦「趩（踶）」字音轉，複言則曰「趌趨」、「趌趣」，急走之義。②張政烺讀挈為契，訓缺，亦誤。丁四新

〔註 26〕韓自強《阜陽漢簡〈周易〉研究》，上海古籍出版社 2004 年版，第 135 頁。

〔註 27〕顏世鉉《說幾則古文獻中與從「曷」聲之字相關的釋讀》，北京大學《第一屆古典學國際學術研討會論文集》，2017 年 11 月 18～19 日，第 104～106 頁。

〔註 28〕參見蕭旭《〈爾雅〉「貗貐」名義考》，收入《群書校補（續）》，花木蘭文化出版社 2014 年版，第 1817～1827 頁。

說「義當從許、鄭，本字作觢」，是也。考《爾雅》:「角一俯一仰，觭；皆踊，觢。」郭璞注:「觭，牛角低卬。觢，今豎角牛。」《釋文》:「觢，字或作挈。」《說文》:「觢，一角仰也。《易》曰:『其牛觢。』」段玉裁改《說文》作「二角仰也」〔註29〕，是也；「二角仰」即《爾雅》「皆踊」之義。觢亦言趨也，取上踊、騰起為義，言牛角上豎，故《爾雅》訓踊，《說文》訓仰。字作「觢」、「挈」者，皆牛角上踊的專字，音轉亦作「犎」、「觢」、「犗」。字或作「觭」、「掣」、「契」、「挈」、「絜」，都是借字。「謺」亦借字，字亦作觻，《玉篇》:「觻，角也。」又「觙，觻也。」《廣雅》:「觻謂之觙。」觙之言叉，俗字作釵，言二角上舉也。王弼注:「其牛掣者，滯隔所在不獲進也。」則是讀掣為牽掣之掣，失之。

(9) 乖(睽)苽(孤)，見豨(豕)負塗，載鬼一車(P33)

丁四新曰:乖苽，楚簡本作「楑佤」，漢石經、今本作「睽孤」。苽、佤均讀作孤。(P447)

按:讀苽、佤為孤，非也。苽、孤，並讀為佤，亦乖衺、背戾相違義。《周禮·夏官·形方氏》:「掌制邦國之地域，而正其封疆，無有華離之地。」鄭玄註:「華，讀為佤哨之佤，正之，使不佤邪離絕。」字亦作弧、狐，《廣雅》:「弧，盭也。刺，衺也。」王念孫曰:「《考工記·輈人》云:『輈欲弧而無折。』《楚辭·七諫》:『邪說飾而多曲兮，正法弧而不公。』王逸注云:『弧，戾也。』《鹽鐵論·非鞅篇》云:『弧刺之鑿，雖公輸子不能善其枘。』《漢書·五行志》注云:『睽孤，乖刺之意也。』『孤』與『弧』聲近義同。」〔註30〕所引《鹽鐵論》，字本作「狐刺」，王氏改作「弧刺」。字亦作軱，《莊子·養生主》:「而況大軱乎？」郭象注:「軱戾大骨。」《釋文》:「軱，音孤。向云:『軱戾大骨也。』崔云:『槃結骨。』」「乖苽」、「楑佤」、「睽孤」是音轉合成詞，同義連文。《漢書·五行志》引京房《易傳》:「睽孤，見豕負塗。」又《諸侯王表》:「小者淫荒越法，大者睽孤橫逆。」顏師古注並云:「睽孤，乖刺之意也。」亦倒言作「孤睽」，《法言·重黎》:「守失其微，天下孤睽。」

〔註29〕段玉裁《說文解字注》，上海古籍出版社1981年版，第185頁。

〔註30〕王念孫《廣雅疏證》，收入徐復主編《廣雅詁林》，江蘇古籍出版社1992年版，第327頁。

二、馬王堆帛書《易傳》校補

《二三子問》校補

（1）陵處則雷電（神）養之（P40）

新注：張注：「帛書陵讀為陸，《老子》甲乙本『陵行不避兕虎』，通行本作『陸』。」今按：「陵」、「陸」恐係義近換用而非通假。（P41）

按：「陵」為古吳楚語，猶言陸地。《左傳・定公六年》：「又以陵師敗於繁陽。」杜預注：「陵師，陸軍。」孔疏：「上云舟師，水戰；此言陵師，陸軍。南人謂陸為陵，此時猶然。」其例證尚多，茲不備舉〔註31〕。

（2）大人安失（佚）矣而不朝，誨猒在廷，亦猷（猶）龍之寑（潛）也（P42）

新注：張注：「誨，從言苟聲，疑是『詬』之異體，在此讀為苟，苟且。」今按：此形右半所從與「敬」字左半同，即《說文》訓為『自急敕也』之『茍』，而非從艸句聲之「苟」字。張注又引此「苟」字標問號，下注「亟」、「查音」，是已有此意。「誨猒」待考。（P42）

趙建偉曰：誨從茍聲，讀為居，訓為止。「猒」字為「厭」之訛省，訓為伏，藏身〔註32〕。

鄧球柏「誨」釋作「詢」，云：詢，讀為苟。「猒」同「厭」，假借為「延」〔註33〕。

劉大鈞曰：「誨」當是「詢」字，以形近互假。「猒」即「厭」。恥厭在朝中與群小及昏君議事〔註34〕。

連劭名「誨」釋作「苟」，「猒」釋作「厭」，云：苟猶若，假設之辭。《荀子・儒效》楊倞注：「厭然，順從之貌。」〔註35〕

丁四新、汪奇超曰：連說有可取之處，「厭」不若訓為安，「懕」為「厭」

〔註31〕參見蕭旭《〈越絕書〉古吳越語例釋》，收入《群書校補（續）》，花木蘭文化出版社2014年版，第2015～2017頁。

〔註32〕趙建偉《出土簡帛〈周易〉疏證》，萬卷樓圖書有限公司2000年版，第205～206頁。

〔註33〕鄧球柏《帛書〈周易〉校釋》（修訂本），湖南人民出版社2002年版，第441頁。

〔註34〕劉大鈞《讀帛書〈二厽子〉》，《周易研究》2011年第1期，第6頁。

〔註35〕連劭名《帛書〈周易〉疏證》，中華書局2012年版，第209～210頁。

之分化字。筆者認為，「猒（厭）」當讀作「宴」，《說文》：「宴，安也。」有安閒、安息、安樂之義〔註36〕。

趙普曰：諽讀為苟，訓為誠。《繫辭下》：「苟非其人，道不虛行。」虞翻曰：「苟，誠也。」猒，厭倦之意〔註37〕。

按：丁、汪二氏訓猒為安樂是也，但未得其字。猒讀為懕，字或省作懕、厭，沈詳安靜也。《爾雅》：「懕懕，安也。」郭璞注：「好人安詳之容。」《說文》：「懕，安也。」字又作愔，《玄應音義》卷17引《聲類》：「愔，和靜皃也。」又引《三蒼》：「愔，性和也。」據圖版，「諽」字確從茍（ji），疑當從苟而誤書，讀為苟，但不訓苟且，亦非假設之辭。苟，猶但也，特也，徒也，口語曰「只要」、「但管」。

（3）無車而獨行（P43）

按：「獨」非單獨義。獨、徒一聲之轉。無車而步行謂之徒行，例見《論語．先進》。

（4）聖人之正（政），牛參弗服，馬恒弗駕（P45）

新注：張注：「參讀為犙。《說文》：『犙，三歲牛也。』」今按：此說可疑。「參」及「恒」字尚待進一步研究。（P45）

丁四新曰：參，疑讀作犙。恒，當讀為極。極，訓疲困、疲勞。服，《呂氏春秋．慎大》：「馬弗復乘，牛弗復服。」王利器案：「《易．繫辭下》曰：『犕牛乘馬。』服亦乘御之義也。」自注：「筆者曾疑參當讀作驂，恒讀作極。驂，邊馬。極，中也。今以為非是。」〔註38〕

劉大鈞曰：「參」字本通「驂」。「牛參」應謂同駕一車的三匹牛。「弗」當讀輔弼之「弼」。謂共同輔服、輔駕也〔註39〕。

連劭名曰：參讀為犙，三歲牛。馴服之馬曰「馬恒」〔註40〕。

〔註36〕丁四新、汪奇超《馬王堆帛書〈二三子〉疑難字句釋讀》，《周易研究》2013年第4期，第11～12頁。

〔註37〕趙普《帛書〈二三子〉新校新釋》，曲阜師範大學2013年碩士論文，第25～26頁。

〔註38〕丁四新《〈易傳〉類帛書零札七則》，《湖南博物館館刊》第4輯，2007年版，第1～2、8頁。

〔註39〕劉大鈞《讀帛書〈二厽子〉》，《周易研究》2011年第1期，第9頁。

〔註40〕連劭名《帛書〈周易〉疏證》，中華書局2012年版，第217頁。

按：「弗」是否定詞，劉說「輔服、輔駕」甚奇。丁氏引王利器說讀服為犕，是也。犕字或作備。《說文》：「犕，《易》曰：『犕牛乘馬。』」今《易・繫辭下》作「服」，帛書本作「備」。段玉裁曰：「以車駕牛馬之字當作『犕』，作『服』者假借耳。」〔註41〕《史記・趙世家》：「今騎射之備，近可以便上黨之形，而遠可以報中山之怨。」《戰國策・趙策二》作「服」。「參」疑「喿」形誤，讀為躁，性急。「恒」是「極」形譌，疲困也（丁氏謂通假，非是）。《御覽》卷359引《太公陰謀》：「武王曰：『吾欲造起居之誡，隨之以身。』《箠書》曰：『馬不可極，民不可劇。馬極則蹟，民劇則敗。』」《韓詩外傳》卷2：「昔者舜工於使人，造父工於使馬，舜不窮其民，造父不極其馬。」北大漢簡（三）《周馴》：「非駿勿駕。」《晏子春秋・內篇雜上》：「勿乘駑馬。」又一說：恒，讀為揯、緪，亦急也，此文指馬性急，性烈。《說文》：「揯，引急也。」又「緪，大索也，一曰急也。」音義全同。字或省作絙、搄，清華簡（六）《子儀》簡3：「公曰：『義（儀）父，不穀（穀）繻（揄）左右絙，繻（揄）右左絙。』」〔註42〕《淮南子・繆稱篇》：「治國辟若張瑟，大絃組（絙）則小絃絕矣。」〔註43〕許慎注：「組（絙），急也。」《玉篇殘卷》「緪」字條引作「緪」，又云：「緪，與『搄』字同。搄，急引也。」《玉篇殘卷》「緪」字條又引《淮南子》：「緪履趹步。」又引許慎注：「緪，勑也。趹，疾也。」〔註44〕絃急謂之絙，履急謂之緪，馬性急亦謂之緪，其義一也。帛書甲本《老子》：「人之生也柔弱，其死也葟仞（肕）賢（堅）強。」乙本「葟仞」作「髄信」，「髄（葟）」指筋骨之急。

（5）不夏乘牝馬（P45）

按：《史記・平準書》：「而乘字牝者儐而不得聚會。」《漢書・食貨志》「字」作「牸」。「牸」是「字」增旁字，亦牝馬也。「字」之言孳乳也。孟康曰：「皆乘父馬。有牝馬閒其閒，則相踶齧，故斥不得出會同。」顏師古曰：「言時富饒，故恥乘牸牝，不必以其踶齧也。」二說皆非，牝馬用以繁育，故禁不得乘也。

〔註41〕段玉裁《說文解字注》，上海古籍出版社1981年版，第52頁。

〔註42〕整理者曰：「繻，疑通『揄』，引也。」李學勤主編《清華大學藏戰國竹簡（陸）》，中西書局2016年版，第131頁。

〔註43〕《意林》卷2、《文選・長笛賦》李善注引作「絙」。

〔註44〕景宋本《淮南子・脩務篇》「緪」作「敕」，亦急也，蓋高誘注本。

（6）用賢弗害也（P56）

按：害，讀為妎，妒忌也，嫉妒也，恨毒也。俗字亦作媎〔註45〕。

《繫辭》校補

（1）《易》與土地順，故能彌論（綸）天下之道（P63）

新注：于豪亮：「通行本作『易與天地準』，《釋文》：『京云：「準，等也。」鄭云：「中也，平也。」』《集解》：『虞翻曰：「準，同也。」』『順』與『準』音近，然帛書作『順』自亦可通。」（P63）

廖名春曰：「準」應為本字，「順」為借字〔註46〕。

魏啟鵬曰：今本「順」作「準」，兩字例可通假，但此句無須破讀易字。《國語·周語中》韋注：「順，順天地尊卑之義也，若相侵犯，則有災害也。」〔註47〕

按：順，讀為均、鈞，等也，同也。《荀子·王制》：「以時順脩。」《管子·立政》「順」作「鈞」。

《衷》校補

（1）大人之義，不實於心則不見於德，不單（亶）於口則不澤於面。能威能澤，胃（謂）之龍（P101）

新注：張注：「單，誠。」今按：其意實即讀為「亶」。于豪亮：「單假為亶，誠也。」（P101）

按：「能威能澤」對應上文，疑「見於德」當作「威於德」。澤，讀為懌，悅也。劉彬訓上「澤」為潤澤，下「澤」為恩澤〔註48〕，非是。

《繆和》校補

（1）蓋曰美亞（惡）不紐，而利害異舉（P124）

〔註45〕參見蕭旭《〈慧琳音義〉「譀講」正詁》，《中國語學研究·開篇》第35卷，2017年5月日本好文出版，第289～296頁。

〔註46〕廖名春《帛書〈周易繫辭傳〉異文初考》，收入《帛書〈周易〉論集》，上海古籍出版社2008年版，第316頁。

〔註47〕魏啟鵬《帛書〈繫辭〉駢枝》，《道家文化研究》第6輯，上海古籍出版社1995年版，第294頁。

〔註48〕劉彬《帛書〈衷〉篇「〈鍵〉之詳說」章新釋》，《廊坊師範學院學報》2013年第5期，第87～88頁。

新注：丁四新：「紐，結也。」（P124）

按：紐，讀為狃，字亦作忸。《玉篇》：「狃，就也。」親近、親狎之義。下文第 37 行下：「明察所以貌人者□紐，是以能既致天下之人而又（有）之」，整理者注：「『紐』疑當讀為『狃／忸』，因慣習而輕忽。其上之字結合文意可推定當為『弗』、『毋』之類的否定詞。」（3／133）讀紐為狃（忸），是也，但亦當解作親近，其上脫文疑是「必」字。貌人，以貌禮人。言以貌禮人者必親近於人，此當明察須知者。下文第 40 行上：「夫聖君卑體屈貌以舒孫（遜／悉），以下其人，能至（致）天下之人而又（有）之。」「貌人者必狃」即「卑體屈貌以舒遜，以下其人」，皆即第 41 行上「弗以驕人」之誼。

（2）管管然能立志於天下（P129）

新注：張注：「《荀子·非十二子》：『莫莫然。』注：『莫，讀為貊。貊，靜也。』」（P130）

按：管管，讀為「慔慔」。《爾雅》：「懋懋、慔慔，勉也。」郭璞注：「皆自勉強。」

（3）聞（問）學談說之士君子，所以皆技〈技—跂〉焉勞其四枳（肢）之力，渴（竭）其腹心而索者，類非安樂而為之也（P131）

新注：「技」疑讀為「跂」或「企」，比喻用力追求。又疑「跂焉」與疊韻連綿詞「踶跂」相近，用盡心力、勉力行之之貌。（P132）

按：技，讀為忮。《說文》：「忮，很也。」引申為固執、強健、意志堅定之義。《莊子·齊物論》：「大勇不忮。」《釋文》引李頤曰：「忮，健也。」《漢書·周陽由傳》：「汲黯為忮。」顏師古注：「忮，意堅也。」《後漢書·桓曄傳》：「其貞忮若此。」李賢注：「忮，堅也。」《集韻》：「忮，彊也。」下文「是以皆技〈技〉焉必勉」，義同。

（4）是以皆技〈技〉焉必勉，輕奮其所敎幸於天下者，殆此之為也（P131）

新注：張注：「敎幸，讀為僥倖。」（P132）

按：敎，讀為遘。《說文》：「遘，遇也。」《類聚》卷 30 班婕妤《自悼賦》：「既遇幸於非位，竊庶幾乎嘉時。」遇幸，猶言徼幸。

（5）故聖君以為豐茬（P134）

新注：張注：「《字林》：『茬，草亦盛也。』」（P135）

按：張注所引《字林》，見《漢書・酷吏傳》宋祁注引，字作「茌」，當斷作「茌，草，亦盛也」。「茌」同「茬」。此當徑引《說文》：「茬，艸皃。」《玉篇》：「茬，草盛皃。」

（6）屋成加萻（藉），宮成刊（刊）隅（P134）

新注：張注：「《說苑・敬慎》：『是以衣成則缺衽，宮成則缺隅，屋成則加錯，示不成者，天道然也。』萻、錯疑並假作藉。《說文》：『藉，一曰草不編狼藉。』《左傳・桓公二年》『清廟茅屋』疏：『杜云「以茅飾屋，著儉也」，以茅飾之而已，非謂多用其茅總為覆蓋，猶童子垂髦及蔽膝之屬，示其存古耳。』」（P135）

鄧球柏曰：萻，當作「茁」。茁，通「拙」。杒，通「缺」。《韓詩外傳》卷3：「宮成則必缺隅，屋成則必加拙。」〔註49〕

按：張說非是，「藉」訓草不編狼藉，是雜亂義，不得指茅草。劉大鈞亦讀萻為藉，指茅草；又錄「刊」為「杒」而讀為仞，訓為滿〔註50〕。劉說亦非，「刊（刊）隅」必是缺隅之誼，讀為仞，其義適反。鄧球柏據誤本《外傳》說之，又亂說通借，殊誤。《韓詩外傳》卷3：「是以衣成則必缺衽，宮成則必缺隅，屋成則必加拙。」元刊本「拙」作「措」，《喻林》卷29引同。說《外傳》者皆不了。「拙」是「措」形譌。余昔校《外傳》，讀措、錯為笮〔註51〕。萻亦當讀為笮〔註52〕。《說文》：「笮，迫也，在瓦之下棼上。」《釋名》：「笮，迮也，編竹相連迫迮也。」《廣韻》：「笮，屋上板。」《周禮・考工記・匠人》：「殷人重屋。」鄭玄注：「重屋，複笮也。」字亦作筰，《爾雅》：「屋上薄謂之筄。」郭璞注：「屋笮。」《釋文》本作「筰」，云：「筰，本或作笮。」《玉篇》：「筰，屋上版，亦作笮。」相當於今之望板。加笮，取其逼迫之義，正下文「謙之為道也，君子貴之」之誼。《易林・無妄之遯》：「宮

〔註49〕鄧球柏《帛書〈周易〉校釋》（修訂本），湖南人民出版社出版2002年版，第608頁。

〔註50〕劉大鈞《再讀帛書〈繆和〉篇》，《周易研究》2007年第5期，第6頁。

〔註51〕參見蕭旭《「屋成加措」解》，《古籍整理研究學刊》2000年古文獻與古文化研究專刊，第45頁。

〔註52〕從昔從乍相通之例參見張儒、劉毓慶《漢字通用聲素研究》，山西古籍出版社2002年版，第372～373頁。

成立政，衣就缺袂（裾）〔註 53〕。恭謙為衛，終無禍尤。」又《晉之咸》：「宮城（成）立見，衣就袂（缺）裙（裾）。恭謙自衛，終無禍尤。」翟雲升引牟庭曰：「立政，《晉之咸》作『立見』，皆譌，當作『缺隅』。《外傳》云云。」〔註 54〕孫詒讓曰：「牟云云。張校亦云：『此似與《說苑》「宮成缺隅，衣成缺裾」二語同意，而傳寫舛訛耳。』與此翟校同，並是也。但『立政』、『立見』並與『缺隅』形聲絕遠，考《史記·龜策傳》云：『故世為屋，不成三瓦而陳之。』疑『立見』當作『缺瓦』，『瓦』與『見』形近，『政』則又傳寫之誤。」〔註 55〕孫說近是，《史記集解》引徐廣曰：「一云為屋成，欠三瓦而棟（陳）之也。」《索隱》引劉氏云：「陳，猶居也。」《正義》：「言為屋，不成，欠三瓦以應天。猶陳列而居之。」「為屋欠三瓦」亦「衣成缺裾，宮成缺隅」之比，示缺，表示謙卑戒盈之意。尚秉和校《無妄之遯》，依汲古本改「宮」作「官」〔註 56〕，大誤。

（7）賦斂無根（限）（P136）

新注：「根」字張釋未注，此從陳松長括注「限」。（P137）

按：根，讀為垠，界限，限度，端厓，邊際。「限」字本義訓阻，其限度義亦借作「垠」。

（8）古蛛蝥作罔（網），今之人緣序（緒）。左者右者，尚（上）者下者，衛（率）突乎土者，皆來乎吾罔（網）（P141）

新注：張注：「率突乎土者，即從地出者。」趙建偉、丁四新皆釋「率」為「舉凡」義，恐不可信。今按；率，循也。「率突乎土者」猶言「率乎土者，突乎土者」，即在地上循地勢奔突往來者。（P141）

趙曉陽曰：率，古代捕鳥用的一種長柄的網，引申之用網捕鳥獸。突，到來。土，四方〔註 57〕。

〔註 53〕「袂」當作「裾」，與「尤」字之、魚二部合韻，參見劉黎明《焦氏易林校注》，巴蜀書社 2011 年版，第 457 頁。

〔註 54〕翟雲升《焦氏易林校略》，收入《續修四庫全書》第 1055 冊，上海古籍出版社 2002 年版，第 223 頁。

〔註 55〕孫詒讓《札迻》卷 11《易林》，齊魯書社 1989 年版，第 354 頁。張校指張海鵬校刊本校語。張氏校語見《學津討原》本第 5 冊，廣陵書社 2008 年版，第 184 頁。

〔註 56〕尚秉和《焦氏易林注》卷 7，中國大百科全書出版社 2005 年版，第 446 頁。

〔註 57〕趙曉陽《帛書〈繆和〉篇新校釋與思想研究》，曲阜師範大學 2014 年碩士論

按：趙曉陽說不知所云。張說是也。《呂氏春秋·異用》：「從天墜者，從地出者，從四方來者，皆離吾網。」《新序·雜事五》同。《論誠》：「自天下者，自地出者，自四方至者，皆羅我網。」此張說所本。《說文》：「突，犬從穴中暫出也。」「暫」是突然義。「突」引申即有穿出、衝出義。《易·離》：「突如，其來如，焚如，死如，棄如。」帛書本「突」作「出」。率，自也，從也，介詞。《爾雅》：「率、循、由、從，自也。」郭璞注：「自，猶從也。」《禮記·雜記上》鄭玄注：「自，率也。」「自」、「率」互訓，是東漢人猶謂「自」為「率」也。率突乎土者，言從土中衝出者。「突」非奔突往來義。來，當讀為離，實為羅、罹。

（9）而冠之獄獄，吾君敬女（汝）而西人告不足（P142）

按：獄獄，讀為「嶽嶽」，高聳貌，植立貌。《漢書·朱雲傳》：「故諸儒為之語曰：『五鹿嶽嶽，朱雲折其角。』」顏師古曰：「嶽嶽，長角之貌。」字亦作「岳岳」，《白氏六帖事類集》卷9、《類聚》卷55、《御覽》卷615引《漢書》並作「五鹿岳岳」〔註58〕。《說文》：「頟，面前岳岳也。」《玉篇》作「面前頟頟」，「頟」是面前高聳的專字。《玉篇》：「㹿，㹿㹿，猶岳岳也。」「㹿㹿」即「岳岳」音轉。《楚辭·九思·憫上》：「叢林兮崯崯，林榛兮岳岳。」王逸注：「岳岳，眾木植也。」《文選·魯靈光殿賦》：「神仙岳岳於棟間，玉女闚窻而下視。」李善注：「岳岳，立貌。」

（10）其城郭脩（修），其倉〔稟〕實（P145）

按：整理者「脩」括注為「修」而無說。《呂氏春秋·似順》載此事作「城郭高，溝洫深，蓄積多」，《說苑·權謀》略同。此「修」非修治、修築義，當訓長，自平視之為高，自下視之則為長，長與高義相成也。

（11）衛使據（蘧）柏（伯）玉相，子路為浦（輔），孔子客焉，史子突焉，子贛（貢）出入于朝而莫之留也（P146）

新注：張注：「突，疑假作秩。」今按：「突」字尚待考。趙建偉：「《呂覽》、《說苑》『突』作『佐』。疑『突』讀為『悴』（引者按：其意似當作『倅』），佐也。」丁四新：「突，出而為士。」亦皆難信。（P146）

文，第17頁。

〔註58〕四庫本《白帖》在卷30。《類聚》據南宋刊本，四庫本作「嶽嶽」。

按：丁四新、劉大鈞亦讀浦為輔〔註59〕。廖名春據《史記．仲尼弟子傳》「子路為蒲大夫」，讀浦為蒲〔註60〕，是也。《家語．致思》：「子路為蒲宰。」又「子路治蒲，請見於孔子。」〔註61〕又《辨政》：「子路治蒲三年，孔子過之。」〔註62〕《說苑．臣術》：「子路為蒲令。」《韓詩外傳》卷6：「子路治蒲。」《鹽鐵論．殊路》：「子路居蒲。」「為浦」即「治蒲」〔註63〕。突，讀為說。《廣韻》：「兌，突也。」又「駾，奔突。」此聲訓。睡虎地秦簡《封診式》：「以三歲時病疕，麋（眉）突。」又《效律》：「有蠹突者，貲官嗇夫一甲。」二例「突」讀為脫（挩）。是其比也。《釋名》：「說，述也，宣述人意也。」

《昭力》校補

（1）不羞卑隃，以安社禝（稷）（P148）

新注：張注：「隃讀為偷，苟且也。一說『隃』當作『陬』，形音俱近致誤。《莊子．天地》：『子貢卑陬失色。』《釋文》：『卑陬，愧懼貌。』」趙建偉：「羞，辱。俞，遠。」丁四新：「隃，通『遙』。卑隃，指地位卑下，偏遠鄙陋之義。」（P149）

連劭名曰：隃，讀為愉，勞也〔註64〕。

王輝曰：「隃」當是「逾（或『踰』）」的假借。「逾（或從『俞』之字）」有「降、下」的意思……引申則可指降低身份。「不羞卑隃」是指大夫不以降低自己的身份為羞，即禮賢下士之意〔註65〕。

黃傑曰：「『卑隃』當讀為『譬喻』。『不羞卑隃』指大夫不以向百姓打比方

〔註59〕丁四新《帛書〈繆和〉略論》，《鄖陽師範高等專科學校學報》2002年第1期，第137頁。又丁四新《論帛書〈繆和〉〈昭力〉的內在分別及其成書過程》，《周易研究》2002年第3期，第50頁。劉大鈞《再讀帛書〈繆和〉篇》，《周易研究》2007年第5期，第10頁。

〔註60〕廖名春《帛書〈繆和〉、〈昭力〉簡說》，《道家文化研究》第3輯，上海古籍出版社1993年版，第214頁。

〔註61〕《說苑．政理》同。

〔註62〕《韓詩外傳》卷6同。

〔註63〕「曰古氏」《〈長沙馬王堆漢墓簡帛集成〉指瑕》亦有此說，復旦古文字網2015年3月25日。侯乃峰、劉剛說同，「曰古氏」或即二者中之一人。侯乃峰、劉剛《讀〈長沙馬王堆漢墓簡帛集成〉散札（上）》，收入《〈長沙馬王堆漢墓簡帛集成〉修訂研討會論文集》，會議2015年6月27～28日在上海舉行，第101頁。

〔註64〕連劭名《帛書〈周易〉疏證》，中華書局2012年版，第463頁。

〔註65〕王輝《釋「卑隃」——兼談「逾」有「降下、降服」義》，《辭書研究》2013年第4期，第88頁。

講道理為羞恥。」〔註 66〕

按：于豪亮亦讀隃為偷〔註 67〕，說同張政烺前說。張氏二說，必不可從。隃，讀為呱，字亦作窳〔註 68〕，弱也。《說文》：「呱，本不勝末，微弱也。讀若庾。」卑隃，猶言卑弱。

（2）權謀不讓，怨弗先昌（倡）（P149）

新注：張注：「讓疑為釀。」今按：「讓」如字解本通，辭也。不辭權謀即仍要修權謀之意。《說苑·談叢》：「悔在於妄，患在於先唱。」（P150）

按：《六韜·武韜·發啟》：「天道無殃，不可先倡。人道無災，不可先謀。必見天殃，又見人災，乃可以謀。」郭店楚簡《尊德義》簡 16：「教以懽（權）悔（謀），則民淫昏，遠禮亡（無）新（親）仁。」《荀子·君道》：「上好權謀，則臣下百吏誕詐之人乘是而後欺。」又《王霸》：「故用國者，義立而王，信立而霸，權謀立而亡。」又《強國》：「人君者，隆禮尊賢而王，重法愛民而霸，好利多詐而危，權謀傾覆幽險而亡。」〔註 69〕是君人者不可好權謀之確證。讓，讀為尚〔註 70〕。言不崇尚權謀也。

（3）君以武為得，則大夫薄人，將軍□抵（P150）

新注：張注：「薄，讀為暴。」今按：此說非是。薄，迫也，逼迫，壓迫。（P151）

按：薄，輕視。薄人，與下文「賤人」同義，猶言目中無人。

（本文收入唐山師範學院《中文研究集刊》2018 年第 1 期，社會科學文獻出版社 2019 年出版，第 99～121 頁。）

馬王堆帛書《春秋事語》再校

帛書《春秋事語》釋文，《文物》1977 年第 1 期首先發表，文物出版社

〔註 66〕黃傑《馬王堆帛書〈昭力〉解讀拾遺》，《周易研究》2020 年第 3 期，第 27 頁。

〔註 67〕于豪亮《馬王堆帛書〈周易〉釋文校注》，上海古籍出版社 2013 年版，第 211 頁。

〔註 68〕「貗貐」、「猰貐」或作「窫窳」、「猰窳」、「猰㺄」。《說文》：「窳，汙窬也。」此以聲為訓。《爾雅·釋詁》郭璞注：「勞苦者多惰愉，今字或作『窳』，同。」皆其例。

〔註 69〕《荀子·天論》、《韓詩外傳》卷 1 略同。

〔註 70〕「儴佯」、「襄羊」音轉作「尚羊」、「常羊」，是其比。

1983 年出版《馬王堆漢墓帛書（三）》。帛書整理小組的復原和考釋工作取得了很大的成績，張政烺《〈春秋事語〉解題》〔註 71〕，鄭良樹《〈春秋事語〉校釋》〔註 72〕，李學勤《〈春秋事語〉與〈左傳〉的傳流》〔註 73〕，裘錫圭《帛書〈春秋事語〉校讀》〔註 74〕，龍建春《〈春秋事語〉札論》〔註 75〕，郭永秉《馬王堆漢墓帛書〈春秋事語〉補釋三則》〔註 76〕先後發表論文，亦提出了很好的意見。但存在的問題依然還多，猶有必要作進一步的補訂。《長沙馬王堆漢墓簡帛集成》重新作了釋文及注釋，多有改進。圖版及釋文分別收錄於《集成》第 1、3 冊〔註 77〕。我舊作《馬王堆漢墓帛書〈春秋事語〉校補》依據《馬王堆漢墓帛書（三）》為底本，參考諸家說作過一些校補〔註 78〕，此我早年之作，有一些錯誤。現在依據《集成》所作的釋文為底本重作校補。《馬王堆漢墓帛書（三）》整理者的說法稱作「原注」，《集成》整理者的說法稱作「新注」。

（1）□□□生，樂則芒（荒），芒（荒）則失（《燕大夫章》，P172）

新注：裘文：《校釋》〔註 79〕：「案《左傳・襄公二十九年》曰：『哀而不愁，樂而不荒。』（語又見《史記・吳太伯世家》）彼云『樂而不荒』，與此云『樂則荒』，義正相反，適可互證。荒，廢也，亂也。」此說甚是，《校釋》又疑「荒則」下缺文是「墮」字，則無據。（407 頁）今按：後一「則」下那

〔註 71〕張政烺《(春秋事語) 解題》，《文物》1977 年第 1 期，第 36～39 頁。

〔註 72〕鄭良樹《〈春秋事語〉校釋》，收入《竹簡帛書論文集》，中華書局 1982 年版，第 18～46 頁。

〔註 73〕李學勤《〈春秋事語〉與〈左傳〉的傳流》，《古籍整理研究學刊》1989 年第 4 期，第 1～6 頁；又收入《簡帛佚籍與學術史》，江西教育出版社 2001 年版，第 287～299 頁。

〔註 74〕裘錫圭《帛書〈春秋事語〉校讀》，《湖南省博物館館刊》第 1 期，2004 年版，第 72～95 頁；又收入《裘錫圭學術文集》卷 2，復旦大學出版社 2012 年版，第 401～436 頁。

〔註 75〕龍建春《〈春秋事語〉札論》，《台州學院學報》2004 年第 2 期，第 5～8 頁。

〔註 76〕郭永秉《馬王堆漢墓帛書〈春秋事語〉補釋三則》，復旦古文字網 2007 年 12 月 24 日；又載於《出土文獻與古文字研究》（第二輯），復旦大學出版社 2008 年版，第 320～333 頁。

〔註 77〕《長沙馬王堆漢墓簡帛集成》，中華書局 2014 年版，第 1 冊第 74～79 頁，第 3 冊第 167～200 頁。

〔註 78〕蕭旭《馬王堆漢墓帛書〈春秋事語〉校補》，收入《群書校補》，廣陵書社 2011 年版，第 45～49 頁。

〔註 79〕引者按：《校釋》指鄭良樹《〈春秋事語〉校釋》，下同。

一字，當釋為「失」。「荒」、「失」古書多連文，《尚書・盤庚上》：「無荒失朕命。」《國語・楚語上》：「既得以為輔，又恐其荒失遺忘。」可作為帛書文義理解的參考。（P173）

按：《商子・開塞》：「夫民憂則思，思則出度；樂則淫，淫則生佚。」《韓子・心度》：「夫民之性，惡勞而樂佚，佚則荒，荒則不治。」與此文相近。生，讀為性。荒，荒淫。失，讀為佚，放縱。「生（性）」上所脫三字，亦疑當作「夫民之」。

（2）□□憂□□□為起民之暨也（《燕大夫章》，P172）

按：脫字疑當補作「〔且夫〕憂〔者，所以〕為起民之暨也」。暨，讀為慨，字亦作愾，忼慨憤激。句意大概是說憂者所以為興起人民的忼慨之志。《列子・說符》：「趙襄子使新稚穆子攻翟，勝之，取左人、中人，使遽人來謁之，襄子方食而有憂色。左右曰：『一朝而兩城下，此人之所喜也；今君有憂色。何也？』襄子曰：「夫江河之大也不過三日，飄風暴雨不終朝，日中不須臾。今趙氏之德行，無所施于積，一朝而兩城下，亡其及我哉！』孔子聞之曰：『趙氏其昌乎！』夫憂者所以為昌也，喜者所以為亡也。勝非其難者也，持之其難者也。賢主以此持勝，故其福及後世。」《呂氏春秋・慎大》、《淮南子・道應篇》略同。此文燕大夫勝晉而樂，故其弟子車諫之以憂也。

（3）初□□□□□以召人，今禍滿矣，不與君者，顧寬君令（命）以召子，其事惡矣（《魯文公卒章》，P176）

原注：「賔」疑是「賓」的誤字，此處當利用講。（P6）

新注：裘文：「此字究為何字，似尚須進一步研究。」（412頁）今按：施謝捷疑此字是「寬」字，此從其說釋。「寬」字如何解釋有待研究。（P177）

王莉曰：與，對付。顧，相當於「反而」、「卻」〔註80〕。

侯乃峰、劉剛曰：我們懷疑這句話或當讀為「不與君者顧（寡），寬（援）君令（命）以召子」。類似句式古書可見〔註81〕。

按：與，猶從也。「不與君者」是假設句。顧，讀為故、固，猶必也。寬，

〔註80〕王莉《帛書〈春秋事語〉校注》，東北師範大學2004年碩士論文，第26頁。

〔註81〕侯乃峰、劉剛《讀〈長沙馬王堆漢墓簡帛集成〉散札（上）》，收入《〈長沙馬王堆漢墓簡帛集成〉修訂研討會論文集》，會議2015年6月27～28日在上海舉行，第101頁。

讀為宣。「子」代指惠伯。言如不從君，必假託君的命令來征召你，這事情是很兇險了！

(4) 獻公使公子段胃（謂）寧召（悼）子曰（《衛獻公出亡章》，P185）

原注：公子段，《左傳》和《公羊傳》作「公子鱄」，《穀梁傳》作「專」。「段」與「鱄」、「專」並音近通用。(P12)

新注：裘文：「此人名鱄，字子鮮。」(421 頁)(P186)

按：當以「鱄」為本字，故字子鮮。「段」字亦當括注為「鱄」。王引之曰：「《士喪禮》：『魚鱄鮒九。』(《釋文》：『鱄，市轉反，劉市專反。』)《呂氏春秋·本味篇》：『魚之美者，洞庭之鱄。』高注曰：『鱄，魚名。』鮮，《說文》作『鱻』，云：『新魚精也。』段云『精』即『鯖』字。《大雅·韓奕篇》：『炰鱉鮮魚。』」〔註 82〕王氏說是也，而謂「鮮」即「鱻」，則失之。《說文》：「鮮，魚名，出貉國。」「鮮」與「鱄」皆魚名，故對應。「專」則「鱄」省形，吳刺客專諸進炙魚以刺吳王僚，當取義於此，故或作「鱄諸」〔註 83〕。「鱻」乃今「鮮明」、「新鮮」字。又王氏所引《呂氏春秋》「洞庭之鱄」，「鱄」本作「鮒」，同「鮒」。王念孫誤校作「鱄」，蔣維喬等已駁之，蔣說是也〔註 84〕。龍建春曰：「『鱄』與『鮮』不但音近，而且形近，《左傳》才誤作『鮮』。」〔註 85〕不達其誼，而妄改古書。

(5) 長萬，宋之苐士也（《長萬章》，P190）

原注：「苐」字疑與「夷」字通。夷士是平常的士。《穀梁傳》說：「宋萬，宋之卑者也。」(P12)

新注：裘文：「『苐』即『第』之俗體。原注云云。長萬以勇力著稱，故《校釋》謂『苐士當作力士，音近之誤』，但『第』與『力』古音聲韻皆異，其說疑非。『第士』之確義尚待進一步研究。」(426 頁) 今按：此字從「艸」頭從「弟」，今改隸定為「苐」。(P190)

按：原注讀苐為夷，符合音理，《文字編》徑釋作「荑」〔註 86〕。竊又疑

〔註 82〕王引之《春秋名字解詁》，收入《經義述聞》卷 23，江蘇古籍出版社 1985 年版，第 564 頁。

〔註 83〕《左傳·昭公二十年》、《昭公二十七年》作「鱄設諸」，《賈子·淮難》作「鱄諸」。

〔註 84〕參見蕭旭《呂氏春秋校補》，花木蘭文化出版社 2016 年版，第 227～228 頁。

〔註 85〕龍建春《〈春秋事語〉札論》，《台州學院學報》2004 年第 2 期，第 7 頁。

〔註 86〕陳松長《馬王堆簡帛文字編》，文物出版社 2001 年版，第 19 頁。

苐讀為底，俗作低。《說文》：「底，一曰下也。」《淮南子．脩務篇》高誘注：「底，極卑也。」

（6）吳伐越，復其民，以歸，弗復而刑之，使守布周（舟）（《吳伐越章》，P193）

原注：布，排列。《左傳》作「吳人伐越，獲俘焉，以為閽，使守舟」。（P18）

新注：裘文：「上『復』疑是『俘』之音近訛字。下『復』字應該當返還講。『刑』當指肉刑。原注云云。」（430頁）今按：裘說甚是。（P194）

按：上「復」字裘先生據《左傳》讀作「俘」，是也。下「復」與「刑」對舉，當訓寬宥、赦免。布，讀為艀。《方言》卷9：「南楚江湘凡艇短而深者謂之艀。」郭璞注：「今江東呼艖艀者。艀，音步。」《小爾雅》：「艇之小者曰艀。」俗字亦作「艕」、「艄」，見《集韻》。字亦作「艀」，《廣雅》：「艀、艭、艀，舟也。」王念孫曰：「船與筏異物而同用，故船謂之舫，亦謂之艀，亦謂之艭。編木謂之筏，亦謂之泭，亦謂之舫。凡此皆浮之轉聲也。艀之言浮也。《玉篇》：『艀，小艀也。』小艀謂之艀，猶小泭謂之桴矣。」〔註87〕諸字皆一音之轉，語源都是「浮」，而艀、艀為小舟，艭為大舟，特其所指異耳。

馬王堆帛書《戰國縱橫家書》再校

我以前依據《馬王堆漢墓帛書（三）》，對《戰國縱橫家書》作過校補〔註88〕。今依據《長沙馬王堆漢墓簡帛集成》所作的釋文為底本重作校補，圖版及釋文分別收錄於《集成》第1、3冊〔註89〕。《馬王堆漢墓帛書（三）》整理者的說法稱作「原注」，《集成》整理者的說法稱作「新注」。

（1）自趙獻（獻）書燕王曰（《蘇秦自趙獻書燕王章》，P202）

新注：本帛書「獻」字除了少數寫作從「鬲」的「獻」之外，多寫作從「果」

〔註87〕王念孫《廣雅疏證》，收入徐復主編《廣雅詁林》，江蘇古籍出版社1992年版，第798～799頁。

〔註88〕蕭旭《戰國縱橫家書校補》，《湖南省博物館館刊》第6輯，2010年版，第16～20頁；又收入《群書校補》，廣陵書社2011年版，第32～38頁。

〔註89〕《長沙馬王堆漢墓簡帛集成》，中華書局2014年版，第1冊第80～94頁，第3冊第201～266頁。

之形，較為特別，「果」旁似當有表音的作用（「果」與「獻」聲母相近，韻部有陰陽對轉關係），今嚴格隸定為「獻」（趙平安指出漢印文字的「鬻」所從「鬲」有與「果」形相類的寫法）。（P202）

按：「獻」從「鬳」得聲，「鬳」從「虍」省聲。帛書寫作「獻」者，蓋寫者誤認「鬲」作「鬲（融）」，「鬲（融）」、「果」同音，因以「果」代替。《說文》「蜾」異體作「蠣」，是其比也。

（2）言臣之後，奉陽君、徐為之視臣益善，有遺臣之語矣（《蘇秦使韓山獻書燕王章》，P203）

原注：遺，放行。（P25）

按：益，猶言漸。

（3）……不功（攻）齊，全於介（界）（《蘇秦使盛慶獻書於燕王章》，P204）

原注：全，通「跧」。《廣雅》：「跧，伏也。」這裏說趙國雖沒有攻齊，伏於邊界。（P27）

按：新注從原注意見括讀作「跧」（P205）。全，讀為悛。《說文》：「悛，謹也。」上文云：「雖未功（攻）齊，事必美者，以齊之任臣，以不功（攻）宋，欲從韓、粱（梁）取秦以謹勺（趙），勺（趙）以（已）用薛公、徐為之謀謹齊，故齊〔趙〕相倍（背）也。」原注：「謹，防範。」此「全於界」即謹於邊界，亦即謹齊之義。

（4）王謂臣曰：「魚（吾）必不聽眾口與造言，魚（吾）信若迺（猶——猶）齕（齕）也。」（《蘇秦自齊獻書於燕王章》，P206）

原注：造言，《燕策》作「讒言」。齕，《說文》解為「齧也」，齧即嚙字。凡咬斷食物時，上下齒必相對，用以比兩人情投意合，沒有參差不齊。《燕策》作「猶剗刈者也」，鮑本作「猶列眉也」，未詳。（P30）

新注：范祥雍：金正煒云：「『剗刈』二字蓋即『列』之誤而複也。『者』亦『眉』字形似而譌也。」按「剗刈者」與「列眉」並費解。《縱橫家書》作一「齕」字。查《說文》：「齕，齧也。」《史記·吳起傳》：「與其母訣，齧臂而盟。」……《淮南子·齊俗訓》云：「胡人彈骨，越人契臂，中國歃血也。」高注：「（契臂）刻臂出血。」（引者按：當是許慎注）莊逵吉校云：「《御覽》

引契作齧。」燕王言信任代（或秦）猶齧臂而盟不疑也。「齕」下疑脫「臂」字。鮑本「列眉」乃「刻臂」之誤。姚本「劖刈」並為「刻」之誤，「者」亦「臂」之誤也。今按：帛書此語似當有脫誤（《燕策》也有譌誤），語義不明，范祥雍說可作參考，待考。（P208～209）

按：范祥雍說帛書脫「臂」字，《燕策》「眉」乃「臂」誤，「劖刈者」乃「刻臂」之誤，是也，而其餘校語多誤。鮑本「列眉」，《永樂大典》卷 4909 引同。吳師道《補正》曰：「一本『猶劖刈者也』，姚同。《龍龕手鑑》：『刈，古劖字。』愚謂即刈字也。劖刈者，斬斷果決之意。」金正煒謂「劖刈者」是「列眉」之誤，解作「言吾之信汝，朗若列眉之易察也。」〔註 90〕二氏皆失之。范氏所引《淮南》高注，實是許慎注。《淮南》之「契」，《御覽》卷 430 引作「齧」，一本作「囓」，《類聚》卷 33、《御覽》卷 480 引作「栔」。于大成指出契、齧並讀為栔，栔俗字〔註 91〕，皆是也。《說文》：「栔，刻也。」《釋名》：「契，刻也。」字或作鍥、鍥，《集韻》：「栔、鍥，《說文》：『刻也。』或從金，通作契。」又「栔，刻也，通作鍥、鍥。」「契（栔）」、「刻」雙聲音轉，此所謂聲訓也。《貞觀政要》卷 3「鍥船求劍」注：「鍥，音刻。」引《呂氏春秋》作「刻」，今本《呂氏·察今》作「契」，《類聚》卷 60、《御覽》卷 499、《事類賦注》卷 16 引亦作「刻」。「齧（囓）」亦借字，《賈子·道術》：「安柔不苛謂之良，反良為齧。」齧讀為瘈，狂也。是其比也。字亦借作同音的「克（剋）」，《釋名》：「克，刻也。」《列子·湯問篇》：「剋臂以誓。」殷氏《釋文》：「《淮南子》曰：『中國歃血，越人契臂，其一也。』許慎云：『剋臂出血也。』」《酉陽雜俎》續集卷 4 引《列子》「剋臂」作「刻臂」。又聲轉作割，《左傳·莊公三十二年》：「割臂盟公，生子般焉。」《史記·魯周公世家》作「割臂以盟」。「齕（齕）」亦「契（栔）」音轉，《說文》「齕，齧也」，亦是聲訓。《玄應音義》卷 12：「連掣：經文作乾，皆一也。」《慧琳音義》卷 75 同。《玉篇》：「乾，急擷。」蔣斧印本《唐韻殘卷》：「乾，急擷也。」P.2011 王仁昫《刊謬補缺切韻》同，敦煌寫本 P.3694V《箋注本切韻》「急」誤作「忽」。《集韻》：「乾，《埤倉》：『急掣縛也。』」〔註 92〕「擷」、「掣」同

〔註 90〕金正煒《戰國策補釋》卷 6，收入《續修四庫全書》第 422 冊，上海古籍出版社 2002 年版，第 584 頁。

〔註 91〕于大成《淮南子校釋》，臺灣大學 1970 年博士論文；收入《淮南鴻烈論文集》，里仁書局 2005 年版，第 775 頁。

〔註 92〕《集韻》據南宋初明州刻本、明州述古堂影宋鈔本，《類篇》引同，其餘各本

音。「乾」即「擷」異體字。是其比。鮑本「列」字不誤，「列」亦「契（栔）」音轉。《荀子·哀公》：「兩驂列，兩服入廄。」《家語·顏回》「列」作「曳」。《龍龕手鏡》：「踅、跩、跇：踅踰，跳躍也。又音曳。」是其證。《易·睽》：「見輿曳，其牛掣。」馬王堆帛書本作「見車恝，其牛諜」，阜陽漢簡本作「見車渫，其牛絜」。諸家謂帛書「恝」、「諜」互倒，「諜」與「曳」通〔註93〕，不知「恝」與「曳」、「渫」亦通，無煩乙轉也。

（5）三王代立，五相〈柏——伯〉蛇正（政），皆以不復其掌（常）（《蘇秦謂燕王章》，P210）

原注：蛇，讀為弛。《爾雅》：「弛，易也。」是改易的意思。蛇政，《燕策》蘇秦章作「迭盛」，蘇代章作「改政」。一說，「蛇」是「改」字之誤。（P33）

侯乃峰、劉剛曰：「蛇正」或可讀作「施政」。「施政」之語古書多見〔註94〕。

按：新注用原注（P211）。《爾雅》「弛，易也」郭璞注：「相延易。」是延緩之義，非改易義。蛇，當讀為迻、移，改易、變易之義。「委蛇」音轉作「委移」，是其例。

（6）足下雖怒於齊，請養之以便事（《蘇秦自梁獻書於燕王章（一）》，P213）

按：養，讀為容，隱忍、容忍之義。《大戴禮記·曾子事父母》：「兄之行若不中道，則養之。」盧辯注：「養，猶隱之。」阮元曰：「養，容也。容、養聲轉義同。」〔註95〕

（7）□臣大□□息士氏〈民〉，毋庸發怒於宋魯也（《蘇秦謂齊王章（三）》，P218）

按：庸，猶言立即、即刻〔註96〕。帛書《李園謂辛梧章》：「不如少案（按）

「擷」誤作「縶」，「縶」是「絜」形譌。

〔註93〕諸家說參見丁四新《楚竹簡與漢帛書〈周易〉校注》，上海古籍出版社2011年版，第446～447頁。

〔註94〕侯乃峰、劉剛《讀〈長沙馬王堆漢墓簡帛集成〉散札（上）》，收入《〈長沙馬王堆漢墓簡帛集成〉修訂研討會論文集》，復旦大學2015年6月27～28日，第102頁。

〔註95〕阮元《曾子注釋》，收入《皇清經解》卷804，第5冊，上海書店1988年版，第273頁。

〔註96〕參見裴學海《古書虛字集釋》，中華書局1954年版，第89～90頁。

之，毋庸出兵。」《戰國策·齊策四》：「今不聽，是恨秦也；聽之，是恨天下也。不如聽之以卒秦，勿庸稱也，以為天下。秦稱之，天下聽之，王亦稱之。先後之事，帝名為無傷也。秦稱之，而天下不聽，王因勿稱。」用法相同。不是「勿庸」、「毋庸」成詞。或說庸讀為用，非也。

（8）大（太）上破之，其〔次〕賓（擯）之，其下完交而□講，牙（與）國毋相離也（《蘇秦自趙獻書於齊王章（二）》，P221）

原注：《魏策二》：「故為王計，太上伐秦，其次賓秦，其次堅約而詳講，與國無相離也。」據此，「講」字上所缺可能是「詳」字。（P45）

按：新注用原注（P222）。帛書《蘇秦謂齊王章（四）》：「是故臣以王令（命）甘薛公，驕敬三晉，勸之為一，以疾功（攻）秦，必破之。不然則賓（擯）之，不則與齊共講，欲而復之。」然則所脫亦有可能是「共」字。「詳」字更好，與「完」對文。

（9）今王棄三晉而收秦、反（返）量也，是王破三晉而復臣天下也（《蘇秦自趙獻書於齊王章（二）》，P221）

原注：收讀為糾，結合，聯合。「返量也」上疑脫「棄筭而」三字。（P45）

按：新注用原注（P223）。原注補「棄筭而」是也，讀收為糾非也。上文「王不棄與國而先取秦，不棄筭（兌）而反（返）量也」，此文與之相應，「棄三晉而收秦」即「棄與國而取秦」。《廣雅》：「收，取也。」

（10）齊取宋，請令楚、粱（梁）毋敢有尺地於宋，盡以為齊（《韓量獻書於齊章》，P223）

按：毋敢，猶言不得、不可〔註97〕。

（11）臣恐楚王之勤豎之死也，王不可以不故解之（《蘇秦謂齊王章（四）》，P224）

原注：勤，憂也。不故，疑當讀作「不辜」，是無罪被殺的意思。一說，「故」的意思是有意。（P48）

新注：原注云云。《釋文》在「解」下括讀「懈」字，原釋文則如字讀，理解有所不同。（P225）

〔註97〕參見蕭旭《古書虛詞旁釋》，廣陵書社2007年版，第132～133頁。

按：新注用原注，而於其二說皆無所取擇。「不故」當取後說，「故」猶言特意。「解」讀如字，解釋，解說。下文「臣使蘇厲告楚王曰」云云，是蘇秦解釋豎有罪固當死，非齊之令，此則蘇秦使齊王特地親自去解釋。勤，當訓辱。《左傳·昭公十三年》：「王執其手曰：『子毋勤，姑歸。』」王念孫曰：「勤，猶辱也。《成十七年》：『晉厲公使辭於欒書中行偃曰：大夫無辱，其復職位。』語意與此相似。《定四年》：『吾自方城以來，楚未可以得志，祇取勤焉。』亦謂祇取辱也。《昭十三年》：『楚靈王曰：大福不再，祇取辱焉。』語意亦相似。」〔註98〕此言楚王以豎之死為辱也。

（12）臣負齊、燕以司（伺）薛公，薛公必不敢反王（《蘇秦謂齊王章（四）》，P224）

原注：負，擔負。（P48）

按：新注用原注（P225）。負，讀為保。下文：「臣保燕而循事王，三晉必無變。」又《蘇秦謂齊王章（一）》：「臣保燕而事王，三晉必不敢變。」皆作正字「保」。

（13）御（卻）事者必曰（《蘇秦謂齊王章（四）》，P224）

原注：御事者，即用事者。（P48）

新注：原釋文視「御」為「御」之譌字，根據不足，似非。「御」從「卻」聲，在句中當用作「卻」。「卻事者」即拒絕事情的人，也就是反對與三晉完交的人。（P225）

按：「卻事者」未見文例。疑「御」是「傷」字誤書，下文「王句（苟）為臣安燕王之心而毋聽傷事者之言」云云，作「傷事者」。

（14）今有（又）走孟卯，入北宅，此非敢粱（梁）也，且劫王以多割，王必勿聽也（《須賈說穰侯章》，P226）

原注：「敢」下當依《穰侯列傳》補「攻」字。（P50）

按：新注用原注（P228）。補「攻」字是也，《戰國策·魏策三》作「此非但攻梁也」，《史記》作「此非敢攻梁也」。「敢」蓋「但」音誤。

〔註98〕王念孫說轉引自王引之《經義述聞》卷19，江蘇古籍出版社1985年版，第460頁。

（15）楚、趙怒而兵〈與〉王爭秦（《須賈說穰侯章》，P226）

按：爭秦，《魏策三》、《史記》並作「爭事秦」，帛書下文「楚、趙怒於魏之先己也，必爭事秦」，亦有「事」字，此脫。

（16）謂魏王曰：「秦與戎翟同俗，有〔虎狼〕之心，貪戾好利，無親，不試（識）禮義德行。」（《朱己謂魏王章》，P230）

原注：此篇見《魏策三》，說：「魏將與秦攻韓，朱已（己）謂魏王。」《史記・魏世家》則說：「魏王以秦救之故，欲親秦而伐韓，以求故地，無忌謂魏王。」《荀子・彊國篇》楊倞注引《史記》作「朱忌」。「朱」與「无」形近而誤，「己」與「忌」通，疑當以「朱己」為是。（P53）

新注：帛書不記說士之名，此章之題是原整理者據《魏策三》擬。原注疑《魏世家》之「无」是「朱」之譌字，是用黃丕烈、王念孫等說，其說似不一定可信。古人名「無忌」、「何忌」等也可省稱為「忌」，說士之名本或作「朱無忌」，「朱忌」、「無忌」大概是此人之名分別省去「無」字和省去姓氏的名字省稱（此略本施謝捷說）。（P231）

按：此說士之名，當作「無忌」，就是信陵君魏公子無忌〔註99〕。朱師轍曰：「『朱己』即『无忌』，『忌』、『己』古通用，『无』、『朱』字形相似而譌。」〔註100〕《魏世家》上文云：「齊、楚相約而攻魏，魏使人求救于秦……於是秦昭王遽為發兵救魏，魏氏復定。」故下文云：「魏王以秦救之故……無忌謂魏王曰。」中間插入一段：「趙使人謂魏王曰：『為我殺范痤，吾請獻七十里之地。』……信陵君言于王而出之。」「無忌」當即指上文之「信陵君」，《御覽》卷514引《史記》作「信陵君無忌謂魏王曰」，補「信陵君」三字，文義尤明。無親，《戰國策・魏策三》、《史記・魏世家》並作「無信」。

（17）若道河內，倍（背）鄴、朝歌，絕漳、鋪（滏）〔水，與趙兵決於〕邯鄲之鄗（郊），氏（是）知伯之過也（《朱己謂魏王章》，P230）

按：倍，《魏策三》、《魏世家》同，猶言踐履、踰越也〔註101〕。下文「倍大梁」同。帛書《見田僕於梁南章》「秦必不倍粱（梁）而東」，亦同。《見

〔註99〕《史記・信陵君列傳》：「魏公子無忌者，魏昭王少子而魏安釐王異母弟也。」《戰國策・魏策四》：「信陵君曰：『無忌謹受教。』」

〔註100〕朱師轍《史記補注》，《國學彙編》1924年第2集，第9頁。

〔註101〕參見蕭旭《敦煌賦校補》，收入《群書校補》，廣陵書社2011年版，第824頁。

田僕於梁南章》:「若秦拔鄢陵，必不能掊粱（梁）、黃、濟陽陰、睢陽而攻單父。」掊亦當讀為倍。鋪，《策》、景祐本《史記》作「滏」，黃善夫本、乾道本、淳熙本、元刻本《史記》作「釜」。「釜」或作「鬴」，「鋪」則借字。過，當據《策》、《史》讀為禍。《策》「智伯」上有「受」字，則「禍」當讀如字無疑。

（18）秦固有壞（懷）、茀〈茅〉、荆（邢）丘（《朱己謂魏王章》，P230）

原注：茅，《魏策》誤作「地」。（P54）

新注：茅，原釋文逕釋，從字形看，當從《文字編》釋「茀」，視作「茅」的譌字。《魏策》之「地」，當是將「茅」或從「矛」聲之字誤認作從「它」聲後產生的誤讀。（P233）

按：此字圖版作「[illegible]」，確是「茀」。說「茅」譌作「茀」，有點勉強。我提出另外一種可能的解釋：《魏世家》作「茅」，《集解》引徐廣曰：「在脩武軹縣，有茅亭。」「茀」是「萬」形誤。「茅」形誤作「苐」，又同音誤作「地」，「苐」與「萬」形聲俱近。「第闕門」音轉作「夷闕門」，或形誤作「茅闕門」〔註102〕，是其比。

（19）有鄭地，得垣癰（雍），決熒澤，大粱（梁）必亡（《朱己謂魏王章》，P230）

按：熒，姚本《魏策三》、《魏世家》同。《戰國策》鮑注本、吳氏《補注》本作「滎」，《冊府元龜》卷735、736同。庾信《周上柱國宿國公河州都督普屯威神道碑》:「是以築平綱之城，衛人拱手；戍滎波之澤，梁氏寒心。」用此典，字亦作「滎」。張文虎曰：「毛本『熒』譌『滎』。」〔註103〕張說非是。《新序·義勇》:「狄人追及懿公於滎澤，殺之。」《韓詩外傳》卷7作「熒澤」，《呂氏春秋·忠廉》作「滎澤」。諸字並通借，當以「滎」為本字，《說文》:「滎，絕小水也。」澤名當取此義。

（20）繚舞陽之北以東臨許（《朱己謂魏王章》，P230）

原注：繚，繞。（P54）

按：繚，《魏策三》、《魏世家》作「繞」。

〔註102〕參見蕭旭《韓非子校補》，花木蘭文化出版社2015年版，第198～199頁。
〔註103〕張文虎《校刊史記集解索隱正義札記》，中華書局1977年版，第439頁。

（21）〔禍〕必百此矣（《朱己謂魏王章》，P231）

按：百，《魏策三》同，《魏世家》誤作「由」，《冊府元龜》卷735、736又誤作「繇」。

（22）今韓受兵三年，秦撓以講，識亡不聽，投質於趙（《朱己謂魏王章》，P231）

原注：「撓」與「繞」通，糾纏的意思。秦國糾纏韓國，要它講和。（P55）

新注：「繞」只有纏繞義，似不能表示糾纏之義。「撓」疑讀為「叨（饕）」，訓貪也。秦國貪得無厭，要韓國講和。（P235）

按：撓，《魏策三》同；《魏世家》作「橈」，亦同。《策》鮑注：「以求地擿撓之。」《史記索隱》：「橈，音苦孝反。謂韓被秦之兵，橈擾已經三年，云欲講說與韓和。」舊注皆是。原注的理解亦近之，但未得其字。撓、橈，讀為嬈，煩嬈。《說文》：「嬈，苛也，一曰擾。」鮑注本《戰國策．趙策三》：「我約三國而告之以未搆中山也，三國欲伐秦之果也，必聽我，欲和我。中山聽之，是我以三國饒中山而取地也；中山不聽，三國必絕之。」王念孫曰：「『饒』當為『撓』，字之誤也。『撓』如『撓亂我同盟』之『撓』。以三國撓中山而講，則中山不得不聽，不得不割地。《魏策》云云，是其證。」〔註104〕

（23）今不存韓，貳（二）周、安陵必貤（貤——弛），楚、趙大破（《朱己謂魏王章》，P231）

原注：弛，廢棄。《魏策》作「易」，弛、易同音。《魏世家》作「危」，音近。（P55）

新注：弛、易二字只能說音近而並不同音。（P235）

按：《魏策三》作「則二周必危、安陵必易也」，《魏世家》作「二周、安陵必危」。此作「貤」，《策》文「危」、「易」分用，《史》作「危」，不得說《史》「貤」作「危」。「貤」、「易」音轉，當讀為墮，毀壞。「委蛇」音轉作「委隨」、「委遵」、「委移」，是其比也。鮑注：「易，秦輕之也。」吳氏《補注》：「易，改易也。」皆非是。

（24）秦兩縣（懸）齊、晉以持大重，秦之上也（《謂起賈章》，P237）

〔註104〕王念孫《戰國策雜志》，收入《讀書雜志》卷1，中國書店1985年版，本卷第95頁。

按：「縣」讀如字。帛書《朱己謂魏王章》：「是韓，魏之縣也。魏得韓以為縣，以衛大樑，河北必安矣。」「縣」字義同。此言秦以齊、晉為兩縣，故能持大重也。

（25）地不與秦攘（壤）介（界）（《謂起賈章》，P237）

按：「攘」是動詞，不讀為壤。古書習言「壤界」，帛書《蘇秦獻書趙王章》：「則地與王布（邦）屬壤芥（界）者七百里。」《戰國策·趙策一》作「壤挈（界）」。《齊策三》：「三國之與秦壤界而患急，齊不與秦壤界而患緩。」「壤」亦動詞。《趙策一》：「韓與秦接境壤界，其地不能千里。」「壤界」與「接境」對舉，壤亦接也。攘、壤，並讀為儴。《爾雅》：「儴，因也。」「因」即承接、連接義。

（26）攻齊不成，陶為廉監而莫〔之〕據（《秦客卿造謂穰侯章》，P243）

原注：廉監，《秦策》作「鄰恤」。廉、鄰聲近，監、恤形近而誤。廉監當即磏礛，磨玉的粗石。這是比喻，有了陶邑而不攻齊，等於沒有磨出寶玉，就只是不值錢的礪石了。（P63）

新注：「據」當作「據有」解，參看范祥雍（2006：208）。（P244）

按：我舊說云：「鄰，指鄰國。《廣雅》：『恤，敡也。』言攻齊不成，陶邑將為鄰國所輕侮，而莫能據有之也。『為』字表被動。帛書作『廉監』，廉，讀為鄰。監讀為欿，《說文》：『欿，欲得也。讀若貪。』字或作濫、嚂、慍、爁。言陶邑為鄰國所貪窺而莫能據有之也。不必與《策》同。」〔註 105〕今考《集韻》：「矙，《說文》：『視也。』通作監。」「矙（監）」謂窺視，亦與貪義相承。廉，讀為覝。《說文》：「覝，察視也。讀若鎌。」《玉篇》：「覝，察視也，今作廉。」為廉監，言被別人覬覦。《秦策》作「為鄰恤」者，恤之言戌，《說文》：「戌，滅也。」字亦作卹，《莊子·徐無鬼》：「若卹若失。」《淮南子·道應篇》、《列子·說符》「卹」作「滅」。言為鄰國所滅也。

（27）齊紫，敗素也，賈（價）十倍（《謂燕王章》，P245）

按：《史記·蘇秦傳》同，《戰國策·燕策一》作「齊人紫敗素也，而賈十倍」。帛書當「齊紫敗素也」五字為句，《史記》中華書局舊點校本亦誤，新點

〔註 105〕蕭旭《戰國縱橫家書校補》，收入《群書校補》，廣陵書社 2011 年版，第 36 頁。

校本不誤〔註 106〕。《集解》引徐廣曰：「取敗素染以為紫。」《正義》：「齊君好紫，故齊俗尚之。取惡素帛染為紫，其價十倍貴於餘。」「紫」是動詞，「紫敗素」猶言取敗素染為紫色。

（28）此皆因過（禍）為福，轉敗而為功（《謂燕王章》，P245）

按：「為福」上當據《燕策一》補「而」字，下文「今王若欲因過（禍）而為福，轉敗而為功」云云，亦有「而」字。《蘇秦傳》二句皆無「而」字，亦可。

（29）夫實得所利，尊得所願，燕、趙之棄齊，說（脫）沙（躧）也（《謂燕王章》，P245）

原注：「沙」字與「躧」字音同通用。躧，拖鞋。《蘇秦列傳》作「如脫躧矣」，《燕策》作「猶釋弊躧」。姚本注：「一云脫屣也。」「躧」就是「屣」。（P66）

按：新注用原注（P246）。《說文》：「鞅，鞮，鞅沙也。」段玉裁曰：「謂鞮之名鞅沙者也。『鞠角』、『鞅沙』皆漢人語。《廣雅》之『鞈魦』也。鞈魦、韢韆，韍履也。《廣韻》：『鞈魦、索韆，胡履也。』《釋名》：『韢韆，韡之缺前壅者，胡中所名也。』」〔註 107〕《說文》亦作「沙」字，帛書正足相證。「魦」乃俗別字，字亦省作「靿」，《廣雅》作「鞈靿」（段氏引誤）。「屣」同「躧」，字或作「蹝」、「縰」、「韃」。《慧琳音義》卷 15：「韡履：《廣雅》謂之甲沙，或謂之韢韆，皆夷人方言異也。」又卷 65 說同。「甲沙」即「鞈靿」。沙之言臿（插）也，趿也，指足插進去穿拖鞋，用為名詞則指拖鞋，此其語源義〔註 108〕。

（30）今收燕、趙，國安名尊；不收燕、趙，國危而名卑（《謂燕王章》，P245）

按：「國安」下當據《蘇秦傳》補「而」字。《燕策一》作「王不收燕、趙，名卑而國危；王收燕、趙，名尊而國寧」。

〔註 106〕司馬遷《史記》，中華書局 1963 年版，第 2270 頁；2013 年修訂版，第 2741 頁。

〔註 107〕段玉裁《說文解字注》，上海古籍出版社 1981 年版，第 108 頁。

〔註 108〕參見蕭旭《「抌屆」考》，收入《群書校補（續）》，花木蘭文化出版社 2014 年版，第 2059 頁。

（31）臣聞〔甘〕洛（露）降，時雨至，禾穀絳（豐）盈，眾人喜之，賢君惡之（《蘇秦獻書趙王章》，P248）

原注：惡，《趙策》同，疑有誤。《趙世家》作「圖」。（P69）

按：新注用原注（P248）。《趙策一》作「眾人喜之，而賢主惡之」，《趙世家》作「眾人善之，然而賢主圖之」。鮑本《戰國策》「喜」亦作「善」，同《史記》。「善」乃形近而譌。《策》、《史》「賢主」上有轉折詞「而」或「然而」，則「惡」與「喜」為對文，其字當不誤也。鮑注：「惡，心不安也。以其無以致之故。」《史》作「圖」，疑後人不明其義而妄改。王叔岷曰：「『喜』與『惡』對言。此文『圖』，疑本作『啚』。啚，古鄙字。『善』與『鄙』對言。猶言眾人善之，然而賢主不善之耳。」〔註 109〕圖，讀為悇，憂懼也。P.2011 王仁昫《刊謬補缺切韻》：「悇，憚憂。」

（32）欲以亡韓、呻（吞）兩周，故以齊餌天下（《蘇秦獻書趙王章》，P248）

新注：上博簡《子羔》：「取而軟之。」整理者指出：「軟，讀作吞。」帛書的「呻」與《說文》訓「吟」的「呻」或非一字，二者是同形字關係，當與楚簡「軟」為一字，即「吞」字異體。（P248～249）

按：帛書《胎產書》：「懷子未出三月者，呻（吞）爵甕二，其子男殹（也）。一曰：取爵（雀）甕（甕）中蟲青北（背）者三，產（生）呻（吞）之，必產男，萬全。」二「呻」字整理者亦讀作「吞」〔註 110〕。「呻」亦作「㕧」，與「軟」是異體字，從口從欠一也。《玉篇殘卷》引《字書》：「軟，古文『呻』字也。」「吞」字從「天」得聲，「天」音轉讀如「身」〔註 111〕，「身」、「申」同音，故「呻」或「軟」可讀作「吞」。《玉篇》、《廣韻》並謂古文「天」字作「兲」。《汗簡》卷 1「天」作「[古文字形]」形。《古文四聲韻》卷 2 謂「天」字《古老子》作「[古文字形]」，《碧落文》作「[古文字形]」〔註 112〕。黃錫全曰：「[古文字形]：天，從艸從臾。思泊師指出：『天字作蒉即萸字，喻母。古讀喻母如定母。從臾

〔註 109〕王叔岷《史記斠證》，中華書局 2007 年版，第 1631 頁。

〔註 110〕《馬王堆漢墓帛書（四）》，文物出版社 1985 年版，第 138 頁。

〔註 111〕《董子·深察名號》、《人副天數》並曰：「身，猶天也。」《呂覽·去宥》、《本生》、《為欲》高誘注並曰：「天，身也。」《玉燭寶典》卷 1、《類聚》卷 1 引《白虎通》：「天者，身也。」又「天竺」音轉作「身毒」。均是其例。

〔註 112〕《汗簡·古文四聲韻》，中華書局 2010 年版，《汗簡》卷 1，第 3 頁；《古文四聲韻》卷 2，第 21 頁。

之字如槐亦作柮。古讀世如大，故世子亦作大子。天、曳並舌頭音，乃雙聲假借字也。』(《碧落碑跋》) 鄭珍認為此是用忝字草寫為篆，當屬臆測。」〔註113〕徐在國亦從于省吾（思泊）說〔註114〕。現在看來，「曳（𦭝）」所從「申」，當是「申」形譌。餌，《趙策一》同，《趙世家》作「餤」。餤，讀為啖、啗，利誘，與「餌」義同。

（33）屬之祝譜（詛）(《蘇秦獻書趙王章》，P248)

原注：祝籍，祭祀的簿籍。《趙策》作「讎柞」，音近而誤。(P69)

新注：裘錫圭指出：「整理者讀『祝譜』為『祝籍』。但『祝籍』之稱不見於古書。疑『祝譜』當讀為『祝詛』。」按裘說可從。(P250)

按：鮑彪注：「讎柞，『酬酢』同。言其相屬伐趙於酬酢之間。」朱謀瑋曰：「讎柞，交授也。」〔註115〕楊慎曰：「醻醋（酬酢，《說文》引《易》)，讐柞（《戰國策》:『著之盤盂，屬之讐柞。』)，訓昨（同上，《周禮》注)。」〔註116〕方以智曰：「酬酢，一作『醻醋』、『讐柞』、『訓昨』。《說文》作『醻醋』。《戰國策》:『著之盤盂，屬之讐柞。』《周禮》注作『訓昨』。《說文》以酢為今之醋，醋為酬酢。」〔註117〕金正煒曰：「『讐』與『酬』通，『柞』當作『酢』，形聲並近而譌也。《一切經音義》引《蒼頡》:『主荅客曰酬，客報主人曰酢。』〔註118〕此言五國之謀合於燕享之閒也。」〔註119〕諸說皆同於鮑氏。獨孫詒讓曰：「『屬之讎柞』義難通，鮑說穿鑿不足據。以文義推之，疑『讎柞』當讀為『疇籍』，『讎』、『疇』，『柞』、『籍』並聲近叚借字。古典冊篇章或謂之疇。『著之盤盂，屬之讎柞』，謂五國約誓之言書之彝器與冊籍也。」〔註120〕

〔註113〕黄錫全《漢簡注釋》卷1，武漢大學出版社1993年版，第83頁。

〔註114〕徐在國《隸定古文疏證》，安徽大學出版社2002年版，第13頁。

〔註115〕朱謀㙔《駢雅》卷2，收入《叢書集成新編》第38冊，新文豐出版公司1985年版，第339頁。

〔註116〕楊慎《古音駢字》卷5，收入《叢書集成新編》第39冊，新文豐出版公司1985年版，第336頁。

〔註117〕方以智《通雅》卷8，收入《方以智全書》第1冊，上海古籍出版社1988年版，第344頁。

〔註118〕引者按：見《玄應音義》卷18引。

〔註119〕金正煒《戰國策補釋》卷4，收入《續修四庫全書》第422冊，上海古籍出版社2002年版，第512頁。

〔註120〕孫詒讓《札迻》卷3《戰國策高誘注》，中華書局1989年版，第73頁。

（34）齊乃西師以唫（禁）強秦，史（使）秦廢令，疏服而聽（《蘇秦獻書趙王章》，P248）

原注：廢令，廢去稱帝的命令。《趙策》「廢」作「發」，同音通用。疏服，《趙策》作「素服」，表示服罪的意思。「疏」與「素」音相近。（P69）

按：新注用原注（P250）。余謂「廢」讀為「發」，「使秦發令疏服而聽」八字一句讀。發令，發佈命令，下令。

（35）成則為福，不成則為福（《蘇秦謂陳軫章》，P252）

原注：「則」字與「亦」字同義。（P70）

新注：古漢語「則」字並無「亦」的用法，此處也許是抄寫時涉上文而誤。（P253）

按：此古諺語。《史記・田敬仲完世家》作「成為福，不成亦為福」。《戰國策・韓策三》：「所謂『成為福，不成亦為福』者也。」帛書二「則」字表示對比。疑下「則」下脫「亦」字。

（36）〔請與韓地，而王以〕施三〔川〕（《蘇秦謂陳軫章》，P252）

原注：施，易。交換的意思。（P72）

新注：此義之「施」，當與「弛」字意義相關。（P254）

按：「弛」無交換義。施，讀為移、易，字亦作馳、弛。《戰國策・韓策一》：「秦攻陘，韓使人馳南陽之地。秦已馳，又攻陘，韓因割南陽之地。秦受地，又攻陘。陳軫謂秦王曰：『國形不便故馳，交不親故割。今割矣而交不親，馳矣而兵不止，臣恐山東之無以馳割事王者矣。』」王念孫曰：「馳，讀為移。移，易也。謂以南陽之地易秦地也。下文曰『國形不便故馳』，謂兩國之地形不便，故交相易也。『馳』字或作『施』，而皆讀為移。下文曰『公戰勝楚，遂與公乘楚，易三川而歸』，《史記・韓世家》『易』作『施』。《田完世家》曰：『請與韓地，而王以施三川。』『施』並與『移』同。字又作弛，《韓子・內儲說篇》曰：『應侯謂秦王曰：「上黨之安樂，其處甚劇，臣恐弛之而不聽，柰何？」王曰：「必弛易之矣。」』『弛』亦與『移』同。」〔註121〕

（37）曰：「臣至魏，便所以言之。」（《虞卿謂春申君章》，P255）

〔註121〕王念孫《戰國策雜志》，收入《讀書雜志》卷1，中國書店1985年版，本卷第108頁；又卷2《史記雜志》說略同，本卷第66～67頁。

原注：虞卿由楚回趙，要經過魏，可以趁便游說。「言」字《楚策》作「信」，誤。（P73）

按：新注用原注（P255）。《楚策四》作「臣請到魏，而使所以信之」，「便」作「使」，亦當出校。上文云「請令魏王可」，「使」即「令」字義，「可」即「聽信」、「同意」之義。《策》文不誤，帛書轉當誤也。

（38）韓王弗聽，遂絕和於秦。秦因大怒，益師，與韓是（氏）戰於岸門（《公仲倗謂韓王章》，P256）

按：因，《史記・韓世家》同，《韓策一》作「果」。因，猶果也。《韓子・說林下》：「荊王弟在秦，秦不出也……（晉平）公謂秦公曰：『為我出荊王之弟，吾不城也。』秦因出之。」《說苑・權謀》作「秦恐，遂歸公子午」，《渚宮舊事》卷 2 作「秦果出公子午」。遂亦果也。益，《史》同，《策》作「興」。

（39）楚不侍（待）伐，割摯（縶）馬免而西走（《李園謂辛梧章》，P259）

原注：縶，縛住馬的繩索。免，脱跑。割縶馬免而西走，形容很快就投奔秦國。《趙策一》說：「割挈馬兔（免）而西走。」「縶」作「挈」，是字形之誤。（P78）

新注：蔡偉說：「摯」字「當作『摯』，『摯』與『挈』古音相近。挈當讀為潔，束也。」（裘錫圭引）視「摯」為「摯」誤字說很有啟發性，不過讀「摯」為「縶」似乎也不能斷然否定，今暫從原注說，以待後考。（P260）

按：余謂《趙策》是也。兔而西走，言其疾速如兔而向西走也。古人以兔走之疾狀馬，古駿馬名「飛兔」〔註 122〕，呂布所騎曰「赤兔」，皆其例。挈之言趨（踝），超騰跳躍義。挈馬謂疾馬。馬之疾跳曰挈馬，犬之疾跳曰猘狗（特指狂犬），其義一也。金正煒以「割」字屬上作「伐割」，云：「挈馬兔而西走，姚云：『兔，曾作免。』按《周禮・夏官・田僕》：『凡田，王提馬而走。』注：『提，猶舉也。』《廣雅》：『挈，提也。』『挈馬』與『提馬』義同。『兔』當從曾作『免』，『免』與『俛』通。言韓不待伐割，即將挈馬而俛入於秦也。又或為『挈國』之譌。挈國西走，猶言舉國為內臣。」〔註 123〕鍾鳳

〔註 122〕《呂氏春秋・離俗》：「飛兔、要褭，古之駿馬也。」高誘注：「飛兔、要褭，皆馬名也。日行萬里，馳若兔之飛，因以為名也。」

〔註 123〕金正煒《戰國策補釋》卷 4，收入《續修四庫全書》第 422 冊，上海古籍出

年曰：「『割挈馬兔而西走』之『割』字不辭，因馬、兔非必待割而始能挈走之物。以字理度之，恐是『則』字之譌。又馬兔初非重器，何足挈以事秦？疑『馬』為『彝』字之譌。『兔』字疑『兕』之譌。二者於古俱為寶器，似較元文義長。吳補曰：『一本作免。』此不過就字形而改，殊無義理可尋，似未當。」諸祖耿曰：「鍾說謬妄殊甚。韓不待伐割挈馬兔而西走者，『割』字句絕。《魏策二》『宋、中山數伐數割』，『伐割』連文。『兔』、『免』形近之譌。『免』又『俛』之叚也。其義若曰：韓不待秦之伐割，甘心臣服，俛首牽馬而西事秦耳。如鍾君所說，彝兕寶器，實未之前聞。」〔註 124〕金氏、諸氏「伐割」連文是也，其餘說全誤。句謂楚不須被攻伐、割地，已如同挈馬像兔一樣快地向西走秦也。

（40）令粱（梁）中都尉□□大將，其有親戚父母妻子，皆令從粱（梁）王葆（保）之東地單父，善為守備（《見田僕於梁南章》，P261）

按：葆，讀為赴，趨走、出走也。下文「粱（梁）王出，顧危」，又「粱（梁）王出粱（梁）」，又「粱（梁）王有（又）出居單父」，「出」字是其誼也。字亦作保，《韓子．十過》：「曹人聞之，率其親戚而保釐負羈之閭者七百餘家。」《列女傳》卷 3 作「士民之扶老携弱而赴其閭者，門外成市」。《史記．楚世家》：「楚襄王兵散，遂不復戰，東北保于陳城。」又《六國表》作「王亡走陳」，《白起列傳》作「東走徙陳」。皆其證。《荀子．修身》：「保利棄義，謂之至賊。」保亦讀為赴。

（41）之王，則不能自植士卒（《見田僕於梁南章》，P261）

原注：植，率領。《左傳．宣公二年》杜預注：「植，將主。」（P82）

按：新注用原注（P263）。《左傳》植訓將主，是名詞，指將領主帥。植，讀為持，或讀為治。

（42）故蔞（數）和為可矣（《讘皮對邯鄲君章》，P264）

原注：數，通「速」。（P84）

新注：此「數」即《禮記．曾子問》「不知其已之遲數」的「數」，不必通

版社 2002 年版，第 515 頁。

〔註 124〕諸祖耿《書評：〈國策勘研〉》，《制言》第 41 期，1937 年版，本文第 6 頁。鍾鳳年說轉引自此文。

「速」。（P265）

按：「遲數」的「數」亦「速」借字。《曾子問》鄭玄注：「數，讀為速。」

此文刊於《澳門文獻信息學刊》2019 年第 1 期，第 15～27 頁。這裏略有補訂。

馬王堆帛書術數書校補

馬王堆帛書《五星占》校補

馬王堆帛書《五星占》，收錄於裘錫圭主編的《長沙馬王堆漢墓簡帛集成》第 4 冊〔註 125〕。

（1）〔其國有〕德，黍稷〈稷〉之匿；其國失德，兵甲嗇嗇

新注：黍稷之匿，劉樂賢認為可能是黍稷有藏的意思。劉樂賢讀「嗇嗇」為「側側」，《逸周書·大聚》：「其民側側。」孔晁注：「側側，喻多。」劉氏認為兵甲側側，蓋即戰事頻仍的意思。（4 / 225，表示第 4 冊第 225 頁，下仿此。）

按：「之匿」猶言「乃匿」。《開元占經》卷 23 引甘氏曰：「其國有德，乃熟黍稷；其國無德，甲兵惻惻。」〔註 126〕又「其失次見於張，其名曰降入周，王受其殃，國斯反服，甲兵惻惻，其歲大水。」①匿，讀為䵑（䵒）。《說文》：「䵑，黏也。《春秋傳》曰：『不義不䵑。』䵒，䵑或從刃。」今《左傳·隱公元年》作「不義不暱」。音轉亦作𥹋、𪏐、昵、胒、黎〔註 127〕，俗字作䵑。又音轉作胹，《說文》：「胹，爛也。」《方言》卷 7：「胹、爛，熟也。自關而西秦晉之郊曰胹，自河以北趙魏之閒火熟曰爛。」俗字作腝、臑，煮熟曰胹、臑，丸之熟曰𪍿，稻先熟者為秜，語源亦同。又考《說文》：「黍，禾屬而黏者也。」成熟了的黍才有黏性，黍稷乃匿，猶言黍稷乃黏，言其能成熟也。

〔註 125〕《長沙馬王堆漢墓簡帛集成》第 4 冊，中華書局 2014 年版，第 223～244 頁。

〔註 126〕席澤宗、劉建民已經指出此例可與帛書對讀。席澤宗《〈五星占〉釋文和注解》，收入《古新星新表與科學史探索》，陝西師範大學出版社 2002 年版，第 179 頁。劉建民《帛書〈五星占〉校讀札記》，《中國典籍與文化》2011 年第 3 期，第 134 頁。

〔註 127〕參見蕭旭《〈方言〉「鈴」字疏證》，收入《群書校補（續）》，花木蘭文化出版社 2014 年版，第 1831～1832 頁。

②劉樂賢讀「嗇嗇」為「側側」，是也。「側側」喻多者，「側」是「寨（塞）」音轉，字亦音轉作堲、測、恻、畟、閦〔註 128〕。言甲兵往來，充塞於路。《方言》卷 10：「迹迹、屑屑，不安也。江沅之閒謂之迹迹，秦晉謂之屑屑，或謂之塞塞，或謂之省省，不安之語也。」郭璞注：「皆往來之貌也。」帛書《天文氣象雜占》：「天出熒或（惑），天下相惑，甲兵盡出。」《開元占經》卷 46 引巫咸曰：「白肖亂行，且有甲兵搶攘，民惶惶，徭役以行，百神不享。」又卷 51 引《海中占》：「太白守天關二十日……兵甲鏘鏘，以水行。」又卷 53 引《荊州占》：「辰星亂行，甲兵鏘鏘。」「搶攘」是亂貌，「鏘鏘」是盛貌。「甲兵盡出」、「甲兵搶攘」、「甲兵鏘鏘」亦言其盛多。

（2）其國分當其野〔□□〕，居之久，〔殃〕大；亟發者，央（殃）小；□〔□□〕，央（殃）大。溉（既）巳（已）去之，復環（還）居之，央（殃）□；其周環繞之，入，央（殃）甚

新注：「其野」下缺文整理小組補「受殃」二字，可參。（4 / 229）

按：點作「其國分，當其野，□□」。《漢書・天文志》：「元鼎中，熒惑守南斗。占曰：『熒惑所守，為亂賊喪兵。守之久，其國絕祀（嗣）。』」〔註 129〕《開元占經》卷 30 引《荊州占》：「熒惑所守之分，其國凶。守之速，殃小；守之久，殃大；去而復還守之，或前或後，或左或右，殃殊重，不可救，國破主死，流血城市。」又「熒惑與宿星舍守之，其國大人死。守之久，五年而發者，亡地五百里；期二年而發者，亡地二百里；期一年而發者，亡地百里。」據此，「其野」下缺文可補「國凶」。「亟發」句謂熒惑如果亟速離開，則殃小。

（3）北方水，其帝端（顓）玉（頊）其丞玄冥，其神上為晨（辰）星。主正四時，春分效婁，夏至效〔輿鬼，秋分〕效亢，冬至效牽牛

新注：補文「輿鬼」二字，整理小組釋文作「井」，劉樂賢作「東井」。今按：《淮南子・天文》：「辰星正四時，常以二月春分效奎、婁，以五月夏至效東井、輿鬼，以八月秋分效角、亢，以十一月冬至效斗、牽牛。」《開元占經》卷 53 引甘氏曰：「辰星是正四時，春分效婁，夏至效輿鬼，秋分效亢，冬至效牽牛。」帛書此處應補「輿鬼」而不是「東井」或「井」。（4 / 229）

〔註 128〕參見蕭旭《敦煌變文校補（二）》，收入《群書校補（續）》，花木蘭文化出版社 2014 年版，第 1385～1387 頁。

〔註 129〕《開元占經》卷 30 引「祀」作「嗣」。

按：「夏至效」下補「輿鬼」或「東井」皆可。《史記・天官書》：「是正四時：仲春春分，夕出郊（效）奎、婁、胃東五舍，為齊；仲夏夏至，夕出郊（效）東井、輿鬼、柳東七舍，為楚；仲秋秋分，夕出郊（效）角、亢、氐、房東四舍，為漢；仲冬冬至，晨出郊（效）東方，與尾、箕、斗、牽牛俱西，為中國。」〔註 130〕《史記》下文「其當效而出也，色白為旱，黃為五穀熟，赤為兵，黑為水」，亦作「效」字。《史記》是完整的文字，帛書此文及《淮南子》、甘氏說都是省文。《淮南子》高誘注：「効（效），見也。」《開元占經》卷 53 引皇甫謐《年曆》：「辰星春分立卯之月夕效於奎、婁，夏至立午之月夕效於東井，秋分立酉之月夕效於角、亢，冬至立子之月晨效於斗牛。」宋均注：「常以二月春分見婁。見角、亢。」是宋均亦釋「效」為「見」，與高誘合。此正作「東井」，舉一以概七舍。《史記正義》引晉灼曰：「常以二月春分見奎、婁，五月夏至見東井，八月秋分見角、亢，十一月冬至見牽牛。」晉灼徑易「效」作同義詞「見」。

（4）……侯王正卿必見血兵，唯過章章，其行必不至巳，而反入於東方……兵，唯過彭彭，其行不至未，而反入西方

新注：劉樂賢：「彭彭，形容行走的樣子。」（4 / 231）

席澤宗曰：章章，明著也。彭彭，盛也，見《廣雅》〔註 131〕。

劉樂賢曰：章章，或作「彰彰」，形容顯著的樣子〔註 132〕。

按：孟蓬生指出「侯王正卿」句，卿、兵、章、方四字入韻；下句兵、彭、方入韻，缺失的文字中有一陽部字入韻。帛書《天文氣象雜占》：「占曰：『見血，少三軍。』」《開元占經》卷 31 引石氏曰：「熒惑守心，天子走，失位；入心，必見血，其國庫兵出，天下士半死。」「巳」、「未」皆方位名稱。《廣雅》：「彭彭、旁旁、常常，盛也。」「彭彭」、「旁旁」音轉，《詩・韓奕》「百兩彭

〔註 130〕錢大昕曰：「四『郊』字皆『效』字之譌。《淮南》云云，高誘注：『効，見也。』予謂効、見聲相近，《說文》無『効』字，當為『效』。」錢說是也，帛書尤為確證。錢大昕《二十二史考異》卷 3，收入《叢書集成新編》第 105 冊，新文豐出版公司 1985 年印行，第 259 頁。《史記》（修訂本）失校，中華書局 2013 年 9 月版，第 1577 頁。

〔註 131〕席澤宗《〈五星占〉釋文和注解》，收入《古新星新表與科學史探索》，陝西師範大學出版社 2002 年版，第 186 頁。

〔註 132〕劉樂賢《〈五星占〉考釋》，收入《馬王堆天文書考釋》，中山大學出版社 2004 年版，第 56 頁。

彭」，東漢《司馬季德碑》作「旁旁」。又作「騯騯」、「㑂㑂」；「常常」又作「裳裳」、「堂堂」〔註 133〕，皆擬聲詞，狀其行之盛也。「彭彭」又作「滂滂」、「膨膨」、「傍傍」、「龐龐」、「汸汸」〔註 134〕。「章章」亦「常常」音轉。清華簡（三）《祝辭》：「又（有）上巟巟，又（有）下坐坐（堂堂），司湍彭彭。」

（5）（太白）其出上遝午有王國，過未及午有霸國（4 / 232）

席澤宗曰：午、未均指方向。午為正南方，未為南偏西 30 度。《開元占經》卷 46 引《荊州占》：「太白見東方，至丙、巳之間，小將死；過午，有起霸者。太白出西方，上至未，陰國有霸者；若過未及午，陰國王令天下。」與帛書占文所據現象一致，所占結果則不同〔註 135〕。

按：帛書上「午」字當作「未」，席氏所引「上至未……若過未及午」是其證。「上遝未」即「上至未」，亦與下「過未」相應。過未及午，疑當作「過未不及午」。謂過了未，但尚沒有到午。《開元占經》卷 45 引《荆州占》：「太白出見西方，上至未，將橫行大強，備四方。又「出西方上至未，有霸。一曰：陰國霸。」又卷 46 引《荆州占》：「太白見東方，上至巳皆更政；出西方，順行過巳不及午，有霸國；及午，陰國令天下。」文例亦同。

（6）熒或（惑）從大白，軍憂；離之，軍□。出其陰，有分軍；出其陽，有扁（偏）將之戰。〔當其〕行，太白遝之，〔破軍〕殺將（4 / 236）

按：《史記．天官書》：「熒惑從太白，軍憂；離之，軍卻。出太白陰，有分軍；行其陽，有偏將戰。當其行，太白逮之，破軍殺將。」席澤宗據此，於「軍」下缺字補「卻」〔註 136〕，是也。《漢書．天文志》：「故熒惑從太白，軍憂；離之，軍舒（卻）；出太白之陰，有分軍；出其陽，有偏將之戰。當其行，太白還（遝）之，破軍殺將。」《開元占經》卷 21 引《文耀鉤》：「熒惑

〔註 133〕參見王念孫《廣雅疏證》，收入徐復主編《廣雅詁林》，江蘇古籍出版社 1992 年版，第 473～474 頁。

〔註 134〕戰國時期中山國胤嗣壺銘文：「四牡汸汸。」清華簡（三）《周公之琴舞》：「天多降德，汸汸在下。」《荀子．富國篇》：「汸汸如河海。」

〔註 135〕席澤宗《〈五星占〉釋文和注解》，收入《古新星新表與科學史探索》，陝西師範大學出版社 2002 年版，第 181 頁。

〔註 136〕席澤宗《〈五星占〉釋文和注解》，收入《古新星新表與科學史探索》，陝西師範大學出版社 2002 年版，第 187 頁。

從太白，軍憂；離之，軍卻。出太白之陰，有分軍；出其陽，有偏將之戰。當其行，太白逮之，破軍殺將。」又引《黃帝兵法》：「熒惑出太白之陰，若不有分軍，必有他急，分大軍也。」劉樂賢據以上引文，亦補「卻」〔註 137〕。《晉書・天文志》、《隋書・天文志》：「從軍，為軍憂；離之，軍卻。出太白陰，分宅；出其陽，偏將戰。」

馬王堆帛書《天文氣象雜占》校補

馬王堆帛書《天文氣象雜占》，收錄於裘錫圭主編的《長沙馬王堆漢墓簡帛集成》第 4 冊〔註 138〕。

（1）齊　雲

新注：此條圖像為侈袂長衣，或即古書所謂「逢衣」。《晉書・天文志》、《古微書》卷 14 等記載「鄭雲如絳衣」，《隋書・天文志》、《群書考索》卷 56 記載「鄭、齊雲如絳衣」，《天中記》卷 2、《讀書紀數略》卷 2、《繹史》卷 151 注引《易通卦驗》、《事類賦》卷 2 注等記載「齊雲如絳衣」。《望氣經》曰：「東齊、吳、鄭之間氣如絳衣。」據帛書此條圖像，所謂「絳衣」或皆為「夅（逢／縫）衣」之誤。（4／249）

按：整理者之一劉嬌另有詳考〔註 139〕。《開元占經》卷 94《雲氣雜占》作「齊雲如絳衣」。但整理者所引文獻，頗有雜亂。《古微書》卷 14 乃引自《晉志》，《群書考索》卷 56 乃引自《隋志》，不當復出之。《天中記》卷 2 所引乃出自《兵書》，《編珠》卷 1、《類聚》卷 1、《書鈔》卷 150、《御覽》卷 8 並引《兵書》「齊雲如絳衣」，此《天中記》所本，《讀書紀數略》、《繹史》乃清人著作，也都是輾轉鈔自類書。「絳衣」不誤，蓋狀其雲色如絳衣之大紅，非狀其雲形如縫衣也。《開元占經》卷 85 引《皇覽冢墓記》：「有赤氣出

〔註 137〕劉樂賢《〈五星占〉考釋》，收入《馬王堆天文書考釋》，中山大學出版社 2004 年版，第 81 頁；其說又見劉樂賢《馬王堆帛書〈五星占〉札記》，收入《簡帛數術文獻探論（增訂版）》，中國人民大學出版社 2012 年版，第 135～136 頁。

〔註 138〕《長沙馬王堆漢墓簡帛集成》第 4 冊，中華書局 2014 年版，第 245～288 頁。

〔註 139〕劉嬌《根據馬王堆帛書〈天文氣象雜占〉中的圖像資料校讀相關傳世古書札記二則》，《出土文獻與古文字研究》第 6 輯，上海古籍出版社 2015 年版，第 552～556 頁；又收入《出土文獻與古典學重建論集》，中西書局 2018 年版，第 288～292 頁。

如絳帛。」〔註 140〕《新唐書・五行志》：「西北方赤氣如絳際天。」正以絳色狀赤氣。《開元占經》卷 94《雲氣雜占》：「渤海之間氣正黑。」《太白陰經》卷 8 同。《說郛》卷 108 引唐人邵諤《望氣經》：「渤海碣岱之間雲氣正黑色。」又云：「東齊之雲如青靛。」「青靛」是深藍色，與「正黑色」相近，「齊雲如絳」說雖略有異，然亦以色描寫之。

（2）甚星，致兵疢多，恐敗而衣〈卒〉戰果

新注：甚，顧鐵符疑讀為葚，桑實。劉樂賢從之，並認為因其尾似桑實而得名，可備一說。今按：占文大意是：甚星預示戰爭和熱病增多，（戰前）唯恐失敗而最終卻能戰勝。（4 / 274）

劉樂賢曰：《爾雅》：「果，勝也。」〔註 141〕

按：王勝利亦讀為「葚星」〔註 142〕。古籍無「葚星」的記載。甚，讀為參〔註 143〕。《大戴禮記・夏小正》：「五月，參則見。參也者，伐星也。」《開元占經》卷 62 引佐助期曰：「參伐主斬刈，神名虛啚，姓祖及。」又引《元命苞》：「參主斬刈，所以行罰也。」又引石氏曰：「參星不欲動，動則兵起。」果，讀為禍。

（3）抐星，兵也，大戰

新注：顧鐵符注：「抐星，疑即芮星。《晉書・天文志》引張衡曰：『老子四星及周伯、王蓬絮、芮各一，錯乎五緯之間，其見無期，其行無度。』」（4 / 275）

王勝利曰：關於星名「抐」，席文認為是「內」之假借字；陳文或引《字林》釋云：「抐，沒也」，或引《廣韻》釋云：「抐，內物水中也」。席、陳之

〔註 140〕《水經注・濟水》、《御覽》卷 875 引無「帛」字（《御覽》「絳」又誤作「降」），《御覽》卷 560 引作「有赤氣出如一疋絳帛」。

〔註 141〕劉樂賢《〈天文氣象雜占〉考釋》，收入《馬王堆天文書考釋》，中山大學出版社 2004 年版，第 137 頁；其說又見劉樂賢《馬王堆帛書〈天文氣象雜占〉補注》，收入《簡帛數術文獻探論（增訂版）》，中國人民大學出版社 2012 年版，第 161 頁。

〔註 142〕王勝利《帛書〈天文氣象雜占〉的彗星圖占新考》，收入《馬王堆漢墓研究文集》，湖南出版社 1994 年版，第 93 頁。

〔註 143〕《說文》：「糝，古文糂從參。」「糂」、「糝」異文甚多，參見蕭旭《孔叢子校補》，收入《群書校補（續）》，花木蘭文化出版社 2014 年版，第 1080～1081 頁。此其相通之證。

解似可商。筆者認為，星名「抐」應「笍」之假借字。《說文》:「笍，羊車騶（驅）箠（鞭）也，著針其端長半分。」此星以「抐」命名，因其尾巴形如端頭著刺的羊鞭〔註144〕。

按:《晉書》所引張衡語，《後漢書・天文志》劉昭注、《開元占經》卷1、《玉海》卷1引作張衡《靈憲》,「蓬」作「逢」。《開元占經》卷77引黃帝曰:「客星者，周伯、老子、王蓬絮、國皇、温星，凡五星，皆客星也。」《靈臺秘苑》卷15:「客星者，亦妖星也……其名有五，一曰周伯，二曰老形，三曰蓬絮，四曰國皇，五曰溫星。」「芮星」當是「溫星」別名。「芮（抐）」的語源是「焫」,《廣雅》:「焫，爇也。」《廣韻》:「焫，焫熱也。」焫、熱一聲之轉。王念孫曰:「焫者，《玉篇》:『焫，乃困切，熱也。』《呂氏春秋・必己篇》云:『不衣芮溫。』芮與焫聲近義同。」〔註145〕楊樹達讀芮為熱〔註146〕，與王說合。

(4) □如鹿屬日，□善□□□（4 / 276）

按:「屬」是連屬義。上文云:「赤雲如此，麗月，有兵。」「麗」字義同。下文云:「雲如毚，屬日，當者邦君賊。」又「有赤雲如雉，屬日，不出三月，邦有兵。」此處「如」上脫字或是「雲」。《開元占經》卷8引《孝經內記圖》:「日暈，赤氣貫中，屬日，臣賊主。赤甚者為用兵，不甚者為用藥，陰者不發，人莫知之。」

(5) 日軍（暈），有雲如桀（揭 / 楬），陳于四方

新注:桀，或通「揭 / 楬」，指小木樁。（4 / 277）

按:《詩・君子于役》:「雞棲於桀。」毛傳:「雞棲於杙為桀。」俗字亦作榤，《爾雅》:「雞棲於弋為榤。」「楬」音義全同。

(6) 雲如毚（欃）屬日，當者邦君賊

新注:劉樂賢認為有二種讀法:一是以「屬」為本字，將「毚」讀為「欃」,

〔註144〕王勝利《帛書〈天文氣象雜占〉的彗星圖占新考》，收入《馬王堆漢墓研究文集》，湖南出版社1994年版，第93頁。

〔註145〕王念孫《廣雅疏證》，收入徐復主編《廣雅詁林》，江蘇古籍出版社1992年版，第212頁。

〔註146〕楊樹達《讀呂氏春秋札記》，收入《積微居讀書記》，上海古籍出版社2006年版，第238～239頁。

雲如㲋屬日，是說雲像欃一樣繫連於日上。二是讀「屬日」為「噣日」或「啄日」，讀「㲋」為「雏」。雲如㲋屬日，是說雲氣如鳥啄日。下 13 條「有赤雲如雉屬日，不出三月，邦有兵」相類。今按：劉樂賢第一說有理。《玉篇》：「欃，銳也。」「雲如欃」或即日刺。（4 / 280）

按：「屬」是連屬義。㲋，狡兔。上文云：「□如鹿屬日，□善□□□。」「㲋」與上文「鹿」及下文「雉」皆動物名詞。《御覽》卷 8、《事類賦注》卷 2 引吳範《占候風氣祕訣》：「有青雲如雉、兔臨城營，軍敗走。」《靈臺秘苑》卷 4：「白雲如鷄、兔，臨軍中，軍亡死。」《開元占經》卷 94：「雲如雞如兔臨營上者，軍敗走。」

馬王堆帛書《刑德占》校補

馬王堆帛書《刑德占》共甲、乙、丙三篇，收錄於裘錫圭主編的《長沙馬王堆漢墓簡帛集成》第 5 冊〔註 147〕。

一、《刑德占》甲篇校補

甲、乙二篇文字大同，可以互校缺文，缺字皆據乙篇補出。

（1）〔月半白半〕赤，城半降半施，盡〔赤〕盡施，盡白盡降

新注：劉樂賢：「降，投降。施，陳屍示眾，即被屠殺。《開元占經》卷 11 引《荊州占》說：『月赤如赭，大將死於野。〔又〕曰：月赤如血，有死王以宿占國。』以赤色表示死亡，則與帛書的說法較為接近。」（5 / 3，原引文脫「又」字，據原書補。）

陳松長曰：降，降服。「施」當讀為弛。弛有捨棄、改易之義，用在這裏，或許是該城改易主人的意思，也就是城被攻陷而易主的意思〔註 148〕。

鄔可晶曰：劉樂賢說可商。「施」當屬「城拔」（城被攻取）一類事……清華大學藏戰國竹簡《繫年》簡 116：「二年，王命莫敖陽為率師侵晉，𢼸宜陽。」劉嬌認為「𢼸」字「從地從攴，可能是『地』的動詞形式」，馬王堆帛書《天文氣象雜占》有「有雲赤，入日、月軍（暈）中，盡赤，必得而地

〔註 147〕《長沙馬王堆漢墓簡帛集成》第 5 冊，中華書局 2014 年版，第 1～64 頁。

〔註 148〕陳松長《帛書〈刑德〉甲篇箋注（雲氣占部分）》，《湖南省博物館館刊》第 2 期，嶽麓書社 2005 年出版，第 62 頁；又收入《簡帛研究文稿》，線裝書局 2008 年版，第 204 頁。

之」，又「有赤雲入日月軍（暈）中，暨（既）赤，大勝，地之」，「已有人指出『地』是獲得土地的意思，跟簡文的『地宜陽』同例」。張富海贊同劉說。……「施」、「地」並從「它」聲，音近可通。……「降」指主動投降，「施（地）」指被人占居〔註 149〕。

按：劉嬌、鄔可晶的說法亦可商，如「施（地）」指被人占居，怎麼會是「半施」？施，讀為𢼊（攺）。帛書下文：「（氣）黑而西出，降；北出，施。」亦「降」、「施」並言，皆從被攻者的角度說的。《說文》「𢼊」、「敷（敷）」互訓，猶言布散也。《玉篇》：「攺，亦施字。」字亦作㢮、𢻱，《集韻》：「攺，《說文》：『敷也。』或作㢮、𢻱，通作施。」降施猶言或投降或四處逃散。

（2）月大椐有光，主人出戰……〔月椐（距）〕受衡，其國〔安〕；月立受繩，其國亡地

新注：劉樂賢：「缺文據乙篇補。《開元占經》卷 11 引《京氏占》說：『月大無光，國無王，民不安，天下有兵。』又引《河圖帝覽嬉》說：『月大無光，主死士戰不勝。』椐，似可讀為踞，是蹲或坐的意思，與『立』字相對。受，訓為應，是適合的意思。『受衡』就是古書中的『中衡』。受繩，與古書中的『中繩』的意思相同。《淮南子・說山》：『月望，日奪其光，陰不可以乘陽也。』注：『月十五日與日相望，東西中繩則月食，故奪月光也。』《開元占經》卷 15 引《石氏占》說：『月暈受衡，所在之國安。』似與帛書『月椐受衡，其國安』句相類」（5／3～4）

陳松長曰：椐，讀為居。居即箕踞。在此意為類似於直角形的彎曲。《廣雅》：「衡，橫也。」在這裏就是平正的意思。繩，猶直也〔註 150〕。

按：既據劉說，則「距」是「踞」誤植。劉氏解釋「受衡」、「受繩」是也。「衡」、「繩」是名詞。①疑簡文「有」是「無」誤書，「大椐」誤倒，當作「月椐大無光」。劉氏所引的《開元占經》二例是其證。《開元占經》卷 5 引京氏曰：「日月大無光，國無王，民不安，天下有兵。」《靈臺秘苑》卷 8：「（月）無光者，其下有死亡。大而無光者，其下亦有死亡。」亦其證。椐，

〔註 149〕鄔可晶《讀馬王堆帛書〈刑德〉、〈陰陽五行〉等篇瑣記》，收入《〈長沙馬王堆漢墓簡帛集成〉修訂研討會論文集》，復旦大學 2015 年 6 月 27～28 日，第 242～244 頁。

〔註 150〕陳松長《帛書〈刑德〉甲篇箋注（雲氣占部分）》，第 62～64 頁；又收入《簡帛研究文稿》，線裝書局 2008 年版，第 205～208 頁。

讀為居。月居，謂月處其正常的位置。②劉氏所引《石氏占》「月暈受衡」，「衡」當作「衝」。「受衝」猶言遭到對衝、受到對衝。《開元占經》卷 15 引《石氏占》:「月傍有氣圓而周匝黃白，名為暈。」又引巫咸曰:「月之暈者，臣專權之象。」又引甘氏曰:「月暈戰，兵不合若軍罷。」引文甚多，月暈皆不祥之兆。故月暈受衝，則所在之國得安也。「衝」是古占星家的術語。《淮南子·天文篇》:「歲星之所居，五穀豐昌。其對為衝，歲乃有殃。當居而不居，越而之他處，主死國亡。」〔註 151〕《左傳·桓公三年》孔疏:「曆家之說，當日之衝，有大如日者謂之闇虛，闇虛當月，則月必滅光，故為月食。張衡《靈憲》曰:『當日之衝，光常不合，是謂闇虛，在星則星微，遇月則月食。』」歲星所對為衝，日、月所對亦為衝也。《廣雅》記載「月衝」，即「月衝」。故劉氏引《石氏占》「月暈受衡」不當。(c) 簡文「月椐受衡」言其居於正常的運行軌道，平衡而不偏移。《開元占經》卷 12 引《帝覽嬉》:「月與辰星合宿，其國亡地，君王死。」又引《荆州占》:「月與辰星合所宿之國兵起。」簡文「月立受繩」，殆即指月與辰星合宿而言，指月居於與辰星在一條直線的位置上。

(3) 月八日南陛（比），陰國亡地。月不盡八日北陛（比），陽國亡地。

新注：劉樂賢:「陛，可讀為比，似可訓為『嚮』。尹灣漢簡《神烏賦》:『比天而鳴。』可訓為『嚮天而鳴』。不過，傳世文獻中『比』字似未見有用為『嚮』的例子，故此說尚有待於進一步論證。又，『陛』也可以音近讀為『卑』或『指』。《開元占經》卷 11 引《京房易飛侯》說:『月入八日北嚮，陰國亡地。月不盡八日北嚮，陽國亡地。』通過比較，『陛』應作動詞用，與『嚮』字同義。《京房易飛侯》『入』與『八』字之間似脫一『月』字，原來可能作『月入〔月〕八日北嚮』。」(5 / 4)

劉樂賢又曰:「陛」宜讀為卑。南、北卑是南、北低即向南、北傾斜的意思〔註 152〕。

陳松長曰:「南陛」就是南面的高階，「北陛」就是北面的高階〔註 153〕。

〔註 151〕《開元占經》卷 38 引作「填星歲填一宿，當居而不居，其國亡地。未當居而居之，其國增地歲熟」。

〔註 152〕劉樂賢《馬王堆漢墓星占書初探》,《華學》第 1 期，中山大學出版社 1995 年版，第 112 頁。

〔註 153〕陳松長《帛書〈刑德〉甲篇箋注》，第 64 頁；又收入《簡帛研究文稿》，第 209 頁。

按：劉氏補作「入〔月〕八日」是也，《周禮・馮相氏》賈公彥疏引《通卦驗》：「夫八卦氣驗，常不在望，以入月八日、不盡八日候諸卦氣。」又引鄭玄注：「入月八日、不盡八日，陰氣得正而平，以此而言，明致月景亦用此日矣。」四庫本、聚珍本《易緯通卦驗》卷下並誤作「八月八日」。劉氏讀陛為比，是也。音轉亦作逼。《晏子春秋・內篇問上》：「求君逼邇。」銀雀山竹簡「逼」作「比」。猶言逼近。

(4) 月比，其國憂，有軍於外，軍傷

新注：劉樂賢：「比，並列。月比，指兩月（或數月）並列或並出。」(5/5)

陳松長曰：比猶並也。「月比」疑為「月並見」或「月並出」之省〔註154〕。

按：比，亦逼近義。《漢書・天文志》：「月犯心星。占曰：『其國有憂，若有大喪。』」《開元占經》卷13引甘氏曰：「月犯列星，其國憂，若受兵殃。」又引《荊州占》：「月犯氐，其國有軍，一曰其國有憂。」又引郗萌曰：「月犯牽牛，其國有憂，將軍亡旗鼓。一曰：有軍將死。」又引郗萌曰：「月犯昴，其國有憂，將軍死。」又引陳卓曰：「月犯須女，將軍死，其國有憂。」皆與簡文義近，「犯」字是其誼。但簡文未寫所犯之星，疑脫去一字。

(5) 月〔薄，其主〕病，中赤，白杵〔鼎〕尺杇月，其主死，有軍，軍罷

新注：劉樂賢：「中赤，是說月亮的中心為紅色。鼎，訓為『方』或『且』。杇，訓為『撞』。軍罷，軍隊停止不前。《開元占經》卷11引《京房易飛侯》說：『白雲如杵，長七尺，衝月，所宿之國人主死。杵柄中月，王后死。入月中，王后當之。』又引《河圖帝覽嬉》說：『月旁有白雲，大如杵者三，抵月，期六十日，外有戰，破軍死將。』」(5/5)

陳松長曰：「鼎尺」猶言大尺、長尺也。「白杵」當是「白雲如杵」之簡省。「軍罷」即罷師返回〔註155〕。

〔註154〕陳松長《帛書〈刑德〉甲篇箋注》，第65頁；又收入《簡帛研究文稿》，第211頁。

〔註155〕陳松長《帛書〈刑德〉甲篇箋注（雲氣占部分）》，第66頁。其說又見陳松長《帛書〈刑德〉乙本釋文訂補》，並明確指出「『白杵』不能讀斷」，收入《簡牘學研究》第2輯，甘肅人民出版社1998年版，第67頁。二文又收入《簡帛研究文稿》，線裝書局2008年版，第192、212頁。

按：當點作「中赤白，杵鼎尺，朾月」。帛書《形德占》乙篇：「月小，中赤，餘盡白。」《異苑》卷 2：「巴西郡界竹生花，紫色，結實如麥，外皮青，中赤白，味甚甘。」此「中赤白」連文之例也。《靈臺秘苑》卷 8「月變異」云：「若其傍有白雲，大如杆，抵月，期六十日，外有戰，破軍死將亡。」《開元占經》卷 15 引《海中占》：「月暈圍心（引者按：「心」是星名），中有赤雲若白雲，大如杵而貫月，大人當之，不然兵起。」又卷 16 引《帝覽嬉》：「月有白雲貫暈，其雲大如杵，一端抵月。月之所直者，不出年中，國主女喪。」「朾月」即「衝月」、「中月」、「抵月」、「貫月」。鼎，讀為頂。杵有二部分組成，一曰杵頭，一曰杵柄〔註 156〕。杵頂指杵頭部分。劉氏所引《京房易飛候》，即謂杵頭衝月則國君死，杵柄中月則王后死。黃文傑曰：「『杵』、『鼎』、『尺』三種用具並舉。」〔註 157〕其說非是。「有軍，軍罷」當即帛書上文「有軍於外，軍傷」義，「罷」不訓停止不前。下文「軍罷」、「兵罷」皆此義。

（6）去誧（蚁）在月中，其國后死。在前，臂（嬖）人死

新注：劉樂賢：「去誧，讀為『去蚁』或『去甫』，即『蟾諸（蜍）』，俗名『癩蛤蟆』……諸書所載，皆與帛書此條不合，疑帛書『在』字之前，可能漏抄一『不』字。但聯繫下文『在前，臂人死』看，似乎不像是抄寫錯誤。蓋蟾蜍本應在月望時出現於月中，如是平時出現，則為凶占。帛書沒有寫明時間，疑為月望以外的時間。」（5 / 5）

按：《開元占經》卷 6 引石氏曰：「日入月中，女主病，不則將軍司馬吉。一曰：日在月中，后死。」又引《荆州占》：「日見月中者，不出三年，人主亡。月入日中亦然。」說的是「日」。「去誧」未詳。

（7）五帝出，有軍，軍罷。無軍，國破

新注：劉樂賢：「五帝，疑為某種雲氣之名。前文有『黃帝之申』，似與此同類。」今按：「五帝」疑與「五星」相關，《開元占經》卷 18 引《春秋緯》說：「天有五帝，五星為之使。」帛書《五星占》也是以五星配五帝的。（5 / 8）

〔註 156〕《齊民要術・八和齏》：「杵頭大小與杵底相安可。」《書齋夜話》卷 3：「天有南北二極，在北而高者曰北極，出地上三十六度，如杵柄之倚壁；在南而下者曰南極，入地下三十六度，如杵頭之著地。」

〔註 157〕黃文傑《馬王堆帛書〈刑德〉乙本文字釋讀商榷》，《中山大學學報》1997 年第 3 期，第 118 頁。

按：「五帝」是「五星」之父，是「天皇大帝」的手下。《開元占經》卷 18 引《荊州占》：「五星者，五行之精也，五帝之子。」又卷 37 引《荊州占》：「熒惑入紫微宮中，犯五帝內座，大臣弒主。」又卷 69 引甘氏曰：「天皇大帝一星在鈎陳口中。」又「五帝內座五星在華蓋下。」又引《春秋緯》：「大帝紫宮，不言不動搖，以斗運度推精，使五帝修名號。」上文「黃帝之申」，陳松長讀申為神〔註 158〕，是也，指軒轅星。

（8）康風如食頃四至，從東北方來

新注：劉樂賢：「康風，可能是指大風，也可以讀為『剛風』。」（5／8）

陳松長曰：「康風」即大風〔註 159〕。

按：「康風」是風名，不是泛指大風。《呂氏春秋．有始》：「東北曰炎風。」《淮南子．墬形篇》同。高誘注：「炎風，艮氣所生，一曰融風。」《易．說卦》：「艮，東北之卦也。」東北方是艮，土宮，故高注云然。「康風」讀為「庸風」，即「融風」〔註 160〕，指東北風。《書．堯典》：「靜言庸違。」惠棟曰：「《楚辭．天問》曰：『康回馮怒。』……《楚辭》所謂『康回』者，即《書》所云『靜言庸違』也……古庸字或作康，故《楚辭》言康回，秦《詛楚文》云：『今楚王熊相，康回無道。』董逌釋康為庸，是也。」〔註 161〕《左傳．文公十八年》：「靖譖庸回。」《論衡．恢國》：「靖言庸回。」皆作「庸回」。此「康」、「庸」相通之證。「庸風」、「融風」與「炎風」亦音之轉，錢大昕曰：「庸、閻聲相近。《書》：『無若火始炎炎。』《漢書》作『庸庸』。」〔註 162〕又曰：「古書『庸』與『閻』通。《左氏傳》『閻職』，《史記．齊世家》作『庸職』，是也……『庸』、『閻』聲相近，《書》『毋若火始燄燄』，《漢書》引作『庸庸』，故知庸即閻

〔註 158〕陳松長《帛書〈刑德〉甲篇箋注（雲氣占部分）》，第 71 頁；又收入《簡帛研究文稿》，第 222 頁。

〔註 159〕陳松長《帛書〈刑德〉甲篇箋注（雲氣占部分）》，第 72 頁。其說又見陳松長《帛書〈刑德〉乙本釋文訂補》，收入《簡牘學研究》第 2 輯，第 70 頁。二文又收入《簡帛研究文稿》，第 195、223 頁。

〔註 160〕馬王堆帛書《五星占》、《天文氣象雜占》「祝庸」，即「祝融」。《白虎通．號》：「融者，續也。」古文「續」作「賡」，賡從庚得聲，「康」亦從庚得聲。

〔註 161〕惠棟《九經古義》卷 3《尚書古義》，收入《叢書集成新編》第 10 冊，新文豐出版公司 1985 年版，第 170 頁。

〔註 162〕錢大昕《史記考異》，收入《二十二史考異》卷 4，《嘉定錢大昕全集（二）》，江蘇古籍出版社 1997 年版，第 58 頁。《書》見《洛誥》，《漢書》見《梅福傳》。

也。」〔註 163〕梁玉繩、王駿圖從其說〔註 164〕。《說苑·復恩》「閻職」作「庸織」。「錟」、「炎」音同。《史記·天官書》「炎炎有光」,《開元占經》卷 23 引甘氏曰作「熊熊」,《說文》說「熊，從能，炎省聲」。此其相通之證。又「康風」或是「艮風」的雙聲音轉，亦指東北風。《三國志·管輅傳》裴松之注引《輅別傳》:「須臾果有艮風鳴鳥。」《左傳·襄公十八年》孔疏記「八風」風名有「艮風」，即指東北風「炎風」。又唐人李淳風《乙巳占》卷 10 稱北風為「大罡風」，東北風為「小罡風」，與先秦說不合。「剛風」作專名指西風，銀雀山漢簡《天地八風五行客主五音之居》「剛風」即指西風〔註 165〕。《靈樞經·九宮八風》:「風從西方來，名曰剛風……風從東北方來，名曰凶風。」西方兑，金宮，金氣剛勁，西風是金氣所生，故曰剛風。「四至」疑「而至」之譌，風從東北方來，不能四至。

（9）軍〔在〕野，戊寅疾西風，樓戟奮，軍大榣（搖）

新注：劉樂賢:「樓，指樓車。奮，揚也。『樓戟奮』蓋戰事激烈的意思。又，『樓戟』亦可讀為『鏤戟』。榣，讀為搖。」劉釗:「『樓戟奮』就是指樓車上的戟被風吹得揚起的意思……是軍隊發生恐慌的徵兆，並不表示『戰事激烈的意思』。」（5 / 9～10）

黃文傑曰:「戟」下一字是「奮」字，在句中乃「奪」字之訛，80 行上「見奪」之「奪」誤並詞（同）〔註 166〕。

陳松長釋「奮」作「奪」，曰:「樓戟奪」當指樓車和兵戟被奪，這是被打敗的跡象〔註 167〕。

按:「榣」是搖動義的本字。睡虎地秦簡《封診式》:「即置盎水中榣之。」亦作本字，不能以後人用法改其字。樓，讀為句〔註 168〕。「樓戟」即「句戟」，

〔註 163〕錢大昕《答問三》，收入《潛研堂文集》卷 6,《嘉定錢大昕全集（九）》，江蘇古籍出版社 1997 年版，第 71 頁。《左氏傳》見《文公十八年》。

〔註 164〕梁玉繩《史記志疑》卷 17，中華書局 1981 年版，第 858 頁。王駿圖、王駿觀《史記舊註平義》，正中書局 1936 年版，第 145 頁。

〔註 165〕參見饒宗頤《談銀雀山簡〈天地八風五行客主五音之居〉》,《簡帛研究》第 1 輯，法律出版社 1993 年版，第 115 頁。又參見李零《中國方術考（修訂本）》，東方出版社 2000 年版，第 56 頁。

〔註 166〕黃文傑《馬王堆帛書〈刑德〉乙本文字釋讀商榷》,《中山大學學報》1997 年第 3 期，第 118 頁。

〔註 167〕陳松長《帛書〈刑德〉甲篇箋注（雲氣占部分）》，第 74 頁；又收入《簡帛研究文稿》，第 227～228 頁。

〔註 168〕從婁從句古通，參見張儒、劉毓慶《漢字通用聲素研究》，山西古籍出版社

亦作「鉤戟」。賈子《新書·過秦論》:「鉏櫌棘矜,非銛於鉤戟長鎩。」《史記·秦始皇本紀》、《陳涉世家》並作「句戟」。戟的刃下有鐵,橫上鉤曲,因稱作「鉤(句)戟」。亦稱作「曲戟」,《後漢書·馮衍傳》:「是以晏嬰臨盟,擬以曲戟,不易其辭。」戟不能被風吹得揚起。黃文傑說「奮」是「奪」誤,是也。「奮戟」是秦漢成語,「奮」是揚舉義,《史記·張儀列傳》裴駰《集解》解為「奮怒」,《正義》從之,非是。帛書作「奮」不通。

(10)正月暈,兵備載而遂行,兩暈及三暈,兵遂行

新注:劉樂賢:「備載,是準備、陳放的意思。《詩·旱麓》:『清酒既載,騂牡既備。』兵遂行,指軍隊立即行動。」(5/10)

按:備,讀為犕,典籍亦借「服」字為之,駕馭。劉氏所引《詩》「騂牡既備」,「備」亦借字。《說文》:「犕,《易》曰:『犕牛乘馬。』」今《易·繫辭下》作「服」。犕亦乘也。《後漢書·皇甫嵩傳》李賢注:「犕,古服字,今河朔人猶有此言,音備。」《史記·趙世家》:「今騎射之備,近可以便上黨之形,而遠可以報中山之怨。」《戰國策·趙策二》「備」作「服」。「遂」當作「遽」,急也。

(11)日兒(晲),庚辛發

新注:劉樂賢:「日晲,時段名詞,相當於『日昳』。」(5/11)

施謝捷曰:「日兒」當讀為「日晲」,指日昳。劉樂賢指出:「『日晲』就是睡虎地秦簡《日書》中的『日虒』,亦即賈誼《服鳥賦》中的『日施』,都是日斜的意思。」非常正確〔註169〕。

按:「晲」是俗字,其語源是移,日斜行的專字作暆,音移。《說文》:「暆,日行暆暆也。」古書亦作「日倪」〔註170〕。

(12)諸月上旬見降(虹)壹(一)出東方,至旬復壹(一)出西方,成曲,不出七日罷

2002年版,第153頁。馬王堆帛書《陽陽五行》:「蜀寠」,北大漢簡《堪輿》作「獨寠」,亦其證。

〔註169〕施謝捷《簡帛文字考釋札記》,《簡帛研究》第3輯,廣西教育出版社1998年版,第177頁。

〔註170〕參見蕭旭《〈越絕書〉校補(續)》,收入《群書校補(續)》,花木蘭文化出版社2014年版,第1106~1107頁。

新注：劉釗：「『降』應該讀為『虹』。」（5 / 11）

按：讀降為虹，是也，古音同古巷切。字亦作絳，《爾雅》：「螮蝀，虹也。」《釋文》：「虹，胡公反，《字林》云工弄反，陳國武古巷反，郭音講，俗亦呼為青絳也。」《禮記·月令》《釋文》：「虹，音紅，又音絳，螮蝀也。」《詩·柏舟》《釋文》：「虹，音洪，一音絳。」P.2011 王仁昫《刊謬補缺切韻》：「垬（虹），縣名，在沛，或音絳。」《靈臺秘苑》卷 4：「虹彎曲名絳者，軒轅之精。」《異苑》卷 1：「古語有之曰：古者有夫妻荒年菜食而死，俱化成青絳，故俗呼美人〔虹〕。」〔註 171〕《書鈔》卷 151 引同，《類聚》卷 2、《御覽》卷 14 引「青絳」作「青虹」。其語源是「弓」或「隆」，言其屈隆如弓，以其形而命名之也。《玄應音義》卷 21：「天弓：亦言帝弓，即天虹也。音胡公反，俗音絳。」《海錄碎事》卷 1 引《白虎通》：「天弓，虹也，又謂之帝弓。」《史記·司馬相如傳》《大人賦》：「靡屈虹而為綢。」《集解》引《漢書音義》：「綢，韜也。以斷虹為旌杠之綢。」〔註 172〕《索隱》：「屈虹，斷虹也。」「斷虹」亦即屈虹，謂斷圓為弓形之虹也。《文選·景福殿賦》：「艴如宛虹，赫如奔螭。」五臣本作「蜿虹」。李善注引如淳《漢書》注：「宛虹，屈〔曲之〕虹也。」〔註 173〕又《上林賦》：「奔星更於閨闥，宛虹拖於楯軒。」李善注引如淳曰：「宛虹，屈曲之虹也。」宛亦言其曲也。帛書言「成曲」，正狀其形。《拾遺記》卷 6「虹草，葉如車輪，根大如轂，花似朝虹之色」，亦以其形而命名之，故名「虹草」也。《釋名》：「虹，攻也，純陽攻陰氣也。」惠士奇曰：「虹之言攻，其攻也不在日側，而當日衝。」〔註 174〕《埤雅》卷 20：「一曰赤白色謂之虹，青白色謂之霓。故虹，紅也……今俗謂虹為虹虹絳也。」宋·蔡卞《毛詩名物解》卷 2：「一曰赤白色謂之虹，青白色謂之霓，故虹字從紅省……今俗謂虹虹蜂（絳）也。」諸家皆未得其語源。《說文》：「霓，屈虹，青赤或白色，陰氣也。」《竹書紀年》卷下：「景王二十六年，晉青虹見。」《御覽》卷 14 引《河圖稽耀鈎》：「鎮星散為虹霓……其色青赤白黃。」《靈臺秘苑》卷 4：「青赤白黑及屈虹為五虹。」《書鈔》卷 151 引《述異記》：「有黑虹下于營中。」又引《異苑》：「化為一物，如紫虹，形宛然長舒，上沒霄漢也。」「白

〔註 171〕「虹」字據《書鈔》卷 151、《類聚》卷 2 引補。

〔註 172〕《漢書》顏師古注引作張揖說。

〔註 173〕「曲之」二字據《文選·上林賦》李善注引補。

〔註 174〕惠士奇《禮說》卷 8，收入《叢書集成三編》第 24 冊，新文豐出版公司 1997 年版，第 373 頁。

虹貫日」是古書常見典故。然則「虹」不獨紅色，其語源不是紅。

(13)〔軍〕在野，軍氣〔青白〕而高，軍戰，〔勝〕。軍氣赤而高，軍大榣（搖）；軍氣黑而卑，浚戟

新注：劉樂賢：「《開元占經》卷 94：『軍上氣青白而高者，將勇，大戰；前白後青而高者，將弱而士勇；前大後小，將怯不明。』又『軍上氣黑而卑，如樓狀，軍不移，必敗。』」陳松長：「浚，猶取也。『浚戟』當就是『被取戟』的意思。」劉釗：「『戟』就是一種觀測雲氣高低的參照物。『戟』字在此就應該讀為本字，即指兵器之戟。」今按：「浚戟」意義待考。（5／12）

陳松長曰：「浚」字在乙本中被誤抄成了「沒」，故劉注「『沒戟』是戰敗的意思」。按：浚，猶取也〔註 175〕。

劉釗曰：「戟」即兵器之「戟」。「沒」字用為動詞，意為淹沒、遮蔽〔註 176〕。

按：浚，帛書《刑德占》乙篇作「[illegible]」，《馬王堆簡帛文字編》釋作「沒」〔註 177〕。上文「樓戟奮（奪），軍大榣」，「戟」就是指兵器。「沒」字是，讀為刜。《說文》：「刜，擊也。」《廣雅》：「刜，斷也。」指擊斷。「沒戟」猶言折戟，指戰敗。

（14）氣痞〔而低〕，見奮期（旗）

新注：劉樂賢：「痞，似可讀為『丕』，是『大』的意思。奮期，讀為『奮旗』。見奮旗，蓋為興兵起事之意。」陳松長：「《釋名》：『痞，否也，氣否結也。』形容軍氣凝滯低沉的意思。」（5／12）

按：痞之言否，閉塞阻結之義。「痞」是脾氣鬱結的腹病專字，「衃」指血凝結，語源皆是「否」。帛書下文云「望其氣痞（衃）血康赤」，此「氣痞」當是「氣痞（衃）血」的省文。黃文傑謂「奮」當作「奪」，是也。見奪旗，言被敵方奪去軍旗，猶言亡旗。

〔註 175〕陳松長《帛書〈刑德〉甲篇箋注（雲氣占部分）》，第 77 頁；又收入《簡帛研究文稿》，第 233 頁。

〔註 176〕劉釗《釋馬王堆帛書〈日月風雨雲氣占〉中的「木剽」和「沒戟」》，《簡帛》第 1 輯，2006 年版；又收入《書馨集——出土文獻與古文字論集》，上海古籍出版社 2013 年版，第 126 頁。

〔註 177〕陳松長主編《馬王堆簡帛文字編》，文物出版社 2001 年版，第 438 頁。

（15）兵從適（敵）人，望其氣痞（衃）血康赤，客死。其鄉（嚮）有痞（衃）血康赤者，下〔有〕溜（流）血

新注：黃文傑：「痞，宜讀作衃。《說文》：『衃，凝血也。』睡虎地秦簡作『䘓血』、『音血』（《封診式》簡 87～88）。」劉樂賢：「痞血，讀為『衃血』。《五十二病方》則作『脂血』。康赤，不詳，可能是黑赤。」（5 / 12）

陳松長曰：「康」猶大也〔註 178〕。

按：康，讀為衁〔註 179〕。《說文》：「衁，血也。《春秋傳》曰：『士刲羊，亦無衁也。』」指汙血、凝血。《廣雅》：「衁、衊，血也。」王念孫曰：「衊之言汙衊也。《說文》：『衊，汙血也。』《素問·氣厥論》云：『膽移熱於腦，則辛頞、鼻淵，傳為衄衊瞑目。』衊與衁，一聲之轉也。上文云：『帞、幭，幞也。』帞之轉為幭，猶衁之轉為衊矣。」〔註 180〕方以智曰：「俗謂凝血皆曰衁。考《說文》云云，呼光切，俗轉為去聲耳。《方言》：『膊，兄也。荊揚謂之膊，桂林謂之䜵。』注未詳。智以古兄如荒，石經『毋兄』即『無遑』。蓋謂膊乃衁也。䜵音兮，即血之聲。」〔註 181〕帛書用為形容詞，「康赤」猶言汙赤。

（16）白降（虹）出成曲，其下有分地，它主有之，直而饑

新注：「直」當形容虹之形狀為長虹。（5 / 13）

陳松長曰：「直」字前省「日」字。「日直」是日占的內容之一〔註 182〕。

按：《開元占經》卷 7 引《孝經雌雄圖》：「日上有冠，三重。日下有虹，下行正直，長丈，不出一年，立故貴人絕後者，其年小熟小賤，歲有兵，一年中天下不安。」又卷 8 引京氏曰：「凡日出虹暈，主分地。日入虹暈，諸侯分地。黑者以兵分地，白者以喪分地也。」又引京氏曰：「日下有虹，行正，長數丈，不出其年，有反者，貴人絕後，有兵饑。」帛書「直」指虹下行正直。

〔註 178〕陳松長《帛書〈刑德〉甲篇箋注（雲氣占部分）》，第 78 頁；又收入《簡帛研究文稿》，第 235 頁。

〔註 179〕從康從亡通，參見張儒、劉毓慶《漢字通用聲素研究》，山西古籍出版社 2002 年版，第 447 頁。

〔註 180〕王念孫《廣雅疏證》，收入徐復主編《廣雅詁林》，江蘇古籍出版社 1992 年版，第 615 頁。

〔註 181〕方以智《通雅》卷 39，收入《方以智全書》第 1 冊，上海古籍出版社 1988 年版，第 1197 頁。

〔註 182〕陳松長《帛書〈刑德〉甲篇箋注（雲氣占部分）》，第 79 頁；又收入《簡帛研究文稿》，第 236 頁。

(17) 如雨所及，無軍而望氣，若紛而非紛，如藺非藺，若雲而非雲，其旁易，其行也簪（潛）焉

新注：劉樂賢：「軍，或可讀為暈。又，『軍』讀本字亦可。紛，可讀為氛或雰。藺，似可讀為燐，指青色火焰或熒火。」劉釗：「《靈臺秘苑》卷4：『凡候氣之法，氣初出時，若雲非雲，若霧非霧，髣髴若可見，初出森然，在桑榆之上高五六尺者是千五百里，平視則千里，舉目而望則五百里，仰望在中天則百里間也，平望桑榆間二千里，登高而望下燭地者三千里。』」今按：簪，讀為潛。《晉書．天文志》：「若煙非煙，若雲非雲，鬱鬱紛紛，蕭索輪囷，是謂慶雲，亦曰景雲。」疑「藺」讀為「煙」。（5／14）

陳松長釋「簪」作「晉」，曰：「軍」讀如本字。紛，旗上的飄帶。藺，燈心草。「其旁易，其行」，當指上舉這類軍氣之旁易於行軍的意思。「晉焉」相當於「進而」〔註183〕。

鄔可晶曰：劉樂賢讀「紛」為「雰」，整理者疑「藺」讀為「煙」，並可從。整理者引的《晉書．天文志》，其文實已見於《史記．天官書》，唯後者「慶」作「卿」（二字古通），且無「亦曰景雲」一句，餘者全同。自《漢書．天文志》以下，「凡望雲氣」之文，似皆抄自《史記．天官書》（《漢書》已作「慶雲」）……《靈臺秘苑》也見於《史記．天官書》……疑「易」為「昜」之寫訛（「易」不知有沒有可能讀為太陽之「陽」），「昜」是陽部字，與「卬（仰）」押韻〔註184〕。

按：據文例，「如藺」下當補一「而」字。《史記．天官書》且云：「卿雲見，喜氣也。」《正義》：「卿音慶。」「軍」當讀為「暈」，不當讀如字。「紛」當讀如字。藺，讀為繽。「若紛而非紛，如藺〔而〕非藺」是「若繽紛而非繽紛」的分言。「繽紛」《說文》作「闠闠」。《說文》：「闠，鬭也，讀若繽。」又「闠，鬭連結闠紛相牽也。」音轉又作「覰覫」，《說文》：「覰，〔覰覫〕，暫見也。」又「覫，覰覫也，讀若幡。」異體字形甚多，不復舉證〔註185〕。

〔註183〕陳松長《帛書〈刑德〉甲篇箋注（雲氣占部分）》，第80頁；又收入《簡帛研究文稿》，第237～238頁。

〔註184〕鄔可晶《讀馬王堆帛書〈刑德〉、〈陰陽五行〉等篇瑣記》，收入《〈長沙馬王堆漢墓簡帛集成〉修訂研討會論文集》，復旦大學2015年6月27～28日，第245～246頁。我原文亦已指出當引《史》、《漢》，見拙文《馬王堆漢墓簡帛解故》，《湖南省博物館館刊》第11輯，2015年7月出版，第2頁。會後我曾去函請求修改，喻燕嬌老師2015年7月2日回覆說已定版，不能推版。附識於此。

〔註185〕參見蕭旭《「媥孎」考》、《「翩翩」考》，收入《群書校補（續）》，花木蘭文化

《易·豫》:「朋盍簪。」王弼注:「簪，疾也。」《釋文》:「簪，《子夏傳》同，疾也。鄭云:『速也。』《埤蒼》同，京作撍。蜀才本依京，義從鄭。」上博簡（三）《周易》14號簡作「疌」，馬王堆帛書本《周易》作「讒」。《集韻》:「簪、疌，速也。《易》:『朋盍簪。』王肅讀。或作疌。」王引之曰:「作撍者正字，作簪者借字也。《玉篇》:『撍，急疾也。』《廣韻》:『撍，速也。』《集韻》:『撍，疾也。通作簪。』是也。撍之言寁也。《爾雅》曰:『寁，速也。』是撍即寁也。又通作僭，《墨子·明鬼篇》:『鬼神之誅，若此之僭遫也。』僭與撍通。」〔註186〕本字當為疌，《說文》:「疌，疾也。」又「寁，居之速也。」段玉裁曰:「凡便捷之字當用此（引者按:指「疌」字）。《豫》:『朋盍簪。』《子夏傳》云:『簪，疾也。』〔註187〕鄭云:『速也。』晁說之云:『陰弘道按張揖《古今字詁》，庴作撍。《埤倉》云:「撍，疾也。」說之案:撍、簪同一字。王原叔謂即《詩》「不寁」字。』玉裁按:《釋詁》:『寁，速也。』本或作疌。」〔註188〕字又作捷、倢，《小爾雅》:「捷，疾也。」《詩·烝民》:「征夫捷捷。」《玉篇》引作「倢倢」。字亦借作儳、鬵，《廣雅》:「儳、倢、鬵，疾也。」王念孫曰:「疌與倢同，亦作捷。鬵訓為疾，未見所出。《豫》:『朋盍簪。』《釋文》云云，簪、鬵聲近義同，古或通用也。《墨子·明鬼篇》云云，僭與鬵亦聲近義同。」〔註189〕「儳、倢、鬵」皆音轉字，王氏未及。馬王堆帛書本《易》作「讒」，是其證也。旁，讀為横。「其旁易，其行也簪」猶言其横行也易而速，亦是分言形式。

（18）作上作下，與陵偃印〈印（抑）〉

新注:劉樂賢:「作上作下，古書多寫作『乍上乍下』。」今按:「與陵偃抑」是說其氣隨山陵之高低起伏而或高或低。（5 / 14）

陳松長釋作「興陵」，曰:印，讀作抑。陵，升也。「興陵」猶興起也〔註190〕。

出版社2014年版，第2401～2405、2477～2481頁。今按:二篇當合。

〔註186〕王引之《經義述聞》卷1，江蘇古籍出版社1985年版，第16頁。

〔註187〕引者按:此《釋文》語，段氏誤讀《釋文》，下引王念孫說誤同。

〔註188〕段玉裁《說文解字注》，上海古籍出版社1981年版，第68頁。

〔註189〕王念孫《廣雅疏證》，收入徐復主編《廣雅詁林》，江蘇古籍出版社1992年版，第51～52頁。

〔註190〕陳松長《帛書〈刑德〉甲篇箋注（雲氣占部分）》，第80頁；又收入《簡帛研究文稿》，第238頁。

按：劉建民、鄔可晶指出改「印」為「卬」是，但讀為「抑」則誤〔註 191〕。與，猶隨也，從也。《荀子．非相》：「與時遷徙，與世偃仰。」《淮南子．氾論篇》：「與之屈伸偃仰，無常儀表。」皆與帛書文例相同。「偃卬」是古字。《詩．北山》：「或栖遲偃仰。」《釋文》作「偃卬」，云：「卬，音仰，本又作仰。」音轉亦作「偃佒」、「偃央」，《莊子．列禦寇》：「緣循偃佒。」郭象注：「偃佒，不能自俯執者也。」《釋文》：「偃佒，本亦作央，同，守分歸一也。」卬（仰）謂高揚、昂起。《說文》：「偃，僵也。」《廣雅》：「偃，仰也。」偃訓仰謂仰倒、仰仆。「偃卬」猶言俯仰、低昂，是反義對舉的連綿詞。

（19）晦日望氣若明而未明，兵聚，其鄉（嚮）若明若日〈白〉者，其鄉（嚮）乃矍百軒。三見，乃留（流）血苦（枯）骨

新注：劉樂賢：「矍，似可讀為攫。軒，車子的通稱，或專指戰車。攫百軒，可能是獲取戰車即取勝的意思。」（5／14）

陳松長曰：「矍」字有驚惶急視義。「百軒」當是泛指車輛、車仗之多。這裏當是一種雲氣的形象比喻〔註 192〕。

按：《說文》：「矍，一曰視遽貌。」字亦作戄，驚視。軒，讀為縣。矍百縣，使百縣驚遽。

（20）占虛邑，氣茅實以高，木剽（杪）不見，因以北移，如是，邑不為邑矣

新注：劉樂賢：「茅實，似可讀為『茂實』。」劉釗：「『茅實』就是『茅秀』，也就是『荼』。『以高』是『以上』的意思。」（5／15）

按：上文云：「城中氣青而高，木剽（杪）不見，城不拔。」「以高」即「而高」，不是「以上」的意思。劉樂賢說可備一通。或讀茅為飽，亦通。

（21）軍陳（陣）之氣也，若見戈雲、鉤雲、帚雲，〔若清〕寒疾風，勠

〔註 191〕劉建民《讀馬王堆帛書札記（二）》，鄔可晶《讀馬王堆帛書〈刑德〉、〈陰陽五行〉等篇瑣記》，並收入《〈長沙馬王堆漢墓簡帛集成〉修訂研討會論文集》，復旦大學 2015 年 6 月 27～28 日，第 158、245～246 頁。我原文亦已指出，見拙文《馬王堆漢墓簡帛解故》，《湖南省博物館館刊》第 11 輯，2015 年 7 月出版，第 3 頁。會後我曾去函請求修改，喻燕嬌老師 2015 年 7 月 2 日回覆說已定版，不能推版。附識於此。

〔註 192〕陳松長《帛書〈刑德〉甲篇箋注（雲氣占部分）》，第 81 頁；又收入《簡帛研究文稿》，第 240 頁。

（裂）殺暴疾，發屋折木，天下昏□，是氣也戰，在〔邑〕兵起

新注：「昏」下一字帛書裂開，似是「夭」或「交」，疑讀作「昏窔」。（5／26）

按：帛書《刑德占》丙篇：「以戊戌之日有風從西北方來，疾至於發屋析〈折〉木，天下沕（昏）□，起磨（礫）石，兵在外，大戰；在邑，兵起，主自將。」新注：「此字殘，尚存『氵』旁，據文意，『沕□』似是『昏窔』、『昏茫』一類的詞。」（5／60）鄔可晶謂「沕」、「昏」下缺字是「海」，讀為「昏晦」，引《史記·項羽本紀》「於是大風從西北而起，折木發屋，揚沙石，窔冥晝晦」為證〔註193〕。鄔說是也，《易林·井之豐》：「商風數起，天下昏晦。」《風俗通義·窮通》：「《易》稱懸象著明，莫大乎日月，然時有昏晦。」亦其證。《靈樞經·九宮八風》：「從西北方來名曰折風。」西北方乾，金宮，金主折傷，故曰折風，其風至於發屋折木。清亦寒也，讀為清、瀞。《說文》：「清，寒也。」又「瀞，冷寒也。」張家山漢簡《脈書》：「氣者，利下而害上，從煖而去清。」亦用借字。

（22）其甲也，歫（距）雞鳴以至市行，則旬八日而戰；市行至日下涓，五旬五日；歫（距）下涓以至靜人，則四旬三日（5／27）

按：亦見帛書《刑德占》乙篇。涓，讀為睊，斜視。「日下涓」作為時段名稱，是擬人用法，指太陽向下斜視，已經不在天空正中。舊說皆誤，茲不備錄〔註194〕。

二、《刑德占》丙篇校補

（1）將谷（欲）治國正〔□〕□〔□□□〕乎，則師天〔地而〕長上朔。將欲出令發□乎，則師四時而〔長〕□□（5／61）

按：長，讀為尚，重視。《御覽》卷849引《風俗通》曰：「《堪輿書》云：『上朔會客必鬪爭。』案劉君陽為南陽牧，嘗上朔設盛饌，了無鬥者。」《開元占經》卷111引《神農占》：「正月上朔，有風雨，三月穀貴，石五百錢。」

〔註193〕鄔可晶《讀馬王堆帛書〈刑德〉、〈陰陽五行〉等篇瑣記》，收入《〈長沙馬王堆漢墓簡帛集成〉修訂研討會論文集》，復旦大學2015年6月27～28日，第250～251頁。

〔註194〕參見蕭旭《〈說文〉疏證（三則）》之《〈說文〉「映」字疏證》，《北斗語言學刊》第7輯，2020年12月版，第99～104頁。

又「正月上朔，日風從東來，植禾善；風從南來，植黍善；風從北來，稚禾善。」故欲治國者必重視上朔也。「發」下可補「號」字。「發號出令」是先秦成語。「師四時」者，守其信用也。《易．乾．文言》：「夫大人者，與天地合其德，與日月合其明，與四時合其序，與鬼神合其吉凶。」《管子．任法》：「故聖君失（設）度量，置儀法，如天地之堅，如列星之固，如日月之明，如四時之信。」〔註 195〕《文子．精誠》：「故大人與天地合德，與日月合明，與鬼神合靈，與四時合信。」〔註 196〕《類聚》卷 38 引《禮稽命徵》：「禮之動搖也，與天地同氣，四時合信，陰陽為符，日月為明。」〔註 197〕

馬王堆帛書《陽陽五行》甲篇校補

馬王堆帛書《陽陽五行》共甲、乙二篇，收錄於裘錫圭主編的《長沙馬王堆漢墓簡帛集成》第 5 冊〔註 198〕。《陽陽五行》甲篇亦名《篆書陽陽五行》、《式法》。

（1）□豖青毋以澤耑□□□耑踞以齊蹠齊無音出者，吉（5／68）

按：「踞以齊」下點斷。「踞齊」、「蹠齊」同義，音亦轉。踞之言媉，蹠之言睩。《廣雅》：「齌、媉，好也。」又「媉媉，容也。」又「睩，善也。」P.2011 王仁昫《刊謬補缺切韻》：「媉，好貌。」「齌」即「齊」分別字，言齊整之容，故訓好也。「踞以齊」猶言齊整。

（2）☐緊（牽）牛，父母有咎（5／72）

按：帛書下文亦作「緊牛」。讀為「牽牛」固確。受帛書啟發，我們可以據以探索「牽牛星」的名義。緊、牽，並讀為掔。《說文》：「掔，牛很不從引也，讀若賢。」又「很，不聽从也。」《廣雅》：「掔，很也。」P.2011 王仁昫《刊謬補缺切韻》：「掔，牛佷不從牽。」又「掔，牛佷。」《集韻》：「掔，牛不從羈謂之掔。」「牛很」謂牛立地不動，不肯走。「掔」的語源是「臤」。《說文》：「臤，堅也，古文以為賢字。」又「堅，剛也。」《爾雅》：「堅，固也。」《集韻》：「麉，獸很，不動貌。」獸很為麉，牛很為掔，其義一也。從

〔註 195〕《類聚》卷 52、《御覽》卷 624 引「失」作「設」，是也。

〔註 196〕《淮南子．泰族篇》同。

〔註 197〕《書鈔》卷 80、《御覽》卷 522 引同。

〔註 198〕《長沙馬王堆漢墓簡帛集成》第 5 冊，中華書局 2014 年版，第 65～149 頁。

「臤」之字多有堅強、固執、倔強義〔註199〕。《法苑珠林》卷5引《春秋演孔圖》:「孔子長十尺，大九圍，坐如蹲龍，立如牽牛，就之如昴，〔望之〕如斗。」〔註200〕此「牽牛」亦是掔牛，言其立不可動搖也。《荊楚歲時記》隋杜公瞻注引《石氏星經》:「牽牛名天關。」《開元占經》卷61引石氏讚曰:「牽牛主關梁。」《宋書·天文志》:「占曰：牽牛，天將也。」皆取剛勇為義也。《史記·律書》:「牽牛者，言陽氣牽引萬物出之也。牛者，冒也，言地雖凍，能冒而生也。牛者，耕植種萬物也。」太史公以「牽引」說之，恐未得。《史記·律書》又云:「東至于須女，言萬物變動其所，陰陽氣未相離，尚相如胥（胥如）也，故曰須女。」《靈臺秘苑》卷2:「須女四星，賤妾之稱，婦職之卑者。」《隋書·天文志》:「須女四星，天之少府也。須，賤妾之稱，婦職之卑者也。」〔註201〕須，讀為嬬。《說文》:「嬬，弱也。」可以用作人名，女人用名專字則作嬃，取柔弱、順從為義〔註202〕。「牽牛」、「須女」取義相反，一剛一柔。姚寶瑄認為「牽牛星」取義於人間的牧牛人〔註203〕，趙逵夫認為「牽牛星本是指周人的先祖叔均，《山海經》中明確說后稷的後人叔均用牛耕，成田祖」〔註204〕，二氏連《史記》都未考，均是臆說。《淮南子·時則篇》高誘注:「婺女一曰須女，北方玄武之宿。」《史記·天官書》:「婺女。」《索隱》:「務女。《爾（廣）雅》云『須女謂之務女』是也。一作婺。」今本《廣雅》作「嬃女謂之婺女」。《正義》:「須女四星，亦婺女，天少府也。須女，賤妾之稱，婦職之卑者，主布帛裁製嫁娶。」《開元占經》卷61引北官候曰:「須女一名天少府，一名天女，一名務女，一名臨官女。」考《說文》:「敄，彊也。」又「婺，不繇也。」經傳皆借「務」為「敄」。「繇」同「由」，「婺」訓不繇是不聽從義。星名「務（婺）女」，當不用本

〔註199〕參見蕭旭《〈越絕書〉校補（續）》，收入《群書校補（續）》，花木蘭文化出版社2014年版，第1132～1134頁。

〔註200〕「望之」二字據《御覽》卷377引補。《大戴禮記·五帝》孔子說帝堯「就之如日，望之如雲」，文例同。《御覽》卷393、《困學紀聞》卷19亦引「坐如蹲龍，立如牽牛」句。

〔註201〕《晉書》同。

〔註202〕劉釗說「須」取遲緩義，引申有寬柔、嫻雅義，余不從其說。劉釗《古代人名研究三則》，收入《新果集（二）——慶祝林沄先生八十華誕論文集》，科學出版社2018年版，第592～595頁。

〔註203〕姚寶瑄《「牛郎織女」傳說源於昆侖神話考》，《民間文學論壇》1985年第4期。

〔註204〕趙逵夫《先秦歷史與牽牛傳說》，《人文雜志》2009年第1期，第89頁。

義，當讀為「柔」。《開元占經》卷 13、25、32、40、48、55、79、89 說月、歲星、熒惑星、填星、太白、辰星、客星、牛彗孛犯牽牛，皆凶象，帛書「牽牛」上可補一「犯」字。

（3）▨□酒酉，肖浴於川溪必□▨（5 / 82）

按：肖，讀為澡〔註 205〕。

（4）中（仲）秋可以南直邑，吉（5 / 84）

按：直，讀為置。

（5）▨□有再有子有貨身，臣妾必以敬聞於□□▨（5 / 85）

按：有再、有子、有貨身，皆指有身孕。貨，疑讀為橢，長圓形。二字皆歌部，透母音轉作曉母在上古漢語中很常見。再之言重也，《詩．大明》鄭箋：「重謂懷孕也。」

（6）不有大喪，必有大言（5 / 87）

按：言，訴訟。《開元占經》卷 5 引《易緯》：「小滿，晷長三尺四寸，當至不至，多凶言，有大喪。」「凶言」亦指訴訟。

（7）〔以井〕之土塞故井，大凶（5 / 87）

按：《巢氏諸病源候總論》卷 28、29 並引《養生方》：「勿塞故井及水瀆，令人耳聾目盲。」

（8）門不可塞，略不可𢇍（絕）（5 / 87）

按：略，讀為路。《書．武成》：「敢祗承上帝，以遏亂略。」孔傳：「略，路也。」《淮南子．繆稱篇》：「故至德者言同略，事同指。」《文子．符言》明刊本作「言同輅」，《纘義》本「輅」作「路」。」

（9）樹木當比隅，凶（5 / 87）

按：「比」當作「北」。帛書疑指東北隅，脫一「東」字。《爾雅》：「東北隅謂之宧。」《釋文》引李巡曰：「東北者，陽氣始起，育養萬物，故曰宧。宧，

〔註 205〕從肖從喿古通，參見張儒、劉毓慶《漢字通用聲素研究》，山西古籍出版社 2002 年版，第 228 頁。

養也。」《釋名》：「東北隅曰宧。宧，養也，東北陽氣始出布養物也。」樹木當東北隅，則陽氣不得布養，故凶。

（10）▨事多弁（變），為間□□□□子為▨亦為會於旬中，於七中迭（速）至復兆（過）涉歲（5 / 95）

按：「迭」當是「趚」、「跦」異體字，讀為趨。

（11）▨生甲子□□子十日以舟，女（如）殺生以祭，其立與主人▨（5 / 102）

新注：「舟」疑讀為「周」。（5 / 102）

按：「甲子」指甲子日。舟，疑讀為酬。言甲子日生子，滿十日主人酬賓。帛書上文「莤因皆舟而食」〔註206〕，亦讀為酬。

（12）耑（顓）玉（頊）既樹▨唯利蜀寠（穿）（5 / 105）

新注：蜀寠（穿），北大漢簡作「獨寠」，疑讀為「獨佝」、「獨僂」，泛指孤獨廢疾之人。（5 / 112）

按：帛書又一殘片作「蜀穿」〔註207〕。「獨」不是「孤獨」之義。「蜀寠（穿）」、「獨寠」是疊韻連綿詞，音轉亦作「獨鹿」、「屬鏤」、「獨祿」、「獨漉」等形，皆「果蠃」轉語，倒言則作「鹿獨」、「鹿蜀」，其中心詞義是圓形、運轉〔註208〕。《禮記・月令》：「其帝顓頊，其神玄冥。」鄭玄注：「此黑精之君，水官之臣，自古以來著德立功者也。顓頊，高陽氏也。玄冥，少皞氏之子曰脩曰熙，為水官。」《史記・律書》：「顓頊有共工之陳，以平水害。」又《楚世家》：「楚之先祖出自帝顓頊高陽。高陽者，黄帝之孫，昌意之子也。」顓頊以水德王，為五帝之一，主水。帛書言顓頊既樹，則利於雨水天氣出行。《宋書・樂志四》《獨祿篇》：「獨祿獨祿，水深泥濁。泥濁尚可，水深殺我。」《樂府詩集》卷54作「獨漉」。《顏氏家訓・勉學》：「鹿獨戎馬之間，轉死溝壑之際。」《漢書・揚雄傳》《羽獵賦》：「繽紛往來，轠轤不絕。」孟康曰：「轠轤，連屬貌。」顏師古注：「轠轤，環轉也。」「轠轤」亦其轉語。

〔註206〕《長沙馬王堆漢墓簡帛集成》第5冊，中華書局2014年版，第85頁。

〔註207〕《長沙馬王堆漢墓簡帛集成》第5冊，中華書局2014年版，第106頁。

〔註208〕參見蕭旭《「鹿車」名義考》，收入《群書校補（續）》，花木蘭文化出版社2014年版，第2129～2132頁。

（13）☐毋贈（增）高下□☐（5 / 107）

按：帛書《十大經・三禁》：「地之禁，不□高，不曾（增）下。」又《稱》：「隋（墮）高增下，禁也。」《國語・周語下》：「墮高堙庳。」《淮南子・本經篇》：「殘高增下。」高誘注：「殘，墮也。增，益也。」帛書此文疑是「墮高增下」或「殘高增下」脫誤。

馬王堆帛書《木人占》校補

馬王堆帛書《木人占》，收錄於裘錫圭主編的《長沙馬王堆漢墓簡帛集成》第 5 冊〔註 209〕。

（1）大連，小吉（5 / 162）

按：《易・蹇》：「往蹇來連。」王弼注：「往來皆難，故曰往蹇來連。」《釋文》：「連，馬云：『亦難也。』」「連」當讀為遴，行難也〔註 210〕。

（2）意卜者如此（5 / 163）

新注：意，訓為志。「意卜者」似求卜者的意思。（5 / 164）

按：意，表示不肯定的疑問詞，猶言或許。

（3）東北首則（側），名曰有卜有祠，言之倚倚，東君為祟（5 / 165）

新注：《史記・封禪書》《索隱》：「《廣雅》曰：『東君，日也。』」（5 / 166）

按：倚，讀為戲。俗字作誋，《集韻》：「誋，語相戲。」朝鮮本《龍龕手鑑》：「誋，妄言，又語相戲也。」《字彙》：「誋，妄語。」

（4）卜腹子，產不逐（育）（5 / 166）

按：「逐」是「遂」形誤。遂，養育。帛書下文「卜為正者產不將」，「將」亦養育義。

（5）憂心且朱（5 / 167）

按：朱，讀為惆。《說文》：「惆，失意也。」《文選・歎逝賦》李善注引

〔註 209〕《長沙馬王堆漢墓簡帛集成》第 5 冊，中華書局 2014 年版，第 161～168 頁。

〔註 210〕參見蕭旭《〈方言〉「鈴」字疏證》，收入《群書校補（續）》，花木蘭文化出版社 2014 年版，第 1830 頁。

《廣雅》:「惆，痛也。」《集韻》:「惆，悲也。」①《周禮·春官·甸祝》鄭玄注:「玄謂禂讀如伏誅之誅。」②《淮南子·齊俗篇》:「其兵戈銖而無刃。」許慎注:「楚人謂刃頓為銖。」「頓」同「鈍」。《文子·道原》「銖」作「鈍」。朱駿聲謂銖借為錭，劉盼遂、楊樹達、王利器說並同〔註 211〕，皆是也。洪頤煊謂銖借為殊，殊死也，胡懷琛從之〔註 212〕;張文虎曰:「銖直是鈍之譌。」〔註 213〕並非是。「銖」本是古楚語，是「錭」字音轉，《說文》:「錭，鈍也。」又「鈍，錭也。」《廣雅》、《玉篇》、《篆隸萬象名義》、P.2011 王仁昫《刊謬補缺切韻》卷 1 並云:「錭，鈍也。」後世楚語「銖」亦轉入通語。《廣雅》:「銖，鈍也。」《三國志·薛綜傳》:「器械銖鈍。」《通鑑》卷 72 用其文。潘眉曰:「銖亦鈍也。」〔註 214〕潘說是也，《說文解字篆韻譜》卷 2、《廣韻》並云:「錭，錭鈍也。」「銖鈍」是「錭鈍」音轉。胡三省註:「銖者，十分黍之重，言其輕也。」胡氏以本義說之，非是。③《莊子·庚桑楚》:「人謂我朱愚。」王念孫曰:「朱與銖通。」〔註 215〕馬其昶、章太炎、朱季海、錢穆、王叔岷並從王念孫說，章太炎指出本字為「錭」〔註 216〕。④《商子·墾令》:「則誅愚亂農農（之）民無所于食而必農。」俞樾曰:「誅通作朱。《莊子·庚桑楚篇》:『人謂我朱愚。』即此文誅愚矣。《太玄·童》次七:『修侏侏。』

〔註 211〕朱駿聲《說文通訓定聲》，武漢市古籍書店 1983 年版，第 355 頁。劉盼遂《淮南許注漢語疏》，《國學論叢》第 1 卷第 1 號，1927 年版，第 120 頁；又收入《劉盼遂文集》，北京師範大學出版社 2002 年版，第 546 頁。楊樹達《淮南子證聞》，上海古籍出版社 2006 年版，第 103 頁。王利器《文子疏義》，中華書局 2000 年版，第 58 頁。

〔註 212〕洪頤煊《讀書叢錄》卷 16《淮南子叢錄》，收入《續修四庫全書》第 1157 冊，上海古籍出版社 2002 年版，第 699 頁。胡懷琛《〈淮南鴻烈集解〉補正》，收入《叢書集成續編》第 40 冊，新文豐出版公司 1991 年印行，第 478 頁。

〔註 213〕張文虎《舒藝室隨筆》卷 6，收入《續修四庫全書》第 1164 冊，上海古籍出版社 2002 年版，第 401 頁。

〔註 214〕潘眉《三國志考證》卷 8，收入《二十四史訂補》第 5 冊，書目文獻出版社 1996 年版，第 210 頁。

〔註 215〕王念孫《廣雅疏證》，收入徐復主編《廣雅詁林》，江蘇古籍出版社 1992 年版，第 234 頁。

〔註 216〕馬其昶《莊子故》，黃山書社 1989 年版，第 160 頁。章太炎《莊子解故》，收入《章太炎全集（6）》，上海人民出版社 1986 年版，第 154 頁。朱季海《莊子故言》，中華書局 1987 年版，第 105 頁。錢穆《莊子纂箋》，臺灣東大圖書股份有限公司 1985 年第 5 版，第 190 頁。王叔岷《莊子校詮》，中華書局 2007 年版，第 873 頁。

范望注曰：『侏侏，無所知也。』義與愚近。作誅作朱，並侏之叚字。《說文》：『錭，鈍也。』亦聲近而義通。」〔註 217〕孫詒讓、陳啟天、高亨並從俞說〔註 218〕。⑤《太玄・去》：「物咸倜倡。」《集韻》：「倜，菲也。《太玄》：『物咸倜倡。』或作侏。」「倜倡」又作「周章」、「周慞」，音轉則為「侏張」〔註 219〕。惠士奇曰：「倜與侏同，從周從朱等耳，周與朱古音同。」〔註 220〕⑥又「朱儒」音轉則為「周饒」〔註 221〕。章太炎曰：「在人則曰侏儒，亦曰焦僥、周饒。緯書言『冠短周』，周、朱聲通（如裯音侏，大可證）。鐃歌有『朱鷺』，鷺無朱者，朱借為翢。鷺本短尾，近《韓非》所謂『翢翢』矣。」〔註 222〕⑦《說文》：「喌，呼雞，重言之，從吅州聲，讀若祝。」《御覽》卷 918 引《風俗通》：「呼雞朱朱。俗說雞本朱公化而為之，今呼雞者朱朱也。謹按《說文》解『喌喌，二口為讙，州其聲也，讀若祝』。祝者誘致禽畜，和順之意。喌與朱音相似耳。」其言「喌與朱音相似」是也，而言「雞本朱公化而為之」則妄也。《類聚》卷 91 引《博物志》：「祝雞公養雞法，今世人呼雞云祝祝起此也。」《爾雅翼》卷 13：「朱乃祝之轉也。」《左傳・隱公三年》「州吁」，《公羊傳》同，《穀梁傳》作「祝吁」。「祝」字異體或作「袾」。朱、祝、州、喌皆一音之轉，古音州、周相同。古本《竹書紀年》卷下越王「朱句」，清華簡（二）《繫年》作「株句」，新發現的越王劍銘文作「州句」〔註 223〕，《殷周金文集成》11535 號越王矛亦作「州句」。《廣雅》：「州，殊

〔註 217〕俞樾《商子平議》，收入《諸子平議》，上海書店 1988 年版，第 388 頁。

〔註 218〕孫詒讓《札迻》卷 5，中華書局 1989 年版，第 141 頁。陳啟天《商君書校釋》，（上海）商務印書館 1935 年版，第 13 頁。高亨《商君書新箋》，收入《諸子新箋》，收入《高亨著作集林》卷 6，清華大學出版社 2004 年版，第 269 頁。

〔註 219〕方以智《通雅》卷 6 云：「古周有侏音。」收入《方以智全書》第 1 冊，上海古籍出版社 1988 年版，第 249～250 頁。又參見朱起鳳《辭通》，上海古籍出版社 1982 年版，第 816 頁。

〔註 220〕惠士奇《禮說》卷 9，景印文淵閣《四庫全書》第 101 冊，臺灣商務印書館 1986 年初版，第 555 頁。

〔註 221〕參見王念孫《廣雅疏證》，收入徐復主編《廣雅詁林》，江蘇古籍出版社 1992 年版，第 494 頁。又參見郝懿行《山海經箋疏》，收入《續修四庫全書》第 1264 冊，上海古籍出版社 2002 年版，第 200 頁。又參見章太炎《莊子解故》，收入《章太炎全集（6）》，上海人民出版社 1986 年版，第 154 頁。

〔註 222〕章太炎《新方言》卷 2，收入《章太炎全集（7）》，上海人民出版社 1999 年版，第 43 頁。點校本誤以「裯音侏大」為句。

〔註 223〕李家浩《新見越王者旨於睗劍和越王州句劍》，《中國文字研究》第 27 輯，上海書店出版社 2018 年版，第 2 頁。

也。」《類聚》卷 6 引《春秋說題辭》：「州之言殊也。」〔註 224〕《全唐詩》卷 867《原陵老翁吟》「拿尾研動，袾袾哳哳」，明刻本《太平廣記》卷 448 引同。「袾袾哳哳」即「咮咮哳哳」，亦即「啁啁哳哳」。《禽經》：「鷃雀啁啁，下齊眾庶。」《道德指歸論·至柔章》：「天下惆惆，咮咮喁喁，不知若轂，無為若雛，生而不喜，死而不憂。」「啁啁」即「咮咮」、「朱朱」。《廣韻》：「咮，鳥聲。」⑧《呂氏春秋·長利》：「惟余一人，營居于成周；惟余一人，有善易得而見也，有不善易得而誅也。」「誅」、「周」協韻。⑨《御覽》卷 915 引《論語摘襄聖》「六曰冠短周」，又引宋均注：「周，當作朱。」《白帖》卷 29、《初學記》卷 30 引「周」作「州」〔註 225〕。得此九證，則讀「朱」為「惆」，可以無疑矣。「惆」音轉又作忉、怊，《爾雅》：「忉忉，憂也。」《玉篇》：「忉，憂心貌。」《說文新附》：「怊，悲也。」音轉又作妯、怞，震動、憂恐。《詩·鼓鍾》：「憂心且妯。」毛傳：「妯，動也。」《說文》：「怞，朗也。《詩》曰：『憂心且怞。』」《正字通》：「按朗亦寓憂意，猶《小雅》『無思百憂，不出于熲』之義，熲與耿同，小明也。在憂中耿耿不能出也。朗、耿義通，蓋兼憂而言，非專訓怞為朗也。」吳玉搢從其說〔註 226〕。王筠曰：「嚴氏曰：『朗當作動，《女部》：「妯，動也。」明此亦動。』桂氏引《玉篇》『怞，憂恐也』。」〔註 227〕段玉裁改「朗」作「朖」，云：「未聞。疑是『恨也』之誤。」朱駿聲、錢繹從段說〔註 228〕。段氏改字專輒，無有所據，《集韻》引作「朗」，《玉篇》、P.2011 王仁昫《刊謬補缺切韻》卷 1、《廣韻》、《篆隸萬象名義》皆訓「朗」。胡吉宣曰：「《說文》諸家皆未詳訓朗之義。今案朗即本書（引者按：指《玉篇》）之悢。《說文》無悢字，以朗通攝之耳。《廣雅》：『悢、惆，悵也。』……『悢惆』即『朗怞』。怞又通作妯。」〔註 229〕惟胡氏得之，其餘各說皆誤。馬敘倫曰：「鈕樹玉曰：『朗當作朖。』嚴可均

〔註 224〕《書·禹貢》《釋文》、《初學記》卷 8、《御覽》卷 157 引同。

〔註 225〕《初學記》卷 30 引「襄」形誤作「衰」，「短」形誤作「矩」，「朱」形誤作「采」。

〔註 226〕吳玉搢《說文引經考》卷下，收入《續修四庫全書》第 203 冊，上海古籍出版社 2002 年版，第 612 頁。

〔註 227〕王筠《說文解字句讀》，中華書局 1988 年版，第 403 頁。

〔註 228〕段玉裁《說文解字注》，上海古籍出版社 1981 年版，第 506 頁。朱駿聲《說文通訓定聲》，武漢市古籍書店 1983 年版，第 236 頁。錢繹《方言箋疏》，上海古籍出版社 1984 年版，第 386 頁。

〔註 229〕胡吉宣《玉篇校釋》，上海古籍出版社 1989 年版，第 1617 頁。

曰：『朗當作動。』洪頤煊曰：『朗當是抈之譌。』倫按：怞、朗聲義皆不相近，必是譌字，鈕、嚴、洪三說亦未盡當。」〔註 230〕馬氏未指出「朗」當作何字。字亦音轉作陶，《玄應音義》卷 12 引《詩》作「憂心且陶」。嚴元照曰：「段懋堂謂是三家詩『憂心且妯』之異文……案古從舀從匋從由之字輾轉相通。」〔註 231〕字亦音轉作懤，《玉篇》：「懤，愁毒也。」《集韻》：「怞、懤，眑（朗）也，憂也，或從壽。」字亦音轉作慆，《方言》卷 10：「慆，憂也。」帛書即用《詩》「憂心且妯」語，「妯」同「惆」，南楚方言變作「朱」音；《淮南子》亦用楚語，「錭」音轉作「銖」，正其比也。

馬王堆帛書《相馬經》校補

馬王堆帛書《相馬經》釋文最早由整理小組發表於《文物》1977 年第 8 期。新近出版的裘錫圭主編的《長沙馬王堆漢墓簡帛集成》第 5 冊收錄並重新作了釋文及注釋〔註 232〕。為避繁複，本文節引其注釋。

（1）旁又（有）積（績）緛（繻）

新注：積緛，疑讀為「績繻」。「績繻」疑指析成絲縷捻接起來的彩色繒帛。在此疑用於比喻馬眼中或周圍的筋肉經脈。（5 / 171）

按：「緛」是「繻」俗別字，疑讀為須，俗作鬚、鬚。《廣韻》：「繻，又音須。」是二字同音。《說文》：「須，面毛也。」此指馬眼旁邊的鬚毛。疑「積」讀如字。積緛，謂叢聚的毛髮。

（2）陽前陰後，瘛乎若處

新注：瘛，筋脈痙攣抽動。或可讀為「契」，訓為「合」。（5 / 172）

按：瘛，讀為契。《說文》：「契，靜也。」《玉篇》引《蒼頡篇》：「契，安也。」《廣韻》：「契，安也，靜也。」瘛乎若處，言靜如處女也。字亦作恝、忦，《孟子·萬章上》：「公明高以孝子之心為不若是恝。」趙岐注：「恝，無愁之貌。」《說文》：「忦，忽也。《孟子》曰：『孝子之心不若是忦。』」字亦作絜，《廣雅》：「絜，靜也。」《玄應音義》卷 16：「絜，古文作契，同。」

〔註 230〕馬敘倫《說文解字六書疏證》卷 20，上海書店 1985 年版，本卷第 79 頁。

〔註 231〕嚴元照《娛親雅言》卷 2，收入《續修四庫全書》第 1158 冊，上海古籍出版社 2002 年版，第 264 頁。

〔註 232〕《長沙馬王堆漢墓簡帛集成》第 2 冊圖版，第 5 冊釋文注釋，中華書局 2014 年版，第 32～39、169～181 頁。

「潔」訓清靜亦同源。

（3）一寸逮鹿，二寸逮麋，三寸可以襲歍（烏）

新注：襲烏，形容馬的速度快到可以襲擊烏鴉。（5／172）

按：襲亦逮也。《廣雅》：「襲，及也。」下文作「遝歍（烏）雅（鴉）」，遝亦及也。

（4）夫嫳（徹）肉散筋，而頸領彌（彌）高，澤光〈弱〉（彌——彌）強，而筋骨難勞

新注：徹，緊縮。陳劍指出「弱」乃「彌」字寫誤。（5／172）

按：「徹肉」與「散筋」連文，「徹」當讀為弛。《禮記·檀弓上》鄭玄注：「填池，當為奠徹，聲之誤也。」據下文「散筋者，欲諸筋盡細，細多利」，「散筋」指筋細。下文云「澤光者，欲目旁之澤毋（無）毛，毋（無）毛多氣」，又云「四肉中度者，欲目旁盡毋（無）毛，毋（無）毛多氣」，下文云「欲目旁黑澤而苦」。則「澤光」指目旁無毛而言。《齊民要術·養牛馬驢騾》引《相馬五藏法》：「馬頭為王，欲得方。目為丞相，欲得光。」句謂馬肉鬆弛，筋細者，如果頸領越高，目旁越無毛，則其筋骨不容易疲勞。言此馬堪於久勞也。

（5）析方為兌（銳），而心氣彌（彌）斬；斬短續長，其量乃得；損陜（狹）益廣，善走有力

新注：斬，疑義為剛強、果絕。（5／172）

按：「斬」字下當是涉下而誤書重文符號。「心氣彌」下不當是「斬」字，下文數言「多氣」，或補「多」字，亦可能是「大」、「長」等字。

（6）弗𠣋弗久，繭然有朕有骨，而朕有肉章

新注：繭然，疑讀為「桀然」或「諜然」。桀然，高聳貌。諜然，迅疾裂開貌。朕，疑訓為罅隙、縫隙。（5／172～173）

按：《集韻》：「𠣋，起也。」與此當非一字。𠣋，疑讀為灼。久，讀為灸。繭然，讀為「堅然」，堅固貌。

（7）根其□□□〔上〕有刻盧，其中有玉（5／170）

按：盧，讀為縷。《淮南子·氾論篇》：「（大夫種）身伏屬鏤而死。」《吳越春秋．勾踐伐吳外傳》：「越王遂賜文種屬盧之劍。」徐天祜注：「盧，當作鏤。」朱起鳳曰：「鏤、盧古讀同聲，故兩字通用。」又云：「婁即鏤字之省。『屬鏤』借為『屬鹿』，或為『鹿盧』，並音之變。」〔註 233〕下文云「玉中又（有）瑕，縣縣如絲，連如纑」，「纑」亦「縷」借字，二文正可以對讀。「縣縣」整理者讀為「懸懸」，蘇建洲告知，當讀為「綿綿」。此言玉中如有刻畫的絲縷。下文又云「中又（有）玉英者，艮（眼）也」，疑此文「玉」下脫「英」字。「玉英」指馬眼，刻縷疑指馬眼中的毛細血管。《齊民要術．養牛馬驢騾》引《相馬五藏法》：「目中縷貫瞳子者，五百里。」又「目中白縷者，老馬子。」「縷」所指亦同。

（8）雍（擁）蒙別環，細者如塼，大者如甀

新注：雍疑讀為擁。「擁蒙」猶言「擁蔽」，遮掩之義。（5 / 173）

按：「雍蒙」是疊韻連綿詞，帛書形容毛髮盛多。茲從同源詞考察，推究其義。「雍」同「邕」。雍（邕）蒙，讀為翁蒙〔註 234〕，大而多貌。字亦作「暡矇」，《玉篇》：「暡，暡矇，天氣不明也。」《廣韻》：「矇，暡矇，日未明也。」又「暡，氣盛。」P.2011 王仁昫《刊謬補缺切韻》卷 3：「暡，氣盛貌。」氣盛則亂，故為天色不明，其義相因也。倒言則作「蠓螉」，《方言》卷 11：「蠭，燕趙之閒謂之蠓螉。」《廣雅》：「蠓螉，蜂也。」此蟲微細群飛，以其盛多，故取名為蠓螉也。李海霞謂「蠓螉得名於蜂類扇動翅膀時發出的嚶嚶嗡嗡聲」〔註 235〕，非是。南楚方言音轉則作「䶒䵆」，《方言》卷 10：「䶒䵆，晠（盛）多也，南楚凡大而多謂之䶒，或謂之䵆。凡人語言過度及妄施行亦謂之䵆。」又卷 2：「朦、厖，豐也，自關而西，秦晉之閒凡大貌謂之朦，或謂之厖。豐，其通語也。」「䶒䵆」是楚語，後轉入通語；「朦（厖）」是秦晉方言。《玉篇》：「䵆，䶒䵆，盛多皃。」《廣韻》：「䶒，䶒䵆，多皃。」字亦作「滃䵆」，《玉篇殘卷》「滃」字條云：「草木蓊鬱為篛字，在竹部。多大滃䵆為䶒字，在多部。」字亦作「䌥䋈」，敦煌寫卷 P.2058《碎金》：「鼻䌥䋈：中（乎）貢反，奴貢反。」P.3906 作「鼻䶒䵆：乎貢反，怒貢反」。鼻汁多而塞謂之「䶒䵆」，專字從鼻作「齆齈」，

〔註 233〕朱起鳳《辭通》卷 4，上海古籍出版社 1982 年版，第 360 頁。

〔註 234〕《玉篇》：「䶒，大多也，或作㔦。」《證類本草》卷 22：「雀瓮，一名雀甕，為其形似甕而名之，瓮、甕聲近耳。」「臃」或作「腧」，「擁」或作「攡」、「揄」，「甕」或作「瓮」。皆其相通之證。

〔註 235〕李海霞《漢語動物命名考釋》，巴蜀書社 2005 年版，第 610 頁。

此分別字耳。《玉篇》：「䶊，鼻病也。䶍，鼻䶍也。」張涌泉曰：「乙卷（引者按：即 P.2058）後二字的『多』旁訛作『糹』，注文『中』字誤。《廣韻》：『䵨，䵨䵵，多皃。』義不合。文中當讀作『䶊䶍』。」〔註 236〕張氏改「中」作「乎」是，而謂「䵨䵵」義不合，則未會其所取義也。音轉又作「醲醲」，《廣韻》：「醲，醲醲，濁酒。」音轉又作「黵黷」，《集韻》：「黷，黵黷，黑甚。」諸詞皆「朧朦」變音，倒言則作「朦朧」、「曚曨」、「蒙籠」、「蒙蘢」等形，其義為模糊不明貌，亦盛多貌之引申。別環，龐光華告知，讀為「徧環」。

（9）肮慼慼，環毋（無）毛，當為肉

新注：《玉篇》：「肮，目視。」慼，憂傷。「肮慼慼」是指馬眼呈現出憂傷的樣子。（5／173）

按：肮，讀為睆、睅。《說文》：「睅，大目也。睆，睅或從完。」慼慼，讀為蹙蹙，聚攏、收縮貌。「環」指馬眼四周。下文云「睘肉中規者，目之睘堅久」，二「睘」即「環」，原分釋為「圜」、「環」，未允。肮慼慼，指目珠鼓出而收攏。

（10）上為縣（懸）盧（顱），下為纓（嬰）筋

新注：嬰筋，穴位名。《黃帝內經靈樞．寒熱病》：「頸側之動脈人迎。人迎，足陽明也，在嬰筋之前。」（5／174）

按：嬰，頸飾。故頸側之筋名嬰筋。「懸顱」亦穴位名，當出注。《靈樞經．寒熱病》：「一曰取之出鼻外足陽明，有挾鼻入於面者，名曰懸顱，屬口對入，繫目本視，有過者取之。」《鍼灸甲乙經》卷 3 言「面凡二十九穴」，中有「懸顱」穴。

（11）吾欲蜚（飛），皆未贅。前者偈（揭），後者拔（5／17）

按：《小爾雅》：「贅，屬也。」未贅，言動作不連貫。下文云「前者渴（揭），後者拔，欲前夬舉，舉多氣；後夬下，下善走」，是「渴（偈）」為舉義，正當讀為揭。「拔」為下義。謝成俠錄作「伏」，注云：「『伏』字未必確實，亦似『拔』字。」〔註 237〕「伏」字義合，偃伏、下伏也。言前者高舉，

〔註 236〕張涌泉《敦煌經部文獻合集》第 7 冊《字寶》，中華書局 2008 年版，第 3779 頁。
〔註 237〕謝成俠《關於長沙馬王堆漢墓帛書〈相馬經〉的探討》，《文物》1977 年第 8 期，第 25～26 頁。

而後者下伏。

（12）我（俄）而窋，窒而盈

新注：窋，低窪，低下。（5 / 174）

按：下文云「積之我我，闔谷投谿者，欲陽上如墓，旁平而毋（無）窋，毋（無）窋堅久」，又云「我（俄）而窋者，欲目旁平，平善行；窒而盈者，欲艮（眼）盈，盈堅久」。《說文》：「窒，塞也。」《廣雅》：「窒，滿也。」猶言充實，與「盈」同義。《說文》：「我，或說頃頓也。」又「俄，行頃也。」敦煌寫卷 S.2073《廬山遠公話》：「莫生頗我之心。」唐人猶用此義。字或作踒、峨、硪、哦、騀、鬓、頟，各加義符以製分別字，其語源一也。窋，讀為竵，與「我（俄）」亦同義。《說文》：「竵，不正也。」段玉裁注：「俗字作歪。」〔註 238〕敦煌寫卷 P.3906《碎金》：「物竵斜：若（苦）乖反。又喎。」字或作菲（乖）、華、伓，皆音之轉〔註 239〕。《說文》：「菲，戾也。」《集韻》：「菲，空媧切，不正也，或作華、伓、竵。」《周禮・夏官・形方氏》：「掌制邦國之地域，而正其封疆，無有華離之地。」鄭玄註：「華，讀為伓哨之伓，正之，使不伓邪離絕。」「哨」亦不正之義，「伓哨」同義連文。

（13）擅（壇）曼平，大容梃（莛）

新注：壇曼，平坦而寬廣。《文選・子虛賦》：「案衍壇曼。」李善注引司馬彪曰：「壇曼，平博也。」（5 / 174）

按：注說是。字亦作「澶漫」，《文選・西京賦》：「澶漫靡迤。」李善注引《子虛賦》作「澶漫」，李氏改字以就正文也。字又作「但曼」、「壇漫」、「坦謾」、「儃漫」、「亶曼」、「亶漫」等形，倒言又作「漫澶」。

（14）疑（擬）之涼月，絕以（似）槳（彗）星（5 / 171）

按：二句分別描述馬的頰權與眼睛。下文云「疑（擬）之涼月，絕以（似）槳（彗）星者，欲艮（眼）赤，赤多氣」。《文選・赭白馬賦》：「雙瞳夾鏡，兩權協月。」李善注：「《相馬經》曰：『目成人者行千里。』注云：『成人者，視童子中人頭足皆見。』言目中清明如鏡。或云兩目中央旋毛為鏡。權，頰

〔註 238〕段玉裁《說文解字注》，上海古籍出版社 1981 年版，第 500 頁。
〔註 239〕其同源字甚多，詳見蕭旭《國語補箋》，收入《群書校補（續）》，花木蘭文化出版社 2014 年版，第 213～216 頁。

權也。《相馬經》曰：『頰欲圓如懸壁，因謂之雙璧，其盈滿如月，異相之表也。』黃伯仁《龍馬頌》曰：『雙璧似月。』」《類聚》卷 93 引黃伯仁《龍馬頌》：「雙耳如剡筩，目象明星，雙壁（璧）似月，蘭筋參情。」〔註 240〕敦煌寫卷 S.5637《馬》：「其馬乃神蹤駿驟，性本最良。色類桃花，目如懸鏡。」

（15）高錫之，如火之炎

新注：從文意看，「錫」字應有「飄動」、「向上」之義，用為何字待考。（5 / 176）

按：炎，讀為焫。《說文》：「焫，火行也。」《文子·上德篇》：「火上炎，水下流。」《淮南子·天文篇》作「火上蕁」，又《齊俗篇》：「譬若水之下流，煙之上尋也。」「炎」亦借字，「尋」、「蕁」則音轉借字。俗字又作爓，《廣韻》：「掞，爓也。」《慧琳音義》卷 98 引顧野王曰：「掞，猶爓也。」梁·陶弘景《周氏冥通記》卷 4：「勿令火爓出器邊也。」

錫，讀為焲，俗字亦作焬、焱。《玉篇》：「焲，火光也。」《集韻》：「焲、焱、焬，《字林》：『火光也。』或從三火，亦作焬。」謂火光向上延伸。《龍龕手鑑》：「燚，音亦。」《五音篇海》：「燚，火貌。」「燚」即「焱」累增俗字，實同「焲」，今治俗字者，皆未及之。此文「錫」用為馬毛向上延伸義。

（16）前賢後，盉（曲）賢刲（5 / 175）

按：刲，讀為傒、睽，乖違不正。《後漢書·馬融傳》《廣成頌》：「睽孤刲刺。」李賢注：「睽，離也。孤，獨也。刲亦刺也，音苦圭反。」李氏說「孤」誤，《漢書·諸侯王表》、《五行志》顏師古注：「睽孤，乖剌之意也。」字亦作「睽罛」，《文選·西京賦》：「睽罛庨豁。」薛綜注：「睽罛庨豁，皆形貌。」指歪斜之形貌。「孤」、「罛」即上舉之「佤」字。「刲」亦「睽（傒）」，賦文未別耳。字亦作敊、哇，《玉篇殘卷》：「敊，《字書》或哇字也。哇，聲也，謳也，邪也。」《廣韻》：「敊，邪也。」此邪聲義之專字。字亦作奊，頭傾義之專字。

（17）光淺，怒不能周，爭不能拕者也（5 / 176）

按：周，終竟。拕，同「拕」、「挩」，讀為奪。言雖怒，而不能終竟；雖爭，而不能奪取。

〔註 240〕《玉海》卷 148 引「壁」亦作「璧」，與《選》注合。

(18)其動也，如矢毋（無）□□□□□□□□□□緣，夬（決）及糾如相□，名曰絇羅

新注：絇，網罟的別名。「絇羅」或疑讀為「罝羅」。（5 / 177）

按：絇羅，即「句婁」、「痀僂」、「枸簍」、「枸蔞」、「拘簍」、「鉤婁」、「岣嶁」、「句僂」、「拘樓」的音轉〔註 241〕，彎曲之貌。夬，讀為玦，玉環而有缺者。下文云「如月七日〔在〕天者，前若〈后〉夬之胃（謂）也」，又云「前有三齊者，前夬中有□□名曰寸，見卦即曰三齊，善走；有二微者，後夬也」，夬亦讀為玦，七日在天之月不圓，故以玦名之，稱作前、後夬。上、下文言「前後夬」皆同。趙逵夫曰：「『夬』為馬眼睛四周肌肉之名稱，是當時相馬家的專門術語。此義以後消失，而被人們引伸使用的意義尚存，寫作『決』。『決』為睜大眼睛之義，此動詞之義由名詞之義而來，因為眼周圍肌肉同眼睛能否睜大有關。」〔註 242〕吾不取此說。「相□」的缺字雖不可補，然其義當是環繞義。下文「怒而解絇，兼官馬也」，「絇」即「絇羅」之省，亦謂解其相環者。

(19)〔若合〕相復者，欲目闔而合（5 / 177）

按：闔，讀為弇，俗作掩、揜，閉合也。

(20)則陽者，欲陽高，高而敦掔，敦掔善走（5 / 177）

按：蘇建洲告知，「則陽」的「則」圖版殘左側，當從上文作「刻陽」。下文云「前有盧（顱）首者，欲目上匡（眶）骨之前□敦掔，敦掔到，到目上，善走」，又云「敦掔必高，乃能見□□□□□□□□□」，又云「庌（尺）且安卒者，敦掔之，善走」，又云「華蜚（飛）千里，實怒乃起者，欲陽上敦掔」，又云「發而陽（揚）者，欲目敦掔，多氣」。比合諸文，「敦掔」作名詞是指目上眶骨前的某一部位，作動詞是上舉義。「敦掔」（名詞）高者、倒於目上者皆善走。掔，提舉，字亦作挈，無煩舉證。敦，當是從「敦」省聲，即「敦」的加旁俗字，引舉也，字亦作頓、扽。《荀子・勸學》：「若挈裘領，詘五指而頓之，順者不可勝數也。」「敦掔」即「頓掔」也。楊倞註：「掔，

〔註 241〕參見蕭旭《「果贏」轉語補記》，收入《群書校補（續）》，花木蘭文化出版社 2014 年版，第 2290～2293 頁。

〔註 242〕趙逵夫《馬王堆漢墓帛書〈相馬經〉發微》，《文獻》1989 年第 4 期，第 268 頁；其說又見趙逵夫《馬王堆漢墓出土〈相馬經・大光破章故訓傳〉發微》，《江漢考古》1989 年第 3 期，第 47 頁。

舉也。頓，挈也。」王念孫曰：「楊訓頓為挈，于古無據。且上文已有『挈』字，此不得復訓為『挈』。頓者，引也。《廣雅》：『扽，引也。』古無『扽』字，借『頓』為之。《鹽鐵論·詔聖篇》：『今之治民者，若御拙馬，行則頓之，止則擊之。』頓之，引之也。《釋名》：『掣，制也，制頓之使順已也。』」孫詒讓、王先謙從王說〔註 243〕。楊注「頓，挈也」，「挈」與上文「挈」訓舉者不同，此「挈」是「掣」字音變，掣牽、牽引之義〔註 244〕。楊注「頓，挈也」，亦以掣引訓之，是王說實與楊合，而不悟其字不誤。

（21）此夫𡡜（徹）肉者，欲大，肉毋（無）備，毋（無）備善趯（踴）䠯（躍）

新注：備，疑讀為崩，在此指肉鬆弛。趯䠯，讀為「踴躍」。（5 / 180）

按：「踴」是後出俗字，當作「踊」或「踴」，跳也。「䠯」必是「趟」形譌。《玉篇》：「趟，馬跳也。」敦煌寫卷 P.2011 王仁昫《刊謬補缺切韻》：「趟，馬跳趟。」字本作踰，音轉亦作踰、趫、遙、遙、搖，又音轉作超、跳、躍、躒、趯〔註 245〕。備，讀為緥。《說文》：「緥，束也。」俗作綁。字或作紡，或省作方，音轉作縛〔註 246〕。徹肉，鬆弛之肉，故言欲大，無綁束馬肉者善跳躍。

（22）風矞（穴）然動（5 / 179）

按：《文選·吳都賦》：「驫駥䮐矞，靸霅驚捷，先驅前途。」李善註：「䮐音休，矞音聿。䮐矞，眾馬走貌。靸霅，走疾貌。」矞之言趫，《說文》：「趫，狂走也。」《繫傳》：「趫，急疾之貌也。」字亦作建、趘，《玉篇》：「建，行皃。」又「趘，走也。」「建」、「趘」是後出分別字，當指疾行皃。形容風之急疾則易其義符從風作颾，《玉篇》：「颾，急風。」《文選·海賦》李善注：「颾，風疾貌。」字亦作飄，《廣韻》：「飄，疾風。」疾出曰融，鳥之疾飛曰矞、鷸（䳍）、䚬，獸之疾走曰獝，水之疾流曰潏，火光疾出曰燏，其義一也。

〔註 243〕孫詒讓《荀子校勘記》，收入《籀廎遺著輯存》，中華書局 2010 年版，第 499 頁。王先謙《荀子集解》，中華書局 1988 年版，第 16 頁。

〔註 244〕參見蕭旭《荀子校補》，花木蘭文化出版社 2016 年版，第 99 頁。

〔註 245〕參見蕭旭《〈爾雅〉「貏貐」名義考》，收入《群書校補（續）》，花木蘭文化出版社 2014 年版，第 1821～1823 頁。《荀子·勸學》：「騏驥一躍，不能十步。」《大戴禮記·勸學》「躍」作「躒」。

〔註 246〕參見蕭旭《國語校補》，收入《群書校補》，廣陵書社 2011 年版，第 174 頁。

雲夢秦簡《日書》甲種《馬篇》:「□耆(嗜)飲,律律弗□自行,弗驅自出。」「律律」同「逮逮」,實乃「趫趫」音轉,亦急疾之貌也。劉信芳曰:「『律律』謂以律為律,意為服從駕馭。」〔註 247〕未得。劉樂賢曰:「『律律』一詞不易解。《詩・蓼莪》:『南山律律,飄風弗弗。』此『律律』形容山貌,與『烈烈』同,似與本條的『律律』有別。」〔註 248〕王子今曰:「『律律』字義,或通於『颶颶』。『律律』形容馬行飛快,一如疾風。」〔註 249〕王說已得其誼,而未得其字〔註 250〕。

(23)縱而腸(陽),緩瞻余(餘)者,欲〈捐〉(須)臾緩,緩多利

新注:須臾,從容悠遊之義。「須臾緩」義為平緩。(5 / 181)

按:注是也。「須臾」即「從容」音轉,音轉亦作「屬臾」、「從諛」、「從欲」〔註 251〕。

馬王堆帛書《太一祝圖》校補

馬王堆帛書《太一祝圖》收錄於裘錫圭主編的《長沙馬王堆漢墓簡帛集成》第 6 冊〔註 252〕,過去學術界稱作《社神圖》、《神祇(衹)圖》、《辟兵圖》、《太一避兵圖》、《社神護魂圖》、《太一出行圖》、《太一將行圖》等名。

(1)赤包白包,莫敢我鄉(向),百兵莫敢我〼〔□〕狂謂不誠,北斗為正

陳松長曰:包,在這裏當是「抱」的通假字。抱有引聚之意。「赤包白包」者,應即是赤色、白色的雲氣引聚之意。古人好以雲氣的顏色、聚散占測吉凶……可見「抱」乃是古人占測吉凶時形容雲氣形狀的一個專門用語。而「赤包(抱)白包(抱)」則多被認為是一種不吉祥的雲氣〔註 253〕。

〔註 247〕劉信芳《雲夢秦簡〈日書・馬〉篇試釋》,《文博》1991 年第 4 期,第 67 頁。

〔註 248〕劉樂賢《睡虎地秦簡〈日書〉研究》,文津出版社 1994 年版,第 311 頁。

〔註 249〕王子今《睡虎地秦簡〈日書〉甲種疏證》,湖北教育出版社 2003 年版,第 519～520 頁。

〔註 250〕參見蕭旭《〈睡虎地秦墓竹簡〉校補》,收入《群書校補(續)》,花木蘭文化出版社 2014 年版,第 64 頁。

〔註 251〕參見蕭旭《淮南子校補》,花木蘭文化出版社 2014 年版,第 404 頁。

〔註 252〕《長沙馬王堆漢墓簡帛集成》第 2 冊圖版,第 6 冊釋文注釋,中華書局 2014 年版,第 144～148、103～105 頁。

〔註 253〕陳松長《馬王堆漢墓帛畫「神祇圖」辨正》,《江漢考古》1993 年第 1 期,第

新注：包，陳松長讀為抱，認為「抱」是古人占測時形容雲氣的一個專門用語。（6／104）

按：赤包白包，楊琳釋作「赤青白黃」〔註 254〕，純是臆測。李凇、陳鍠從陳松長說讀包為抱〔註 255〕。包，疑讀為豹。《毛詩草木鳥獸蟲魚疏》卷下：「毛赤而文黑謂之赤豹，毛白而文黑謂之白豹。」或讀為彪，虎也。赤彪白彪，即赤虎白虎。《北史・齊本紀》：「故有赤彪儀同、逍遙郡君、凌霄郡君。」《御覽》卷 904 引《三國典略》：「齊高緯以波斯狗為赤虎儀同、逍遙郡君。」「赤彪」即「赤虎」。或讀為狍，《山海經・北山經》：「鉤吾之山……有獸焉，其狀如羊身人面，其目在腋下，虎齒，人爪，其音如嬰兒，名曰狍鴞，是食人。」《玉篇》：「狍，步交切，獸也。」然古籍未見赤狍白狍的記載，讀為豹為長。要之，赤包白包必是猛獸，二句言不遇猛獸兵害。「百兵莫敢我」下缺字，李零、饒宗頤、江林昌補「傷」〔註 256〕，李建毛、陳松長、胡文輝、楊琳、李凇、陳鍠補「當」〔註 257〕。李建毛引《高上神霄玉清真王紫書大法》「吾奉真王敕，與五斗俱行，千萬凶殃，莫敢當吾前後。前開後閉，萬鬼不敵」（引者按：見卷 10）為證。陳松長引亳縣鳳凰臺一號漢墓《剛卯銘文》

---

89 頁。

〔註 254〕楊琳《馬王堆帛畫〈社神護魂圖〉闡釋》，《考古與文物》2000 年第 2 期，第 74 頁；其說又見楊琳《中國傳統節日文化》，宗教文化出版社 2000 年版，第 168 頁。

〔註 255〕李凇《依據疊印痕跡尋證馬王堆 3 號漢墓〈「大一將行」圖〉的原貌》，《美術研究》2009 年第 2 期，第 45 頁。陳鍠《〈太一避兵圖〉圖像與內涵析辯》，《新美術》2013 年第 9 期，第 68 頁。

〔註 256〕李零《馬王堆漢墓「神祇圖」應屬辟兵圖》，《考古》1991 年第 10 期，第 940 頁；又收入《入山與出塞》，文物出版社 2004 年版，第 205 頁；又見李零《中國方術考（修訂本）》，東方出版社 2000 年版，第 77 頁。饒宗頤《圖詩與辭賦——馬王堆新出〈大一出行圖〉研究》，《新美術》1997 年第 2 期，第 4 頁。江林昌《夏商周文明新探》，浙江人民出版社 2001 年版，第 361 頁。

〔註 257〕李建毛《馬王堆漢墓「神祇圖」與原始護身符籙》，《馬王堆漢墓研究文集～1992 年馬王堆漢墓國際學術討論會論文選》，湖南出版社 1994 年版，第 308 頁。陳松長《馬王堆漢墓帛畫「神祇圖」辨正》，《江漢考古》1993 年第 1 期，第 90 頁。胡文輝《馬王堆〈太一出行圖〉與秦簡〈日書・出邦門〉》，《江漢考古》1997 年第 3 期，第 83 頁。楊琳《馬王堆帛畫〈社神護魂圖〉闡釋》，《考古與文物》2000 年第 2 期，第 74 頁；其說又見楊琳《中國傳統節日文化》，宗教文化出版社 2000 年版，第 168 頁。李凇《依據疊印痕跡尋證馬王堆 3 號漢墓〈「大一將行」圖〉的原貌》，《美術研究》2009 年第 2 期，第 45 頁。陳鍠《〈太一避兵圖〉圖像與內涵析辯》，《新美術》2013 年第 9 期，第 68、74 頁。

「庶疫剛癉，莫敢我當」為證〔註258〕。補「當」字可從，內蒙古額濟納居延漢簡2002ESCSF1：2：「土五光，今日利以行，行毋死（咎），已辟除道，莫敢義（我）當。」〔註259〕亦其證。亦可能是「鄉（向）」字，《正統道藏》第28冊載《太上明鑑真經》：「虎狼摧牙折齒，百兵不敢向，見之則伏不敢起。」〔註260〕彼言「虎狼百兵」，此言「赤包白包」及「百兵」，文例相同。《正統道藏》第28冊載《太上三五正一盟威籙》卷4：「我受太上天帝教令，誰敢有當。龍虎扶我，朱雀導我，玄武從我，左陽青龍，右陰白虎，頭戴七星，法應天斗，司命留我，司錄護我，疾病離我，盜賊避我。所求皆得，所厭皆伏。踰河渡海，風浪不起。虎狼見我，摧牙折齒。丹書為符，凶咎滅亡。禹為除道，蚩尤避兵。天符地節，前開後閉。延年無極，與天同畢。」〔註261〕亦謂虎狼盜賊皆避我。狂，李零讀為誑〔註262〕，是也，屬上為句。「誑」即下句「不誠」之誼。饒宗頤讀「狂」如字，引《吳越春秋》卷6「螽去時……神莫能制者……後入天一，前翳神光，言之者死，視之者狂」〔註263〕，其說非是。江林昌錄作「狃」〔註264〕，亦誤。「謂」下補「我」字，《詩·大車》：「謂予不信，有如皦日。」文例相同。或「謂」上補表示假設語氣的「若」字，《漢書·五行志》引《京房易傳》：「妖言動眾，茲謂不信，路將亡人，司馬死。」文例相同，茲亦若也〔註265〕。正，讀為證。北斗，天樞（天軸），居天中央，故古人指北斗作證。放馬灘一號秦墓竹簡甲種《日書·出邦門》：「擇日，出邑門，禹步三，向北斗，質畫地。」質亦正也。《楚辭·遠逝》：「北斗為我折中兮，太一為余聽之。」又《九歎·逢紛》：「指日月使延照兮，

〔註258〕《後漢書·輿服志》、《漢書·王莽傳》晉灼注引《剛卯銘文》同。居延漢簡446.17D作「庶役岡單（疫剛癉），莫我敢當」。

〔註259〕魏堅《額濟納漢簡》，廣西師範大學出版社2005年版，第284頁。劉樂賢《額濟納漢簡數術資料考》謂「死」當作「咎」，《歷史研究》2006年第2期，第174頁。趙寵亮《額簡釋讀獻疑二則》讀「義」為「我」，收入孫家洲主編《額濟納漢簡釋文校本》，文物出版社2007年版，第134～136頁。

〔註260〕《正統道藏》第28冊，文物出版社、上海書店、天津古籍出版社1988年影印，第424頁。

〔註261〕《正統道藏》第28冊，文物出版社、上海書店、天津古籍出版社1988年影印，第449頁。

〔註262〕李零《中國方術考（修訂本）》，東方出版社2000年版，第77頁。

〔註263〕饒宗頤《圖詩與辭賦——馬王堆新出〈大一出行圖〉研究》，《新美術》1997年第2期，第6頁。

〔註264〕江林昌《夏商周文明新探》，浙江人民出版社2001年版，第361頁。

〔註265〕參見裴學海《古書虛字集釋》，中華書局1954年版，第631頁。

撫招搖以質正。」王逸注：「招搖，北斗杓星也。」皆其例。後世亦效仿之，《御覽》卷 324 引《三國典略》：「被髮向北斗以誓之。」《南史·侯景傳》同。此亦古人設誓，以北斗為證之例。《漢書·息夫躬傳》：「（息夫）躬邑人河內掾賈惠往過躬，教以祝盜方，以桑東南指枝為匕，畫北斗七星其上，躬夜自被髮，立中庭，向北斗，持匕招指祝盜。」賈惠以北斗祝盜，與《太一祝圖》以北斗作證正同。先秦常見句型是「莫我敢 V」，帛書「莫敢我 V」則是變式。

（2）即左右唾，徑行毋顧（6 / 103）

陳松長曰：就是要太一神儘管出行，即使左右之人吐唾沫，亦無需顧及〔註 266〕。

按：陳說非是。這裏是說要出行之人向自己兩旁（即左右）吐唾沫，直接離開，而不能反顧。帛書《五十二病方》：「因唾匕，祝之曰……」又「涶（唾）之，賁（噴）：『兄父產大山，而居□谷下。』」又「〔東〕鄉（嚮）涶（唾）之。」又「祝曰：『啻（帝）右（有）五兵，壐（爾）亡。不亡，瀉刀為裝。』即唾之，男子七，女子二七。」《太平廣記》卷 119 引《還冤記》：「（徐光）過大將軍孫綝門，褰衣而趨，左右唾踐。或問其故，答曰：『流血臭腥不可耐。』」《搜神記》卷 1 同，《法苑珠林》卷 31 引「踐」作「濺」，宋、元、明、宮本作「唌」。字本作濽、亦作淺、湔。「唾濺」即「唾沫」，此用為動詞，吐唾沫〔註 267〕。此皆唾祝之法。《御覽》卷 387 引《列異傳》：「南陽宗定伯，年少時夜行逢鬼，問鬼所忌，鬼答曰：『唯不喜人唾。』伯便擔鬼著頭上，急持行之，徑至市中，下著地，化為一羊，賣之，恐其變化，唾之，得錢五千。」〔註 268〕唐·孫思邈《千金翼方》卷 29《禁經上·禁唾惡鬼法》：「吾從狼毒山中來，飢食真珠，渴飲武都，戎監一把，冷水一盂，口含五毒，常與唾居。但老君之唾，唾殺飛鳥，唾河則竭，唾木則折，唾左徹右，唾表徹裏，銅牙鐵齒，嚼鬼兩耳。速去千里，不得留止。急急如律令。」〔註 269〕此皆以唾禁鬼之法，自是先秦古法之流傳。關於「毋顧」，《五十二病方》：「令尤（疣）者抱禾，令人嘑（呼）曰：『若胡為是？』瘧（應）曰：『吾

〔註 266〕陳松長《馬王堆漢墓帛畫「神祇圖」辨正》，《江漢考古》1993 年第 1 期，第 90 頁。

〔註 267〕參見蕭旭《〈冤魂志〉校補》，《東亞文獻研究》總第 22 輯，2018 年 12 月出版，第 14 頁。

〔註 268〕《御覽》卷 884、《法苑珠林》卷 10、《太平廣記》卷 321 引略同。

〔註 269〕孫思邈《千金方》，中國中醫藥出版社 1998 年版，第 844 頁。

尤（疣）。』置去禾〈禾去〉，勿顧。」新注引有各種相關文獻〔註270〕，可參看。

（3）我虒裘，百兵毋敢來

新注：虒裘，李家浩懷疑或可讀為「蚩尤」。（6／104）

按：虒，讀為褫，是「脫衣」義的本字，音徒多反。字亦作「拕」，帛書《相馬經》：「衣者勿拕。」《墨子·非攻上》：「殺不辜人也，拕其衣裘，取戈劍者，其不義又甚入人欄廄取人馬牛。」字又作「拖」，《淮南子·人間篇》：「秦牛缺徑於山中而遇盜，奪之車馬，解其橐笥，拖其衣被。」許慎注：「拖，奪也。」「奪」亦當讀為脫〔註271〕。言我脫了裘衣，盜賊亦不敢來搶奪。帛書《五十二病方》有「白瘛」病，方中又稱作「施（引者按：當釋作「拖」）」、「虒」，亦讀為褫，指脫髮。「白瘛」即「白禿」。

（4）黃龍持鑪，青龍奉（捧）容

新注：李家浩疑「容」應讀為「鎔」，指鑄造器物的模型。「黃龍持爐，青龍捧鎔」，大概是跟鑄造兵器有關的數術。（6／105）

按：李家浩讀容為鎔誤，但指出是跟鑄造兵器有關的數術則得之。覆按圖版，青龍所捧者，是一圓形容器，決非鑄器的模型。李建毛指出「黃首青龍之下，右有黃龍持紅色瓶狀物，旁題『黃龍持鑪』四字，左有青龍持青色瓶狀物，題『青龍奉（捧）容』四字……鑪即火爐，容即盛器」〔註272〕。周世榮「容」釋作「熨」，謂「熨是儲火器和保暖物」〔註273〕。饒宗頤亦釋作「㷉（熨）」，解作「熨斗（威斗）」〔註274〕。楊琳進而指出「『熨』是一種恫嚇厲鬼的辟兵工具」〔註275〕。李零先從「熨」字說〔註276〕，後又讀容

〔註270〕《長沙馬王堆漢墓簡帛集成》第5冊，中華書局2014年版，第235頁。

〔註271〕參見蕭旭《〈說文〉「褫」字音義辨正》，收入《群書校補（續）》，花木蘭文化出版社2014年版，第1839～1845頁。

〔註272〕李建毛《馬王堆漢墓「神祇圖」與原始護身符籙》，《馬王堆漢墓研究文集～1992年馬王堆漢墓國際學術討論會論文選》，湖南出版社1994年版，第308頁。

〔註273〕周世榮《馬王堆漢墓的「神祇圖」帛畫》，《考古》1990年第10期，第928頁。

〔註274〕饒宗頤《圖詩與辭賦——馬王堆新出〈大一出行圖〉研究》，《新美術》1997年第2期，第5～6頁。

〔註275〕楊琳《馬王堆帛畫〈社神護魂圖〉闡釋》，《考古與文物》2000年第2期，第73頁；其說又見楊琳《中國傳統節日文化》，宗教文化出版社2000年版，第167頁。

〔註276〕李零《馬王堆漢墓「神祇圖」應屬辟兵圖》，《考古》1991年第10期，第940～942頁；又收入《入山與出塞》，文物出版社2004年版，第205頁。

為瓮〔註277〕。黃盛璋釋作「壺」〔註278〕。覆按圖版，確是「容」字。陳松長曰：「容者，盛也。此處用為名詞，意思乃是盛物之器，也就是容器……『鑪』是火器，那『容』自然是盛水之器。這一點，帛畫上所塗的顏色也可間接為證：『鑪』者，是一朱色瓶狀物，而『容』則是一青色瓶狀物，可見二者截然不同。」〔註279〕劉曉路曰：「『爐』代表火器，『容』代表水器。」〔註280〕陳松長、劉曉路說是，其專字作頌。《說文》：「頌，器也。」《廣雅》：「頌、瓮、罌，瓶也。」《篆隸萬象名義》：「頌，罌也。」字亦作甂，《玉篇》：「頌、甂，並音容，罌也。」「罌」同「甖」。《廣韻》：「頌，甖也。甂，上同。」

本文曾承孟蓬生教授審讀，並提出很好的修訂意見，謹致謝忱！

本文部分詞條以《馬王堆漢墓簡帛解故》為題，發表於《湖南省博物館館刊》第 11 輯，2015 年 7 月出版，第 1～5 頁。

馬王堆古醫書校補

馬王堆簡帛有古醫書十餘種，圖版及釋文早先收錄於《馬王堆漢墓帛書〔肆〕》〔註281〕，新近出版的裘錫圭主編的《長沙馬王堆漢墓簡帛集成》收錄，並重新作了釋文及注釋〔註282〕。

馬繼興《馬王堆古醫書考釋》〔註283〕，周一謀、蕭佐桃主編《馬王堆

〔註277〕李零《中國方術考（修訂本）》，東方出版社 2000 年版，第 79 頁。李零《中國方術續考》亦云：「疑『容』讀為『瓮』。」東方出版社 2000 年版，第 225 頁。

〔註278〕黃盛璋《論「兵避太歲」戈與「大一避兵圖」爭論癥結、引出問題是非檢驗與其正解》，《陝西歷史博物館館刊》第 10 輯，三秦出版社 2003 年版，第 33 頁。

〔註279〕陳松長《馬王堆漢墓帛畫「神祇圖」辨正》，《江漢考古》1993 年第 1 期，第 89 頁；其說又見陳松長《馬王堆漢墓帛畫「太一將行」圖淺論》，何介鈞主編《考古耕耘錄——湖南省中青年考古學者論文選集》，嶽麓書社 1999 年版，第 299 頁。陳松長《帛書史話》亦指出「所謂『爐』、『容』，乃是火器和水器的一種專稱」，中國大百科全書出版社 2012 年版，第 66 頁。

〔註280〕劉曉路《中國帛畫》，上海古籍出版社 1994 年版，第 67 頁；其說又見劉曉路《中國帛畫與楚漢文化》，吉林教育出版社 1994 年版，第 76 頁。

〔註281〕《馬王堆漢墓帛書〔肆〕》，馬王堆漢墓帛書整理小組編，文物出版社 1985 年版。

〔註282〕《長沙馬王堆漢墓簡帛集成》第 2 冊圖版，第 5、6 冊釋文注釋，中華書局 2014 年版。

〔註283〕馬繼興《馬王堆古醫書考釋》，湖南科學技術出版社 1992 年版。

醫書考注》〔註 284〕，魏啟鵬、胡翔驊《馬王堆漢墓醫書校釋》（壹）、（貳）〔註 285〕，張雷《馬王堆漢墓帛書〈五十二病方〉集注》〔註 286〕，各書亦有考釋，一併取作參考。周祖亮、方懿林《簡帛醫藥文獻校釋》〔註 287〕，參用諸家說，大多不指明出處。本文按照新出的《集成》為底本作校補，為避繁複，節引整理者的注釋，分別稱作原注、新注。後出諸說同原注者，不再引述。本文以第一作者名指稱合作者的著作。

其中漢簡古醫書《天下至道談》、《合陰陽》，我已經另文發表〔註 288〕，這裏從略。

馬王堆帛書《足臂十一脈灸經》校補

（1）〔□□〕數腸（喝），牧牧耆（嗜）臥以欬

原注：喝，嘶也。即嘶啞。牧牧，即「默默」、「眛眛（引者按：疑「昧昧」之誤）」。欬，即今「咳」字。（P5）

裘錫圭曰：腸，不如讀為口渴之「渴」〔註 289〕。

馬繼興曰：「牧」、「默」同音通假。「默」即靜默不語。《莊子·在宥》：「至道之極，昏昏默默。」（P196）

周一謀曰：牧牧，即「默默」。牧牧耆（嗜）臥，指沉默不語，神氣萎頓之狀。（P11）

魏啟鵬曰：牧牧，即「瞢瞢」，昏昏沉沉，神志懵懂。（1／8，表示第 1 冊第 8 頁，下仿此。）

周祖亮曰：數喝，指頻繁哮喘。（P45）

新注：〔□□〕數腸（喝），帛書《陽陽十一脈灸經》甲本作「愒愒如喘」（乙本殘缺），《靈樞·經脈》作「喝喝而喘」（《太素》卷 8「而」作「如」），張家山簡本《脈書》簡 39～40 作「愒愒如亂」。「愒愒」讀作「喝喝」，參看劉

〔註 284〕周一謀、蕭佐桃主編《馬王堆醫書考注》，天津科學技術出版社 1988 年版。

〔註 285〕魏啟鵬、胡翔驊《馬王堆漢墓醫書校釋》（壹）、（貳），成都出版社 1992 年版。

〔註 286〕張雷《馬王堆漢墓帛書〈五十二病方〉集注》，中醫古籍出版社 2017 年版。

〔註 287〕周祖亮、方懿林《簡帛醫藥文獻校釋》，學苑出版社 2014 年版，第 40～339 頁。

〔註 288〕蕭旭《馬王堆漢簡（四）〈天下至道談〉〈合陰陽〉校補》，收入《群書校補（續）》，花木蘭文化出版社 2014 年版，第 75～88 頁。

〔註 289〕裘錫圭《馬王堆醫書釋讀瑣議》，收入《裘錫圭學術文集》卷 2，復旦大學出版社 2012 年版，第 183 頁。

釗（1994：34）。以「沉默不語」或「靜默不語」釋「牧牧」，誤。與本篇病候相對應的，帛書《陽陽十一脈灸經》甲本作「坐而起則目瞙如毋見」，乙本作「坐而起則目芒（眊）然無見」，張家山簡本《脈書》簡 39～40 作「坐而起則目瞄然無見」，《靈樞·經脈》作「坐而欲起，目䀮䀮如毋見」。「眊」、「䀮」或當一字異構，與「瞙」均有「目不明」之意。劉釗謂：「『牧牧』當讀作『瞢瞢』。《說文》：『瞢，目不明也。』」說近是。（5 / 190）

按：①劉釗讀「悒悒」為「喝喝」得之，然釋作「嘶啞」，則未盡確。「悒悒」，與「勯勯」一音之轉，用力之貌，亦為用力之聲，語源是「乙乙」，音「軋軋」，亦省作「邑邑」。帛書用作狀喘氣時的用力之聲。字亦作「唈唈」、「吤吤」、「介介」〔註 290〕。②牧牧，昏沉糊塗貌，猶言恍惚。《易林·臨之歸妹》：「域域（惑惑）牧牧，憂禍相伴。」亦其例。字亦作「默默」，馬氏所引《莊子》即此義。《鍼灸甲乙經》卷 7、8 並有「默默嗜臥」之語，又卷 10 有「默默不知所痛，嗜臥」之語，皆與簡、帛用法同。字亦作「嘿嘿」，《傷寒論·辨太陽病脈證並治法》：「傷寒五六日，中風，往來寒熱，胸脇苦滿，默默不欲飲食，心煩喜嘔。」《外臺秘要方》卷 1 作「嘿嘿」。《六韜·文韜·文師》：「嘿嘿昧昧，其光必遠。」《新序·節士》：「屈原疾闇王亂俗，汶汶嘿嘿，以是為非，以清為濁。」字亦作「墨墨」，《管子·四稱》：「政令不善，墨墨若夜。」《道德指歸論·以正治國篇》：「故人主之政，不孝不仁，不施不予，閔閔縵縵，萬民恩輓，墨墨偆偆，好惡不別，是非不分。」《易林·明夷之蠱》：「文文墨墨，禍福相雜。」字亦作「莫莫」、「摸摸」，敦煌寫卷 P.2653《韓朋賦》：「新婦昨夜夢惡，文文莫莫。」黃徵曰：「《破魔變文》：『忙忙濁世，爭戀久居；摸摸昏迷，如何擬去。』『文文莫莫』即『忙忙摸摸』之異寫。」〔註 291〕《巢氏諸病源候總論》卷 18 有「忽忽嗜睡」之語，「忽忽」是其誼也。「瞙」、「芒」、「䀮」、「瞢」並語之轉，字亦作「荒」、「𥈭」。

（2）其病，病脞瘦，多弱（溺），耆（嗜）飲，足柎（跗）穜（腫），疾畀（痺）

原注：跗，腳面。（P5）

新注：裘錫圭：「柎腫，當讀為『胕腫』，蓋即今所謂浮腫。」今按：帛

〔註 290〕參見蕭旭《張家山漢簡〈脈書〉、〈引書〉校補》，收入《群書校補（續）》，花木蘭文化出版社 2014 年版，第 175～176 頁。

〔註 291〕黃徵、張涌泉《敦煌變文校注》，中華書局 1997 年版，第 221 頁。

書《陽陽十一脈灸經》乙本「乘足𨈸上廉」，張家山簡本《脈書》簡 36 作「足柎」，均讀為「足跗」。《靈樞・經脈》：「上循足跗上廉。」原釋文讀為「足跗腫」，當不誤。（5／191～192）

按：「足𨈸」自當讀為「足跗」，張家山漢簡《引書》簡 12「摩足跗各卅而更」，亦其證。帛書此文當取裘說，以「柎穜」為詞，讀為「胕腫」，而不是「足柎」為詞。《金匱要略・水氣病脈證並治》：「面目手足浮腫。」《外臺秘要方》卷 20：「手足胕腫。」《備急千金要方》卷 38：「手足浮腫。」字亦作「府種」，《呂氏春秋・情欲》：「身盡府種。」柎之言府，聚集也。水所聚集之腫疾因名之曰府，後出本字作「胕」或「痡」，俗借「浮」字為之。穜（種）之言鍾，聚集也，寒熱氣所聚集之腫疾名之曰鍾，後出本字作「腫」或「瘇」。

馬王堆帛書《陽陽十一脈灸經》甲本校補

本篇另詳《張家山漢簡〈脈書〉校補》〔註 292〕，茲補向校所不及者。

（1）膝跳，付（跗）〔上踝〈踝〉〕

原注：跳，《說文》：「蹶也。」即僵直。此句乙本作「膝足管（痿）淠（痹）」。（P10）

馬繼興曰：「跳」義為僵厥、僵直。「跳」又可假為「痛」字。（P238）

周一謀曰：全句應為「膝、跳、跗皆痛」，則「跳」字當是部位名稱的誤文。據《足臂》足陽明脈有「胻痛」，疑「跳」字是「胻」字之誤。（P29）

新注：「上踝〈踝〉」二字帛書殘缺，今據張家山簡本《脈書》簡 26「柎上踝〈踝〉」補。帛書乙本作「膝、足管（痿）淠（痹）」實與「膝跳，付（跗）上踝」對應。原注以為僅與「膝跳」對應，不確。「膝跳」，張家山簡本《脈書》簡 26 作「膝外」。（5／198）

按：《說文》：「跳，蹶也，一曰躍也。」又「蹶，僵也，一曰跳也。」二字互訓，蹶是跳躍義；僵是倒仆義，「百足之蟲，死而不僵」的「僵」即此義。原注理解為僵直，非是。張家山漢簡作「膝外」者，郭麗華、張顯成謂「外」是「跳」誤釋〔註 293〕。

〔註 292〕蕭旭《張家山漢簡〈脈書〉〈引書〉校補》，收入《群書校補（續）》，花木蘭文化出版社 2014 年版，第 167～181 頁。

〔註 293〕郭麗華、張顯成《〈張家山漢墓竹簡（釋文修訂本）〉補正》，《古籍整理研究學刊》2015 年第 5 期，第 14 頁。

（2）耳聾煇煇脖脖

原注：煇煇脖脖，乙本作「煇煇諄諄」，《靈樞・經脈》作「渾渾焞焞」，《太素》卷 8 作「渾渾淳淳」，楊上素注：「耳聾聲也。」形容聽覺混沌不清。（P11）

馬繼興曰：甲、乙、丙各本「渾」均誤作「煇」，形近致訛。《靈樞・經脈》、《太素》卷 8、《甲乙經》卷 2 均作「渾」，今據之改正。「渾」字義為混濁、混亂。「焞」字古義為旺盛，或無光輝。（P242～243）

新注：張家山簡本《脈書》簡 29 作「煇煇焞焞」。（5／199）

按：馬說全誤。《素問・至真要大論》、《鍼灸甲乙經》卷 2 作「渾渾焞焞」，《鍼灸甲乙經》卷 12 作「焞焞渾渾」，《巢氏諸病源候總論》卷 29、《備急千金要方》卷 61、《外臺秘要方》卷 6、22 作「煇煇焞焞」，《備急千金要方》卷 90 作「渾渾淳淳」。皆同「渾渾沌沌」，即「渾沌」、「混沌」重言，狀亂聲。《文選・七發》：「誠奮厥武，如振如怒。沌沌渾渾，狀如奔馬。」李善注：「沌沌渾渾，波相隨之貌也。《孫子兵法》曰：『渾渾沌沌，形圓而不可敗。』」所引《孫子》見《兵勢篇》，《長短經・教戰》作「混混沌沌」。

（3）其所產病：齒痛，朏（䪼）穜（腫），目黃，口乾，臑痛

原注：「朏」即「䪼」字，眼眶下部。（P11）

新注：䪼腫，《靈樞・經脈》作「頸腫」。（5／200）

按：帛書《陽陽十一脈灸經》乙本亦作「朏穜」。《素問・至真要大論》、《備急千金要方》卷 57 作「䪼腫」，《鍼灸甲乙經》卷 2 作「頗腫」，《仁齋直指》卷 1 作「頸腫」。「䪼」是正字，其字從「出」，指兩頰突出的權骨。「朏」是借字。作「頸」誤。

（4）得後與氣則怢然衰

原注：後與氣，大便和虛恭。怢然，《靈樞・經脈》作「快然」。疑「怢」為誤字。乙本作「逢然」。（P11）

馬繼興曰：「後」字義為排便。「氣」字義為出虛恭。「逢」字義為相遇、相迎。（P249）

周一謀曰：後，大便。氣，矢氣，放屁。衰，減也。怢，當是「快」字之誤。（P33）

魏啟鵬曰：怢，通「佚」、「逸」，安逸、舒服。（1／29）

新注：「佚」與「逢」寫法迥異……「逢」應該就是「逸」字之形訛。「快」則顯然是「佚」字的形訛。原注非是。（5 / 200）

按：張家山漢簡《脈書》存「佚然衰」三字。《素問．脈解》、《至真要大論》並作「得後與氣則快然如衰」，《靈樞．經脈》同，《鍼灸甲乙經》卷 2、《傷寒直格方》卷上「如」作「而」，餘同。「如」、「而」一聲之轉，本方脫「如」或「而」字。「快然」在《素問》中是痛快貌，如《調經論》「故快然而不痛」，《刺瘧》「熱去汗出，喜見日月光火，氣乃快然」，皆是其例。《淮南子．泰族篇》：「則快然而嘆之。」「快然」自是西漢前人之語。《普濟方》卷 12、《針灸問對》卷下又形譌作「快然」。《太素》卷 8：「善噫，得後出餘氣，則快然如衰。」與，帛書《陽陽十一脈灸經乙本》作「牙」，並讀為餘，其上各本脫「出」字，當據《太素》補。楊上素注：「其氣上為營衛及膻中氣，後有下行與糟粕俱下者，名曰餘氣。餘氣不與糟粕俱下，壅而為脹，今得之洩之，故快然腹減也。」《內外傷辯惑論》卷中、《丹溪心法．十二經見證》、《此事難知》卷 1、《脾胃論》卷下並有「後出餘氣」之語。「後」指肛門。「逢然」即「逢逢然」，「逢」音彭。帛書乙本以「逢然」形容放屁之聲。衰，減退。本方言得肛門出其餘氣之後，則感覺舒服，病情減退了。

馬王堆帛書《脈法》校補

（1）**氣毆者，到〈利〉下而〔害〕上，〔從煖而去清〕**

馬繼興曰：「清」字義為寒冷，涼。（P278）

新注：張家山簡本《脈書》簡 57 作「利下而害上，從煖而去清」。（5 / 205）

按：清，讀為凊、瀨，楚敬反。《說文》：「凊，寒也。」又「瀨，冷寒也。」

（2）**〔砭〕有四害：膿深〔而〕砭輚（淺），謂上〈之〉不遝，一害；膿輚（淺）而砭深，胃（謂）之過，二害；膿大〔而砭小，謂之砭□，砭□者，惡不〕畢，三〔害〕；〔膿〕小而砭大，胃（謂）之砭〔□〕，〔砭□〕者，傷良肉毆，四害**

周一謀「四害」句「砭」下補缺字「毀」。（P44）

新注：張家山簡本《脈書》簡 59～60 作「三曰農（膿）大而砭小，胃（謂）之澰（斂），澰（斂）者惡不畢；四曰農（膿）小而砭大，胃（謂）之泛，泛者傷良肉毆」。（5 / 206）

按：據張家山漢簡，此文下二句當作「膿大〔而砭小，謂之澰（斂），澰（斂）者，惡不〕畢，三〔害〕;〔膿〕小而砭大，胃（謂）之砭，〔砭〕者，傷良肉殹，四害」,「謂之」後皆一字，而非二字。此補作二字，承原整理者之誤。《靈樞經·官針》:「凡刺之要，官針最妙。九針之宜，各有所為。長短大小，各有所施也。不得其用，病弗能移。疾淺針深，內傷良肉，皮膚為癰。病深針淺，病氣不寫，支（反）為大膿〔註294〕。病小針大，氣寫大甚，疾必為害。病大針小，氣不泄寫，亦復為敗。失針之宜，大者寫，小者不移。」可以參考。

馬王堆帛書《五十二病方》校補

(1)〔□□〕膏、甘草各二

周一謀曰:《考工記》鄭注:「脂者牛羊屬，膏豕屬。」說明取自有角動物的脂肪稱為「脂」，而取自無角動物的脂肪稱為「膏」。(P57～58)

新注：李鍾文:「在《五十二病方》中……取自牛、羊等有角動物的脂肪稱為『脂』，取自無角動物如豬屬、豹類等的脂肪皆稱為『膏』。」(5 / 215)

按：非獨帛書如此，此自是古人共識。銀雀山漢簡《曹氏陰陽》:「夫牛羊者貴〔後而脂〕，犬馬者貴前而膏。」《大戴禮記·易本命篇》:「戴角者無上齒，無角者膏而無前齒，有羽（角）者脂而無後齒。」《家語·執轡》:「無角無前齒者膏，有角無齒者脂。」《淮南子·地形》:「無角者膏而無前，有角者指（脂）而無後。」〔註295〕《說文》:「脂，戴角者脂，無角者膏。」皆有角者謂之脂，無角者謂之膏。

(2) 病斬多者百冶，大深者八十，小者卌（四十）

按：斬，讀為漸，指病情嚴重、加劇。《易·序卦》:「漸者，進也。」《列子·力命》:「十日大漸。」張湛注:「漸，劇也。」

(3) 以刃傷，熭（燔）羊矢，傅之

原注：羊矢，見《名醫別錄》，但無治療創傷的主治。(P27)

〔註294〕《鍼灸甲乙經》卷5「支」作「反」，是也。張介賓《類經》卷19據誤本解作「支絡」。

〔註295〕《御覽》卷864、899、《事類賦注》卷22引「指」作「脂」。《御覽》卷899、《事類賦注》卷22引二「無」作「兊」。

按：《肘後備急方》卷 2「治毒攻手足腫疼痛欲斷方」云「煮馬矢若羊矢汁漬」，又云「猪膏和羊矢塗之亦佳」。羊矢蓋以除毒，故可治療刃傷。

(4)〔□□〕者，治黃黔（芩）與〔□□□〕彘膏〔以〕□之，即以布捉，〔取□□□□□□□□〕浘之

原注：浘，《廣韻》：「水流也。」此處疑指用藥液沖洗傷處。(P28)

馬繼興曰：浘，通「浼」。此處指用藥液沖洗。(P345)

按：張雷從馬說（P42)。《廣韻》「浘」訓水流皃，是形容詞，非此之誼。劉建民讀浘為洒（洗）〔註 296〕，稍迂曲。浘，讀為㨖（摨）〔註 297〕，摩拭也。音轉亦作磑、泥。泥，塗抹。本方第 44 行云：「治黃黔（芩）、甘草相半，即以彘膏財足以煎之。煎之潰（沸），即以布足（捉）之，取其汁，𠷎傅□（之)。」此方上一「之」上缺字疑當補「以煎」二字，「取」下還可補「其汁」二字。

(5)索痙者，如產時居濕地久，其肎（肎）直而口釦（噤)，筋攣（攣）難以倍〈信（伸)〉

原注：肎，今寫作「肯」，骨間肉。肯直，肌肉強直。釦，讀為拘。口拘，即口噤。(P32)

劉慶宇曰：《金匱要略・五藏風寒積病脈證並治》：「脈緊如轉索無常者……」《傷寒論・辨脈法》：「脈緊者，如轉索無常也。」是知「轉索」乃「緊」義，而「嬰兒索痙」之「索」當即「轉索」，而與「痙」相協。另，「索痙」又作「素痙」，「素」與「索」音近而通。《黃帝內經太素・寒熱相移》有「素痙」，楊上善注：「素痙，強直不能回轉。」〔註 298〕

新注：施謝捷：「『釦』當為『唅』字異構或譌變，與『噤』通用。原以『口噤』釋之，可從。《說文》：『唅，口急也。』又『噤，口閉也。』」(5／224)

按：張雷從嚴健民說，說同施謝捷，謂「釦」是「唅」左右互易的異體

〔註 296〕劉建民《馬王堆帛書〈五十二病方〉字詞考釋三則》，《文史》2016 年第 1 輯，第 287 頁。

〔註 297〕《說文》：「犀，從牛尾聲。」

〔註 298〕劉慶宇《「嬰兒索痙」考辨》，《中華中醫藥學會全國第十七屆醫古文學術研討會論文集》，2008 年，第 87 頁。劉慶宇、趙鴻君《「嬰兒索痙」再考辨》，《上海中醫藥雜志》2009 年第 2 期，第 59 頁。

字（P78），可備一說，帛書《太一祝圖》「郵」即「唾」，亦其比。核查圖版，「釦」作「[illegible]」，疑是「鉗」字形譌。《說文》「鉗」作「[illegible]」，所差僅是一短橫，字形極近。本方第 339 行：「皆以甘〈口〉沮（咀）而封之。」整理者指出「甘」是「口」誤，是其比。《說文》「昏」字古文作「昬」，亦誤「口」為「甘」。《莊子・田子方》：「吾形解而不欲動，口鉗而不欲言。」字亦作拑、箝，《後漢書・單超傳》：「上下拑口。」《治要》卷 24 引作「鉗」。李賢注：「《周書》曰：『賢智鉗口。』謂不言也。拑與鉗古字通用。」《逸周書・芮良夫》作「箝」。《賈子・過秦下》：「箝口而不言。」《史記・秦始皇本紀》作「拑」，《御覽》卷 86 引《史記》作「箝」。字或作柑，《漢書・五行志》：「臣畏刑而柑口。」《唐開元占經》卷 113 引作「箝」。《公羊傳・宣公十五年》：「圍者柑馬而秣之。」《集韻》、《類篇》「柑」字條引同，《文選・陽給事誄》李善注引作「拑」，《御覽》卷 378 引作「鉗」。音轉亦作噤，《漢書・鼂錯傳》：「臣恐天下之士拑口不敢復言矣。」《史記》作「噤」。錢大昕曰：「拑、噤聲相近，皆群母。」〔註 299〕傳世古醫書都用「口噤」一詞，例略。字亦作吟，《後漢書・梁冀傳》：「口吟舌言。」「肎直」不辭，圖版「肎」作「[illegible]」，「[illegible]」疑是「骨」字異體，「骨直」或是「骨重」誤書。《素問・示從容論》：「頭痛筋攣骨重。」骨重指骨髓痠痛不可舉的病症，也稱作「骨痺」。又疑「[illegible]直」是「背直」誤書。《巢氏諸病源候總論》卷 1：「風痙者，口噤不開，背強而直，如發癇之狀。」又卷 43：「寒搏於筋則發痙，其狀口急噤，背強直。」

（6）嬰兒瘈者，目解（繲）瞓然

原注：目繲，疑即目繫。目繲瞓然，當指眼球上翻。（P33）

馬繼興曰：繲假為系，「目系」一稱，亦見《內經》一書。《類經》卷 7 張介賓注：「目內深處為目系。」（P375～376）

王輝曰：「解」可能即「系」字，「瞓」可能即「邪」字，加角與目者，乃表示此為眼部病變之專用字。「目解」就是「目系」、「眼系」，相當於視神經。「瞓」則特指入於目中的邪氣〔註 300〕。

〔註 299〕錢大昕《二十二史考異》卷 5，收入《叢書集成新編》第 105 冊，新文豐出版公司 1985 年印行，第 268 頁。

〔註 300〕王輝《出土醫學簡帛札記》，收入《一粟集——王輝學術文存》，臺灣藝文印書館 2002 年版，第 715～716 頁。

孟蓬生曰：「睵」與「邪」同，因這裏指眼斜，故從目。古音解聲與奚聲、圭聲相通，往往有「邪」義；與耕部之巠聲、頃聲相通，在「邪」的意義上，傒和繲可以看成奊的借字，奊和頃、傾為同源詞〔註301〕。

蕭旭曰：「目繲」連讀為一詞，而非「繲」為詞。繲，音懈，讀為睚。睚，據《集韻》，牛解切，亦音懈。《廣韻》：「睚，目際也。」目繲，即目睚，猶言眼睚〔註302〕。

新注：解，原釋文徑作「繲」。𣈆，原釋文作「睵」，此從陳劍釋。陳劍：「『繲𣈆』應是一個狀貌形容詞。但循此思路也很難找到合適的詞將帛書講通。又考慮到其右旁雖近於『色』，但確實也跟某些『邑』形的寫法相近，此字還是確有可能應看作『睵』字之訛，待考。」（5／225）

按：當釋作「解睵」。「睵」即「邪」，表示目邪視的增旁專字，孟蓬生說是也。「解」、「韧」音轉，「解」是「絜」改易聲符的異體字，與表示浣衣義的「繲」是同形異字。帛書《養生方》第149行有藥名「蓈薢」，即「蓈挈」，亦作「菝（拔）挈（葜、楔）」、「菝葀」（或說非一物，然取義相同，詳下文）。《莊子·天地》：「使喫詬索之而不得也。」《類聚》卷84引作「契溝」，《肇論疏》卷2引作「契詬」，《維摩經略疏垂裕記》卷8引作「諜詬」，《初學記》卷27引作「解詬」。皆其音轉之證。本方以「目解睵然」描寫嬰兒瘈瘲患者的症狀，此病名專字即從疒旁作「瘈」。專字亦作瘛、瘳、掣、瘌，《說文》：「瘛，引縱曰瘛。」《文選·海賦》李善注引作「掣，引而縱也」。《爾雅》：「甹夆，掣曳也。」郭璞注：「謂牽拕。」《釋文》：「掣，本或作瘳，同。」《詩·小毖》毛傳：「荓蜂，瘳曳也。」《玉篇》：「瘛，牽也。」《慧琳音義》卷14：「牽瘛：下昌世反，顧野王云：『瘛猶牽也。』《說文》云：『引而縱也。』或作掣，俗字也，今經作抴，誤也。」此為《大寶積經》卷82音義，大正藏本作「牽掣」。「抴」是同音字，而非誤字。《慧琳音義》卷18：「投掣：下闡熱反，《韻英》云：『掣，挽也。』《字鏡》：『跛（拖）也，曳也。』《古今正字》或作瘛，亦作掣。引縱曰瘛。」專字亦作瘛，《說文》：「瘛，小兒瘛瘲病也。」《廣雅》：「瘛，瘲也。」《玉篇》：「瘛，小兒瘛瘲病也。瘌，同上。」《素問·玉機真藏論》：「病筋脈相引而急，病名曰瘛。」字亦作瘱，《集韻》：

〔註301〕孟蓬生《〈五十二病方〉詞語拾零》，《中國語文》2003年第3期，第276頁。
〔註302〕蕭旭《簡帛文獻校札》，收入《群書校補》，廣陵書社2011年版，第1197頁。

「瘛，或作瘈、瘈。」瘈之言掣，古音同，掣動也〔註 303〕；瘲之言縱，牽縱也。《潛夫論·忠貴》：「哺乳太多則必掣縱而生癇。」正作本字。《備急千金要方》、《外臺秘要方》作「掣瘲」，上字作本字，下字作專字。又考《素問·至真要大論》：「厥氣上行，面如浮埃，目乃瞤瘛。」又《六元正紀大論》：「少陽所至為暴注，瞤瘛，暴死。」此目言瘛之證。「目解」即「目乃瞤瘛」，指眼肉牽引瞤動。目解睍然，謂目掣動牽縱而邪視也。《荀子·富國》：「掎挈伺詐。」又《議兵》作「掎契司詐」。挈、契，並讀為掣，與「掎」皆牽引義，舊說均失之。《莊子·田子方》：「仲尼曰：『若夫人者，目擊而道存矣，亦不可以容聲矣。』」《呂氏春秋·精諭》同，舊校：「擊，一作解。」擊、解音轉。春秋《鄭與兵壺》有「不斁春秋歲嘗」，魏宜輝讀斁為懈〔註 304〕，是其例。「解」即「觧」。擊亦讀為掣，目擊謂目動也。《莊子釋文》引司馬彪曰：「見其目動而神實已著也。擊，動也。」又引郭象曰：「目裁往，意已達。」成玄英疏：「擊，動也。」目動、目裁往，是謂目掣動也。《後漢書·郅惲傳》：「子張但目擊而已。」《晉書·葛洪傳》：「於餘杭山見何幼道，郭文舉目擊而已。」其義皆同。李賢注：「目擊，謂熟視之也。」方以智曰：「目擊，猶目及。（擊）與『及』同。」吳玉搢說同方氏〔註 305〕。林雲銘、宣穎解為「觸」，阮毓崧從宣說〔註 306〕。羅勉道解為「加」〔註 307〕。朱駿聲曰：「擊，叚借為繫，實為系。」〔註 308〕王叔岷從朱說〔註 309〕。馬敘倫曰：「擊借為覿，遇見也。」〔註 310〕諸說皆失之。

〔註 303〕古從制從丰之字多通借，參見張儒、劉毓慶《漢字通用聲素研究》，山西古籍出版社 2002 年版，第 631～632 頁。

〔註 304〕魏宜輝《利用戰國竹簡文字釋讀春秋金文一例》，《史林》2009 年第 4 期，第 153 頁。

〔註 305〕方以智《通雅》卷 7，收入《方以智全書》第 1 冊，上海古籍出版社 1988 年版，第 298 頁。吳玉搢《別雅》卷 5，收入景印文淵閣《四庫全書》第 222 冊，臺灣商務印書館 1986 年初版，第 775 頁。

〔註 306〕林雲銘《莊子因》卷 21，乾隆年間重刊本，本卷第 3 頁。宣穎《南華經解》卷 21，同治五年半畝園刊本，本卷第 2 頁。阮毓崧《莊子集註》，廣文書局 1972 年初版，第 331 頁。

〔註 307〕羅勉道《南華真經循本》卷 20，收入《續修四庫全書》第 956 冊，上海古籍出版社 2002 年版，第 231 頁。

〔註 308〕朱駿聲《說文通訓定聲》，武漢市古籍書店 1983 年版，第 534 頁。

〔註 309〕王叔岷《莊子校詮》，臺灣中央研究院歷史語言研究所專刊之八十八，1988 年版，第 773 頁。

〔註 310〕馬敘倫《莊子義證》卷 21，收入《民國叢書》第 5 編，（上海）商務印書館

(7) 為若不已，磔薄（膊）若市

原注：上「若」，你。《左傳·成公二年》：「殺而膊諸城上。」注：「磔也。」《周禮·掌戮》作「搏」。（P33）

周祖亮曰：《說文》：「膊，切肉也。」（P81）

按：薄，讀為暴，俗作曝。《漢書·翟方進傳》：「親屬二十四人皆磔暴于長安都市四通之衢。」正作本字。膊、搏亦暴借字。《方言》卷 7：「膊、曬、晞，暴（暴）也。東齊及秦之西鄙言相暴僇為膊。燕之外郊，朝鮮、洌水之閒，凡暴（暴）肉，發人之私，披牛羊之五藏，謂之膊。」《廣雅》：「晞、膊、曬，曝也。」《說文》：「膊，薄脯，膊之屋上。」《初學記》卷 26 引作「搏之屋上」。段玉裁謂當作「暴諸屋上」〔註 311〕，又一說云當作「薄之屋上」〔註 312〕，前說未達通借，後說未達厥誼。《釋名》：「膊，迫也，薄椓肉，迫著物使燥也。」暴曬之薄肉片謂之膊，其語源亦是暴，取迫近于日而乾燥為義。日乾謂之膊、曝，火乾謂之煿、爆，其義一也。《玉篇》「膊」字條引《周禮·掌戮》「搏」作「膊」。「磔」取開張為義，與「膊」語源不同。

(8) 巢者：侯（候）天甸（電）而兩手相靡（摩），鄉（嚮）甸（電）祝之，曰：「東方之王，西方〔□□□〕主冥冥人星。」二七而〔□〕

原注：巢，疑讀為臊。星，疑讀為腥。腥臊，指體臭。（P34）

周一謀曰：此處的「巢者」也應當是「蟲蝕」一類的病證。「二七而〔□〕」，缺文疑補為「已」字。（P82）

新注：劉欣：「『巢』下為『夕下』。『夕』可釋作『腋』，則『巢』與『夕下』或都為狐臭一類的病。」張光宇、陳偉武：「『夕（腋）下』講腋部潰瘍，與前方『巢（臊）者』講狐臭正好部位相同，性質相近。」赤堀、山田：「《千金翼方》卷 29《禁經上》同力受禁法：『候初雷時，舉目看雷，右手把刀，以左手摩之，呪曰：「助我行禁，振聲如雷吼，萬毒伏閉氣。」待雷聲盡訖，七日齋戒不出言。』」（5 / 227～228）

1930 年版，本卷第 3 頁。

〔註 311〕段玉裁《周禮漢讀考》卷 5，收入《清經解》卷 638，上海書店 1988 年版，第 4 冊，第 214 頁。

〔註 312〕段玉裁《說文解字注》，上海古籍出版社 1981 年版，第 174 頁。

按：「甸」疑是「雷」誤書。圖版作「[illegible]」，東漢「雷」字或作「[illegible]」〔註 313〕，脫誤作「[illegible]」形。《備急千金要方》卷 66：「禁腫法：凡春初雷始發聲時，急以兩手指雷聲，聲止乃止。後七日勿洗手。此後有一切腫及蠍螫惡注腫瘡，摩之，隨手即消。」「二七而」下缺字疑補「洗手」二字。巢，疑讀為䡴。《玉篇》：「䡴，耳鳴也。」敦煌寫卷 P.2011 王仁昫《刊謬補缺切韻》、P.2014《大唐刊謬補闕切韻》、S.2071《切韻》、裴務齊《正字本刊謬補缺切韻》、《廣韻》並云：「䡴，耳中聲。」P.3906《碎金》：「聲䡴䡴：友（支）咬反。」字亦作𪁽，《集韻》：「𪁽，眾聲。」字亦作䁖，《玉篇》引《埤蒼》：「䁖，耳鳴也。」《廣韻》：「䁖，耳中聲，音曹。」字亦作嘈，《廣雅》：「嘈，聲也。」字亦作𦗺，《玉篇》：「𦗺，耳鳴也。」又音轉作𦗶〔註 314〕，《玉篇》：「𦗶，耳鳴。」《集韻》：「䁖，或作𦗶。」又音轉作啾、啾、䁒〔註 315〕，《玉篇》：「啾，耳鳴。」又「䁒，耳鳴也。」《廣韻》：「啾，耳中聲。」《集韻》：「啾，耳鳴，或作䁒。」《楚辭·九歎·遠逝》：「橫舟航而濟湘兮，耳聊啾而戃慌。」王逸注：「聊啾，耳鳴也。」「聊啾」是疊韻連語，同義連文。《說文》：「聊，耳鳴也。」「聊啾」音轉亦作「嘐嘈」、「膠䁖」等形。有耳鳴之疾者，因指天雷而祝之。本方「巢者」與「夕下」不是同類的疾病。

（9）搗而煮之，令沸，而潛去其宰（滓）

原注：潛，讀為晉，抑也。（P35）

馬繼興曰：潛與晉同音通假，晉字義為抑止，晉在此有「過濾」之義。或以為潛字可假為盡，此句指除去藥滓，但無過濾之義。（P390）

魏啟鵬曰：潛讀為晉，迅進。這裏指迅速排去藥渣。（1 / 64）

新注：孟蓬生：「潛當讀為醑，義為過濾。」（5 / 228）

按：孟說可備一通。我舊說云：「潛當讀為浚。浚即漉取、過濾之義。」〔註 316〕蘇建洲、張如青、吳銘說並同〔註 317〕。

〔註 313〕參見臧克和《漢魏六朝隋唐五代字形表》，南方日報出版社 2011 年版，第 1604 頁。

〔註 314〕《淮南子·主術篇》：「擒之焦門。」高誘注：「焦，或作巢。」《呂氏春秋·簡選》作「巢門」。《漢書·陳勝傳》：「獨守丞與戰譙門中。」顏師古注：「譙，亦呼為巢。譙、巢聲相近。」皆是巢、焦相通之證。

〔註 315〕《說文》：「𩏂，讀若酋。揫，𩏂或從秋手。」《釋名》：「秋，緧也。」《廣韻》：「癄，亦作瘷。」此從焦從秋從酋相通之證。

〔註 316〕蕭旭《簡帛文獻校札》，收入《群書校補》，廣陵書社 2011 年版，第 1197 頁。

〔註 317〕蘇建洲《讀馬王堆帛書〈相馬經〉、〈養生方〉、〈五十二病方〉等篇瑣記》，張

(10) 即以〔其〕汁淒夕(腋)下

原注：淒，疑讀為揩。《廣雅》：「揩，摩也。」(P35)

周祖亮曰：孫曼之認為，淒讀作墀。《說文》：「墀，塗地也。」泛指塗飾。(P85)

按：下文云：「節(即)復欲傅之，淒傅之如前。已，夕(腋)下靡(摩)。」《五十二病方》殘片有「☐皆傅之，以☐」四字，「皆」乃「揩」省借，可證「淒傅」即「揩傅」，原整理者說不誤。《詩・風雨》：「風雨淒淒。」《說文》「湝」字條引作「風雨湝湝」，亦其音轉之證。淒可讀為揩，無庸疑也。字亦作磛。《方言》卷5：「磑，或謂之磛。」郭璞注：「磑，即磨也。」《原本玉篇殘卷》：「礲，《埤蒼》：『礳，磛也。』野王案：以石相摩，所用以研破穀麥也。」《廣韻》：「磛，磛磨。」磛即摩擦義，故磨去穀皮之物名曰磛。字亦作劆(剺)、搱(揮)，《玉篇》：「劆，素奚切，剩也。」《廣韻》：「剺，先稽切，剩剺。」《龍龕手鑑》：「劆，正。剺，今。音西，刻剩也。」《集韻》引《廣雅》：「揩、搱，磨也。」《廣韻》：「揩，揩揮，摩拭也。」「剩」亦磨義。孫曼之讀淒作墀，亦是同源。字亦作甀，音轉又作磃。《廣雅》：「甀，磨也。」又「磃，磨也。」《玉篇殘卷》引作「磃，摩也」。言淒傅之者，謂摩拭皮膚而後傅之也。復言腋下摩者，謂傅藥後再按摩之。劉建民、胡娟讀淒為洒(洗)〔註318〕，雖語音無礙，然清洗患處當以清水，不當以藥汁洗之，故不從其說。陳斯鵬謂讀淒為揩缺乏旁證，因改讀淒為濟，訓濡濕〔註319〕，亦是失考。

(11)〔癰(蠠)：□〕□□□□□以財餰藍〔□□□□□〕□漬□☐

魏啟鵬曰：餰，稠粥。這裏指適量的較濃薤汁。(1 / 67)

新注：餰，《廣雅》：「饘也。」此處意思待考。「漬」上一字，可能是「升」。(5-P230)

按：《肘後備急方》卷7載「劉禹錫傳信方」云：「治蟲豸傷咬，取大藍汁

如青《〈五十二病方〉若干字詞考辯(辨)》，並收入《〈長沙馬王堆漢墓簡帛集成〉修訂研討會論文集》，會議2015年6月27～28日在上海舉行，第223、300頁。吳銘《廣雅新證》，華東師範大學2017年博士論文，第375頁。

〔註318〕劉建民《馬王堆帛書〈五十二病方〉字詞考釋三則》，《文史》2016年第1輯，第286～287頁。胡娟《漢簡帛醫書五種字詞集釋》，西南大學2016年博士學位論文，第61頁。

〔註319〕陳斯鵬《讀〈長沙馬王堆漢墓簡帛集成〉雜記》，《古文字論壇》第2輯，中西書局2016年版，第268頁。

一椀，入雄黃、麝香二物，隨意著多少，細研投藍中，以點咬處，若毒甚者，即并細服其汁，神異之極也。」又記藍汁解中射罔毒、中狼毒毒、莨菪毒、箭毒。是藍汁有解毒功效，也稱作藍葉汁。鍮，疑讀為揂，俗作揂。《說文》:「揂，撮也。」《玉篇》:「揂，撮也。」指以三指撮取也。本方謂以三指撮取其他藥物適量投於藍汁中。

(12)〔毋敢上下〕䑳（尋），䑳（尋），豙（喙）且貫而心

新注：䑳，原釋文逕釋作「尋」。劉欣：「84 行有『毋敢上下尋，鳳〔貫〕而心』語，故疑此處當讀作『〔毋敢上下〕尋，尋，喙且貫而心』。」裘錫圭：「原文寫作從尋從舟……此字應該分析為從舟尋聲，當即『㣼』之異體，因音近而借為『尋』。」(5 / 231)

周祖亮曰：尋尋，相當於「繩繩」，表示直、正。(P87～88)

按：周祖亮乃襲自張正霞說〔註 320〕。䑳，讀為侵。此字從舟尋聲，舟者周也，蓋是四周侵襲人之義的專字。

(13) 以月晦日之丘井有水者，以敝帚騷（掃）尤（疣）二七，祝曰：「今日月晦，騷（掃）尤（疣）北。」入帚井中

按：二「騷」字，當讀為搔。《說文》:「搔，括也。」謂刮摩之。本方第 107 行云:「今日月晦，靡（摩）尤（疣）北。」第 108 行云:「以月晦日之內後，曰:『今日晦，弱（搦）又（疣）內北。』靡（摩）又（疣）內辟（壁）二七。」下祝由方皆作「靡（摩）疣」。「靡（摩）」、「弱（搦）」誼同，搦亦摩也。

(14) 白〔虒（瘲）〕方

新注：虒（瘲），原釋文作「處」。原注:「白處，應為有皮膚色素消失症狀的皮膚病，如白癜風之類。」今按：所謂「處」字無法辨認。本方下有三個病方，所見病名是「施」、「白瘲」、「虒」，所謂「白處」指的當是這些病。(5 / 237)

魏啟鵬曰：白處，讀為白膚。(1 / 77)

按：校作「白虒」或「白瘲」固是，但尚未指明它是何病。裴務齊《正字

〔註 320〕張正霞《〈五十二病方〉詞匯二題》,《中華醫史雜志》2004 年第 4 期，第 251 頁。

本刊謬補缺切韻》：「㾷，息移反，瘦㾷，疼痛。又斯齊反。」《玉篇》：「㾷，思移、思兮二切，瘦㾷也。」非此之誼。所謂「施」字圖版作「[illegible]」，這裏當認作「拖」。「拖」、「虒」當讀為「褫」，指頭髮脫落。帛書《太一祝圖》：「我虒裘。」虒亦讀為褫，指脫衣。「㾷」是脫髮病的專字，《說文》又作「鬌」，云：「鬌，髮墮也。」俗字亦作毻、墮、毤、脫等。簡文「㾷」讀徒可反，與《篇》、《韻》之「㾷」音義全別，是同形異字。東晉佛陀跋陀羅譯《佛說觀佛三昧海經》卷 8：「服食牛糞，石灰塗頭，令髮褫落，裸形無恥。」猶用此字〔註 321〕。傳世醫書稱此病為「白禿病」。《巢氏諸病源候總論》卷 27：「凡人皆有九蟲在腹內……言白禿者，皆由此蟲所作，謂在頭生瘡，有蟲，白痂，甚痒，其上髮並禿落不生，故謂之白禿。」又卷 39：「頭瘡有蟲，痂白而髮禿落，謂之白禿。」又卷 50：「頭髮禿落，故謂之白禿也。」無白痂有汁皮赤而癢者則謂之赤禿。「禿」是「褫（鬌、毻、墮、毤、脫）」雙聲音轉的俗字，「禿落」即「脫落」。王念孫曰：「禿、㯅一聲之轉。」〔註 322〕《說文》：「禿，無髮也，從人，上象禾粟之形，取其聲，王育說。蒼頡出見禿人伏禾中，因以製字。未知其審。」許君已不詳「禿」字語源，後人說之紛紛〔註 323〕，皆未中肯。《洛陽伽藍記》卷 4：「河東人劉白墮善能釀酒。」「白墮」是人名，疑即「白禿」，其人之外號也。《集韻》：「㾮，首瘍。」「㾮」又「禿」俗字。

（15）以蚤（爪）挈（契）虒（㾷）令赤，以傅之

原注：蚤，即「爪」。契，刻劃。（P42）

張雷曰：「挈」有懸持、提起義。此方用指甲提起患處使其發紅。（P182）

按：挈，讀為契。《說文》：「契，齘契，刮也。」〔註 324〕《玉篇》：「契，㓤契，刷刮也。」「㓤契」同「齘契」。《集韻》引《廣雅》：「契，刮也。」敦

〔註 321〕參見蕭旭《〈說文〉「褫」字音義辨正》，收入《群書校補（續）》，花木蘭文化出版社 2014 年版，第 1839～1845 頁。

〔註 322〕王念孫《淮南子雜志》，收入《讀書雜志》卷 14，中國書店 1985 年版，本卷第 81 頁。

〔註 323〕參見《說文解字詁林》，中華書局 1988 年版，第 8651～8655、17301～17302 頁；又參見《古文字詁林》第 7 冊，上海教育出版社 2002 年版，第 762～763 頁。魯實先說：「『禿』當為從幾從秌省會意，秌者禾穀熟也，禾穀既熟則艸木零落田無苗稈，人之無髮者似之。」魯實先《說文正補》（影印本），第 1 頁。黃天樹《說文解字通論》稱「禿，構形不明」，北京大學出版社 2014 年版，第 118 頁。

〔註 324〕「齘契」疊韻複詞，《集韻》「契」字條引「齘」誤作「斷」。

煌寫卷 P.2011 王仁昫《刊謬補缺切韻》同，今本《廣雅》脫此文。又音變作抓，《說文》：「抓，刮也。」P.2011《切韻》、《廣韻》並云：「抓，揩抓物也。」「揩」即「抓」音變〔註325〕。揫厖令赤，言搔刮脫髮之處，除其痂，使成紅色之後，再傅藥。《淮南子‧齊俗篇》：「親母為其子治扢禿，而血流至耳，見者以為其愛之至也。」「扢」借為「頜」。《玄應音義》卷6引《通俗文》：「白禿曰頜。」是治白禿須刮磨其頭，使成紅色，甚則流血也。本方第370行：「乾加（痂）：冶蛇牀實，以牡彘膏饍，先秳（刮）加（痂）潰，即傅而炙。」治禿與治痂相類，亦須先刮去瘡面。

（16）贛戎鹽若美鹽，盈隋（脽），有（又）以涂（塗）隋（脽）〔□〕下及其上

原注：贛，疑讀為䤰，小杯。（P46）

按：若，或也。隋，本方凡六見，趙有臣考證指肚臍〔註326〕。贛，讀為蓋。音轉亦作弇、揜。《說文》：「弇，蓋也。」又「揜，一曰覆也。」音轉又作奄、掩。俗字作䫲、䤰，《集韻》：「䫲，蓋也。」《增韻》：「䤰，器蓋。」今吳語猶謂倒覆曰䤰，俗字作冚，音 kǎn。《儒林外史》第41回：「一頂破氊帽坎齊眉毛。」借用「坎」字。本方是說把戎鹽或美鹽堆滿在肚臍上。

（17）〔溺〕□淪（浧）者方

原注：淪，疑讀為浧，澱滓。溺□淪，當指小便白濁。（P48）

周祖亮曰：嚴健民補釋為「溺麟淪」，認為是指尿頻。（P114）

按：「淪」疑「瀹」形譌。瀹，疏通、通利。此是疏通尿道的藥方。

（18）賁（噴）者一襄胡，濆（噴）者二襄胡，濆（噴）者三襄胡

馬繼興曰：襄，除掉，排除。「胡」字應是象徵性地針對「腫橐」患者的陰囊腫大下垂症狀而言。（P475）

周一謀曰：襄，消除之意。胡，何，疑問詞。（P137）

魏啟鵬曰：襄，舉。胡，戟。這裏指巫師手中的兵器，即上文說的柏杵。（1／96）

〔註325〕參見蕭旭《〈慧琳音義〉「譀譪」正詁》，《中國語學研究‧開篇》第35卷，2017年5月日本好文出版，第293頁。

〔註326〕趙有臣《〈五十二病方〉中「隋」字的考釋》，《文物》1981年第3期，第22頁。

新注：赤堀、山田：「襄，《爾雅》：『除也。』胡，《說文》：『牛顄垂也。』」段注：「按此言顄以包頸也。顄，頤也。牛自頤至頸下垂肥者也。引伸之，凡物皆曰胡。」（5 / 252）

按：襄胡，讀為「囊壺」。

（19）令斬足者清明東鄉（嚮），以筩趣（趆）之二七

原注：筩，疑指中空如筩的鍼。一說：筩讀為踊，是斬足者的假足。趆，讀為𢫨。（P49）

賴雷成曰：筩，「筒」的異體字。竹筒，或指圓筒物，可作簡易練功器械。趆，《玉篇》注：「半步也。」帛書的意思為把竹筒放在地上，用腳來回半步地搓滾十四次〔註 327〕。

馬繼興曰：筩，疑指中空如筩的鍼。趆，抗拒。「以筩趆之」當是象徵性的刺激患者之義。（P476）

周一謀曰：筩，指斬足者的竹筒假肢。趆，整理者謂讀𢫨。今考《集韻》：「跬步也。」《玉篇》：「半步也。」以筩趆之二七，意即用竹筒作假肢行走十四個跬步。（P138）

按：本方第 210 行：「必令同族抱，令穨（㿗）者直東鄉（嚮）窗，道外改橦（撞）之。」第 220 行：「以築衝穨（㿗）二七。」此方亦相類，「趆」與「撞」、「衝」之義當相近。趆，讀為庑。《說文》：「庑，開張屋也。」引申則為張開、推開之義，字亦作秅、厇、磔、拓。《玉篇》：「厇，亦作磔，開厇也。」以手推物謂之拓，以足踏物謂之跅、蹠，其義一也。筩，讀為踊，是斬足者的假足，但不是竹筒代作假肢。此方謂令斬足者以假肢踏穨者十四下。穨之言隤也，《說文》：「隤，下隊（墜）也。」《慧琳音義》卷 80 引《蒼頡篇》：「頹，猶墜落也。」小腸墜入陰囊之病因稱作「隤」，專字作「㿗」、「㿉」。帛書《陽陽十一脈灸經》乙本：「丈夫則隤山（疝）。」張家山漢簡《脈書》作「穨」，帛書正作本字。

（20）炙蠶卵，令簍簍黃

原注：簍簍，假借為「數數」、「速速」。（P50）

周一謀曰：「簍簍」當是形容黃的程度，即焦黃焦黃之意。應為當時之習

〔註 327〕賴雷成《〈五十二病方〉析疑四則》，《國醫論壇》1988 年第 3 期，第 32 頁。

慣用語。（P140）

胡娟曰：「簍簍」讀如字，指空疏義〔註 328〕。

按：簍簍，讀為縷縷，言每一縷。言炙蠶卵，令蠶卵每一縷都呈黃色。

（21）即令積（癩）者煩夸（瓠）

原注：煩，疑假為捲，握。（P52）

馬繼興曰：煩假為反，義為反覆，反轉。又，或以「煩」字可假為「捲」或「翻」，此二字古音雖通，但均不若「反」字之義為勝。此外，也有人以為「煩」字可假為「燔」，義即燒烤者。（P490）

魏啟鵬曰：煩，讀為抃。兩手相擊曰抃。這裏指用兩手緊抱著小葫蘆。（1／101）

周祖亮曰：嚴健民指出，「夸」即「跨」，同「胯」。「煩夸」是指用繩索將掏空的葫蘆綁在腰部使其掉於兩腿之間。（P122）

張雷曰：煩，當讀為燔，燒烤義。燒烤空瓠容納陰囊和陰莖，此處當是一種外治法。（P283）

按：煩，兩手搓摩。《淮南子·要略篇》：「《俶真》者，窮逐終始之化，嬴埒（埒——捋）有無之精。」許慎注：「埒（捋），摩煩也。」煩即捋摩之義。《詩·葛覃》：「薄汙我私。」毛傳：「汙，煩也。」鄭玄箋：「煩，煩撋之。」《釋文》引阮孝緒《字略》：「煩撋，猶捼莏也。」《周禮·考工記》：「進而握之，欲其柔而滑也。」鄭玄注：「謂親手煩撋之。」俗字亦作㒓，S.2071《切韻》：「㒓，㒓捼。」《玉篇》：「㒓，㒓捼也。」《廣韻》：「㒓，捼也。」《集韻》：「㒓，㒓撋，挼（捼）也，通作煩。」又「捼，或作撋。」《說文》：「捼，推（摧）也。一曰兩手相切摩也。」〔註 329〕「煩撋」即「煩捼」、「㒓捼」。《漢書·哀帝紀》顏師古注引如淳曰：「痿音蹞躞之躞。」師古曰：「蹞躞者，弩名，事見《晉令》。蹞音煩，躞音蕤。」《集韻》：「躞，蹞躞，弩名。蹞躞，兩足蹋也。張弩必以足，因為弩名。」以手曰㒓捼，以足則曰蹞躞，其義一也。讀夸為胯，是也。煩夸，猶言按摩兩股。

〔註 328〕胡娟《漢簡帛醫書五種字詞集釋》，西南大學 2016 年博士學位論文，第 164 頁。

〔註 329〕《玉篇》、《廣韻》、《文選·長笛賦》李善注引「推」作「摧」，《玄應音義》卷 12、15、16、22 凡四引，《慧琳音義》卷 48、55、62、63、64、65 凡六引，皆作「摧」。

（22）而以采為四寸杙二七，即以采木椎竅（剟）之

原注：剟，原意為刺、削，此處當為叩擊之義。（P52）

按：剟訓刊削，非此文之誼。當引《廣韻》「剟，擊也」。字亦作掇，《集韻》：「掇，擊也。」

（23）以寒水戔（濺）其心腹

按：戔，讀為湔，洗也。另詳《養生方》校補。

（24）善伐米大半升

原注：伐，擊也，此處應指舂擣。（P57）

周一謀曰：伐，擊也，又謂通「畘」。畘，舂也。（P167）

按：伐，陳劍指出是攻治之義〔註330〕，指舂米。專字則作畘，《廣雅》、《玉篇》並云：「畘，舂也。」《廣韻》：「畘，暘也，又音伐。」《玄應音義》卷15引《埤蒼》：「畘，暘米也。」又引《通俗文》：「擣細〔曰〕舂。」《慧琳音義》卷58引《通俗文》：「擣細曰舂。」「舂」、「舂」當從上舂下市，即「畘」異體，俗作「𡗤」亦誤。《玄應音義》卷18：「舂暘：《韻集》云：『畘，暘米也。今中國言畘，江南言暘。』畘音伐。」又「粹哉：《三蒼》注云：『繫，精米也，今江南亦謂畘米為繫。』」《慧琳音義》卷73轉錄二文。S.617《俗務要名林》：「暘、畘：並再舂也，上徒郎反，下音伐。」《肯綮錄·俚俗字義》：「舂米曰畘，音伐。」《龍龕手鑑》：「畘，舂米，又暘也。」「畘」即「畘」形譌，因又譌作「畘」。《齊民要術·飧飯》：「畘米欲細而不碎，畘訖即炊。」所可注意者，「畘（伐）」是中國方言，即北方方言〔註331〕，疑此病方是由北方傳入楚地者也。

（25）以酒一棓（杯）〔□〕□□□筋者倏倏翟翟〔□〕□之

〔註330〕陳劍《結合出土文獻校讀古書舉隅》，《首屆新語文學與早期中國研究國際研討會論文集》，澳門大學2016年6月19～22日；又收入《新語文學與早期中國研究》，上海人民出版社2018年版，第306頁。吳振武《趙鈹銘文「伐器」解》首先提出「伐」有「攻治」義，《訓詁論叢》第3輯，臺灣文史哲出版社1997年版，第795～805頁。最新的論文可參看王挺斌《關於「伐」字訓為攻治之義的問題》，《出土文獻》第11輯，中西書局2017年版，第411～418頁。

〔註331〕今東北官話尚謂碾米為「伐米」，參見許寶華、宮田一郎《漢語方言大詞典》，中華書局1999年版，第2032頁。

馬繼興曰：倏，急速貌。歡，原作「翟」，同音通借。《廣韻》：「歡，痛也。」倏倏歡歡，具有急速而劇烈地疼痛的特徵。（P537）

周一謀曰：倏倏，猶倏忽，言極快極短的時間。翟，雉羽也，此處有明顯和突出之意，謂筋疽發展快而明顯。（P170）

魏啟鵬曰：倏倏，這裏指急速搏動。翟翟，讀為濯濯，肥澤貌，這裏殆指陰疽患處浮腫發亮。（1 / 117）

張正霞曰：翟假借為躍……快速地跳動〔註 332〕。

按：張說是也。「倏倏翟翟」描寫筋，指筋脈遊走跳動貌。本方第 303 行：「血雎（疽）始發，倐倐（儵儵）以熱。」「倐倐」則形容血脈遊走而致發熱。「翟翟」是「躍躍」或「趯趯」之省文，《宋書·樂志四》曹植《鼙舞歌·孟冬篇》：「翟翟狡兔，揚白跳翰。」《樂府詩集》卷 53 作「趯趯」。「倏倏」亦「趯趯」音轉，本方疊用之，以狀筋脈跳動。方以智曰：「滌滌，一作『蔋蔋』、『菽菽』、『濯濯』，言滌盡也。踧踧，通作『儵儵』、『狄狄』、『躍躍』、『趯趯』、『油油』、『愵愵』，言行躅也。轉其聲則為『湫湫』、『逐逐』。」〔註 333〕方氏謂諸詞音轉，皆是也，而解「濯濯」為滌盡，則非是。「濯濯」描寫血氣之狀，故改其義符從水，亦「躍躍（趯趯）」之借字，而非滌盡義。《靈樞經·百病始生》：「其著孫絡之脈而成積者，其積往來上下，臂手孫絡之居也，浮而緩，不能句積而止之，故往來移行腸胃之間，水湊滲注灌，濯濯有音。」又《脹論》：「大腸脹者，腸鳴而痛濯濯。」「濯濯」狀鳴聲者，指遊動之聲。諸醫書言「淫濼（爍、鑠、濯、躍）」者，指邪氣隨血氣遊行〔註 334〕。

（26）闌（爛）者，爵〈壽（擣）〉蘖米，足（捉）取汁而煎，令類膠，即冶厚柎，和，傅

新注：爵，原釋文讀為「嚼」。劉欣釋為「壽（擣）」。今按：此字仍當釋為「爵」，在此認為是「壽」的誤字。（5 / 271）

按：劉說非是。「爵」是「擳」省文，字亦作穱、撨，擇取也。《廣雅》：「捎、擳、撨、揀、選，擇也。」王念孫曰：「《楚辭·招魂》：『稻粢穱麥。』

〔註 332〕張正霞《〈五十二病方〉詞匯二題》，《中華醫史雜志》2004 年第 4 期，第 251 頁。

〔註 333〕方以智《通雅》卷 10，收入《方以智全書》第 1 冊，上海古籍出版社 1988 年版，第 384 頁。

〔註 334〕參見蕭旭《呂氏春秋校補》，花木蘭文化出版社 2016 年版，第 97～100 頁。

王逸注：『糈，擇也。』糈與糈通。捎、撊、撨聲並相近。」錢大昭亦引《楚辭》說之〔註 335〕。本字作糕，《說文》：「糕，早取穀也。」字亦作穛，《禮記．內則》「稰穛」，鄭玄注：「孰穫曰稰，生穫曰穛。」《集韻》：「糕，或作穛。」黃侃曰：「糕，《內則》作『穛』。」〔註 336〕字亦作糕，《書鈔》卷 144 傅玄《七謨》：「雕胡之飯，糅以遊梁（粱）〔註 337〕。香秔九折，糕麵若霜。」（凡二引）此方謂擇蘖米而冶之也。

（27）肸肸詘詘，從竈出毋延，黃神且與言

周一謀曰：肸，《說文》：「蠁布也。」在此可理解為叫呼聲。詘，疑為「詘」字之誤，詛咒。（P177）

魏啟鵬曰：肸詘，散開退走。（1 / 123）

新注：裘錫圭：「《左傳．襄公三十年》：『或叫于宋太廟，曰「譆譆出出」。』『肸肸詘詘』與『譆譆出出』為一聲之轉。」（5 / 271）

按：《說文》當作：「肸，〔肸〕蠁，布也。」連篆而讀，周一謀失其讀。「肸蠁」是古語，彌滿布散之義，不得把「蠁布」理解為叫呼聲。裘說是，然猶未盡。「肸肸」、「譆譆」即「誒誒」、「㖃㖃」，「詘詘」即「咄咄」，皆大語聲。《左傳釋文》：「出出，如字，鄭注《周禮》引此作『詘詘』，劉昌宗亦音出。」《玄應音義》卷 11：「呴㖃：下呼戒反。《韻集》作『㖃』，㖃訶也；《蒼頡訓詁》作『欸』，恚聲也；《通俗文》作『誒』，大語也。猶言『㖃咄』、『喚㖃』皆是也。」又卷 18「㖃喚」條「欸」作「唉」，其餘並同；又卷 20「㖃言」條「誒」誤作「諦」〔註 338〕，其餘亦同。《廣雅》：「誒誒，語也。」《玉篇殘卷》引《埤蒼》：「誒，聲也。」《廣韻》：「誒，語瞋聲。」此「肸肸詘詘」即「㖃咄」重言。

（28）鷄羽自解隋（墮）

馬繼興曰：墮，原作「隋」，同音通假。墮字義為毀壞、脫落。（P562）

〔註 335〕王念孫《廣雅疏證》，錢大昭《廣雅疏義》，並收入徐復主編《廣雅詁林》，江蘇古籍出版社 1992 年版，第 91 頁。

〔註 336〕黃侃《字通》，收入《說文箋識》，中華書局 2006 年版，第 132 頁。

〔註 337〕《書鈔》卷 142 引袁准《招公子》：「河內青稻，新城白稉，弱萁遊梁，濡蛸通芬。」又引王粲《七釋》：「乃有西旅遊梁，御宿青粲。」

〔註 338〕《慧琳音義》卷 33 轉錄作「誒」不誤。徐時儀《一切經音義三種校本合刊》失校，上海古籍出版社 2008 年版，第 404 頁。

按：隋，讀為鬌，與「解」同義，指羽毛脫落。已詳上文。今吳語猶稱脫髮為「鬌」。

（29）冶僕纍，以攻（釭）脂饍而傅

原注：饍，應為攪拌摻合的意思。（P64）

馬繼興曰：饍，原義為飯食、進食。但在本書中此字有攪拌、摻合之義。赤堀昭氏提出「饍」字應為「膳」之別體，是指對脂肪與粉末類藥物長時間加溫，充分混合，並使之成為高黏性物質，冷卻後達固化程度的意見。（P574）

周一謀曰：饍，同「膳」，煎和也。（P189）

張顯成曰：饍讀為繎，其義為縈紆之「縈」，藥物相縈當然就是「攪拌摻合」了〔註339〕。

陳劍曰：這類用法的「饍」，明顯與其基本義為「以水和土」的「埏」字有密切關係。「埏」字亦或作「挻」、「燃」……二者顯應有很近的同源關係，應該看作音義皆近之親屬詞〔註340〕。

董志翹曰：「饍」字不誤，「饍」同「膳」。「膳」又引申出「煎和」義〔註341〕。

陳偉武曰：陳劍指出其義當與「埏」字近，甚有見地。只是未能質指究為何字。頗疑「饍」可讀為「摶」，指用手將碎物或粉狀物等搓捏成團〔註342〕。

按：本方第351行：「以牡豶膏、鱣血饍。」第355行：「以彘膏饍〔而〕傅〔之〕。」第356行：「饍以醯，封而炙之。」第359行：「以善戴饍而封之。」第370行：「以牡彘膏饍。」諸家解「饍」為摻合、混合，是也。陳

〔註339〕張顯成《先秦兩漢醫學用語研究》，巴蜀書社2000年版，第260頁。張顯成《馬王堆佚醫書釋讀札記》，《2013』簡帛醫書國際研討會論文集》，2013年5月21日，上海中醫藥大學中醫文獻研究所，第25頁。周祖亮、方懿林《簡帛醫藥文獻校釋》說略同，學苑出版社2014年版，第146～147頁。張顯成、周祖亮是師弟關係，弟襲師說卻無說明。

〔註340〕陳劍《讀馬王堆簡帛零札》，收入《〈長沙馬王堆漢墓簡帛集成〉修訂研討會論文集》，復旦大學2015年6月27～28日，第26頁。

〔註341〕董志翹《淺談漢語史研究中三重證據法之運用——以馬王堆漢墓出土簡帛醫方中的「冶」、「饍」研究為例》，《第一屆漢語史研究的材料、方法與學術史觀研討會暨南京大學漢語史研究所成立大會論文集》，南京大學2016年6月23～24日，第64頁。

〔註342〕陳偉武《讀馬王堆醫書短札數則》，《中國文字》2020年夏季號（總第3期），第125～126頁。

劍說讀饍為埏、挻，於音理無礙。考《說文》:「挻，長也。」《玄應音義》卷13:「埏，揉也。」《淮南子．說山篇》:「譬猶陶人為器也，揲挻其土而不益厚，破乃愈疾。」揲讀為葉，《說文》:「葉，薄也。」揲挻其土，言揉和、拍擊其土，使之又薄又長也。則「埏（挻）」之言延也，謂揉和之使延長也，非帛書所取義。余謂饍讀為饡，字或作瓚、餍，又省作餍，謂澆以膏、血、醋而混合之。饡之言贊，言佐助之。《說文》:「饡，以羹澆飯也。」《釋名》:「肺膜，膜，饡也，以米糝之，如膏饡也。」《御覽》卷859引「膜」作「䐶」，同；「以」作「全」。《說文》:「䐶，切孰肉內（納）于血中和也。」是「饡」亦以血和之之誼也。漢代有「膏」、「膏饡」一語，亦謂以膏澆之。《周禮．考工記．玉人》鄭玄注:「瓚讀餈餍之餍。」賈公彥疏:「醢人職有餍食，漢時有膏餍，今連言餈餍者，取𩚨意。」《禮記．內則》鄭玄注:「狼臅膏，臆中膏也，以煎稻米，則似今膏矣。」孔穎達疏:「食者則似今膏矣者，似漢時膏餍，以膏煎稻米，鄭舉時事以說之。」錢大昕曰:「凡從贊之字，皆有相佐義，故鄭以瓚為雜名。」〔註343〕黄生曰:「餍字從半犀，與則旦反之聲不近，疑從羼省，作餍字，而膏餍之為物，則似《說文》之『饡，以羹澆食也』。《篇海》註:『餍，即古文饡。』可知餍即饡，餍則餍之譌省爾……膏餍，《釋名》作『膏饡』。」〔註344〕「饍」同「饘」，與「羼」亦音通。《說文》:「羼，羊相厠也。」《集韻》:「傍入曰羼。」引申之則有摻雜、雜厠義。東漢《小黃門譙敏碑》:「恥與鄰人羼竝拾驅。」字亦省作羴，《御覽》卷902引《字林》:「群羊相積，一曰羊羴（初莧切），羊相厠也。」俗字作剷、攦，《集韻》:「剷，劑也。」又「攦，插也。」群羊混雜謂之羼，食物混雜謂之餍、餍，其義一也。疑「餍」古字當從三食取義，與「羼」從三羊相類。《玉篇殘卷》:「[illegible]，《字書》:『古文饡字也。』」《宋本玉篇》作「餍，古文『饡』」。「[illegible]」字的「食」上加左右二点是代表三食的省筆，俗又省作「餍」。「餍」是「[illegible]」形譌。王引之謂「餍」從食屘（展）省聲，本作「餍」，譌而作「餍」〔註345〕，蓋未然也。

〔註343〕錢大昕《潛研堂文集》卷8《答問五》，收入《嘉定錢大昕全集（九）》，江蘇古籍出版社1997年版，第110頁。

〔註344〕黄生《字詁》，黄生、黄承吉《字詁義府合按》，中華書局1954年版，第48～49頁。

〔註345〕王引之《經義述聞》卷9，江蘇古籍出版社1985年版，第227頁。

（30）今〔□〕若不去，苦湩（唾）□若

按：上一「若」上脫字可補「為」。本方第53行：「為若不已，磔薄（暴）若市。」文例相同。

（31）我以明月炻若

馬繼興曰：炻，應為「炤」字之形譌，「炤」為「照」字之異寫。（P595）

周一謀說同馬氏。（P200）

魏啟鵬曰：炻，讀為磔。這裏意為裂開你的肢體。（1 / 142）

新注：范常喜：「《吳越春秋 · 夫差內傳》：『日月炙汝肉。』『炻』當讀作『炙』。」（5 / 283）

按：范說是也。「庶」甲骨文作「炗」，即「炻」字，讀作炙。俗字又繁化形符作𤏋，《顏氏家訓 · 書證》：「吳人……火傍作庶為炙字。」指出吳人以「𤏋」為「炙」的俗字。S.1605《太上洞玄靈寶真一勸誡法輪妙經》：「炎𤏋噉食。」P.2426及道藏本《太上玄一真人說三途五苦勸誡經》「𤏋」作「炙」。

（32）刀而割若，葦而刖若

馬繼興以「葦」字屬上，曰：尾，原作「韋」。韋假為尾。（P595）

周一謀說同馬氏。（P201）

魏啟鵬曰：割若葦，割你的皮。葦讀為韋。（1 / 142）

張顯成曰：葦，當釋「韋」，義為熟皮。渾言之則「韋」、「皮」無別。而割若韋，剝你的皮〔註346〕。

范常喜曰：「葦」即蘆葦，古人認為其有辟邪的作用。葦而刖若，大意為「用葦來砍你」〔註347〕。

按：葦，讀為鍏。《方言》卷5：「臿，宋、魏之間謂之鏵，或謂之鍏。」《廣雅》、P.2011王仁昫《刊謬補缺切韻》並云：「鍏，臿。」指鍬子。《說文》：「鈂，臿屬。」《淮南子 · 精神篇》高誘注：「臿，鏵也，青州謂之鏵，有刃也。三輔謂之鋘也。」鍏、鈂、鋘、鏵，並一聲之轉，又轉作釫、鋘。

（33）以履下靡（磨）抵之

〔註346〕張顯成《馬王堆醫書釋讀札記》，《簡帛研究》第2輯，法律出版社1996年版，第167頁。

〔註347〕范常喜《〈五十二病方〉「身有𤻝者」祝由語補疏》，收入《簡帛探微——簡帛字詞考釋與文獻新證》，中西書局2016年版，第138頁。

原注：履下，靴底。抵，疑為「抵」字之誤。《說文》：「側擊也。」（P68）

馬繼興曰：糜，原作「靡」，通假。「糜」字義為爛碎。抵，原作「抵」，形近而訛。抵，側擊也。（P602）

周一謀曰：抵，《說文》：「擠也。」（P204）

魏啟鵬曰：抵讀為砥。「磨砥」為同義複詞。（1／144）

按：魏說是也。靡，讀為摩，俗亦作攠。抵，讀為厎、砥，本指磨石，用作動詞，礪也，亦磨也。《廣雅》：「砥，磨也。」亦借「底」字為之。

（34）祝曰：「啻（帝）右（有）五兵，壐（爾）亡。不亡，深（探）刀為爽（創）。」

新注：陳劍：「此處的『爽』也應該讀為『創』（意為創傷）……『深』疑應讀為『探』，意為『探取』、『摸取』。」（5／286）

按：爽，讀為剩，亦作摤。《玉篇》：「剩，剩皮也。」又「剛，剩也。」P.2011 王仁昫《刊謬補缺切韻》：「剩，皮傷。」剩亦剛也，猶言割、刺。今吳語猶謂以刀槍刺入為「剩」。

（35）熬陵（菱）枝（芰）一參，令黃，以淳酒半斗煮之，三沸，止，甾（撤）其汁，夕毋食，飲

原注：甾，讀為撤，除去。（P70）

馬繼興曰：澈，原作「甾」。將水液澄清。在《馬王堆帛書（四）》原疑「甾」讀為清或淨。而赤堀、山田二氏又以為「甾」即「燀」。但「清」、「淨」、「燀」三字與「甾」之古音均異，不可通假，而「燀」字在此處義尤欠通。今改正。（P616）

周一謀曰：甾，《說文》：「蟲申行也。」〔註 348〕甾其汁，其義不明。又「甾」與「𡴀」，𡴀，古「青」字〔註 349〕。「青」同「清」。𡴀其汁，將藥汁澄清。（P211）

魏啟鵬曰：甾，整理小組「疑讀為淨或清」。一說：《說文》載「甾，讀若騁」，故「甾」亦可借為澄。（1／149）

〔註 348〕引者按：《說文》原文「申」作「曳」。張雷《馬王堆漢墓帛書〈五十二病方〉集注》不知其誤而照錄，中醫古籍出版社 2017 年版，第 485 頁。

〔註 349〕引者按：古「青」字作「岑」，見《說文》、《玉篇》，《篆隸萬象名義》卷 21 又形譌作「𡴀」，無作「𡴀」形者。

周波曰：注「讀為撤，除去」顯然是有問題的。此字當從陳松長改釋為「蚩」。《養生方》6～7 行云：「侍（徛）其汁。」原注云：「徛其汁，將汁儲放起來。」其說當是。頗疑「蚩其汁」即「侍（徛）其汁」，蚩亦應讀為徛〔註 350〕。

周祖亮曰：「蚩」或可讀為「清」，即過濾。（P162）

新注：睡虎地秦簡《金律十八種·金布律》：「公器不可繕者，有久識者靡蚩之。」《工律》：「敝而糞者，靡蚩其久。」整理者對前一條加注云：「蚩（音產），讀為徹。磨徹，意為磨壞、磨除。」用法似與此相類。一說，此字也有可能是「蚩」。（5-P290）

按：睡虎地秦簡二「蚩」字，伸長也，謂摩搌其物而令伸長，以便回收利用〔註 351〕，非此之誼。周波說是也，不知周君撰《集成》時何故又放棄此說。「侍」從「之」得聲，與「蚩」通，馬王堆帛書《十六經·五正》、《正亂》、《陽陽五行》乙篇、《天文氣象雜占》「之尤」即「蚩尤」，帛書《陽陽五行》甲篇「寺蟙」亦即「蚩尤」，皆是其證。

（36）以黎（藜）盧二，礐一，豕膏和，而膆以尉（熨）疕

原注：膆，疑讀為索，《方言》：「取也。」（P72）

魏啟鵬曰：膆，讀為膆，《玉篇》說「膆」與「嗉」同。這句是說用鳥嗉為袋，盛裝藥劑熱熨患處。（P153）

新注：赤堀、山田：「膆與烙、炙相通。」今按：「膆」亦見 376 行，云：「以布裹，〔□〕□膆之，以熨腫所。」赤堀、山田讀為炙似可從，本篇 360 行「裹以布，炙以熨」，辭例相似，可以參考。（1 / 292）

按：「膆」不得讀為烙、炙。「膆」是「索」增旁俗字，俗作「摗」，音轉則為「抄（挲）」、「搎」等字，猶言撫摸、撫摩〔註 352〕。《淮南子·俶真篇》：「撢掞挺挏世之風俗，以摸蘇牽連物之微妙。」高誘注：「摸蘇，猶摸索。」

〔註 350〕周波《馬王堆簡帛〈養生方〉、〈雜禁方〉校讀》，《文史》2012 年第 2 輯，第 86 頁。

〔註 351〕參見蕭旭《〈睡虎地秦墓竹簡〉校補》，收入《群書校補（續）》，花木蘭文化出版社 2014 年版，第 27 頁。

〔註 352〕參見蕭旭《「抹殺」考》，收入《群書校補（續）》，花木蘭文化出版社 2014 年版，第 2459～2469 頁。

（37）其祝曰：「浸浸熇熇虫，黃神在竈中。〔□□〕遠，黃神興☐。」

魏啟鵬曰：浸熇，意為將蟲浸泡又烘烤。熇，其音義殆與「焅」字相近。（1／154）

新注：原釋文作「浸熇浸熇」，此從裘錫圭的解釋。興，也有可能是「與」字。（5／294）

按：裘氏讀作「浸浸熇熇」是也。浸浸，讀為「駸駸」，字亦省作「駸駸」。《說文》：「駸，馬行疾也。《詩》曰：『載驟駸。』」今《詩．四牡》作「駸駸」。《廣雅》：「駸駸，疾也。」裴務齊《正字本刊謬補缺切韻》：「駸，馬行〔疾〕。」《玉篇》：「駸，駸駸，驟貌，行疾貌。」字亦作「騣騣」，《集韻》：「駸、騣：《字林》：『馬行疾也。』或從侵。」《周驃騎將軍鞏客卿墓誌》：「騣騣驥足，起千里之清塵；鬱鬱鳳林，灑三春之憓澤。」熇熇，讀為「逐逐」〔註 353〕，即「悠悠」、「攸攸」、「筂筂」、「儵儵」、「滌滌」音轉，亦行疾貌。《易．頤》：「其欲逐逐。」《釋文》：「逐逐，薛云：『速也。』《子夏傳》作『攸攸』，《志林》云：『攸當為逐。』蘇林音迪，荀作『悠悠』，劉作筂。」馬王堆帛書《周易》作「笛笛」，上博楚簡三《周易》作「攸攸」。《釋名》：「篴，滌也，其聲滌滌然也。」「篴」同「笛」。

（38）豕（瘃）：先以黍潘孰（熟）洒（洗）豕（瘃），即燔數年〔陳〕
藁，〔□〕其灰，治，輒〔□□〕傅豕（瘃）

按：馬繼興於「其灰」上補「取」字（P628），是也。尚志鈞參照本方第369行「燔肘（腐）荊箕，取其灰」，亦補「取」字〔註 354〕。或補「裹」字亦可，帛書《養生方》第172行：「燔螟，冶。裹其灰以抿（搢）手。」是其例。

（39）已傅灰，灰盡漬〔□□□〕葷（彈）以捚（理）去之

魏啟鵬曰：搴，撫摸。捚，用手掌托起。《改併五音類聚四聲篇海》引《川篇》：「捚，掌擊也。」（1／155）

新注：葷，原釋文作「搴」。原注：「搴，撫也。捚，假為理，整治。」今按：葷，似可讀為彈，意為叩打。（5-P294）

〔註 353〕《詩．我行其野》《釋文》：「蓫，本又作蓄。」《文選．七發》李善注：「蓫與蓄音義同也。」是其證也。

〔註 354〕尚志鈞《〈五十二病方〉殘缺字試補》，《湖南中醫學院學報》（馬王堆醫書研究專刊）第 2 輯，1981 年版，第 66 頁。

按：以，猶而也。萆，讀為撣，拂去。今吳語猶謂拂除為「撣」。本方第 102 行：「即燔其末，以久（灸）尤（疣）末，熱，即拔尤（疣）去之。」「拔」即「拂」音轉〔註 355〕。「捚」是「嫠」俗字，引取。《說文》：「嫠，引也。」《說文繫傳》：「𠩺，攴擊取也。」引申之「𠩺」亦為引取義。《改併五音類聚四聲篇海》卷 12：「捚，丁皆切，掌擊也。」《嘉定縣續志》卷 5：「嫠，俗謂提引也。《說文》：『嫠，引也。從又𠩺聲。』里之切，俗作捚。」〔註 356〕章太炎說同《縣志》，又指出「或音轉如陵」〔註 357〕。俗亦音轉作「拎」。俗字又作𢺞、犂，《集韻》：「𢺞，引也。」又「犂，手持物。」《字彙》：「犂，音黎，持也。」《正字通》云：「犂，挈字之譌。」熊加全從《正字通》說，並批評後人音黎是「望形生音」〔註 358〕，其說非是。帛書《房內記》第 6 行：「用布抳（搢）揗中身及前，舉而去之。」又第 10 行：「即取入中身空（孔）中，舉，去之。」醫書殘片有「挈去」、「挈去先所傳」、「操而去之」語〔註 359〕，「捚」與「舉」、「操」、「挈」同義。萆以捚去之，猶言撣拂而持去之也。

（40）病足〔饑：□□□□〕□饑，饑去湯可一寸……足饑，操而去之，膏盡□□

馬繼興曰：𩏩，疑為「韓」字之形訛，「韓」又假為「寒」。（P650）

新注：饑，似是病症名，未詳。原釋文作「𩏩」，原注：「𩏩，疑為韓字之誤，可讀為幹。」（5 / 301）

按：饑，疑讀為瘙。《廣雅》：「瘙，蛘也。」《玉篇》、《廣韻》並云：「瘙，小痒也。」「蛘」同「痒」。

馬王堆帛書《去穀食氣》校補

（1）夏食一去湯風，和以朝暇（霞）、行（沆）暨（瀣）……〔湯風者〕，□風也，熱而中人者也

〔註 355〕相通之證參見張儒、劉毓慶《漢字通用聲素研究》，山西古籍出版社 2002 年版，第 908 頁。

〔註 356〕《嘉定縣續志》卷 5，成文出版社影民國十九年鉛印本。

〔註 357〕章太炎《新方言》卷 2，收入《章太炎全集（7）》，上海人民出版社 1999 年版，第 66 頁。

〔註 358〕熊加全《〈正字通〉溝通字際關係材料的測查與研究》第 6 章，河北大學 2010 年碩士學位論文，第 133 頁。c

〔註 359〕《長沙馬王堆漢墓簡帛集成》第 5 冊，中華書局 2014 年版，第 301 頁。

原注：《十問》作「夏避湯風」，與此同義。「湯」字義為熱水。湯風即酷熱的風。「湯風」一詞最早見於《山海經》：「大極山東有溫水，湯風，不可過也。」（《御覽》卷9引，今傳世本缺）。缺字疑為「暑」字。（P834、843）

按：吳志超、沈壽錄「湯風」作「陽風」，解為「熱風」，並補缺字作「熱」〔註360〕。核查圖版，帛書此文作「」，《十問》作「」，確是「湯」字。《古文苑》卷3賈誼《旱雲賦》：「隆盛暑而無聊兮，煎砂石而爛渭。湯風至而含熱兮，群生悶滿而愁憒。」章樵註：「湯風，溫風也。《月令》：『六月節，溫風至。』」《書鈔》卷156引賈賦作「陽風」〔註361〕。《類聚》卷100引東方朔《旱頌》：「陽風吸習而熇熇，群生閔懣而愁憒。」顯然出自賈賦。《靈樞經・論勇》：「春青風，夏陽風，秋涼風，冬寒風。」〔註362〕「陽風」皆當據帛書作「湯風」，後出俗字作「燙風」。也稱作「溫風」，《逸周書・時訓解》：「小暑之日，溫風至；立秋之日，涼風至。」《禮記・月令》：「季夏之月……溫風始至。」也稱作「炎風」，《淮南子・時則篇》：「南方之極，自北戶孫之外，貫顓頊之國，南至委火，炎風之野，赤帝祝融之所司者，萬二千里。」《後漢書・張衡傳》《思玄賦》：「溫風翕其增熱兮，惄鬱邑其難聊。」李賢注：「溫風，炎風也。《淮南子》云云。」也稱作「融風」，《呂氏春秋・有始》：「東北曰炎風。」高誘注：「炎風，艮氣所生，一曰融風。」帛書缺字當補「溫」或「炎」或「融」。《初學記》卷3引梁元帝《纂要》：「春曰青陽……風曰陽風、春風、暄風、柔風、惠風。夏曰朱明……風曰炎風。」「陽風」是指春天的風，所謂春陽發生也。

馬王堆帛書《導引圖》校補

（1）僪（俛）欮

圖像說明：著藍色單衣，赤足，屈身，昂首，兩手觸地。

馬繼興曰：俛，原作「僪」，同音通假。厥，原作「欮」，省文。「俛」字義為俯。「厥」字義為在人體內下部的氣向上部逆行。（P857）

周一謀曰：各種原因導致的氣機逆亂也可稱厥。「俛」當作「悗」，通

〔註360〕吳志超、沈壽《〈卻穀食氣篇〉初探》，《湖南中醫學院學報》馬王堆醫書研究專刊第2輯，1981年版，第51～52頁；此文又發表於《北京體育學院學報》1981年第3期，第14頁。

〔註361〕《書鈔》據孔本，陳本「陽」作「湯」。

〔註362〕《鍼灸甲乙經・四時賊風邪氣大論》「青」誤作「溫」。

「滿」，謂腹滿瞋脹。（P249）

新注：唐蘭：「僪字從人，字書所無，疑當讀為滿。欮就是厥字。《內經厥論》：『厥或令人腹滿。』『陰氣盛於上則下虛，下虛則腹脹滿。』所乙太陰和少陰之厥都有腹滿，少陰厥逆、厥陰厥逆和手太陰厥逆都有虛滿。」《初步研究》：「『俛厥』一稱不見於《內經》等古醫書，僅有厥病的病名。故本圖名的『俛』字，似指操練時作屈身俯地姿勢而言。」廖名春：「『僪欮』為同義複詞。欮，即『屈』。僪欮，即『俛屈』。」今按：「僪」是「俛」的異體字。「僪欮」該讀為什麼，有待進一步研究。（6 / 25）

按：圖像的形狀像人俯身作起跳的動作。沈壽釋作「貓蹶」〔註 363〕，而沒有解釋其義。周世榮駁沈說，謂圖版作「僪欮」甚為清晰，當釋為「僪（俛）欮」，表示動作，「俛」與「俯」同，即「俯身欮尻（屁股）」的意思，也可解釋為「俯仰」〔註 364〕。沈壽又釋作「獢蹶」，云：「獢，本作㺜，野貓的一種，似可通釋為『貓蹶』。……」〔註 365〕下字沈壽讀「蹶」可取，而上字釋作「貓」明顯與字形不符。「僪」是「俛」的異體字。「欮」是「蹶」省文，蹶訓跳躍。《說文》：「跳，蹶也，一曰躍也。」又「蹶，一曰跳也。」二字互訓。「俛蹶」以動作命名，非疾病之名稱。

（2）蠅恳

圖像說明：著藍色長服，側立，雙手向前平舉，作直目屏息狀。

馬繼興曰：黽，原作「䵷」，古異寫。「恨」字當假為「咽」。「恨」與「咽」為同源詞。（P865）

沈壽曰：「蚆」字即「犬」字的異體古寫。恳，「懇」省文。此式仿效犬之以後肢站立，翹首注目懇望，若有求於人〔註 366〕。

新注：蠅，原釋文缺釋。恳，原釋文徑釋作「恨」。唐蘭：「上字左邊似是蟲旁，疑亦動物名。恨字疑讀為墾，象墾地發土的樣子。」廣瀨薰雄：「『蠅恳』很有可能是以動物形象命名的標題。若果真如此，『恳』應該表示蒼蠅的某種動作，最有可能的是飛一類的意思。但我們至今沒有找到合適的詞，

〔註 363〕沈壽《談西漢帛書〈導引圖〉中的「貓蹶」》，《文物》1979 年第 1 期，第 81 頁。

〔註 364〕周世榮《貨幣帛書文字叢考》，《古文字研究》第 7 輯，中華書局 1982 年版，第 181 頁。

〔註 365〕沈壽《西漢帛畫〈導引圖〉解析》，《文物》1980 年第 9 期，第 73 頁。

〔註 366〕沈壽《西漢帛畫〈導引圖〉解析》，《文物》1980 年第 9 期，第 75 頁。

待考。」(6 / 30)

劉春語曰:此二字或許是「黽息」。黽,蛙的一種。黽息,應該是古書記載的蛤蟆行氣法〔註 367〕。

按:圖像的形狀是側立平舉二手。蠅,音繩,食陵切,讀為爯。《說文》:「爯,並舉也。」謂平舉二手。《書・牧誓》:「稱爾戈。」謂平舉你的戈,亦借為爯。銓衡為稱,亦取平舉為義。恳,讀為拫,引也,南楚方言。《廣雅》:「拫,引也。」《太玄・玄圖》:「贊柔微,拔拫于元。」范望注:「謂正月建寅之時,萬物尚微弱柔脆,故敬而拔舉其元於泉壤之中,長生而受元氣也。」字亦作根,《漢書・灌夫傳》:「及竇嬰失勢,亦欲倚夫引繩排根生平慕之後棄者。」《史記・魏其武安侯傳》作「批根」。顏師古曰:「今吳、楚俗猶謂牽引前卻為根格也。」

《史記・龜策傳》:「命曰根格,以占病者不死,繫久毋傷,求財物,買臣妾馬牛。」

馬王堆帛書《養生方》校補

(1)勿〔□□〕有益二日而用〔□□〕以寒水淺(濺)之

原注:以寒水濺,用冷水洒洗。參看帛書《五十二病方》中的《牝痔》條。《醫心經》卷 28 引《玉房秘決》:「以水洗之。」與此意同。(P100)

馬繼興曰:淺假為濺,義為激灑。(P661)

周一謀曰:簡書《天下治道談》:「已而洒之。」《醫心經》卷 28 引《玉房秘決》:「以水洗之。」均是此意。(P261)

魏啟鵬曰:以寒水濺,用冷水洒洗。一說:淺假為餞,送涼水與之飲。(2 / 13)

按:下文「若已此,以寒水淺,毋□〔□〕必有(又)歠(歠)。」《五十二病方》「牝痔方」云:「人州出不可入者,以膏膏出者,而到(倒)縣(懸)其人,以寒水戔其心腹,入矣。」原注得其誼,而未得其字。淺、戔,並讀為湔〔註 368〕。本篇下文「車踐」即讀為「車前」,亦其比。《說文》:「一曰:湔,手瀚之。」《廣韻》:「湔,洗也。」以寒水湔之,謂以寒水洗之也。《巢

〔註 367〕劉春語《漢簡帛醫書十三種字詞集釋》,西南大學 2016 年博士學位論文,第 174 頁。

〔註 368〕從前從戔古通,參見張儒、劉毓慶《漢字通用聲素研究》,山西古籍出版社 2002 年版,第 700 頁。

氏諸病源候總論》卷 6：「以寒水洗手足。」又「因以寒水浴，即瘥。以浴後身有痺處者，便以寒水洗，使周徧。」亦是以寒水洗浴治病的方法的記載。

（2）以五月望取蚩鄉軵者入籥□盈

原注：蚩鄉軵者，待考。籥，此處義為竹管。（P100）

魏啟鵬曰：蚩，蟲向前爬行。鄉軵，猶言趨附。這裏指小蟲聚集的竹管，當為竹蝨。（2 / 15）

新注：蚩，原釋文作「蚩」，此從陳松長說。「蚩鄉」疑為蟲名或藥名。「軵」為其修飾語。裘錫圭指出，原釋文「入」前衍一「籥」字，可從。（6 / 40）

按：蚩鄉，讀為「知向（嚮）」或「知響」，指蠁蟲，土蛹蟲。《說文》：「蠁，知聲蟲也。蚼，司馬相如〔說〕蠁從向。」司馬相如作「蚼」，是取義於知向，而非知響，此另一說。《玉篇》：「蠁，禹蟲也。蚼，同上。」禹之言聥也。亦知聲之名也。《說文》：「聥，張耳有所聞也。」禹蟲即謂知聲蟲也。《埤雅》卷 10：「蠁，蓋蟲之知聲者也，字從響省。或曰：蠁善令人不迷，故從嚮也。《類從》云『帶蠁醒迷，遶祠解惑』是也。《說文》亦云司馬說蠁從向。」王寧告知：「蠁蟲無足。軵，推也。軵者入籥，就是把這種蛹蟲推進竹管中，然後製藥。」王說可取。者，猶之也。

（3）箳：……置甗中，傅□炊澤上

原注：箳，疑讀為孱，軟弱。（P100）

新注：原釋文作「傅笇（策）炊」。「傅」下一字裘錫圭認為有可能是「箕」字，施謝捷懷疑即上文提到之「箳」，待考。（P100）

按：施說是也。圖版作「笇」，當是「笄」，乃「簎」、「菥」異體字，音轉亦作「策」，指箳篝〔註 369〕。此文蓋指以箳篝入藥。

（4）取大如掌，窴鼻空（孔），小養（癢）而熱；以據臂，臂大養（癢）堅熱；勿令獲面，獲面養（癢）不可支毆

原注：獲，讀為汚。這一句的意思是說不要使布上的藥觸及面部。（P103）

按：獲，讀為擭。《說文》：「擭，一曰布擭也。」《廣韻》：「擭，布擭，分

〔註 369〕參見蕭旭《馬王堆帛書〈老子〉甲本校疏（六則）》，收入復旦大學《出土文獻與傳世典籍的詮釋》，中西書局 2019 年版，第 189 頁。

解也。」字亦作濩，《集韻》：「濩，布濩，散也。」《史記·司馬相如傳》《封禪書》：「非唯濡之，氾尃濩之。」「尃濩」即「布濩」。《慧琳音義》卷 86 引《博雅》：「濩者，布遍也。」言取藥物塗臂上，但不要使它分散到面部。

（5）……諓而陰乾，乾即▨

馬繼興曰：濺，原作「諓」，為「賤」字之訛。「賤」假為「濺」。（P684）

新注：諓，即「賤」字，在此讀為濺。（6 / 45）

按：賤，亦當讀為湔，洗也。

（6）欲去毛，新乳始沐，即先沐下

原注：沐，此處疑指剃除毛髮。段玉裁《說文解字注》云「沐」字「引伸為芟除之義」。（P105）

馬繼興曰：沐，洗滌。下，指下半身，下肢。（P686）

周一謀曰：一說：沐，灑洗也。（P276）

按：沐本訓濯髮，段說引伸為芟除之義，牽強。《原本玉篇殘卷》：「沐，《管子》：『沐樹之枝，日中無天蔭。』野王案：斬樹之枝也。《字書》為朷字，在《木部》。」所引《管子》見《輕重丁篇》。「沐」取義於「木」，「木」用如動詞，即指砍木，俗字作朷，以刀會意，從木得聲。《淮南子·說林篇》：「漁者走淵，木者走山。」又《齊俗篇》：「水處者漁，山處者木。」剃除毛髮亦如斬除樹枝也。

（7）冶柳付，與志（職）膏相挐（澤）和，以傅穜（腫）者

原注：柳付，藥名，不詳。或說付讀為柎，花萼。（P105）

馬繼興曰：挐假為澤，義為摻和。《說文》：「澤，漸溼也。」（P689）

按：裴務齊《正字本刊謬補缺切韻》：「洳，沮洳。亦作澤。」《玉篇》：「澤，漸溼也。洳，同上。」指溼地，非此文之誼。帛書《五十二病方》第 327 行：「以湯大熱者熬彘矢，以酒挐，封之。」赤堀、山田曰：「《楚辭·招魂》：『挐黃粱些。』王逸注：『挐，糅也。』」〔註 370〕其說是也。字亦作𥿮，《方言》卷 2：「𥿮、𥿮，黏也，齊魯青徐自關而東或曰𥿮，或曰𥿮。」《說文》：「黏，相箸也。」字亦省作如，《五十二病方》第 423 行：「以車故脂如

〔註 370〕轉引自《長沙馬王堆漢墓簡帛集成》第 5 冊，中華書局 2014 年版，第 272 頁。

之。」整理者讀「如」為「挐」〔註371〕。字亦作濡，《五十二病方》第253行：「以職膏濡。」「和」亦糅雜義，同義連文。《五十二病方》：「以𧖴（蜂）駘（飴）弁和之。」「弁」同「拌」。「挐和」當即「弁和」義。

（8）死，即捝（脫）去其骨〔□□□〕其肌，善治，〔以〕布麗之，已，而以邑棗之脂弁之，而以塗布巾

原注：麗，疑讀為𥫍。邑棗，不詳。「邑」字可能以音近讀為雜，下面「邑鳥卵」同。（P106）

周一謀曰：麗，或讀為灑。（P281）

魏啟鵬曰：一說：麗讀為摛。此句意為用布將擣治後的藥鋪陳、攤開。疑邑棗即梗棗（軟棗）。（2 / 30）

新注：原注說可疑。「麗」疑當訓為附著。（6 / 48）

按：魏啟鵬一說是也。《廣雅》：「麗，施也。」陳列、施陳之義，字亦作𪎭，音轉亦作羅。《廣雅》：「𪎭，布也。」又「羅，列也。」《廣韻》：「𪎭，陳也。」本字為摛，《說文》：「摛，舒也。」布陳、鋪展之義。俗字亦作攡，《廣韻》：「攡，張也。」缺文與「捝去」相對，疑是二字，而非三字。邑之言悒，《廣韻》：「悒，悒菸，茹熟。」《集韻》：「悒，草傷壞也。」邑棗之脂指熟透的棗製成的膏狀物，邑鳥卵指熟透的鳥蛋。史常永、張本瑞謂「邑」指鄉邑〔註372〕，非是。

（9）取楊思一升、赤蛾（蟻）一升、盤冒廿，以美□半斗并漬之

原注：盤冒，《神農本草經》作「斑貓」，《吳普本草》云或作「盤蝥」。（P107）

新注：「冒」當為「蝥」改易聲旁之異體。《說文》：「蝥，盤蝥也。」（6 / 48）

按：說皆是也。《說文》：「盤，盤蝥，毒蟲也。」《廣雅》作「盤蝥」。S.2071《切韻》：「盤，盤蝥，有毒蟲。」《集韻》：「蝥，或作蟊、蝥。」《玉篇》：「蝥，盤蝥也，食禾根蟲。」《本草綱目》卷40又記其別名作「斑蚝」。

〔註371〕《長沙馬王堆漢墓簡帛集成》第5冊，中華書局2014年版，第291頁。

〔註372〕史常永《馬王堆漢墓醫書考釋》，《中華醫史雜誌》1993年第3期。張本瑞、張如青《馬王堆簡帛外治法文獻語詞新釋》，《中醫文獻雜誌》2013年第3期，第5頁。

(10) 桃可大如棗

原注：桃可，據本方係桃李小時毛。大如棗，像棗那樣大的一團。(P108)

按：下文云：「〔桃可〕者，桃實小時毛殹」。可，讀為苛。《說文》：「苛，小艸也。」《玉篇》：「苛，小草生貌。」故細毛叢生貌亦謂之苛，取草作譬也。

(11)〔取〕牛肉薄劙（劙）之，即〔取〕萆荚寸者，置牛肉中，炊沸

原注：萆荚，本條第121行作「萆薢」，後第149行作「萆薢」。荚、薢通假，《爾雅義疏》論「薢茩」、「荚光」以聲轉為義，可供參考。(P109)

馬繼興曰：「薢」與「薢」為同源字。(P714)

按：「薢」、「薢」通轉，《釋名》：「鞵，解也。著時縮其上如履然，解其上則舒解也。」「薢茩」、「邂逅」音轉又作「謑詬」、「謑訽」、「謑呴」〔註373〕，《集韻》「謑」或作「噼」，亦其證。《說文》：「豂，一曰小溪。」「豂」、「溪」是聲訓。「薢」、「韧」亦音轉，陸璣《毛詩草木鳥獸蟲魚疏》卷上：「故里語曰：『斫檀不諦得繫迷，繫迷尚可得駮馬。』『繫迷』一名『挈榼』，故齊人諺曰：『上山斫檀，挈榼先殫。』」《爾雅》：「魄，榽榼。」郭璞注引齊人諺曰：「上山斫檀，榽榼先殫。」《詩・將仲子》孔疏引「繫迷」作「繫迷」，《齊民要術》卷10引《廣志》作「繫彌」，《事類賦注》卷24「榽榼」作「奚榼」，《集韻》「蒁」字條、《爾雅翼》卷9、《證類本草》卷14作「荚蒁」，「荚」疑「英」形譌。「繫（繫）迷（彌）」即「挈榼」，亦即「榽（奚）榼」也。「解」、「韧」亦音轉，已詳上文。《廣雅》：「菝挈，狗脊也。」《御覽》卷990引作「薛挈，枸脊也」。王念孫曰：「《御覽》引《春秋運斗樞》云：『機星散為拔葜。』〔註374〕『拔葜』與『菝挈』同。《博物志》作『拔揳』，云：『拔揳與萆薢相亂，一名狗脊。』〔註375〕《御覽》引吳普《本草》云：『狗脊如萆薢。』〔註376〕是菝挈即狗脊也，亦名菝葀。葀、挈聲相近也。《玉篇》云：『菝葀，狗脊根也。』《廣韻》云：『菝葀，狗脊根，可作飲。』《名醫別錄》作『菝葜』，陶注云：『此有三種，大略根苗並相類。菝葜莖紫短小多細刺，小減萆薢而色深，人用作飲。』《御覽》引吳普《本草》云：『狗脊，一

〔註373〕參見蕭旭《淮南子校補》，花木蘭文化出版社2014年版，第57～58頁。
〔註374〕引者按：《御覽》卷997引。
〔註375〕引者按：《御覽》卷990引。
〔註376〕引者按：《御覽》卷990引。

名狗青，一名萆薢，一名赤節，一名強膂。』〔註 377〕《御覽》引《廣雅》『菝』作『薜』〔註 378〕，鄭注《月令》作『萆』。」〔註 379〕《集韻》:「菝，菝葀，艸名，或作萆。」又「葀、葜、挈，菝葀，艸名，或从契，亦作挈。」皆一聲之轉。「狗脊」之為藥，可治陽痿，其別名《肘後備急方》卷 3 作「柭葜」，《備急千金要方》卷 29、《外臺秘要方》卷 4 作「菝葜」。《御覽》卷 993 引《抱朴子內篇》佚文:「百部黃似拔揳，治咳殺虱。」《吳氏本草》以「萆薢」、「菝葜」為一物者蓋誤，當是二物。《禮記·月令》鄭玄注:「王瓜，萆挈也。」此又同名，草木固多異物而同名者。《本草綱目》卷 18 引《日華本草》謂「萆薢」別名「白菝葜」，且云「『萆薢』名義未詳，與狗脊同名」。李時珍謂「萆薢」名義未詳，而卷 18「菝葜」條記其別名作「菝葀（自注:『葀同葜。』）」、「金剛根」，李氏云:「菝葀猶㧞𡰪也。㧞𡰪，短也。此草莖蔓強堅短小，故名菝葀，而江浙人謂之菝葜根，亦曰金剛根。」又引陶弘景曰:「菝葜莖紫而短小多刺，小減萆薢而色深，人用作飲。」斯為得之。「萆薢」、「菝葜（葀）」音相近而轉，其物特徵要當相似，皆取短小為名。《廣韻》:「㧞，㧞𡰪，短人。」又「𡰪，㧞𡰪，短人。」《集韻》:「㧞，㧞𡰪，短貌。」短人曰㧞𡰪，莖蔓短小之藤曰菝葀，其義一也。又音轉作「䫫䫘」，《玉篇》:「䫫，䫫䫘，短貌。」《龍龕手鑒》:「䫫，䫫䫘，短人也。」萆之言卑，小也，字亦作𤥐，聲轉則為薜、拔（菝）。《廣雅》:「𤥐䚬，短也。」〔註 380〕《玉篇》:「𤥐，𤥐䚬，短小貌。」《史記·日者列傳》:「卑疵而前，孅趨而言。」「𤥐䚬」即「卑疵」。《說文》:「𨁈，短人立𨁈𨁈皃。」又「庳，中伏舍，一曰屋庳。」又「猈，短脛狗。」語源皆同。薢（芵、䕸）、挈（葜、揳、葀）之言介、芥，亦微小也。故三物不妨同名也。

（12）令人環、益強而不傷人

新注:周波指出「環」疑當讀為「還」，訓為恢復。（6 / 51）

陳偉武曰:「令人環益強而不傷人」作一句讀，「環」讀為「旋」訓隨即〔註 381〕。

〔註 377〕引者按:《御覽》卷 990 引。

〔註 378〕引者按:《御覽》卷 990 引。

〔註 379〕王念孫《廣雅疏證》，收入徐復主編《廣雅詁林》，江蘇古籍出版社 1992 年版，第 835 頁。

〔註 380〕舊本作「䚬𤥐」，依王念孫、錢大昭說乙正。

〔註 381〕陳偉武《讀馬王堆醫書短札數則》，《中國文字》2020 年夏季號（總第 3 期），

按：陳氏九字作一句讀是也。環，讀為還，反也，副詞。

（13）益氣，有（又）令人免澤

新注：免澤，原釋文作「免（面）澤」。疑「免」當讀為「曼（字或作脕）」。（6 / 54）

周波曰：免澤，應即傳世古籍所見之「曼澤」或「娩澤」。曼訓細潤，娩、脕訓新鮮。兩詞在訓釋方面仍有所區別〔註 382〕。

按：新注說是，周說稍隔，娩、脕的語源仍是曼。銀雀山漢簡《尉繚子》：「……者誰也？曰□澤好色也。」整理者曰：「『澤』上一字左旁殘泐，右旁從『免』聲，疑當讀為『曼』。」〔註 383〕此字當是「娩」或「脕」。

（14）日益一垸（丸），至十日；日後日捐一垸（丸），至十日，日〔□□□□□□〕益損□，□之多日，令人壽不老

原注：捐，棄，在此義為減去。（P113）

馬繼興曰：捐，義同「損」，減少、除去。（P724）

按：「捐」當作「損」，形之譌也，與上「益」字相對為文。下「益損」即承此而言。《說文》：「損，減也。」《玉篇》：「損，減少也。」

（15）燔螟，冶。裹其灰以抿（播）手，可以翕壺折角，益力

原注：螟，未詳。「翕□」下一字不全，古書常見「翕赫」、「翕艴」，盛貌，疑與此有關。（P114）

馬繼興曰：「翕」下一字原殘。「翕」義為盛，有強壯之義。（P731）

周一謀曰：方意似是粉碎燔螟，裹其灰以飼牛，可醫牛之折角之疾，並有補益筋力的作用。（P301）

魏啟鵬曰：牛角受毀損，乃古人所忌。疑「翕□」為「翕受」。（2 / 52）

陳劍曰：《淮南子・主術》：「桀之力，制觡伸鉤，索鐵歙金。」高誘注：「觡，角也。索，絞也。歙，讀協。」楊樹達云：「『制』當讀為折。謂角觡之堅，桀之力可折而使斷也。歙金，謂桀之力可使金歙合。」「制」有多本作「別」，義亦可通。「制（折）觡」與帛書「折角」極近，「翕金」與帛書

第 127 頁。

〔註 382〕周波《馬王堆帛書與傳世古籍對讀札記二則》，《中國語文》2015 年第 5 期，第 465～466 頁。

〔註 383〕《銀雀山漢墓竹簡〔壹〕》，文物出版社 1985 年版，第 80 頁。

「翕壺」相類。「翕壺」即使壺翕、合，猶今語言「捏扁」〔註 384〕。

新注：「以抿（搢）手」原釋作「以□牛」，此從陳劍說。壺，原缺釋，此從裘錫圭說。（6 / 59）

按：陳劍引《淮南子》，至確。《淮南》「制」讀為「折」或「掣」〔註 385〕，或「別」、「制」為「列（裂）」形譌。「別」訓扭轉是後世借音字，漢代以前可能無此用法。北大漢簡末簡：「力勁抉觡。」〔註 386〕「抉」讀為決〔註 387〕，裂也。《論衡·效力篇》：「奡育，古之多力者，身能負荷千鈞，手能決角伸鉤。」「折角」、「制觡」、「決角」、「抉觡」同義。「翕」同「歙」，朱駿聲曰：「歙，叚借為搚，為摺，為拉。」〔註 388〕壺，讀為弧。古代弓或以金製，或以玉製，或以木製。翕弧，猶言折弓。「抿」是「搢」省，《說文》作「㨉」，音轉亦作「抆」，拭也。「螟」為蟲名，然未詳指何蟲。螟之言趮，俗作踑。《說文》：「趮，行也。」《篆隸萬象名義》：「踑，行也，醜行也。」《集韻》：「趮、踑，《說文》：『行也。』或從足。」《玄應音義》卷 7：「蚔蛆（蛆）：渠支反，下知列反。《廣雅》：『蛆（蛆），毒蟲也。』經文作螟，非也。」「蛆」為「蛆」形誤，故音知列反，《慧琳音義》卷 28 作「蛆」。藏經以「螟」即「蛆」，與此恐非一字。

（16）行宿，自謼（呼）：「大山之陽，天〔□□□，□〕□先〔□〕，城郭不完，□以金關。」

新注：李零：「《抱朴子·登涉》有暮宿山中避虎狼之禁方，曰：『以左手持刀閉氣，畫地作方，祝曰：「恒山之陰，太山之陽，盜賊不起，虎狼不行，城郭不完，閉以金關。」因以刀橫旬日中白虎上，亦無所畏也。』與此方相近。」（6 / 60）

按：梁·陶弘景《黃帝太乙八門逆順生死訣》：「呪曰：『吾身一法，安

〔註 384〕陳劍《馬王堆帛書〈五十二病方〉、〈養生方〉釋文校讀札記》，《出土文獻與古文字研究》第 5 輯，2013 年版，第 521 頁。

〔註 385〕沈欽韓謂「制」同「掣」。楊樹達、呂傳元讀制為折，何寧從其說。沈欽韓《漢書疏證》卷 11，收入《續修四庫全書》第 266 冊，上海古籍出版社 2002 年版，第 339 頁。何寧《淮南子集釋》，中華書局 1998 年版，第 625～626 頁。

〔註 386〕《北京大學藏西漢竹書墨跡選粹》，人民美術版社 2012 年版。

〔註 387〕參見蔡偉《試說北大漢簡〈妄稽〉之「臂旗胅八寸」》引陳劍說，復旦古文字網 2012 年 12 月 22 日。

〔註 388〕朱駿聲《說文通訓定聲》，武漢市古籍書店 1983 年版，第 109 頁。

和泰山。城郭不見（完），閉以金關。千凶萬惡，莫敢可（來）干。六丁在吾左右，六甲在吾前後，護衛吾身。急急如律令。』」《黃帝太乙八門入式秘訣》:「凡六戊安營，以刀畫，從本旬戊上起左行，劃一周匝四圍地界了，於中央立禹步，而呪曰:『太山之陽，恆山之陰，盜賊不起，虎狼不侵。天帝奉我，使我潛形，城郭堅固，如同金關。千凶萬惡，莫敢來干。急急如律令。』」《玄精碧匣靈寶聚玄經》卷中:「或有下寨，閉戊安營。大將持刀，立於天門。本旬戊上，取土六斗。俵於六戊，按刀呪云:『泰山之陽，恆山之陰。盜賊不起，狼虎不行。城郭堅固，如同金關。千凶萬惡，莫之敢干。急如律令。』」唐・李筌《太白陰經》卷 9《遁甲總序》引《閉六戊法》:「先置營，訖于某旬，上以刀從鬼門行起，左旋畫地一周，次取其中央之土一斗，置六戊上。六戊者，天罡神也。刀即置取土之處，埋之咒曰:『太山之陽，恒山之陰。盜賊不起，虎狼不傷，城郭不完，閉以金關，千凶萬惡，莫之敢犯。』便于營中宿。」唐・李淳風《金鎖流珠引》:「敕曰:『恆山之陰，太山之陽。精魅不起，毒蛇伏藏。虎狼見我，盡皆驚忙。有姓李名耳，猛虎見摧牙折齒，毒蛇見者盤不起。急急如律令。』」宋・曾公亮《武經總要》後集卷 20 引《真人閉六戊之法》:「持刀念呪曰:『泰山之陽，常山之陰，盜賊不起，虎狼不行，城郭不完，閉以金關，千凶萬禍，莫之敢干。』於其中宿，不復出也。」明・程道生《遁甲演義》卷 4:「泰山之陽，恒山之陰，盜賊不起，虎狼不侵，天帝有勅，司命先行，城郭不完，閉以金關，千凶萬惡，莫之敢干，急急如九天玄女元君律令勅。」雖不知所出，要當有所依據。本文疑脫「恒山之陰」四字，「大山」即「太山」，亦即「泰山」。脫文亦可據補為「天〔帝有勅，司〕命先〔行〕」、「閉」。

(17) 即取突墨〔□□〕□□內（納）履中

馬繼興曰：突墨，即竈突墨。《廣雅》:「墨，黑也。」(P739)

按:「墨」是會意字，舊說是形聲字，黑亦聲，致治古音者眾說紛如。《說文》:「墨，書墨也，從土，從黑，黑亦聲。」「墨」有書墨義，是炱煤的「煤」字的假借。古之書墨，即由炱煤製作而成，故稱之為「墨」。許慎說「墨」字從黑得聲，可能不可信。「墨」不是「黑」的滋生詞，不是同源關係。竈突墨，指屋樑上因竈突煙燻而形成的煙塵，而不是指鍋底的灰。《玄應音義》卷 15 引《通俗文》:「積烟以為炱煤。」《玉篇》:「炱，炱煤，煙塵也。」《家語・在厄》:「顏回仲由炊之於壞屋之下，有埃墨墮飯中。」「埃墨」

即「㚖煤」音轉，即此物。

（18）筋不至而用則避，氣不至而用則隋（惰）

原注：避，迴避。（P117）

馬繼興曰：惰，衰敗。（P740）

周一謀曰：避、隋意義略同垂。（P306）

按：周說是也。避，讀為疲，疲軟；或讀為痹，俗作痺、疪，肌肉麻木也。隋，讀為陊、墮，下垂、下落〔註 389〕。

（19）□見三月吉日在□，禹乃□□入於璇（璿）房，其狀變，色甚雄以美，乃若台壯

原注：台，疑讀為始。（P118）

按：台，音怡，讀為巸。本方第 179 行「瓦茝」，整理者讀茝為苔〔註 390〕，可參。《說文》：「巸，廣臣（頤）也。」引申為廣大、長大義。《廣雅》：「巸，長也。」《玉篇》引《字書》：「巸，美也。」「美」亦指長大而言。字亦作熙，《方言》卷 12：「熙，長也。」郭璞注：「謂壯大也。」《廣韻》：「熙，廣也，長也。」台壯，猶言壯大。

（20）今我血氣外揖

按：揖，讀為湒。《說文》：「湒，一曰沸涌皃。」外揖，猶言外溢、外泄、外越。

馬王堆帛書《房內記》校補

（1）用布抿（揩）揗中身及前，舉而去之

新注：周一謀、蕭佐桃：「舉，此當指男子陰莖勃起。」今按：「舉」僅用於指男子的性反應。（6 / 75）

按：本方第 10 行：「即取入中身空（孔）中，舉，去之。」「舉」指揭取，拿走。醫書殘片有「挈去」、「挈去先所傅」、「操而去之」語〔註 391〕，「舉」與「操」、「挈」同義。

〔註 389〕參見蕭旭《馬王堆漢簡（四）〈天下至道談〉〈合陰陽〉校補》，收入《群書校補（續）》，花木蘭文化出版社 2014 年版，第 77 頁。

〔註 390〕《馬王堆漢墓帛書〔肆〕》，文物出版社 1985 年版，第 115 頁。

〔註 391〕《長沙馬王堆漢墓簡帛集成》第 5 冊，中華書局 2014 年版，第 301 頁。

（2）卵壹決，勿（？）多食，多食□

孫啟明曰：「決」原字當為「枚」〔註 392〕。

新注：原注：「呹，即𣀮字。」周一謀：「決，定也。卵壹決，意即壹卵即足，故下文更謂『勿多食』。」今按：以上兩種解釋皆可疑，「決」字到底讀為何字待考。（6 / 76）

胡娟曰：決，表示疾病迅速消除〔註 393〕。

魯普平等曰：「決」為斷止、完畢義。卵一決，即一卵即止〔註 394〕。

按：潘遠根說同周一謀〔註 395〕，此說及胡、魯說未合句法。孫氏改字無據。決，疑讀為柍。《方言》卷 13：「盂謂之㮎，河濟之閒謂之盌𥂖，椀謂之盦，盂謂之銚鋭，木謂之涓（梋）抉（柍）。」《集韻》引《方言》：「椀謂之柍。」《廣雅》：「梋、柽、柍、椀，盂也。」《玉篇》：「柍，椀也，亦盂也。」單言曰梋或柍，複言則曰梋柍。「椀」亦作「盌」，俗作「碗」。

（3）內加……因取禹熏、□□各三指大最（撮）一，與肝并入醯中

原注：帛書《五十二病方》中「蟲蝕」條有「禹竈□」，與此疑均為伏龍肝的別名。（P124）

新注：張顯成：「也就是久經柴草燻燒以後的竈中裏層的土塊。」劉建民：「我們認為『禹熏』應讀為『禹孫』。禹孫即澤瀉。」（6 / 78）

按：「伏龍肝」又名「竈心土」，《證類本草》卷 5 說其功效及名義云：「伏龍肝，味辛，微温，主婦人崩中吐血，止欬逆，止血，消癰腫毒氣。陶隱居云：『此竈中對釜月下黃土也。取擣篩合葫，塗癰甚效，以竈有神，故號為伏龍肝。』」此非使「內加」（陽具增長）之物。《五十二病方》中的藥名或當是「禹竈」，「□」屬下為詞。疑「禹熏」、「禹竈」是「禹餘糧」的別名，其取義相同。《證類本草》卷 6 說「麥門冬」的功效及別名云：「愈痿蹷，強陰益精，消穀調中保神，定肺氣，安五藏，令人肥健，美顏色，有子，久服輕身不老不饑，秦名羊韭，齊名愛韭，楚名馬韭，越名羊蓍，一名禹葭，

〔註 392〕孫啟明《漫漶字研究》，《醫古文知識》2000 年第 4 期，第 9 頁。

〔註 393〕胡娟《漢簡帛醫書五種字詞集釋》，西南大學 2016 年博士學位論文，第 174 頁。

〔註 394〕魯普平、王錦城《馬王堆簡帛語詞札逐》，《古籍整理與研究》2017 年第 4 期，第 92 頁。

〔註 395〕潘遠根《馬王堆醫書〈雜療方〉考辨》，《湖南中醫學院學報》1989 年第 3 期，第 154 頁。

一名禹餘糧。」《御覽》卷 988 引《本草經》:「禹餘粮味甘寒，生池澤，治欬逆、寒熱、煩滿、下利、赤白血閉、癥瘕、大熱，久服輕身，生東海。」又名「禹哀」,《御覽》卷 988 引《吳氏本草經》:「太一禹餘粮，一名禹哀。」

（4）及為，為小囊裹以嗛前，智（知）而出之

原注：嗛，銜。(P125)

馬繼興曰：嗛，義為愉快、滿足。(P760)

魏啟鵬曰：《說文》:「嗛，口有所銜也。」此句指用前陰銜著小囊所裹藥物。(2 / 68)

按：嗛，讀為鉗，《說文》:「鉗，持〔止〕也。」〔註 396〕俗作捦、撳、攼，《集韻》:「捦，按也。」今吳語尚謂以手用力按住或塞進去為捦。

馬王堆帛書《療射工毒方》校補

（1）以田暘豕邋（鬣）屯（純）衣，令蜮及虫（虺）蛇蛇弗敢射

原注：邋，疑讀為鬣。田暘豕鬣，不詳。下一「蛇」字係衍文。(P128)

馬繼興曰：暘假為場。田場即野外、田野。《廣雅》:「鬣，毛也。」(P774)

周一謀曰：暘，「場」或字。《集韻》:「場，或作暘。」《說文》:「場，祭神道也，一曰山田不耕者，一曰治穀田也。」指荒田或穀田。豕，動物有田豕。田暘豕，疑指荒田或穀田中之田豕。邋，疑為巤字，即獵字。《說文》:「毛巤也。」指動物之鬃毛。(P337)

魏啟鵬：田暘豕邋，指圍獵捕獲的野豬身上的長毛。田，圍獵。暘字，古有捕獲、閉捉的含義。一說，「田暘」同「田弋」(2 / 76～77)

按：暘，原釋文作「暘」，當是。潘遠根說同周一謀，而「暘」皆誤作「暘」〔註 397〕，也太粗心了。讀邋為巤，是也。字亦作獵、鬣，《玄應音義》卷 19:「豬獵：又作巤、鬣，二形同。《說文》:『毛巤也。』亦長毛也。《通俗文》:『豬毛曰獵。』」《說文》:「暘，不生也。」《集韻》:「場，《說文》:『一曰田不耕。』或作塲、暘。」田暘，猶言荒田、野田。田暘豕鬣，指荒田裏野豬身上的長毛。

〔註 396〕「止」字據蔣斧印本《唐韻殘卷》、《廣韻》引補，《玉篇》、《篆隸萬象名義》卷 10、敦煌寫卷 P.2011 王仁昫《刊謬補缺切韻》亦有「止」字。

〔註 397〕潘遠根《馬王堆醫書〈雜療方〉考辨》,《湖南中醫學院學報》1989 年第 3 期，第 155 頁。

（2）而處水者為鮁，而處土者為蚑，棲木者為蠭（蜂）、䗫（蛅）斯，蜚（飛）而之荊南者為蜮

原注：《名醫別錄》云蚑為水蛭別名。陶弘景《本草經集注》謂蚑有數種，中有水中馬蜞及山蚑。《嘉祐本草》載水蛭、草蛭兩種；《蜀本草》則在水蛭外，另有石蛭、泥蛭二種。本帛書鮁、蜞當為兩種蛭。蠜斯，即「蛅斯」。《爾雅》：「螺，蛅蟴。」注：「蛓屬也，今青州人呼蛓為蛅蟴。」（P129）

按：①䗫，原釋文作「蠜」，當是。水蛭非蜮類，注釋非是。下言「蜂、蛅斯」，皆有針或毛能刺人，水蛭則無。②本方第 8 行云「每朝啜闌（蘭）實三，及啜陵（菱）蔽（芰）」可以避蜮。《證類本草》卷 7：「藍實，味苦寒，無毒，主解諸毒殺蠱蚑疰鬼螫毒，久服頭不白，輕身，其葉汁殺百藥，解狼毒、射罔毒。」有注：「蚑，音其，小兒鬼也。」《本草綱目》卷 16 同。字本作鬾，《說文》：「鬾，一曰小兒鬼。」《文選・東京賦》：「八靈為之震慴，況鬾蜮與畢方？」薛綜注：「鬾，小兒鬼。」李善注：「《漢舊儀》曰：『魊，鬼也。魊與蜮同。」「蜮」同「蜮」，人不得見，古人視之亦鬼類，故《詩・何人斯》云「為鬼為蜮」，毛傳：「蜮，短狐（弧）也。」《子華子・晏子》云「極其回邪，如鬼如蜮」。帛書《五十二病方》：「祝曰：『潰（坌）者鬾父鬾母，毋匿□□□……投若□水，人也人也而比鬼。』」《抱朴子內篇・登涉》：「山中山精之形，如小兒而獨足，走（足）向後，喜來犯人。人入山若（谷），夜聞人音聲大（笑）語，其名曰蚑，知而呼之，即不敢犯人也。」〔註 398〕「蚑」亦是「鬾」借字。《東京賦》「鬾蜮」，即此文之「蚑蜮」。處水者為鮁，「鮁」亦「鬾」，易其義符為分別字也。「魊」亦「蜮」的分別字。鬾之言蚑，《說文》：「蚑，行也。」字亦作吱、跂、赽，《廣雅》：「赽赽，行也。」《廣韻》：「吱，行喘息貌。」《集韻》：「跂，緩行也。」指蟲緩慢爬行，故小兒鬼名鬾。③讀䗫為蛅，是也，亦音轉作蛅、蛤，《爾雅》、《說文》並云：「蛅，毛蠹也。」郭璞注：「即蛓。」《釋文》：「螺，字又作蠌。蛅，字或作蚺。蟴，音斯。」《說文》：「蛅，蛅斯，墨也。」又「蛓，毛蟲也。」《六書故》卷 20 引「墨」作「黑」，「墨（黑）」即「蠌（螺）」之省。《博物志》卷 4 引《神農經》：「藥種有五毒：一曰狼毒，占斯解之；二曰巴豆，霍汁解之……」此蟲之名又省作「占斯」〔註 399〕。《廣韻》：「蛅，蛅毛蠹。」《集韻》：「蛅、蛤，毒蟲名，

〔註 398〕「足」、「谷」、「笑」據《御覽》卷 886 引校正。
〔註 399〕《御覽》卷 991 引《本草經》：「占斯，一名虜及，味苦。」此異物同名者。

或從含。」《通志》卷 76：「蛓蟲曰蛅，其毛能螫人，故《爾雅》曰：『蛅，毛蠹。』又曰：『螺，蛅蟴者，黑毛蟲也。』其毛皆能射人。」《爾雅翼》卷 24：「蛅蟴，蛓蟲也，身扁，綠色，似蠶而短，背有毒毛，能螫人，今俗呼楊瘌蟲。《說文》：『楚人謂藥毒曰痛瘌。』一曰傷也。」（引者按：《廣雅》：「瘌，傷也。」）螺之言黑也，蛅之言黏也。段玉裁曰：「蛅之言陷也。」〔註 400〕鄭樵《爾雅注》卷 24 云：「螺，蛅蟴，音黑髯斯，黑毛蟲也，亦謂之蛓，以其毛能黏著人，故謂之蛅蟴。」張舜徽曰：「蛓之言刺也，謂能刺傷人也。蛓之義通於刺，猶鑯之義通於鋒耳。」〔註 401〕此一說也。余謂蛅之言焰，蛅之言焰。《說文》：「焰，火行也。」「焰」是名詞，指火焰；作動詞用，實亦「焰」借字。字亦省作炎，帛書《相馬經》言馬毛「高錫之，如火之炎」。蛅毛者，指其刺毛如火焰之向上伸展。此蟲吳語稱作「刺毛瘌子」或「楊毛瘌子」。吳語「楊」、「鹽」同音，實是「蛅」的記音字。「蟴」是「斯」增旁字，古「斯」、「此」、「刺」聲通，蟴亦言刺也。「蛅蟴」謂黏著人而刺之。惠棟曰：「蛅當作蝔。」〔註 402〕惠氏改字，未得。馬敘倫曰：「蛅、蛓為轉注字，然未詳其聲通之由。」〔註 403〕「蛅」、「蛓」取義不同，非音轉字，馬說非是。胡吉宣說「斯」是語助〔註 404〕，亦未是。李海霞曰：「蛅，猶髯，指毛蟲的茸毛和刺毛。蟴，猶緦、絲，亦指其毛。」〔註 405〕全是臆說。④「蜮」得名於「惑」，《漢書・五行志》：「劉向以為蜮生南越，越地多婦人男女同川，淫女為主亂氣所生，故聖人名之曰蜮。蜮猶惑也，在水旁，能射人。射人有處，甚者至死，南方謂之短弧。」《公羊傳・莊公十八年》何休注：「蜮之猶言惑也，其毒害傷人形體，不可見。」《埤雅》卷 11 引《字說》：「蜮不可得也，故或（惑）之。」〔註 406〕《類聚》卷 100 引《洪範五行傳》：「故南越多蜮者，淫女惑亂之所生也。故聖人名之曰蜮。蜮者，猶惑也。」

〔註 400〕段玉裁《說文解字注》，收入丁福保《說文解字詁林》，中華書局 1988 年版，第 12885 頁。

〔註 401〕張舜徽《說文解字約注》，華中師範大學出版社 2009 年版，第 3264 頁。

〔註 402〕惠棟《惠氏讀說文記》，收入《叢書集成初編》第 1082 冊，中華書局 1985 年影印，第 368 頁。

〔註 403〕馬敘倫《說文解字六書疏證》卷 25，上海書店 1985 年版，本卷第 93 頁。

〔註 404〕胡吉宣《玉篇校釋》，上海古籍出版社 1989 年版，第 4939 頁。

〔註 405〕李海霞《漢語動物命名考釋》，巴蜀書社 2005 年版，第 600～601 頁。

〔註 406〕《能改齋漫錄》卷 15 引「或」作「惑」。

馬王堆帛書《胎產書》校補

（1）三月始脂，果隋宵（肖）效，當是之時，未有定義（儀），見物而化，是故君公大人，毋使朱（侏）儒，不觀木（沐）侯（猴）

原注：「果隋」見《史記·貨殖列傳》，《漢書·地理志》作「果蓏」，《周易·說卦》「果蓏」，《京房易傳》作「果墮」。可證「果隋」就是「果蓏」。據《說文》也就是「栝蔞」。（P137）

周一謀曰：疑「脂」字為「胎」字之誤。隋，疑為「隨」字之誤，從也。（P350～351）

按：原注是，周說誤。馬繼興（P787）、魏啟鵬（P2／84）又指出「果隋」又作「果蠃」，亦是也。果蠃，形容圓形之物。果形曰「果蓏」、「苦蔞」，蟲形曰「果蠃」，小兒之形曰「果隋」〔註407〕。《諸病源》：「任娠三月始胎，當此之時，血不流形，像始化，未有定儀，見物而變，欲令見貴盛公主好人端正莊嚴，不欲令見傴僂侏儒醜惡形人及猿猴之類。」又「三月名曰始胎。」據此，「君公大人」上當據補「見」字。周一謀疑「脂」當作「胎」，是也。《醫心方》：「懷身三月，名曰始胎……是故應見王公、后妃、公主、好人。」《千金要方》：「三月名始胎。」又「妊娠……三月名曰始胎。」《淮南子·精神篇》：「一月而膏，二月而胅，三月而胎，四月而肌……」《廣雅》：「人一月而膏，二月而脂，三月而胎，四月而胞……」皆其證。《文子·九守》作「一月而膏，二月血（而）脈，三月而肧，四月而胎……」〔註408〕《千金要方》又云：「妊娠，一月始胎，二月始膏，三月始胞……」，其說不同。

（2）〔四月〕而水受（授）之，乃始成血，其食稻麥，䱇（鱓）魚□□，清血而明目

原注：授，稟賦。（P137）

馬繼興曰：授與受同音通假。授字義為稟賦。授，付也，予也。（P791～792）

按：《諸病源》：「任娠四月之時，始受水精，以成血脈，其食宜稻秔，其羹宜魚鴈，是謂盛榮以通耳目而行經絡。」《千金要方》、《秘要方》、《醫

〔註407〕參見程瑤田《果蠃轉語記》，收入《續修四庫全書》第191冊，上海古籍出版社1995年版，第517～524頁。蕭旭《「果蠃」轉語補記》有補充，收入《群書校補（續）》，花木蘭文化出版社2014年版，第2289～2320頁。

〔註408〕《文子纘義》本「血」作「而」，《御覽》卷360、375引同。

心方》「榮」作「血氣」。據此，「受」讀如字，水受之，謂受水精〔註 409〕。下文「受」皆同。

(3) 五月而火受（授）之，乃始成气，晏起□沐，厚衣居堂，朝吸天光，辟（避）寒央（殃），〔其食稻〕麥，其羹牛羊，和以茱臾（萸），毋食□，養氣

按：《諸病源》：「任娠五月，始受火精，以成其氣，臥必晏起，洗浣衣服，深其屋室，厚其衣裳，朝吸天光，以避寒殃，其食宜稻麥，其羹宜牛羊，和以茱萸，調以五味，是謂養氣，以定五臟者也。一本云『宜食魚鱉』。」《千金要方》、《秘要方》、《醫心方》「洗浣衣服」作「沐浴浣衣」。據此，上缺文當在「沐」下，補「浴」字。

(4) 六月而金受（授）之，乃始成筋，勞□□□，〔出〕遊〔於野〕，〔數〕觀走犬馬，必食蟄（鷙）也，未□□□，是胃（謂）變奏（腠）□筋，□□□□

按：《諸病源》：「任娠六月始受金精，以成其筋，身欲微勞，無得靜處，出遊於野，數觀走犬及視走馬，宜食鷙鳥猛獸之肉，是謂變腠〔理〕膂（細）筋，以養其爪，以牢其背膂。」《醫心方》「身欲微勞無得靜處」作「勞身無處」。《千金要方》、《秘要方》下句作「是謂變腠理紉（細）筋，以養其力（爪），以堅背膂」，《醫心方》作「是謂變腠理細筋，以養其爪，以堅背膂也」。據此，上缺文當補作「勞身無處」或「身欲微勞」。下「筋」上補「理細」二字。下四個缺字可補「牢其背膂」或「堅其背膂」。

(5) 七月而木受（授）之，〔乃始成骨〕，居燥處，無使身安，□□□□□□□養□□□□，〔飲食〕辟（避）寒，□□□□□□□□□□美齒

馬繼興曰：「美齒」之義與「堅齒」同。（P798）

按：《諸病源》：「任娠七月，始受木精，以成其骨，勞躬搖支，無使定止，動作屈伸，居處必燥，飲食避寒，常宜食稻秔，以密腠理，是謂養骨牢齒者也。」《千金要方》作「妊娠七月，始受木精，以成其骨，勞身搖肢，

〔註 409〕鄧義英《〈胎產書〉整理本標點辯誤》已經指出「受」是接受義，《成都師專學報》2000 年第 1 期，第 53 頁。

無使定止，動作屈伸，以運血氣，居處必燥，飲食避寒，常食稻粳，以密腠理，是謂養骨而堅齒」;《秘要方》「居處必燥」前有「自此後」三字，餘同。據此，「美齒」當是「養齒」形譌。

(6) 八月而土（授）〔之，乃始成膚革〕,〔和〕心靜志，□□□□,〔是〕胃（謂）密〔腠理〕

新注:《諸病源候總論》相應的文字作「和心靜息」。(6 / 95)

按:《諸病源》:「任娠八月，始受土精，以成膚革，和心静息，無使氣極，是謂密腠理而光澤顏色。」《千金要方》、《秘要方》、《醫心方》並同。據此，四個缺字可補「無使氣極」。

(7) ……以瓦甌，毋令蟲蛾（蟻）能入而迣（？）

新注：迣，應讀為泄。(6 / 95)

按:「迣」同「跇」、「趣」、「踙」、「逮」、「迾」，踰越也，跳躍也。本字作趨，字亦作踺，又省作趄、踋、曳〔註410〕。此文指蟲蟻爬進去。「以」上可據新注者所引《房內記》補一「蓋」字。

馬王堆漢簡《十問》校補

周一謀《中國古代房事養生學》，周一謀、蕭佐桃主編《馬王堆醫書考注》〔註411〕，陳可冀等主編《中國養生文獻全書（第一卷）》〔註412〕，宋書功《中國古代房室養生集要》〔註413〕，皆收錄此簡釋文。本文亦取作參考。

〔註410〕參見蕭旭《〈爾雅〉「貗貐」名義考》，收入《群書校補（續）》，花木蘭文化出版社2014年版，第1819～1821頁。

〔註411〕周一謀《中國古代房事養生學》，中外文化出版公司1989年版，第156～207頁。周一謀、蕭佐桃主編《馬王堆醫書考注》，天津科學技術出版社1988年版，第365～397頁。二書注釋相同，本文引文據1989年出版的前一書《養生學》。

〔註412〕陳可冀等主編《中國養生文獻全書（第一卷）》，甘肅人民出版社2000年版，第252～257頁。此書大多鈔撮前人成說，而不注明出處。

〔註413〕宋書功《中國古代房室養生集要》（增補本），海南出版社2011年版，第27～57頁。此書亦大多鈔撮前人成說，而不注明出處。其書第51頁鈔錄整理者的說法「懇，讀為懷，《方言》『憚也』」，竟鈔漏了「讀為懷」三字，給讀者的印象就是《方言》有「懇」字；第56頁鈔錄馬繼興、周一謀說「参，高也」，「高」字竟誤作「商」。

（1）淺坡（彼）陽炥，堅蹇不死

原注：淺，疑讀為濺。炥，疑讀為勃。蹇，《呂氏春秋·別類》注：「強也。」（P145）

馬繼興曰：「濺」字義為水液的迸射。「勃」字義為興起。「蹇」字義為強直，伸直不屈。《呂氏春秋·別類》：「合兩淖則為蹇。」高誘注：「蹇，彊也。言水漆相得，則彊而堅也。」「死」字義為精氣的敗退或頹廢。在本書中「死」字則多指陽痿症狀而言。此句係指堅固強勁而不萎縮。（P877）

魏啟鵬曰：淺讀為餞。《說文》：「餞，送去食也。」陽炥，火熱的陽氣。《集韻》：「炥，熱氣。」此句意為輸出那火熱的陽氣。「堅」借為「偃」。偃蹇，高聳，引申為驕傲。（2 / 97）

宋書功曰：淺，疑讀為濺，激起之狀。陽，陽物。炥，《集韻》：「一曰熱氣。」（P29）

按：淺，讀為散。「淺」是南楚方言的音變。《荀子·榮辱》：「家室立殘，親戚不免乎刑戮。」《說苑·貴德》作「家室離散，親戚被戮」，此其相通之證。荀子廢老蘭陵，荀書亦存古楚語也〔註 414〕。字亦作「後」，《老子》第 64 章：「其微易散。」馬王堆帛書同，郭店楚簡「散」作「後」。清華簡（十）《行稱》：「吝貨資速後芒（亡）。」整理者讀後作散〔註 415〕。字亦省作「戔」，上博楚簡（二）《容成氏》簡 6：「堯戔貤而旹旹。」孫飛燕讀「戔貤」為「散施」〔註 416〕。上博楚簡（二）《容成氏》簡 41：「樊（叛）宗鹿族戔群。」上博楚簡（五）《融師有成氏》簡 6：「毀折鹿戔。」二例「鹿戔」，鄧少平讀為「離散」〔註 417〕，

〔註 414〕《荀子·君道》：「天下之變，境內之事，有弛易齵差者矣。」「齵差」即《淮南子·原道篇》之「偶睷」，《本經篇》之「隅差」。《淮南子》多吳楚南方方言，「齵差」亦古楚語。參見蕭旭《〈越絕書〉古吳越語例釋》，收入《群書校補（續）》，花木蘭文化出版社 2014 年版，第 2008 頁。

〔註 415〕《清華大學藏戰國竹簡（十）》，中西書局 2020 年版，第 152 頁。

〔註 416〕孫飛燕《〈容成氏〉文本整理及研究》，清華大學 2010 年博士學位論文，第 108 頁；其說又見孫飛燕《〈容成氏〉字詞考釋二則》，《中國文字》新 36 期，藝文印書館 2011 年版，第 47～49 頁。

〔註 417〕鄧少平《試說楚簡中讀為「散」的「戔」字》，《中國文字研究》第 17 輯，上海人民出版社 2013 年版，第 36～38 頁。鄧君讀鹿為離，他指出是取陳劍、范常喜說。陳劍《楚簡「𦥑」字試解》，《簡帛》第 4 輯，上海古籍出版社 2009 年版，第 156 頁。范常喜《上博簡〈容成氏〉和〈天子建州〉中「鹿」字合證》，《古文字研究》第 28 輯，中華書局 2010 年版，第 431～432 頁；又收入《簡帛探微——簡帛字詞考釋與文獻新證》，中西書局 2016 年版，第 17 頁。

余則讀為「流散」〔註 418〕。字亦作「𢿸」，上博楚簡（九）《卜書》7～8 號：「我周之子孫其𢿸于百邦，大貞邦亦兇。」鄔少平、駱珍伊並讀𢿸為散〔註 419〕。清華簡（八）《治邦之道》：「毋喬（驕）大以不龏（恭），和其音㷉（氣）與其䫉（顏色）以肕（柔）之，則眾不戔。」石小力、楊蒙生讀戔作散〔註 420〕。後世又音轉為㪚，P.2011 王仁昫《刊謬補缺切韻》：「㪚，散。」《玉篇》、《廣韻》同。《東坡志林》卷 5：「嵇中散《琴賦》云：『間遼故音痺，弦長故徽鳴。』所謂痺者，猶今俗云㪚聲也（出《羯鼓錄》）。㪚音鮮。」《說郛》卷 19 引史浩《兩鈔摘腴》、又卷 27 引周密《浩然齋視聽抄》說同。《太平廣記》卷 205 引《羯鼓錄》：「若不剛，即應條高下，撈捩不停；不匀，即鼓面緩急，若琴徽之㪚病矣。」唐．皮日休《上真觀》：「纚褷風聲痥，跁跒地力痑。」唐．陸龜蒙《奉酬襲美先輩》：「蠹簡有遺字，㪚琴無泛聲。」一本作「痥」。元．張翥《漸老》：「不鼓牀琴痥，慵書帖字生。」「痥」、「㪚」為聲散義之專字。《方言》卷 3：「散，殺也，東齊曰散。」《史記．淮陰侯傳》：「今大王誠能反其道，任天下武勇，何所不誅？以天下城邑封功臣，何所不服？以義兵從思歸之士，何所不散？」《漢書》、《新序．善謀》同。散、殺一聲之轉，劉洪濤指出語源是「㓢」〔註 421〕，是也，「殘」亦其音轉。《漢紀》卷 2 作「勝」，《御覽》卷 290 引《史記》作「尅」，義亦相會。「炥」字魏氏訓熱氣，是也。字亦作怫，《素問．至

〔註 418〕「鹿」為來母屋部或侯部，「流」為來母幽部，幽、侯音近可轉；「離」為來母歌部，與屋部或侯部相去較遠。《山海經．南山經》：「柢山有魚焉，其狀如牛……其音如留牛，其名曰鯥。」留、鯥音轉。《國語．越語下》：「五穀睦孰。」《舊音》「睦」作「稑」，馬王堆帛書《十六經．觀》作「溜」。《御覽》卷 850 引《風俗通》：「蒸飯更泥謂之餾，音與六相似也。」又「流離」音轉則為「陸離」，「陸離」早期見於《楚辭》、《淮南子》，當是楚方言之音變。流之音轉為鹿，猶留之音轉為鯥、溜之音轉為睦、餾之音轉為六、流之音轉為陸也。另參見蕭旭《「流利」考》，收入《群書校補（續）》，花木蘭文化出版社 2014 年版，第 2441～2442 頁。或視「鹿」為「麗」省形，故讀為「離」，上博（六）《天子建州》「男女不語鹿，朋友不語分」，亦其例。

〔註 419〕鄔少平說見程少軒《小議上博九〈卜書〉的「三族」和「三末」》所附《補記》，《中國文字》新 39 期，藝文印書館 2013 年版，第 116 頁。駱珍伊《〈上博九．卜書〉「散於百邦」小議》，簡帛網 2013 年 2 月 26 日。

〔註 420〕石小力《清華簡第八輯字詞補釋》，清華大學出土文獻網站 2018 年 11 月 17 日。又《清華簡入藏暨清華大學出土文獻研究與保護中心成立十週年紀念會論文集》，清華大學 2018 年 11 月 17～18 日，第 302 頁。楊蒙生《讀清華簡第八輯〈治邦之道〉叢札》，《中國文字研究》第 31 輯，2020 年版，第 80 頁。

〔註 421〕劉洪濤《〈方言〉「散，殺也」疏證》，《語言科學》2017 年第 1 期，第 1～5 頁。

真要大論篇》:「少陰司天，熱淫所勝，怫熱至，火行其政，民病胸中，煩熱嗌乾。」「陽㶿」指血液中的熱氣。此簡「堅蹇」同義連文，即高誘所說的「彊而堅」。馬敘倫謂「蹇」訓彊的本字為「䆪」，引《說文》「䆪，堅也」以證之，陳奇猷從其說〔註 422〕。「䆪」訓堅，是「完」的增旁字（「院」訓周垣，本作「寏」）。《荀子・王制》:「尚完利。」楊倞注:「完，堅也。」《荀子・勸學》:「巢非不完也。」《大戴禮記・勸學》同，楊倞解為「完堅」。王聘珍曰:「完，固也。」〔註 423〕《史記・匈奴列傳》「以示不如旃裘之完善也」,《漢書》「完」作「堅」。《鹽鐵論・論功》:「匈奴車器無銀黃絲漆之飾，素成而務堅；絲無文采裙褘曲襟之制，都成而務完。」完亦堅也，同義對舉。《敦煌懸泉月令詔條》:「〔完堤〕防，謹壅〔塞〕……謂之完堅堤。」〔註 424〕完、堅同義連文。《荀子・議兵》:「械用兵革攻完便利者強。」楊倞注:「攻，當為功。功精好加功者也。器械牢固便利於用則強也。」完、攻亦同義連文。竊謂蹇讀虔，亦備一說。《爾雅》:「虔，固也。」《詩・長發》:「有虔秉鉞。」毛傳:「虔，固也。」有虔，強固貌。此簡言男女交合時，二人肌膚相迫……以致生出陰水，舒散陽具中的熱氣，則陽具堅強，而不陽痿。

（2）此胃（謂）復奇之方，通於神明

馬繼興曰:「復」字義為補充、補償。「奇」字義為異常，引申為病態。此句係指這就是恢復異常病態（或補償虧損）的方法。通於神明，指使精神堅強、靈活、通利而言。（P878）

周一謀曰：復，補也。奇，虧也。（P160）

魏啟鵬曰：奇，陽。復，返、還；補復。復奇猶言返陽、補陽。（2 / 97）

按：復，讀為伏，藏也。《左傳・哀公十二年》:「火伏而後蟄者畢。」《中論・曆數》引「伏」作「復」。《博物志》卷 3:「潮水至則毛起，潮水去則毛伏。」《御覽》卷 68、《合璧事類備要》前集卷 8 引「伏」作「復」。張家山漢簡《引書》:「復鹿。」高大倫讀為「伏鹿」〔註 425〕。或讀復為祕，《詩・楚茨》:「苾芬孝祀。」《文選・古詩》李善注、《慧琳音義》卷 37 引《韓詩》

〔註 422〕陳奇猷《呂氏春秋新校釋》，上海古籍出版社 2002 年版，第 1653 頁。

〔註 423〕王聘珍《大戴禮記解詁》，中華書局 1983 年版，第 132 頁。

〔註 424〕《敦煌懸泉月令詔條》，中華書局 2001 年版，第 25 頁。

〔註 425〕高大倫《張家山漢簡〈引書〉研究》，巴蜀書社 1995 年版，第 113 頁。

「苾」作「馥」，此其相通之證。《說文》:「祕，神也。」「通於神明」即言其法術之神奇，指達到神明的境界，而非指精神堅強、靈活、通利而言。

（3）尺汙（蠖）之食方，通於陰陽，食蒼則蒼，食黃則黃

范常喜曰：此處原簡文「食」後有一墨釘句讀，所以我們懷疑當從此斷開，原句當斷作「尺汙（蠖）之食，方通於陰陽。」「方」疑讀作「旁」〔註426〕。

按：范說可存。此乃古諺語。《晏子春秋・外篇》:「尺蠖食黃則黃，食蒼則蒼。」《說苑・君道》:「夫尺蠖食黃則其身黃，食蒼則其身蒼。」《亢倉子・政道》:「猶蠖屈之於葉也，食黃則身黃，食蒼則身蒼。」蒼、黃，指樹葉的顏色。

（4）黃帝問於曹熬曰

馬繼興曰：曹熬，本書託名的黃帝時代之大臣，但不見於傳世古籍中。（P888）

按:「曹熬」為人名，不是姓曹名熬。「曹熬」是一連綿詞，義為高大貌。敦煌寫卷 P.4980:「不知僧，饑以渴，唇口曹熬生躃裂。」此「曹熬」形容唇口開裂貌。字亦作「嶆嶅」、「曹嶅」，形容山形高大貌。字亦作「嘈嗷」，形容雜音大貌。倒言則作「敖曹」、「嗷嘈」、「遨曹」、「嶅嶆」，敦煌寫卷 BD01017《洞真上清諸經抄・洞真太一帝君太丹隱書洞真玄經》:「偃宴太帝館，嶅嶆阿母庭。」《道藏》本《洞真太一帝君太丹隱書洞真玄經》作「敖蓸（嶆）」〔註427〕，《道藏》本《上清道寶經》卷3、《上清諸真人授經時頌金真章》並作「嗷嘈」〔註428〕。音轉則為「豪曹」、「昂藏」、「岇嵅」等等。寶劍名「豪曹」者，取高昂為義〔註429〕。此簡人名「曹熬」，當取其形體高大，虛托為一人名耳。

〔註426〕范常喜《〈馬王堆漢墓帛書・十問〉札記二則》，簡帛網2006年9月9日；范常喜《〈十問〉札記三則》，收入《簡帛探微——簡帛字詞考釋與文獻新證》，中西書局2016年版，第142頁。

〔註427〕《洞真太一帝君太丹隱書洞真玄經》，收入《正統道藏》第33冊，文物出版社、上海書店、天津古籍出版社1988年影印，第528頁。z

〔註428〕《上清道寶經》卷3、《上清諸真人授經時頌金真章》，分別收入《正統道藏》第33、34冊，第720、30頁。c

〔註429〕參見蕭旭《越王劍名義考》，收入《群書校補（續）》，花木蘭文化出版社2014年版，第2019～2021頁。

（5）椄（接）陰之道，必心塞葆

馬繼興曰：保，原作「葆」，同音通假。「塞」字義為充實。「保」字義為安定、保養。（P892）

周一謀曰：塞，安也。葆，安也。（P168）

魏啟鵬曰：塞葆，意為堵住那寶貴的玉泉，不能流失。「葆」通「琪（引者按：當作「寶」字）」。（2 / 102）

按：馬說「塞」訓充實，是也。葆，讀為服，實為偪，亦塞也。《老子》第 15 章：「保此道者不欲盈。」《淮南·道應篇》、《文子·九守》引「保」作「服」。《韓子·初見秦》：「荊王君臣亡走，東服於陳。」《史記·楚世家》「服」作「保」。馬王堆帛書《十六經·三禁》：「毋服川。」整理者原注：「《晏子春秋·內篇問上》：『以無偪川澤。』『毋服川』即『毋偪川澤』。偪即逼字，逼迫。」〔註 430〕整理者後來修訂作：「《國語·周語下》：『不防川。』防謂隄障，服、防一聲之轉。」〔註 431〕銀雀山漢簡本《晏子春秋》「偪」作「服」，整理者原注是，修訂本轉為失之。北大漢簡（一）《蒼頡篇》簡 12：「闊錯甏葆。」王寧讀錯為笮，讀葆為褒，從原整理者說讀甏為蹙，謂「闊笮」、「甏褒」皆取相反為義〔註 432〕。今謂讀甏為蹙，讀錯為笮，皆是也。葆亦讀為偪。「昏」隸變譌作「舌」，闊讀為昏，字亦作括（揺）。《方言》卷 12：「括，閉也。」《廣雅》：「括、昏，塞也。」王念孫曰：「昏者，《說文》：『昏，塞口也。古文作昏。』『昏』與『括』聲相近也。」〔註 433〕古文作「昏」者，誤「口」為「甘」。字亦作䞟，《玉篇》：「䞟，甏也。」《廣韻》：「䞟，甏䞟。」「闊錯甏葆」四字同義，猶言偪塞、迫促。

（6）民始蒲淳溜刑，何得而生？溜刑成膿（體），何失而死

原注：蒲，疑讀為敷、布。溜刑，見帛書《胎產書》。（P147）

《胎產書》作「留刑」，原整理者注：留刑，《十問》作「溜刑」，即「流刑」。《淮南子·繆稱》：「金錫不消釋，則不流刑。」「刑」是鑄造器物用的陶範。這裏是以金屬的凝鑄比喻胚胎始結。《周易·乾》象傳：「雲行雨施，品物

〔註 430〕《經法》，文物出版社 1976 年版，第 77 頁。

〔註 431〕《馬王堆漢墓帛書〔壹〕》，文物出版社 1980 年版，第 74 頁。

〔註 432〕王寧《北大漢簡〈蒼頡篇〉讀札（上）》，復旦古文字網 2016 年 2 月 22 日。

〔註 433〕王念孫《廣雅疏證》，收入徐復主編《廣雅詁林》，江蘇古籍出版社 1992 年版，第 199 頁。

流形。」原意與此相似。（P136）

馬繼興曰：蒲假為賦，流與溜同音通假。形，原作「刑」，通假。「賦」字義為給予、授予，引申為稟賦。「淳」字義為濃厚，純粹不含雜質。「流形」的本義為物質形體，或鑄造器物的模具，在本書此處及帛書《胎產書》中均用作比喻開始形成人的胚胎。此句係指當人體最初受先天稟賦在母體中開始形成純潔無瑕的胚胎雛型（形）。（P898）

魏啟鵬曰：蒲，讀為敷。淳，讀為醇。蒲醇，猶言布醇、化醇。（2／106）

按：《胎產書》原整理者注是也。《淮南子．繆稱篇》許慎注：「刑，法。」《爾雅》：「刑，法。」「刑」指鑄造器物的土製模具，專字作型。《說文》：「型，鑄器之法也。」《淮南子》是說金錫不熔化就不流入模具。此簡「溜刑」當同義。「刑」不當讀為「形」，下文「生於無徵，長於無刑，成於無體」亦同。上博楚簡（七）《凡物流型》：「𠯑（凡——品）勿（物）流型，奚旻（得）而城（成）？流型城（成）豊（體），奚旻（得）而不死？……民人流型，奚旻（得）而生？流型城（成）豊（體），奚遊（失）而死？」楚簡「流型」當讀如字，亦不當讀為「流形」。《莊子．大宗師》：「特犯人之形而猶喜之。」又「大冶鑄金，金踊躍曰『我且必為鏌鋣』，大冶必以為不祥之金。今一犯人之形，而曰『人耳人耳』，夫造化者必以為不祥之人。」郭象注、成玄英疏皆解犯為遇，俞樾、王叔岷從其說〔註434〕，皆非是。《淮南子．俶真篇》引上句，「犯」作「範」，高誘注：「範，猶遇也，遭也。一說：範，法也。」一說是。犯、範，並當讀為笵〔註435〕。《說文》：「笵，法也。」指竹製模具，與「型」同義。字亦作范，《荀子．強國》：「刑范正。」楊倞注：「范，法也。」「犯人之形」指在模具中製作成人形，即此簡「溜刑」之誼。蒲，當讀為樸。《淮南子．時則篇》：「具撲曲筥筐。」《方言》卷5：「薄，宋魏陳楚江淮之閒謂之苗。」「撲曲」即《方言》之「薄苗」。錢繹曰：「撲與薄古通字。」〔註436〕此蒲讀為樸之證。《淮南子．齊俗篇》：「澆天下之淳，析天下之樸。」《文子．上禮》「淳」作「醇」。《淮南子．氾論篇》：「古者人醇工厖，商樸女重。」淳（醇）亦樸也，同義對舉。此簡「蒲淳」即「樸淳

〔註434〕王叔岷《莊子校詮》，中華書局2007年版，第226～227頁。

〔註435〕參見王先謙、于鬯、楊樹達、蔣禮鴻說。王先謙《莊子集解》，中華書局1987年版，第59頁。後三說並見張雙棣《淮南子校釋》（增定本），北京大學出版社2013年版，第168～169頁。

〔註436〕錢繹《方言箋疏》，上海古籍出版社1984年版，第340頁。

（醇）」，指在模具中製作人形的素材。《老子》第28章：「樸散則為器。」「人」亦「器」之一種耳，故此簡云「樸淳流型」，以鑄造器物作比喻耳。（附記：曹錦炎曰：「刑當讀為形。流，《說文》謂：『水行也。』引申為變化、化為之意。形，形體。《管子・水地》：『人，水也，男女精氣合，而水流形。』尹知章注：『陰陽交感，流布成形。』尹注甚是。『蒲淳』當讀為『樸淳』或『樸沌』，謂人開始是處於樸素混沌之狀因受天地陰陽之精氣而孕育成形體。」〔註437〕曹氏說「流形」與我的理解不同，讀「蒲淳」為「樸淳」是也，而釋為「樸素混沌」則誤。）

（7）容成合（答）曰：「君若欲壽，則順察天地之道。」

馬繼興曰：「順」字義為順從。（P899）

按：順，讀為慎，不煩舉證。《文子・微明》：「不可不慎察也。」

（8）故善治氣槫（摶）精者

原注：《管子・內業》：「摶氣如神。」注：「摶，謂結聚也。」（P147）

馬繼興曰：「治」字義為治理、整理。「摶」字義為凝集、集結。（P903）

按：摶，讀為專，專一。《呂氏春秋・論威》：「并氣專精。」《御覽》卷271、《記纂淵海》卷181引「專」作「摶」。《漢書・丙吉傳》：「君其專精神，省思慮，近醫藥，以自持。」

（9）去惡好俗，神乃溜刑

馬繼興曰：去惡，指摒除不良。「俗」字義為風俗習慣。好俗，即維持良好的習俗。（P903）

周一謀曰：俗，習也。此句猶言去惡好善。（P173）

魏啟鵬曰：去惡好俗，即去惡俗。惡好，偏義複詞，這裏指惡。（2／106）

新注：「惡」與「好」正相對，疑「惡好」即「好惡」，指喜怒。（6／144）

范常喜曰：「俗」可讀作「裕」，寬大、寬容之義。「惡」表示「討厭、憎恨」之義，也表示「誹謗、中傷」〔註438〕。

〔註437〕曹錦炎《馬王堆漢墓竹書〈十問〉與楚竹書〈凡物流形〉——讀〈長沙馬王堆漢墓簡帛集成〉札記》，收入《〈長沙馬王堆漢墓簡帛集成〉修訂研討會論文集》，會議2015年6月27～28日在上海舉行，第1～5頁。

〔註438〕范常喜《〈十問〉札記三則》，收入《簡帛探微——簡帛字詞考釋與文獻新證》，中西書局2016年版，第144頁。

按：「好俗」不辭，馬說非是。第23、24號簡云：「何臾（猶）之人也，有惡有好，有夭有壽？」「惡」、「好」是一個對立的概念，這裏也相同，新注是也。俗，讀為欲〔註439〕。《釋名》：「俗，欲也，俗人所欲也。」《荀子·王制》：「天下不一，諸侯俗反，則天工非其人也。」于省吾曰：「俗，通『欲』。」〔註440〕《文子·自然》：「至道之度，去好去惡，無有知故。」《韓子·主道》：「去好去惡，臣乃見素。」又《二柄》：「去好去惡，群臣見素。」又《揚權》：「故去喜去惡，虛心以為道舍。」去惡好欲，言去其惡欲、好欲，如此樸素乃見，精神乃可流於模型而成為人耳。

（10）朝息之志，亓（其）出也濬（務）合於天，亓（其）入也楑（揆）坡（彼）閨𦓞，如臧（藏）於淵

原注：揆，度。閨，《荀子·解蔽》注：「小門也。」𦓞字從兩，疑是從㒼的譌變，字應讀為滿。這一句的意思是深吸氣，以肺部充滿為度。（P147）

馬繼興曰：「志」假為「治」。「治」字義為應當遵循的原則。潤，原作「閨」，同音通假。「滿」字原作「𦓞」。「潤」字義為潤澤。「滿」字義為充滿、滿溢。（P908～909）

魏啟鵬曰：志，準的、標識，引申為準則、要則、標準。（2 / 107）

連劭名曰：閨，讀為圭。《說文》：「瑞玉也。」古人常用玉來形容人體。簡牘帛書中「俯」字常寫作「俑」，所以「𦓞」當讀為府。後世氣功家常講氣沉丹田，簡文中的「閨𦓞」即玉府，指人的下腹部〔註441〕。

新注：原注說可疑。（6 / 145）

按：「治」字沒有原則之義，馬說非是。志，讀為時，二字同從「之」得聲，例得通假。下文「晝息之志」、「莫（暮）息之志」亦然。核查圖版，原簡字形確作「閨𦓞」，不是「閏𦓞」，李零亦錄作「閨𦓞」〔註442〕，不誤。「閨𦓞」疑是「傒（係）囊」音轉，從圭從奚古通〔註443〕，「𦓞」、「囊」韻則同

〔註439〕出土文獻通假的例證參見王輝《古文字通假字典》，中華書局2008年版，第313頁。

〔註440〕于省吾《雙劍誃諸子新證》，上海書店1999年版，第322頁。

〔註441〕連劭名《馬王堆三號墓竹簡〈十問〉注釋補正》，《考古》1994年第5期，第448頁。

〔註442〕李零《中國方術考》附錄一《馬王堆房中書釋文》（修訂本），東方出版社2000年版，第490頁。

〔註443〕張儒、劉毓慶《漢字通用聲素研究》舉「鮭」通「傒」，「奊」通「謑」，「謑」

隸陽部，聲則來、泥鄰紐雙聲。《搜神記》卷 12 引《白澤圖》：「兩山之間，其精如小兒，見人則伸手欲引人，名曰傒囊，引去故地則死。」《太平寰宇記》卷 89 引作「係囊」，《法苑珠林》卷 64、《太平廣記》卷 359 引脫誤作「傒」〔註 444〕。蓋水精之名「罔兩」、「魍魎」、「蝄蜽」、「罔閬」、「罔兩」、「罔象」音轉為「無傷」、「亡傷」〔註 445〕，又改作同義的「奚傷」，因而又作「傒囊」，音轉又稱作「傒龍」，《御覽》卷 886 引《白澤圖》：「室之精名傒龍，如小兒，長一尺四寸，衣黑衣，赤幘大冠，帶劍持戟。」《法苑珠林》卷 45 引作「孫龍」，「孫」是「係」形譌。又音轉作「鮭蠪」，《莊子・達生》：「東北方之下者，倍阿、鮭蠪躍之。」《釋文》引司馬彪曰：「倍阿，神名也。鮭蠪，狀如小兒，長一尺四寸，黑衣，赤幘大冠，帶劍持戟。」方以智曰：「『鮭蠪』即《白澤》之『傒龍』。」〔註 446〕又音轉作「蚑蠪」，倒言則轉作「蠪蛭」、「蠪姪」、「蠪蚔」。《廣韻》：「蠪，蠪蛭，如狐，九尾，虎爪，音如小兒，食人，一名蚑蠪。」《集韻》：「蚔，蠪蚔，獸名。《山海經》：『鳧麗山有獸，狀如狐，九尾，九首，虎爪，食人。』」《山海經・東山經》：「有獸焉，其狀如狐而九尾九首，虎爪，名曰蠪姪，其音如嬰兒，是食人。」又《中山經》：「有獸焉，其狀如彘而有角，其音如號，名曰蠪蚔，食之不眯。」又音轉作「蚗龍」、「蚗蠪」，《史記・龜策列傳》「明月之珠出於江海，藏於蚌中，蚗龍伏之」，《索隱》本作「蚗蠪」。《集解》引徐廣曰：「許氏說《淮南》云：『蚗龍，龍屬也。』音決。」鮭蠪狀如小兒，故又稱作「幼蠪」。睡虎地秦簡《日書》甲種《詰咎》簡 50 背：「夏大暑，室毋故而寒，幼蠪處之。」「揆」是效法義，「如」猶而也。言當效法傒囊，而藏於深淵。

（11）治氣之精，出死入生，驩欣咪穀，以此充刑（形），此胃（謂）榑（摶）精

原注：咪，疑讀為美。穀，讀為穀，《爾雅》：「穀，善也。」（P148）

馬繼興曰：「美」字義為良好。「穀」即五穀，糧食的總稱。（P914）

通「謑」三例，山西古籍出版社 2002 年版，第 515～516 頁。「鮭」通「膎」，「鞋」同「鞵」，亦其例。

〔註 444〕《太平廣記》點校本（據明刻本）失校，中華書局 1961 年版，第 2843 頁。

〔註 445〕參見蕭旭《「狼抗」轉語記》，收入《群書校補（續）》，花木蘭文化出版社 2014 年版，第 2345～2347 頁。

〔註 446〕方以智《通雅》卷 21，收入《方以智全書》第 1 冊，上海古籍出版社 1988 年版，第 727 頁。

周一謀曰：驩欣咪瞉，此句是指輕鬆愉快地吸收新鮮空氣。（P176）

魏啟鵬曰：據《龍龕手鑑》，「咪」同「咩」，羊鳴叫聲。瞉，哺乳。（2／108）

按：「咪」疑「米」增旁俗字。「咪瞉」即「米穀」。

（12）必醢之而勿予

原注：醢，《左傳·僖公二十八年》注：「嗻也。」意為啖食。（P148）

裘錫圭曰：「必」下一字可能不是「醢」，而是「鹽」字的簡率寫法，疑當讀為「銜」〔註447〕。

馬繼興曰：銜，原作「鹽（醢）」，乃「鹽」字之訛變。「鹽」假為「銜」，「銜」引申義為勒，或含。此句係指必須含住而不給予。（P921）

周一謀曰：醢，即啖食之意。此處當是指性慾。（P180）

連劭名曰：醢，當讀為固，守持之意〔註448〕。

宋書功曰：醢，麤（粗）也，有稀疏之義。故此句意即：一定要使性交的次數稀少，不要輕率地進行交合。（P41）

周祖亮曰：醢，吸取。（P298）

新注：鹽，原釋文作「醢」，此從裘說改釋。（6／146）

按：核查圖版，原簡字形確作「醢」。劉玉環改釋作「監」，解為「監視、監臨」〔註449〕，非是。

然「醢」訓嗻，即「咂」，咂食義，於此寫男陰，顯非其誼。醢，讀為苦，南楚方言，猶言快意。《周禮·天官·典婦功》：「辨其苦良。」鄭玄注：「苦，讀為醢。」又《鹽人》：「祭祀共其苦鹽、散鹽。」鄭玄注：「杜子春讀苦為醢。」此其相通之證。《方言》卷2：「逞、苦、了，快也。自山而東或曰逞，楚曰苦，秦曰了。」又卷3：「逞、曉、恔、苦，快也。自關而東或曰曉，或曰逞，江淮陳楚之閒曰逞，宋鄭周洛韓魏之閒曰苦，東齊海岱之閒曰恔，自關而西曰快。」此簡用「醢」，正楚語，猶言快意也。下句云「必樂

〔註447〕裘錫圭《馬王堆三號漢墓「養生方」簡文釋讀瑣議》、《馬王堆醫書釋讀瑣議》，並收入《裘錫圭學術文集》卷2，復旦大學出版社2012年版，第173頁。

〔註448〕連劭名《馬王堆三號墓竹簡〈十問〉注釋補正》，《考古》1994年第5期，第449頁。

〔註449〕劉玉環《〈馬王堆漢墓帛書〔肆〕〉補釋》，《貴州師範大學學報》2013年第3期，第77頁。

矣而勿寫（瀉）」，二句只是一義，都是說雖快意，但必須停止而不射精，皆護精勿瀉之旨。

（13）人氣何是為精虖（乎）

魏啟鵬曰：是，讀為實，充實。（2 / 113）

按：是，猶者也〔註 450〕。「何是」即「何者」。

（14）軲白內成，何病之有

原注：軲白，疑讀為「固薄」。薄，附也。（P149）

馬繼興曰：固，原作「軲」，同音通假。「白」假為「博」。固即堅固。「博」字義為廣、大。內，即「裡」，這裏泛指身體之內的臟府。此二句係指內臟良好，堅固而健壯，自然各種疾病都不會發生。（P927）

魏啟鵬曰：疑「軲白」讀為「固泊」，指在體內外凝聚而成的精液，即第三問的「玉泉」。（2 / 114）

連劭名曰：「軲白」又見於簡 101，文云「五臧（藏）軲白」，辭義應同於《十問》中另外一個術語「堅精」。堅、固同義。古人認為精色為白〔註 451〕。

周祖亮曰：軲白，疑讀為「固泊」，指體內精液。（P300）

按：軲白，疑讀為「護膜」。《爾雅》郭璞注：「今婟澤鳥，俗呼為護田鳥。」「護田」即「婟澤」。敦煌寫卷 P.3243《開蒙要訓》：「恪護慳惜。」Дx.6136、P.3243、S.5464、S.705、S.1308 皆作「護」，P.2578 作「怙」，羅振玉藏本作「慖」，P.3054 作「婟」。此皆軲讀為護之證。護膜內成，指護膜在身體裏面已經生成。

（15）坡（彼）生之多，尚（上）察於天，下播於地，能者必神，故能刑（形）解

馬繼興曰：「察」字義為考察。「播」字義為揚、布。（P931）

周一謀曰：播，播揚或施行之義。（P185）

魏啟鵬曰：上能體察天道，下能植根大地。（2 / 116）

陳可冀等曰：播，揚也，施也。此處有察看之義。（P255）

〔註 450〕參見裴學海《古書虛字集釋》，中華書局 1954 年版，第 820～821 頁。

〔註 451〕連劭名《馬王堆三號墓竹簡〈十問〉注釋補正》，《考古》1994 年第 5 期，第 450 頁。

按：諸說全誤。《莊子·刻意》：「上際於天，下蟠於地。」《淮南子·道應篇》同，《弘明集》卷2南朝·宋·宗炳《明佛論》引《莊子》「蟠」作「盤」。《禮記·樂記》：「及夫禮樂之極乎天而蟠乎地。」鄭注：「極，至也。蟠，猶委也。」《管子·心術下》：「是故聖人一言解之，上察於天，下察於地。」又《內業》：「一言之解，上察於天，下極於地，蟠滿九州。」馬王堆帛書《十六經·成法》：「一之解，察於天地；一之理，施於四海。」《淮南子·原道篇》：「一之理，施四海；一之解，際天地。」《荀子·王制》：「上察於天，下錯於地。」馬王堆帛書《十六經·三禁》：「番于下土，施於九州。」整理者括注「番」為「播」〔註452〕，非也。上博楚簡（七）《凡物流型》：「旻（得）而解之，上穷（賓）於天，下番於淵。」〔註453〕諸文並可互證。《廣雅》：「察，至也。」察，讀為際，故訓至也。播、番，並讀為蟠〔註454〕，賓為盤，委曲也，盤曲也，即「虎踞龍盤」的「盤」。

（16）血氣宜行而不行，此胃（謂）款央（殃）

原注：款，讀為[illegible]，《說文》：「塞也。」意思是閉塞。（P150）

馬繼興曰：「款」為「窾」字省變。「窾」字義為塞、閉。（P941）

魏啟鵬曰：「款」同「款」，讀為窾，《玉篇》：「窾，塞也。」《廣韻》：「窾，塞外道也。」窾殃即鬱閉之殃。（2 / 119～120）

連劭名曰：「央」不當讀殃。《廣雅》：「央，盡也。」又「央，已也。」「央」指肢體末梢。

張家山漢簡《脈書》云：「其氣乃多，其血乃淫，氣血腐爛，百節皆沈，欵廿末，反而走心。」「廿末」喻指四肢。「款央」一病，可能就是「四肢不用」〔註455〕。

張光裕、陳偉武曰：所謂「款」字，宜改釋為「欵」，於簡文可讀作祟，

〔註452〕馬王堆帛書《十六經·三禁》，收入《馬王堆漢墓帛書〔壹〕》，文物出版社1980年版，第74頁。

〔註453〕此從復旦大學出土文獻與古文字研究中心研究生讀書會《〈上博（七）·凡物流形〉重編釋文》，復旦古文字網2008年12月31日。

〔註454〕宋華強《上博七〈凡物流形〉釋讀札記（二則）》已讀《凡物流形》例的「番」為蟠，《古文字研究》第28輯，中華書局2010年版，第454～455頁。宋君引宋代以後文獻為證據，過晚。

〔註455〕連劭名《馬王堆三號墓竹簡〈十問〉注釋補正》，《考古》1994年第5期，第451頁。

《說文》：「祟，神禍也。」「歖殃」同義連文，猶言禍殃〔註 456〕。

新注：《說文》訓為「塞也」之字作「𣪠」。（6 / 148）

按：《說文》「𣪠」訓塞，從「又」，不從「欠」。「𣪠」訓塞是邊塞義，不是阻塞義。故流放罪人於塞外謂之𣪠，塞外道路亦謂之𣪠，皆與簡文無涉。張家山漢簡《脈書》整理者注說與此簡原注同〔註 457〕。「款」當是「歖」誤書，「歖」同「𩨓」。《集韻》：「𩨓，不能行也。」「𩨓」從「祟」得聲，從「尢」得義。《說文》：「尣（尢），𡯌，曲脛也。」簡文指血氣不能行於四肢，故改從「欠」旁。

（17）淳酒毒韭

原注：毒，《說文》：「厚也。」（P151）

馬繼興曰：「毒」假為「宿」。「宿」字義為久、留。本條下文特別強調了：「草千歲者唯韭，故因而命之。」故又稱為「宿韭」。（P953）

周一謀曰：毒，《說文》：「厚也。」因韭菜叢生，故曰篤（毒）韭。（P196）

魏啟鵬曰：毒韭，厚腴的韭菜。（2 / 123）

李零曰：「毒韭」是辛味很濃的韭菜〔註 458〕。

駢宇騫曰：毒韭是厚味的韭菜〔註 459〕。

按：劉紹剛亦引《說文》「毒，厚也」釋之〔註 460〕。諸說皆非。毒，讀為孰（熟）。《列子・黃帝》：「與汝遊者，莫汝告也。彼所小言，盡人毒也。莫覺莫悟，何相孰也？」《莊子・列禦寇》同。馬敘倫曰：「孰借為毒。《老子》：『亭之毒之。』河上本作『成之熟之』，是其例證。」〔註 461〕馬說是也，王弼本、傅奕本、范應元本及馬王堆帛書《老子》乙本作「毒」，北大漢簡本作「孰」。《莊子》孰亦毒也，同字異出耳。《周易》有「小畜」卦，馬王堆帛書《周易》

〔註 456〕張光裕、陳偉武《簡帛醫藥文獻考釋拾遺》，收入《漢字研究》第 1 輯，學苑出版社 2005 年版，第 468 頁。

〔註 457〕張家山漢簡《脈書》，收入《張家山漢墓竹簡〔247 號墓〕》（釋文修訂本），文物出版社 2006 年版，第 126 頁。

〔註 458〕李零《中國方術考》（修訂本），東方出版社 2000 年版，第 403 頁。

〔註 459〕駢宇騫《簡帛文獻概述》，廈門外圖臺灣書店有限公司 2005 年版，第 385 頁。

〔註 460〕劉紹剛《馬王堆簡牘帛書中的酒與養生》，孫家洲、馬利清主編《酒史與酒文化研究》第 1 輯，社會科學文獻出版社 2012 年版，第 129 頁。

〔註 461〕馬敘倫《莊子義證》卷 32，收入《民國叢書》第 5 編，（上海）商務印書館 1930 年版，本卷第 2 頁。

作「少蓏」，帛書《衷》作「小蓄」，王家臺《歸藏》作「少督」，傳本《歸藏》作「小毒畜」〔註 462〕。「蓏」所從之「孰」同「孰」，「蓏」即「蓺」。畜（蓄）、毒、蓺、督並一聲之轉，傳本《歸藏》「毒畜」當衍一字（「畜」蓋旁注異文）。孰韭菜別名起陽草，入藥壯陽，須煮熟食之，故云「熟韭」。《證類本草》卷 28 引陳藏器《本草》：「韭溫中，下氣補虛，調和藏腑，令人能食，益陽，止洩白膿、腹冷痛，並煮食之。」《本草綱目》卷 26 引甯原曰：「（韭）煮食，歸腎壯陽，止洩精，暖腰膝。」李時珍又指出：「（韭）生則辛而散血，熟則甘而補中。」而擣汁服用及敷用則是治的其他疾病。

（18）故辟聶（懾）懹胠（怯）者，食之恒張

原注：辟聶，即「聶辟」。《素問．調經論》：「虛者聶辟，氣不足。」注：「聶謂聶皺。辟謂辟疊也。」懹，讀為懷，《方言》：「憚也。」（P151）

裘錫圭曰：《素問．調經論》：「虛者聶辟，氣不足。」王冰注：「聶謂聶皺。辟謂辟迭（引者按：當作「疊」）也。」《新校正》：「按《甲乙經》作『攝辟』，《太素》作『懾辟』，《靈樞．根結》也有『腸胃懾辟』之語。後二字讀為『驚怯』亦可疑。『辟聶』有皺縮義，與『張』義正相對。」〔註 463〕

馬繼興曰：「聶」假為「懾」。「懹」假為「懷」。「胠」假為「怯」。《素問》「聶辟」的「聶」字，《太素》卷 24 作「懾」，《鍼灸甲乙經》卷 6 作「攝」。當以「懾」為正（據王冰注：「聶謂聶皺。辟謂辟疊也。」但其說不得其解，故今不從。）「辟」字義為陰、邪。「懾」字義為恐懼。「懷」字義與「憚」同，義為驚畏。（P954）

魏啟鵬曰：懾辟，意為畏懼躲避。一說，據王冰注：「聶謂聶皺。辟謂辟迭也。」則為《調經論》所說「寒濕之中人也，皮膚不收，肌肉堅緊」之意。（2／124）

按：①《素問》「聶辟」，蘭陵堂刻本《太素》卷 24 作「懾辟」，漸西村舍叢書本作「攝辟」。楊上善注：「懾，紙輒反。分肉間無衛氣，謂氣不足也。」高世栻曰：「聶辟，謂肌肉皮膚聶聶然而辟動也。」〔註 464〕薛雪曰：「凡言

〔註 462〕見宋李過《西谿易說序》。

〔註 463〕裘錫圭《馬王堆三號漢墓「養生方」簡文釋讀瑣議》、《馬王堆醫書釋讀瑣議》，並收入《裘錫圭學術文集》卷 2，復旦大學出版社 2012 年版，第 177～178 頁。

〔註 464〕高世栻《黃帝素問直解》卷 5，清光緒刻本。

語輕小曰聶，足弱不能行曰辟，皆氣不足也。」〔註 465〕諸說惟裘錫圭據《素問》王冰注解為「皺縮」得之，餘說皆望文生訓。《靈樞經·根結》：「則經脈空虛，血氣竭枯，腸胃懾辟，皮膚薄著，毛腠夭膲。」《太素》卷 22 作「攝辟」，《鍼灸甲乙經》卷 5 作「懾辟」，陸懋修及日人丹波元簡皆引王冰注以解〔註 466〕，是也。辟、聶（攝、懾、懾）皆是卷屈、折疊義，同義連文。《文選·七命》：「萬辟千灌。」李善注：「辟謂疊之。《典論》曰：『魏太子丕造百辟寶劍，長四尺。』王粲《刀銘》曰：『灌辟以數，質象以呈也。』」《類聚》卷 60 引《東觀漢記》：「賜鄧遵……金錯五十辟把刀。」《廣雅》：「偞、疊、襞、䙝、韏，詘也。」王念孫曰：「《玉篇》引《楚辭·哀時命》：『衣攝偞以儲與兮。』今本『偞』作『葉』。王逸注云：『攝葉儲與，不舒展貌。』攝音之涉反，與『䙝』通。《說文》：『詘，詰詘也，一曰屈襞。』又云：『襞，韏衣也。』徐鍇《傳》云：『韏猶卷也。襞，摺疊衣也。故《禮》注謂裙褶為襞積也。』《漢書·揚雄傳》注云：『襞，疊衣也。』司馬相如《子虛賦》云：『襞積褰縐，紆徐委曲。』襞字亦作辟，《士喪禮記》：『裳不辟。』鄭注云：『不辟積也。』《大射儀》注云：『為冪蓋，卷辟綴於篠，横之。』《莊子·田子方篇》：『口辟焉而不能言。』司馬彪注云：『辟，卷不開也。』……《眾經音義》卷 14 引《埤倉》云：『䙝，韏衣也。』……《士昏禮記》：『執皮攝之。』鄭注云：『攝猶辟也。』䙝、攝、摺並通。今俗語猶云摺衣，或云疊衣矣。《呂氏春秋·下賢篇》：『卑為布衣而不瘁攝。』高誘注云：『攝猶屈也。』凡物申則長，詘則短，故詘謂之攝辟，短亦謂之攝辟。《素問·調經論篇》云『虛者聶辟，氣不足』，是也。《甲乙經》作『攝辟』。」〔註 467〕王說至確，故不避繁複，具引於此。王氏所引「襞積」，字亦作「辟積」、「襞襀」，《釋名》：「素積，素裳也。辟積其要中，使蹙，因以名之也。」《玉篇》：「襀，襞襀也。」「襞」是「辟」增旁分別字，「襀」是「積」易旁分別字。《說文》：「湅，辟湅鐵也。」段玉裁曰：「按辟者，襞之假借也。湅者，段也。簡取精鐵，不計數摺疊段之，因名為辟湅鐵也。」〔註 468〕《儀禮·士

〔註 465〕薛雪《醫經原旨》卷 4，清乾隆薛氏掃葉山房刻本。

〔註 466〕陸懋修《內經難字音義》，世補齋醫書前集本，第 5 頁。丹波元簡廉夫《靈樞識》卷 1，曹炳章校，重訂曹氏醫學大成本，第 64 頁。

〔註 467〕王念孫《廣雅疏證》，收入徐復主編《廣雅詁林》，江蘇古籍出版社 1992 年版，第 292～293 頁。

〔註 468〕段玉裁《說文解字注》，上海古籍出版社 1981 年版，第 123 頁。

冠禮》：「皮弁服素積。」鄭玄注：「積，猶辟也。以素為裳，辟蹙其要（腰）中。」是辟亦積疊義也。《白虎通．辟雍》：「辟之為言積也。」又《瑞贄》：「璧之為言積也。」此簡「辟聶」，猶言屈疊，引申指膽怯。②㦬讀為懭，可備一說。「㦬胠」讀為「驚怯」亦有語音依據。驚古音見母耕部，㦬從輬得聲，來母陽部；輬從京得聲，京見母陽部。古音來母與見母相通的材料甚多〔註 469〕，耕、陽旁轉疊韻。

（19）辟（譬）如鳴〈鳥〉獸，蚤（早）臥蚤（早）起，莫（暮）臥莫（暮）起

馬繼興曰：鳥，原作「鳴」，形近而譌。（P966）

按：「鳴」當是「鷄」誤書。獸，讀為嘼，同「畜」，指家畜。「鷄」為六畜之一，故曰「鷄畜」。《玉篇》：「嘼，六嘼：牛馬羊犬雞豕也，今作畜。」《後漢書．五行志》李賢注引鄭玄曰：「雞畜之有冠翼者也，屬貌。」此簡言如雞畜之早臥早起，晚臥晚起也。《素問．上古天真論》：「早臥早起，與鷄俱興。」是其證。

（20）是以內實外平，痤瘻弗處，廱（癰）壹（噎）不生，此道之至也

馬繼興曰：「處」字義為居處，或疾病。《呂氏春秋．愛士》：「陽城胥渠處。」高注：「處，猶病也。」（P968）

按：「處」訓病，指憂畏之病，其本字是鼠、癙〔註 470〕，顯非此簡之誼。

（21）精氣淩楗（健）久長

原注：淩，讀為稜。（P152）

馬繼興曰：「淩」假為「宏」。「宏」字義為大。「健」字義為強。（P975）

周一謀曰：淩，通「凌」，冰也。因冰有堅硬之意，所以「凌強」即堅實和剛強之意。（P206）

魏啟鵬曰：淩讀為陵，《釋名》：『陵，隆也。』此句意為精隆盛而健旺。（2 / 128）

〔註 469〕參見龐光華《論漢語上古音無複輔音聲母》，中國文史出版社 2005 年版，第 399～408 頁。又龐光華《上古音及相關問題綜合研究——以複輔音聲母為中心》，暨南大學出版社 2015 年版，第 365～382 頁。

〔註 470〕參見朱駿聲《說文通訓定聲》，武漢市古籍書店 1983 年版，第 432 頁。

按：馬王堆帛書《天下至道談》：「筋骨淩強。」彼文整理者原注：「淩強，與竹簡《十問》『淩健』同義。」〔註 471〕陵、隆一聲之轉〔註 472〕。

（22）壽參日月，為天地英

馬繼興曰：「參」字義為高。（P975）

周一謀曰：參，高也。（P206）

按：二氏說非是。「參」即「三」，壽參日月，言壽與日、月為三，即壽與日、月相並。《大戴禮記・哀公問五義》：「參乎日月。」《古文苑》卷 13 張超《尼父贊》：「量合乾坤，明參日月。」亦此義。《國語・越語下》：「夫人事必將與天地相參。」韋昭注：「參，三也。」《漢書・揚雄傳》：「參天地而獨立兮。」顏師古注：「參之言三也。」「參日月」與「參天地」是同一句法。

馬王堆木簡《雜禁方》校補

（1）取兩雌隹尾，燔治，自飲之，微（媚）矣……取雄隹左蚤（爪）四，小女子左蚤（爪）四，以鍪熬，并治，傅人，得矣

原注：隹，與「雊」字通。《說文》：「雊，祝鳩也。」（P159）

新注：裘錫圭：「『隹』、『鳥』同義，『雄隹』當指雄雞之類的東西。」今按：裘說可從。《說文》：「隹，鳥之短尾總名也。」這裏的「隹」可能是泛指鳥類而言。《醫心方》卷 26《相愛方第五》引《千手觀音治病合藥經》：「若有夫婦不和如水火者，取鴛鴦尾……是終身歡喜相愛敬。」其云「鴛鴦尾」，可與簡 7 的「雄隹尾」相參看。（6／160）

按：「隹」當確指某種鳥，不當泛指任何一種鳥類。《證類本草》卷 19 引陳藏器《本草》：「布穀腳腦（脛）骨，主治令人夫妻相愛。五月五日收，帶之各一，男左女右，云置水中，自能相隨也。」〔註 473〕《北戶錄》卷 1「布穀腳脛骨」條龜圖註：「媚藥也。男左女右帶之，置水中，能相隨逐。」「布穀」別名「鳲鳩」、「郭公」等。《詩序》卷上：「鵲巢，夫人之德也。國君積行累功，以致爵位。夫人起家而居有之，德如鳲鳩，乃可以配焉。」《文心

〔註 471〕馬王堆帛書《天下至道談》，收入《馬王堆漢墓帛書〔肆〕》，文物出版社 1985 年版，第 164 頁。

〔註 472〕參見蕭旭《馬王堆漢簡〈天下至道談〉校補》，《湖南省博物館館刊》第 10 輯，2014 年出版，第 17 頁。

〔註 473〕《本草綱目》卷 49 引陳藏器說同，「腦」作「脛」。

雕龍・比興》：「尸鳩貞一，故夫人象義。」古人認為鳲鳩是有婦道的鳥，故取其脛骨為方，致令夫妻相愛。原注讀隹為雖是也，《爾雅》：「隹其，鳺鴀。」「隹」即「雖」。鳩之種類甚多，古人或混祝鳩與尸鳩為一鳥。《埤雅》卷 7：「或曰雖與尸鳩皆壹鳥也，故有尸祝之號。尸鳩性壹而慈，祝鳩性壹而孝，故一名尸，一名祝。」此簡指尸（鳲）鳩鳥而言。

本文初稿完成於 2015 年夏，陸續修訂，2021 年 1 月 20 日定稿。

本文主體內容發表於《中醫典籍與文化》2022 年第 1 輯，第 36～86 頁。

馬王堆漢簡遣冊、簽牌校補

馬王堆遣冊、簽牌收錄於裘錫圭主編的《長沙馬王堆漢墓簡帛集成》第 6 冊，又收錄於陳松長主編的《中國簡牘集成》第 17 冊〔註 474〕。本文依前者為底本作校補，引前者注釋稱作「新注」。後者彙集諸家舊說，本文不再徵引。

一、馬王堆《一號墓竹簡遣冊》校補

（1）右方索魚七聑

新注：一號墓報告：「聑，當為器名，參看簡 138。」唐蘭：「聑，即『咠』，和『緝』、『輯』、『戢』都有集合在一起的意思。把這些用竹籤串起來的食物放在一起稱為『咠』。」今按：此字又見於三號墓遣冊簡 105～109，二、三號墓報告認為「係指竹夾而言，可能是簠之一種」。以聑為器名不妥，唐說似可考慮。朱德熙、裘錫圭：「『索魚』也見於雲夢秦墓所出《日書》，是與鮮魚相對的名稱，就是乾魚的意思。」（6／180～181，表示第 6 冊第 180～181 頁，下仿此。）

張顯成曰：聑，相當於量詞「串」。聑，可能讀為咠，義為「集」〔註 475〕。

賀強曰：聑，疑為器名。簡 138「梅十聑」，是用一疊竹夾夾的用竹簽穿的梅子，故「聑」可能就是竹夾〔註 476〕。

〔註 474〕《長沙馬王堆漢墓簡帛集成》第 6 冊，中華書局 2014 年版，第 173～220 頁。《中國簡牘集成》第 17 冊，敦煌文藝出版社 2005 年出版，第 1161～1202 頁。
〔註 475〕張顯成《馬王堆三號漢墓遣策中的量詞》，簡帛網 2005 年 11 月 18 日。
〔註 476〕賀強《馬王堆漢墓遣策整理研究》，西南大學 2006 年碩士學位論文，第 11 頁。

按：張顯成說乃本於唐蘭，謂「聐」即「計」，無據，其說不可從。聐從古得聲，讀為盬。《說文》：「盬，器也。」字亦作𦈢，裴務齊《正字本刊謬補缺切韻》：「𦈢，器。」《玉篇》：「盬，器也。𦈢，同上。」《廣韻》：「𦈢，器也，《說文》作『盬』。」其字從缶或匋明其質，從古取其聲，是陶製的圓形盛飯容器，或說是方形容器。字亦作盬，《玉篇》：「盬，器也。」字亦作胡、瑚、鍸、鈷，《左傳・哀公十一年》：「仲尼曰：『胡簋之事，則嘗學之矣。』」杜預注：「胡簋，禮器名。夏曰胡，周曰簋。」孔疏：「包咸、鄭玄等注《論語》，賈、服等注此《傳》，皆云『夏曰瑚』，杜亦同之。」「胡（瑚）」用以盛祭物，故注云禮器名。《玉篇》：「瑚，《論語》注云：『瑚璉，黍稷之器，夏曰瑚，殷曰璉。』或作鍸。」《集韻》：「鍸，或作鈷，通作瑚。」字亦作匿〔註477〕，都是「簠（医）」改易聲符的異體字〔註478〕。《說文》：「簠，黍稷圜器也。医，古文簠。」《玉篇》：「医，今作簠。」《正字通》：「匿，同『医』，見古鐘鼎文。」王筠曰：「盬，《廣韻》作𦈢。案此及盄字於古未聞，而俗器多有之。」〔註479〕王氏失考。簡136言「脯梅（梅）一笥」，簡138言「梅（梅）十聐」。「笥」是盛飯或衣的方形竹器，可以盛梅，然則亦可以用陶器「聐」盛梅。把索魚盛於「聐」中，當然也就有可能了。朱、裘說是，劉釗亦說「指乾魚」〔註480〕。《韓詩外傳》卷1：「枯魚銜索，幾何不蠹？」《家語・致思》、《說苑・建本》同。「枯魚」即「乾魚」。以繩索串連，故稱作「索魚」〔註481〕。睡虎地秦簡《日書》甲種：「得之於黃色索魚、堇酉（酒）。」整理者注：「索，疑讀為腊。」〔註482〕其說非是。

（2）取畬〈畲〉一器

新注：一號墓報告：「『取』即『叜』字，即今『炒』字。『取』下之字不識，或疑為『爵（雀）』字。」周世榮據三號墓遣冊定為「畲」，「取畲」讀為

〔註477〕參見何琳儀《戰國古文字典》，中華書局1998年版，第476頁。

〔註478〕參見胡吉宣《玉篇校釋》，上海古籍出版社1989年版，第3070、3081頁。龍宇純《說簠匿𥂴𥃔及其相關問題》，《中央研究院歷史語言研究所集刊》第64本第4分，1993年版，第1025～1046頁。

〔註479〕王筠《說文解字句讀》，中華書局1988年版，第175頁。

〔註480〕劉釗《讀秦簡字詞札記》，《簡帛研究》第2輯，法律出版社1996年版，第111頁。

〔註481〕參見裘錫圭《讀書札記九則》，收入《裘錫圭學術文集》卷4，復旦大學出版社2012年版，第392頁。

〔註482〕《睡虎地秦墓竹簡》，文物出版社1990年版，第194頁。

「茱萸」，即花椒類的香料。按：此字依字形當隸為「萮」，本簡的「萮」也有可能是「萮」之訛。「取萮」是否讀為「茱萸」尚有疑問，待考。（6 / 185）

按：三號墓遣冊簡 208 錄作「取萮」是，圖版作「[illegible]」。讀取為娶，是也〔註 483〕。萮，讀為羭，母羊或黑毛羊。

（3）魚魫（鹽）一資

新注：一號墓報告：「簡 141 有『瓦資一』三字，可見資是陶器，與陶質無關。出土印紋硬陶罐有二木牌，一書『鹽一資』，另一書『□資』，說明『資』就是硬陶罐。又簡 139：『元梅二資，其一楊梅。』133、229 號硬陶器內分別盛有楊梅和梅。皆可為證。」唐蘭：「資即瓷字。」今按：唐說似不可信。（6 / 186）

周世榮曰：資，就是硬陶罐，可釋作「瓷」……它本來的名稱是什麼呢？我認為很可能是音近義通的「瓻」〔註 484〕。

按：資，讀為齍。《說文》：「齍，黍稷在器以祀者。」引申則為盛放黍稷的容器，簡文泛指陶質容器。《周禮・天官・九嬪》鄭玄注：「玉齍，玉敦，受黍稷器。」帛書《經法・國次》：「利其齍財。」則借齍為資。

（4）離（離）然（䰞）一資

新注：一號墓報告：「此簡離即黐，《廣雅》：『黐，黏也。』然即橪字。《說文》：『橪，酸小棗。』離然，應是以棗和黍米做的黏飯。」朱德熙、裘錫圭：「簡文的『然』應該讀為『䰞』。《爾雅》：『肉謂之醢，有骨者謂之䰞。』《周禮・天官・醢人》有『麋䰞』、『鹿䰞』、『麇䰞』，鄭注：『三䰞亦醢也。作醢及䰞者，必先膊乾其肉，乃後莝之，雜以粱麴及鹽，漬以美酒，塗置甀中，百日則成矣。』『離』字之義未詳。也許䰞有大塊和切碎兩種，離䰞屬於後一種。」（6 / 186）

劉玥曰：「離然」應讀作「離然」，指帶骨雀肉醬。「離」即「離」，通「黐」。《說文》：「黐，黐黃也，一曰楚雀也。其色黎黑而黃。」段玉裁注：「黐黃即離黃。」「離然」即「黐䰞」〔註 485〕。

〔註 483〕例證另參見王輝《古文字通假字典》，中華書局 2008 年版，第 208 頁。

〔註 484〕周說轉引自金菲菲《長沙馬王堆一號漢墓遣策集釋》，首都師範大學 2011 年碩士學位論文，第 49～50 頁。

〔註 485〕劉玥《馬王堆漢墓遣冊詞語考釋札記》，《漢字文化》2013 年第 5 期，第 26 頁。

按：唐蘭亦讀作「貛燃」〔註 486〕。朱、裘讀然為𦟝，是也，字亦作䐑。《說文》：「䐑，有骨醢也。𦟝，䐑或從難。」「離」是虎豹之類的猛獸，「離𦟝」與「麋𦟝」、「鹿𦟝」、「麇𦟝」相類。《史記‧周本紀》：「如虎如羆，如豺如離。」《集解》引徐廣曰：「此訓與螭同。」今《書‧牧誓》作「如虎如貔，如熊如羆」，「貔」亦虎豹之類的猛獸，故《史記》易作「離」。字亦作貍，《周禮‧地官‧大司徒》鄭玄注：「贏物，虎豹貔貍之屬淺毛者。」又作猑、獖，見《集韻》。本字作离，《說文》：「离，山神獸也。歐陽喬說：『离，猛獸也。』」

（5）孝糃（膠餳）一資

新注：一號墓報告：「孝，讀為膠。《荆楚歲時記》『正月一日』條下說：『進屠蘇酒、膠牙餳。』」（6 / 187）

按：唐蘭亦讀作「膠餳」，謂即「膠牙餳」〔註 487〕。一號墓竹牌「孝康」，整理者據此遣冊讀為「膠餳」〔註 488〕。《荊楚歲時記》隋杜公瞻注：「膠牙者，蓋以使其牢固不動，取膠固之義，今北人亦如之。」考《御覽》卷 29 引應劭《風俗通》：「進屠蘇酒、膠牙糖。」注引周處《風土記》：「膠牙者，蓋以使其牢固不動，今北人亦如之。」「餳」同「糖」。此《荊楚歲時記》及注所本。宋‧莊綽《雞肋編》卷中：「以餳膠牙，俗亦於歲旦嚼琥珀餳以驗齒之堅脫（脆）。」〔註 489〕膠牙餳者，言膠牙之餳，使牙膠固之餳，不得省稱作「膠餳」。今吳語尚有「膠牙子」的說法，「膠」作動詞讀去聲，音告；「膠」作名詞則音高。賀強取舊說，又曰：「孝糃，應該是一種用蜜做的黏牙的糖。」〔註 490〕是誤解「膠牙」之誼矣。孝，當讀為膏，今吳語「教」讀如「高」，亦其例。《後漢書‧樊儵傳》：「又野王歲獻甘醪、膏餳。」〔註 491〕「孝糃」即膏餳也。

〔註 486〕唐蘭《長沙馬王堆漢軑侯妻辛追墓出土隨葬遣策考釋》，《文史》第 10 輯，1980 年版，第 24 頁。

〔註 487〕唐蘭《長沙馬王堆漢軑侯妻辛追墓出土隨葬遣策考釋》，《文史》第 10 輯，1980 年版，第 25 頁。

〔註 488〕《長沙馬王堆漢墓簡帛集成》第 6 冊，中華書局 2014 年版，第 221 頁。

〔註 489〕《說郛》卷 27 引「脫」作「脆」。

〔註 490〕賀強《馬王堆漢墓遣策整理研究》，西南大學 2006 年碩士學位論文，第 16 頁。

〔註 491〕《御覽》卷 852 引《東觀漢記》誤作「甘膠（醪）、膏（餳）」。

（6）澺（醷）一資

新注：朱德熙、裘錫圭：「『澺』也應該是一種調味品。疑『澺』當讀為『醷』。《說文》：『醷，醬也。』」（6 / 189）

按：澺，讀為饐，實為腌〔註 492〕，字亦作鯌、裛。《說文》：「腌，漬肉也。」又「鮑，饐魚也。」又「饐，飯傷溼也。」考《玉篇》：「鮑，漬魚也，今謂裛魚。」（《六書故》卷 20 引「裛」作「浥」。）又「鯌，鹽漬魚也。」蔣斧印本《唐韻殘卷》：「腌，鹽漬魚，亦作鯌。」故宮本王仁昫《刊謬補缺切韻》卷 5：「鯌，臭。」又「腌，鹽漬魚，亦作鯌。」故宮本裴務齊正字本《刊謬補缺切韻》卷 5：「鯌，《釋名》：『腐魚。』」又「腌，鹽漬魚肉。」〔註 493〕今本《釋名》作「鮑，腐也」。《廣韻》：「腌，鹽漬魚也。鯌，上同。」《漢書．貨殖傳》顏師古注：「鮑，今之鯌魚也。」是《說文》「饐魚」即「鯌（裛）魚」，亦即「漬魚」。字亦作鰪、䏰，《集韻》：「鰪、鯌：一曰漬魚也，或从邑。」又「腌、䏰：《說文》：『漬肉也。』或從邑。」字亦作醃、浥、䣾，指醃製品〔註 494〕。段玉裁曰：「腌，今淹漬字當作此，淹行而腌廢矣。腌猶瀸也。肉謂之腌，魚謂之饐。《倉頡篇》云：『腌酢，淹肉也。』」又曰：「《魚部》曰：『鮑，饐魚也。』是引伸之凡淹漬皆曰饐也。」〔註 495〕沈欽韓曰：「《玉篇》云云，裛即鯌也……饐亦裛、鯌之變，而徐鍇《繫傳》解饐為陳臭，則沿俗說耳。」〔註 496〕《釋名》：「鮑，腐也，埋藏淹使腐臭也。」飯傷於溼發臭為饐，腌則是用水淹没使腐臭，其語源都是「淹」。《鹽鐵論．散不足》：「煎魚切肝，羊淹雞寒。」羊淹指漬羊肉。彭衛說「漢代沒有『醃肉』之法」，認為「羊淹」是「羊昔（腊）」、「羊殘」〔註 497〕，是失檢《說文》「腌，漬肉也」。遣冊說「澺一資」，不能確定是醃魚還是腌肉。

〔註 492〕「壹壹」、「噎鬱」音轉作「浥鬱」，「鬱殪」音轉作「鬱邑（悒）」、「菸邑」，此其相通之證。參見蕭旭《「抑鬱」考》，收入《群書校補（續）》，花木蘭文化出版社 2014 年版，第 2509～2513 頁。

〔註 493〕故宮本王仁昫《刊謬補缺切韻》，故宮本裴務齊正字本《刊謬補缺切韻》，並收入周祖謨《唐五代韻書集存》，中華書局 1983 年版，第 526、621 頁。

〔註 494〕參見蕭旭《〈《本草綱目》「䣾」字音義〉補正》，收入《群書校補（續）》，花木蘭文化出版社 2014 年版，第 2275～2276 頁。

〔註 495〕段玉裁《說文解字注》，上海古籍出版社 1981 年版，第 176、222 頁。

〔註 496〕沈欽韓《漢書疏證》卷 34，收入《續修四庫全書》第 267 冊，上海古籍出版社 2002 年版，第 164 頁。

〔註 497〕彭衛《漢代食飲雜考》，《史學月刊》2008 年第 1 期，第 23 頁。

（7）棘頪（糗）一笥

新注：一號墓報告：「《詩・園有桃》：『園有棘。』毛傳：『棘，棗也。』《九歎・湣命》：『樹枳棘與薪柴。』王逸注：『小棗為棘。』《說文》：『棘，小棗叢生者。』又『糗，熬米麥也。』糗與糒義近。」（6 / 190）

按：所引三證，「棘」訓棗是木名棗樹，非其誼。此簡「棘」當是「棗」構形易位的異體字。簡 137：「右方棘、梨、柚、脯梅（梅）笥四。」四者皆果名。

（8）唐（糖）枎于（烏芋）頪（糗）一笥

新注：一號墓報告：「唐，即『糖』。枎于，疑為『夫蘽』。或釋『烏芋』，即今荸薺。」今按：當以讀「烏芋」為是。（6 / 190）

按：唐蘭、王貴元亦讀為「烏芋」〔註 498〕。三號墓遣冊亦作「唐枎于」，三號墓簽牌 14 作「唐枎粐」。「枎于（粐）」疑是「粰粇」音轉，《廣雅》：「粰粇、糈，饊也。」敦煌寫卷 S.617《俗務要名林・飲食部》：「粰粇，以餹饊為團也，上憮于，下流。」《北戶錄》卷 2 龜圖注引《證俗音》：「今江南呼饊飰，已煎米，以糖餅之者為粰粇也。」「粰粇」是以糖和米粉煎成的米團。以糖和麵粉煎成的麵餅則稱作「餢飳」，又音轉作「餢飳」等。其語源義都是「培塿」〔註 499〕。唐，讀為餹。唐（糖）枎于（粐），指以餹和米製作的米團。《釋名》：「餌，而也，相黏而也，兗豫曰溏浹，就形名之也。」黃丕烈校「浹」作「挾」〔註 500〕。畢沅曰：「『溏浹』二字《說文》所無，鄉俗之語，未詳何義。」成蓉鏡曰：「案『溏浹』疑即『糖銻』之訛。《集韻》：『銻，餌也。兗豫謂之糖銻。』當本此。《御覽》卷 860 引本書『兗豫曰溏浹』，注云：『或作夷。』蓋銻或省作弟，而弟又誤作夷也。」葉德炯曰：「溏疑餹之假借，浹謂融浹。《說文》：『而，須毛也。』此當是《齊民要術》之鬫糖，一名窠絲糖者，故云就形名之。」〔註 501〕許克勤曰：「黎刻《玉篇》『餹』引作『兗豫謂餌曰餹銻也』。按：涕、銻古通，言餹形如涕也。又『銻，徒奚

〔註 498〕唐蘭《長沙馬王堆漢軑侯妻辛追墓出土隨葬遣策考釋》，《文史》第 10 輯，1980 年版，第 19 頁。王貴元《簡帛文獻字詞研究》，中國社會科學出版社 2020 年版，第 130 頁。

〔註 499〕參見蕭旭《麵食「餺飥」、「餢飳」、「蝎餅」名義考》。

〔註 500〕黃說轉引自任繼昉《釋名匯校》，齊魯書社 2006 年版，第 206 頁。

〔註 501〕畢說、成說、葉說皆見畢沅、王先謙《釋名疏證補》，清光緒刻本，第 19 頁。

反，《埤蒼》:「餹餅，餌也。」』據此則『溏浹』當作『溏涕』，即餹餅也。又按《說文》餌為鬻之或體，小徐《繫傳》云:『餌先屑米為粉，然後溲之，故許慎云餌粉餅也。餌之言珥也。欲其堅潔而淨若玉珥然也。』」〔註502〕沈齡曰:「《廣雅》溏訓為淖，淖者和也。《一切經音義》引《通俗文》云:『和溏曰淖。』《爾雅・釋言》《釋文》引《字書》云:『黏，糊也。』今人用麮糊，以麥末為之，猶言和，是即劉云就形名之謂歟？」〔註503〕華學誠曰:「『餹餅』到底是指什麼樣的一種形狀，無從考知，因此，我們現在只能把『餹餅』當作聯綿詞來看待。」〔註504〕這種把暫時不能考知的詞歸為聯綿詞的做法不可取，且聯綿詞亦皆有義可考。王國珍曰:「《爾雅》郭璞注:『《夏小正傳》曰:「蟾蜩者蝘。」俗呼為胡蟬，江南謂之蟾蜍。』疑『餹餅』因與『蟾蜍（一種蟬）』形狀相似而得名。」〔註505〕王氏繫聯同源詞「蟾蜍」是對的，「鎕銻（火齊也）」、「磄磃（恠石也）」、「唐庢（石也）」亦同源，但謂形似得名，則望文生義矣。「浹」是「洟」形譌，「洟」、「涕」音轉〔註506〕。「溏洟」即「餹餅」，亦即「餹飴」音轉也。《釋名》「餌，而也」者，「而」是「黐」借音字，「餌」取黏連義〔註507〕，諸說並誤。《玉篇殘卷》「餅」字條引《埤蒼》:「餹餅，餌也。」P.2011 王仁昫《刊謬補缺切韻》卷 1:「餹，餹餅，黍膏。」又「餅，餹餅，膏糵（糜）。」《御覽》卷 860 引《韻集》:「餹，餅餌也。」然則以糖黏食物使成膏餌謂之餹也。上簡 114 云「密（蜜）糗（糗）三笥」，「餹」、「蜜」相類。

（9）僕逘（僕粔——麮䴬／餢飳）一笥

新注：一號墓報告:「竹笥木牌『僕粔笥』作僕，本組小結簡（簡 124）

〔註502〕許說見畢沅、王先謙《釋名疏證補》所附，清光緒刻本，第 11～12 頁。

〔註503〕沈齡《續方言疏證》，收入《續修四庫全書》第 194 冊，上海古籍出版社 2002 年版，第 45 頁。

〔註504〕華學誠《周秦漢晉方言研究史》，復旦大學出版社 2007 年版，第 259 頁。

〔註505〕王國珍《〈釋名〉語源疏證》，上海辭書出版社 2009 年版，第 142 頁。

〔註506〕《爾雅釋文》:「蛦，音荑。」《史記・魯世家》《集解》引徐廣曰:「茅，一作第，又作夷。」「稊（蕛）」或作「稊」，「鮷」或作「鮧」，「佛」或作「侇」，「荑」或作「苐」，「鵜」或作「鵜」。皆是其證。從弟從夷音轉，另參見張儒、劉毓慶《漢字通用聲素研究》，山西古籍出版社 2002 年版，第 770～771 頁。

〔註507〕參見蕭旭《〈方言〉「飴」字疏證》，收入《群書校補（續）》，花木蘭文化出版社 2014 年版，第 1831 頁。

亦作僕，此簡作偞，乃僕之訛體。『僕粔』為疊韻聯綿詞，與此音近的疊韻聯綿詞有『樸屬』、『撲屬』、『樸樕』、『蟦蟔』、『僕遬』等。『僕粔』當得義于『樸屬』。古代有餅食稱『餢飳』或『麰麩』（分別見《御覽》卷 860 和 852 所引束皙《餅賦》），『餢飳（麰麩）』當為『僕粔』的變音，唐宋時所謂『餺飥』，從語音看可能與『僕粔』、『麰麩』同源。」朱德熙、裘錫圭：「『僕粔』乃疊韻聯綿詞，典籍中與此音近的聯綿詞有『樸屬』、『樸樕』、『僕遬』等。《考工記》鄭注：『樸屬，猶附著堅固貌也。』《詩·棫樸》鄭箋：『白桵，相樸屬而生者，枝條芃芃然。』《方言》卷 3 郭注：『撲屬，蘩相著貌。』《詩·野有死麕》毛傳：『樸樕，小木也。』《漢書·息夫躬傳》顏注：『僕遬，凡短之貌。』《集韻》：『蟦蟔，小蟲。』這些聯綿詞顯然是同源的，其中心意義當為附著叢集。物之叢聚相附著者，類多短小凡庸，因此引申而有小木、小蟲等義。古人為麵食或米粉食命名，往往著眼於麵粉米粉製成食品後黏著不相分離這一點上……『僕粔』顯然是『樸屬』分化出來的一個詞，蓋取其附著不相分離之義，也應該是一種餅食的名稱……『麰麩』大概就是『僕粔』的變音，唐宋時期盛行一種叫『餺飥』的麵食，『餺飥』與『僕粔』、『麰麩』當是一語之轉。」（6／191～192）

唐蘭曰：「僕粔」即「餢飳」，又作「麰麩」，《齊民要術》作「餢鰌」，是發麵餅。又作「餺飥」、「不托」〔註 508〕。

按：①說其語源及繫連聯綿詞皆未是。「撲屬」、「樸屬」、「樸樕」、「蟦蟔」、「僕遬」是「觳觫」、「㴽溯」的音變，其中心詞義是「顫抖」、「搖動」〔註 509〕。「餢飳」與「餺飥」是二物。「餺飥」的語源是《廣雅》的「博袥」，同義連文，取博大為義，故又可分別單稱，是極薄的麵片。「餢飳」、「麰麩」等都是「麰䴬」轉語，又音轉作「麰麧」、「餢鰌」，是麵食油煎餅，皆「培塿」音轉，取高起為義，是圓形隆起的麵食〔註 510〕。②三號墓遣冊簡 158、三號墓簽牌 41 作「僕足」。「僕粔」字從米，與「麰麩」當非一物。③僕，讀為糒。《說文》：「糒，乾〔飯〕也。」〔註 511〕《釋名》：「乾飯，飯而暴乾之

〔註 508〕 唐蘭《長沙馬王堆漢軑侯妻辛追墓出土隨葬遣策考釋》，《文史》第 10 輯，1980 年版，第 18 頁。

〔註 509〕 參見蕭旭《〈孟子〉「觳觫」正詁》（合作），收入《群書校補》，廣陵書社 2011 年版，第 1204～1209 頁。

〔註 510〕 參見蕭旭《麵食「餺飥」、「餢飳」、「蝎餅」名義考》。

〔註 511〕 段玉裁曰：「『飯』字各本奪，今依李賢《明帝紀》注、《隗囂傳》注、李善《文

也。」俗字作𪍿。字亦作㷭，《方言》卷 7：「熬、𪎭、煎、㷭，火乾也。凡以火而乾五穀之類，自山而東齊楚以往謂之熬，關西隴冀以往謂之㷭，秦晉之閒或謂之𪎭。」暴乾飯謂之糒，火乾五穀謂之㷭，其義一也。本字作𤒅、𤍽（𤎅），《說文》：「𤎅，以火乾肉。𤒅，籀文不省。」〔註 512〕字或作煏，《玉篇》：「煏，火乾也。㷭，同上。𤒅，籀文。」字或作𥸨、㶭，《集韻》：「𤍽，以火乾肉，或作𥸨、煏、㶭。」字或作𤊲、𤓸、𤐤，《玄應音義》卷 7：「𤍽煮：古文㷭、𤒅二形，又作𤐤，同。《方言》：『㷭，火乾也。』《說文》：『以火乾肉曰𤍽。』」《慧琳音義》卷 30 作「𤊲煮：古文㦘（㷭）、𤓸（𤒅）二形，又作𤐤」〔註 513〕。《龍龕手鑑》：「㷭，炒㷭，火乾物也。」又「𤍽，火乾肉也。𤓸，籀文。」音轉亦變作焙、𤆓，《集韻》：「𤆓，煏也，或作焙。」此所謂聲訓。段玉裁曰：「𤎅，省作煏，又或作焙，而異其音。」〔註 514〕朱駿聲曰：「𤎅，字亦作煏，作㶭，俗作焙。今蘇俗或言逼，或言焙。」〔註 515〕章太炎曰：「㷭或音如逼，或變作焙，皆一語也。」〔註 516〕黃侃曰：「𤎅，此即今之焙字。」〔註 517〕暴乾飯謂之糒，所乾之飯亦謂之糒，名動固相因也。《廣雅》：「糗，糒也。」P.2011 王仁昫《刊謬補缺切韻》卷 4：「糒，糗。」《龍龕手鏡》：「糒，糒糗也。」俗字亦作𩞄。「𥸨」字從米，當是以火所熬米粉的專字。音轉亦作𥺁、餔、𥹓、𪎊、粺，《篆隸萬象名義》：「餔，食，𥺁字。」〔註 518〕蔣斧印本《唐韻殘卷》：「餔，餹餔，又作𥺁。」《集韻》：「餔，餹餔，餌也，或作𥺁、𥹓。」又「𪎊、粺：粉餌，或省。」《龍龕手鏡》：「𥺁、𥹓，音步，餹𥺁，與餔同。」簡文用作名詞，指炒焙的米粉。④𥻨、粠，疑讀為𥽝。《集韻》、《類篇》並云：「𥽝，吳俗謂熬米為餌曰𥽝。」《字彙》、《正

選》注、玄應書補。」《玉篇》亦有「飯」字。段玉裁《說文解字注》，上海古籍出版社 1981 年版，第 332 頁。

〔註 512〕《繫傳》「乾」作「焙」。

〔註 513〕徐時儀曰：「𤓸，據文意似作𤒅」徐時儀《一切經音義三種校本合刊》，上海古籍出版社 2008 年版，第 1044 頁。

〔註 514〕段玉裁《說文解字注》，上海古籍出版社 1981 年版，第 483 頁。

〔註 515〕朱駿聲《說文通訓定聲》，武漢市古籍書店 1983 年版，第 225 頁。

〔註 516〕章太炎《新方言》卷 6，收入《章太炎全集（7）》，上海人民出版社 1999 年版，第 106 頁。

〔註 517〕黃侃《說文段注小箋》，收入《說文箋識》，中華書局 2006 年版，第 210 頁。

〔註 518〕呂浩《篆隸萬象名義校釋》妄改作「餔，食也，𥺁也」，學林出版社 2007 年版，第 149 頁。

字通》並云：「䊉，音促，熬米為餌曰䊉。」邗江胡場 5 號漢墓木簽遣冊：「餳糜居（粔）女（籹）笥。」「糜」即「䊉」〔註 519〕。「䊉」疑是「糗」的吳楚南方音變。越南阮秉《五千字譯國語・食部》：「䊉，[illegible]。」「[illegible]」當是「餅鍱（糅）」的記音俗字〔註 520〕，越南語蓋古吳楚語之遺存。䊉從戚得聲，戚清母覺部，糗溪母幽部，二者可以音轉。糗音變又作臬，臬群母幽部。《說文》：「臬，舂糗〔米〕也。」〔註 521〕《集韻》：「糗，《說文》：『熬米麥也。』或作臬。」其語源是「𤆀（炒）」，王念孫曰：「糗之言炒，糒之言僃也。」〔註 522〕皆所以明其語源。⑤「僕粎（足）」即「糒糗」，文獻多作「糗糒」。⑥周家臺 30 號秦墓簡牘《病方及其他》：「以給、顛首、沐浞歓，並，參（三）煴（溫）煮之。」疑「沐浞」與「僕粎」、「僕𥻦」是一聲之轉。里耶秦簡（一）簡 8-137：「□朔戊午，遷陵丞遷告畜官僕足。」「僕足」用作人名〔註 523〕，取義或同。

（10）卵糣（饝／餈）一器

新注：朱德熙、裘錫圭：「周世榮據三號墓遣冊指出『卵』下一字當釋為『糣』，十分正確。但是他認為『糣即穧字』卻不妥當。『糣』應該是『饝』異體。《說文》：『餈，稻餅也。』或體作『粢』、『饝』。《釋名》：『餈，漬也，蒸燥（糝）屑使相潤漬餅之也。』〔註 524〕卵饝就是加雞蛋的米餅。」今按：此字亦見三號墓遣冊簡 178，二、三號墓報告釋為「糣」但讀為「齍」。伊強指出「齍」的異體「粢」字已見於三號墓簡 195、196，因此讀為「齍」不妥。當以朱、裘之說為是。（6／192）

按：糣，疑讀為醑。《廣雅》：「醑，醬也。」「卵醑」即「卵醬」，指魚子醬。《禮記・內則》：「濡魚，卵醬實蓼。」鄭玄注：「卵，讀為鯤。鯤，魚子。」

〔註 519〕《中國簡牘集成》第 19 冊整理者已引《集韻》，但改「䊉」作「糜」，敦煌文藝出版社 2005 年出版，第 1866 頁。

〔註 520〕敦煌寫卷 S.617《俗務要名林・飲食部》：「膏鍱：餢飳之別名，下音葉。」《集韻》：「鍱、糅，餅屬，或從米。」《書鈔》卷 89：「糅餅為殽。」

〔註 521〕「米」字據《玉篇》、《篆隸萬象名義》補。《廣韻》作「糗米」，疑脫「舂」字。

〔註 522〕王念孫《廣雅疏證》，收入徐復主編《廣雅詁林》，江蘇古籍出版社 1992 年版，第 622 頁。

〔註 523〕何有祖《里耶秦簡所見人名「僕足」試考》，簡帛網 2018 年 5 月 6 日。

〔註 524〕引者按：《御覽》卷 860 引「燥」作「𤏳」，即「燥」俗字。

孔疏：「卵，謂魚子，以魚子為醬。」《匡謬正俗》卷 3：「卵者魚卵，即是魚子，不勞改讀為『鯤，魚子』也。」劉曉東曰：「卵者，鳥魚之共名也。鯤者，魚子之別名也……鄭以別指明嫌，顏以通名定訓，斠而量之，鄭君為得也。」〔註 525〕

（11）漆畫大栘，容四升

新注：一號墓報告：「栘與酒杯同組，亦應為飲酒器。栘，疑為觶或觛之變音。」今按：三號墓遣冊簡 260 有「大移」，應即「大栘」。二、三號墓報告讀為「匜」，不可從。一號墓簡 190、191 之「柁」已讀為「匜」。「大栘（移）」就是一種容量較大的耳杯，讀為觶似可考慮。（6 / 200）

王貴元曰：前一說（引者按：指讀為觶或觛）似嫌迂曲，後一說（引者按：指讀為匜）也不確，因為一號墓另有匜出土，其遣冊寫作「杝」。《方言》卷 5：「閜，桮也，其大者謂之閜。」……「移」、「栘」當是「閜」的借字〔註 526〕。

按：栘、移，讀為觶（觛）是也。《說文》：「觶，鄉飲酒角也，觶受四升。」《禮記‧禮器》鄭玄注則云：「三升曰觶。」字亦作觗，《說文》：「觗，《禮經》『觶』。」《集韻》：「觶，或作觗。」又《集韻》「鉹」或作「鉽」，亦其比。音轉亦作巵，《說文》：「巵，圜器也，一名觛。」《玉篇》：「巵，酒漿器也，受四升。」《漢書‧高帝紀》顏師古注引應劭曰：「巵，飲酒禮器也，古以角作，受四升。古巵字作觝。」「觝」是「觗」誤〔註 527〕，皆與簡文「容四升」相符。沈欽韓曰：「古者觶字或作角旁氏。觶、觗皆三升酒器，應劭云受四升者誤也，與《說文》同。巵與觗音義各別……作觗，未之前聞。」〔註 528〕王先謙取沈說〔註 529〕。沈氏下說或誤。

（12）漆畫其來一，長二尺六寸，廣尺七寸，盛肉

新注：「其來」何以指「案」待考。（6 / 203）

按：「其來」亦見三號墓遣冊簡 281、282。《廣雅》：「艆艃，舟也。」《玉

〔註 525〕劉曉東《匡謬正俗平議》，山東大學出版社 1999 年版，第 86 頁。

〔註 526〕王貴元《馬王堆三號漢墓字詞考釋》，《中國語文》2007 年第 3 期，第 279～280 頁。

〔註 527〕《漢書》點校本失校，中華書局 1964 年版，第 66 頁。

〔註 528〕沈欽韓《漢書疏證》，收入《續修四庫全書》第 266 冊，上海古籍出版社 2002 年版，第 12～13 頁。

〔註 529〕王先謙《漢書補注》，中華書局 1983 年版，第 53 頁。

篇》:「艆，艆艃，舟名。艃，艆艃。」P.2011 王仁昫《刊謬補缺切韻》卷 1：「艃，艆艃。」《廣韻》:「艃，艠艃，船名。」又「艠，艠艃，舟名。艆，上同。」單稱則作艏，《玉篇》:「艏，船也。」《集韻》:「艏，船名。」「其來」與「艆（艠）艃」音轉〔註 530〕，必當同源，則「其來」是長形舟狀的大形容器也，即承盤。《周禮·春官·司尊彝》:「祼用雞彝鳥彝，皆有舟。」鄭玄注引鄭司農曰:「舟，尊下臺，若今時承槃。」或即此物。西周早中期《晉韋父盤》:「晉韋父作寶舟。」「舟」讀作「盤」〔註 531〕。船名艆艃，盤名其來，其義一也。《玉篇》:「陎，陭陎也。」「陭」是「隑」借字，音五來切或牛哀切，又音渠希切，二音相轉。倒言則作「崍嵦」、「陎隑」、「顂顗」，P.2011 王

〔註 530〕《書·湯誓》:「予其大賚汝。」《史記·殷本紀》「賚」作「理」。「賚」或作「釐」，「釐」或作「萊」，亦其例。《方言》卷 8:「貔，陳楚江淮之閒謂之貅，北燕朝鮮之閒謂之貊（郭璞注:『今江南呼為貊狸，音丕。』），關西謂之狸。」《玉篇》:「猍，狸也。」《集韻》:「貍，或作狸、貅。」「貍（狸）」、「貅（猍）」一聲之轉。《儀禮·大射儀》鄭玄注:「貍之言不來也。」《史記·封禪書》《集解》引徐廣曰:「貍，一名不來。」又「賴」音轉作「厲」，「無賴」音轉作「無俚」，「登來」音轉作「得利」，皆其比。關於「不來」之「不」，《史記·封禪書》:「狸首者，諸侯之不來者。」將「不」理解作否定副詞，是附會之說。惠士奇曰:「『不來』反為『貍』。」其子惠棟取其說。俞正燮說亦同。胡培翬曰:「『貍』與『來』古音相近，『不來』即『貍』之合聲。」朱駿聲曰:「『不來』之合音為『貍』。」黃侃曰:「『貍』有喉、舌、唇三音。讀唇音者，聲近『不』字，變而為『豾』為『貊』，聲轉而為『貔』為『貓』。讀舌音者，聲同『來』字，變而為『貅』，聲轉而為『劉』（貍姓即劉姓）。『貍之言不來』者，合兩音以說之也，非反語也。讀喉音者，聲轉而為『貄』，《爾雅》『貍子，貄』是也。」吾友龐光華博士從俞正燮、惠棟、胡培翬說，並指出「這個例子屬於反切中的倒紐，『不來』倒紐反切就是『貍』，也就是說，『來不』相切為『貍』」，同時亦引黃侃說以備一通。惠士奇等說是，「不來」用作獸名，複言曰「貊狸」，又作「豾貍」，《爾雅》郭璞注:「貄，今或呼豾貍。」單言曰「貍（狸）」、「貅」，亦曰「豾（貊）」。《集韻》:「髼，鬃髼，髮起皃。」當與「貊狸」同源。惠士奇《禮說》卷 10，收入《叢書集成三編》第 24 冊，新文豐出版公司 1997 年版，第 405 頁。惠棟《九經古義》卷 9《儀禮古義上》，收入《叢書集成初編》第 255 冊，中華書局 1985 年影印，第 109 頁。俞正燮《癸巳類稿》卷 7《反切證義》（俞氏手訂本），收入《叢書集成續編》第 18 冊，新文豐出版公司 1988 年印行，第 469 頁。胡培翬《儀禮正義》卷 15，收入《續修四庫全書》第 92 冊，上海古籍出版社 2002 年版，第 221 頁。朱駿聲《說文通訓定聲》，武漢市古籍書店 1983 年版，第 187 頁。黃侃《經籍舊音辨證箋識》，附於吳承仕《經籍舊音辨證》，中華書局 2008 年版，第 391 頁。龐光華《上古音及相關問題綜合研究——以複輔音聲母為中心》，暨南大學出版社 2015 年版，第 238、255、277 頁。

〔註 531〕參見何琳儀《說「盤」》，《中國歷史文物》2004 年第 5 期，第 30～32 頁。

仁昫《刊謬補缺切韻》卷 1：「崍，崍嵦，山〔貌〕。」〔註 532〕《廣韻》：「崍，崍嵦，山〔貌〕也。」又「嵦，崍嵦。」《集韻》：「嵦，崍嵦，山貌。」又「陝，階〔陝〕也，一曰陝隑，長皃。」〔註 533〕又「顂，顂顗，頭長皃。」又「顗，顂顗，頭長皃。」章太炎曰：「《廣雅》：『隑，長也。』曹憲音牛哀反。《漢書·司馬相如傳》：『臨曲江之隑州。』浙東形狀物長曰隑隑長，轉以形狀物大曰隑隑大。隑亦眘也，《說文》：『眘，盛貌，讀若薿。』」〔註 534〕章氏前說是，但以「眘」為本字則誤矣。章氏所引「隑州」，《史記·司馬相如傳》《索隱》：「隑，音祈，隑即碕字，謂曲岸頭也。張揖曰：『隑，長也。』」《集解》引《漢書音義》：「隑，長也。苑中有曲江之象，泉中有長洲也。」《漢書》顏師古注引張揖說亦同。宋刊《類聚》卷 40 引「隑」作「澧」。《玉篇殘卷》：「碕，《楚辭》：『觸石碕而衡逝。』野王案：《埤蒼》：『曲岸頭也。』《上林賦》『激堆碕』是也。《淮南》：『積牒琁石，以純脩碕。』許叔重曰：『長邊。』」《文選·江賦》李善注引《埤蒼》同，《文選·吳都賦》、《江賦》李善注並引許慎《淮南子》注亦同。《淮南子》出《本經篇》。長邊指曲長之岸。《白氏六帖事類集》卷 2「碕岸」注：「碕，長岸也。」〔註 535〕字亦作埼，《漢書·司馬相如傳》《上林賦》「激堆埼」，顏師古注引張揖曰：「埼，曲岸頭也。」《文選》李善注引張揖說同，《史記》《集解》引作郭璞說。字亦作隑，《續高僧傳》卷 29：「見一隑岸，屢有異光。」宋、元、明本作「崎」，宮本作「攲」。《慧琳音義》卷 94：「隑岸：《考聲》云：『隑，坂也。』與猗字同。按傳文本義，合從山作崎崖。崎，猶險側也，見《博雅》。又王逸注《楚辭》云：『崎即山陵嶔岑皃。』義疑，故兩存也。」「隑岸」即「碕岸」，長岸也。宋本等誤，慧琳改作「崎崖」，解為「險側」，亦非是。字亦作猗，《詩·節南山》：「有實其猗。」毛傳：「猗，長也。」字亦作徛，《爾雅》：「隄謂之梁，石杠謂之徛。」《御覽》卷 73 引作「倚」。徛指長的石岸，亦即「石碕」。字亦作奇，《淮南子·詮言篇》：「屈奇之服。」許慎注：「屈，短。奇，長也。」字亦音轉作圻、沂、磯〔註 536〕，

〔註 532〕「崍嵦」非山名，「山」下脫「貌」字，據《集韻》補。

〔註 533〕釋文「階」下脫「陝」字，據《玉篇》補，《漢語大字典》用今語「臺階」釋之，誤矣。《漢語大字典》（第二版），崇文書局、四川辭書出版社 2010 年版，第 4449 頁。

〔註 534〕章太炎《新方言》卷 2，收入《章太炎全集（7）》，上海人民出版社 1999 年版，第 26 頁。

〔註 535〕《白孔六帖》在卷 7。

〔註 536〕《釋名》：「旂，倚也。」是其音轉之證。

《文選·富春渚》「臨圻阻參錯」，李善注：「《埤蒼》曰：『碕，曲岸頭也。』『碕』與『圻』同。」又《苦熱行》「焦煙起石圻」，李善注：「《埤蒼》曰：『碕，曲岸。』『碕』與『圻』同。」《御覽》卷34引作「沂」，《樂府詩集》卷65作「磯」。「隑」即「奇」音轉，簡文「其」，《廣雅》、《玉篇》「䫏（艩）」、「𩨨」，又是其記音分別字，其義因晦矣。《廣韻》謂長腳蠷螋為蟢。《爾雅》：「蠨蛸，長踦。」郭璞注：「小蠷螋長腳者，俗呼為喜子。」《御覽》卷948引劉芳《毛詩義筌》、《續博物志》卷6作「長蟢」。《毛詩草木鳥獸蟲魚疏》卷下：「蠨蛸，長踦，一名長腳，荊州、河內人謂之喜母。此蟲來著人衣，當有親客至，有喜也，幽州人謂之親客。」《玉篇》：「蠨，蠨蛸，喜子。」「蟢（踦）」亦取長義，指腳長的蠷螋。「喜」是「踦」音轉，俗則附會為有喜事矣〔註537〕。音轉又作巸、熙，《說文》：「巸，廣𦣝（頤）也。」《廣雅》：「巸，長也。」《詩·昊天有成命》毛傳：「熙，廣也。」《方言》卷12：「熙，長也。」郭璞注：「謂壯大也。」戴震據《廣雅》改「熙」作「巸」，華學誠從戴說〔註538〕，殊可不必。「來」又「熙」音轉，而複合成疊韻連綿詞「崍嵦」、「陳隑」、「賴𩨨」。《晏子春秋·內篇諫下》：「景公為長庲。」《玉篇殘卷》引《埤倉》：「長庲，臺，齊景公作也。」《集韻》：「庲，一曰長庲，齊臺名。」「長庲」是臺名，庲亦長也。

（13）員（圓）付蔞（瓿甊）二，盛帶，一空

新注：空，一號墓報告不識，疑為「空」字，但小奩皆盛物，無一空者。（6／206）

按：空，疑讀為㠴。《玉篇》：「㠴，巾也。」與絲帶類近。俗字作幜，《五音集韻》：「幜，衣巾也。」熊加全曰：「幜字訓為衣巾也，於文獻無徵，疑為望形生訓也。『幜』疑即『憤』字之俗。」〔註539〕直是妄疑妄改。

（14）大燭庸二

新注：李家浩認為「燭庸」當讀為「燭豆」：「古人把點燭的鐙或稱為豆。」劉釗認為「庸」讀為「鐙」。伊強指出李家浩說為勝。（6／208）

〔註537〕《西京雜記》卷3陸賈曰：「夫目瞤得酒食，燈火花得錢財，乾鵲噪而行人至，蜘蛛集而百事喜。」《御覽》卷948引《廣五行記》：「蜘蛛集於軍中及人家有喜事。」並是其說。

〔註538〕華學誠《揚雄〈方言〉校釋匯證》，中華書局2006年版，第759頁。

〔註539〕熊加全《〈玉篇〉疑難字研究》，河北大學2013年博士學位論文，第381頁。

周世榮曰：《包山楚簡》二號墓遣冊：「二燭銿。」「燭銿」就是「燭庸」……「庸」乃僕庸之義。馬王堆 M1 僅見燭鐙，而不見庸人執燭，也許「燭庸」似可泛指燭鐙〔註 540〕。

周世榮又曰：「庸」是指器物之屬，如「甂」之類〔註 541〕。

范常喜從周世榮說訓「庸」作「僕庸」，並加申證〔註 542〕。

按：亦見三號墓遣冊簡 375。雲夢大墳頭一號漢墓木牘：「檲（燭）豆一。」此李家浩的證據。羅泊灣 M1：「燭徵一。」「燭徵」讀為「燭鐙」〔註 543〕。包山楚簡簡 262：「二燭銿。」整理者注：「銿，借作僮，指未成年之童。燭僮，即秉燭之僮。出土的實物中有二件童子秉燈，與簡文相符。」〔註 544〕劉信芳曰：「燭銿，讀為『燭俑』。俑謂擎燈之銅人。」〔註 545〕考「燭庸」是古人成語。《左傳・昭公二十七年》吳公子「燭庸」，《史記・刺客傳》作「屬庸」，《吳越春秋・王僚使公子光傳》、《闔閭內傳》作「燭傭」。《左傳・襄公二十三年》齊人名「燭庸」。《淮南子・氾論篇》：「薛燭庸子見若狐甲於劍而利鈍識矣。」高誘注：「薛，齊邑。燭庸氏子通利劍。」氏名「燭庸」者，以物名為名耳。庸、銿，並讀為鍾。東漢以後始有蠟燭〔註 546〕，西漢以前燭盛於圓形容器中。「鍾」本指圓形銅製酒器，盛燭之器似之，因稱作「燭庸」或「燭銿」；「豆」本指圓形食器，盛燭之器亦似之，因稱作「燭豆」。《爾雅》：「瓦豆謂之登。」郭璞注：「即膏登也。」《釋文》：「登，本又作鐙。」謂鐙形似豆也，故「燭豆」又稱作「燭鐙」。各以形命名，不能牽合為一。

（15）素信期繡檢（奩）幭一，素赤掾（緣），繻緩緰（緰／條）飭（飭／飾）

〔註 540〕周世榮《湖南出土漢魏六朝文字雜考》，《湖南考古輯刊》第 6 輯，1994 年版，第 231 頁。

〔註 541〕周說轉引自金菲菲《長沙馬王堆一號漢墓遣策集釋》，首都師範大學 2011 年碩士學位論文，第 122 頁。

〔註 542〕范常喜《馬王堆漢墓遣冊「燭庸」與包山楚墓遣冊「燭銿」合證》，收入《戰國文字研究的回顧與展望》，中西書局 2017 年版，第 247～251 頁。

〔註 543〕參見施謝捷《簡帛文字考釋札記》，《簡帛研究》第 3 輯，廣西教育出版社 1998 年版，第 178～179 頁。

〔註 544〕《包山楚簡》，文物出版社 1991 年版，第 62 頁。

〔註 545〕劉信芳《包山楚簡遣策考釋拾零》，《江漢考古》1992 年第 3 期，第 74 頁。劉信芳《包山楚簡解詁》，藝文印書館 2003 年印行，第 280 頁。

〔註 546〕參見程樹德《〈說文〉稽古篇》，轉引自《漢語大字典》（第二版），崇文書局、四川辭書出版社 2010 年版，第 2402 頁。

新注：一號墓報告：「『乘雲』以及下簡見到的『長壽』、『信期』等刺繡名，都是指特定的花紋樣式，因行用日久，目前尚難考訂其命名的由來。繻緩，似為絛條的一種。」（6／210～211）

唐蘭曰：「緩」是柔緩的意思。「繻緩緰」當為織法比較鬆緩的彩色條帶〔註547〕。

按：「繻緩」是「緰」的修飾語，讀為柔煖，以其修飾絲絛，故易其義符從糹旁。特定的花紋樣式取名「信期」者，取信義為誼〔註548〕；取名「乘雲」、「長壽」者，取富貴長壽之誼。《廣雅》：「無繰，彩也。」《潛夫論．浮侈》：「或克削綺縠，寸竊八采，以成榆葉、無窮、水波之紋。」《後漢書．馬援傳》李賢注引何承天《纂文》：「都致、錯履、無極，皆布名。」《隸釋》卷6《國三老袁良碑》：「今特賜錢十萬，雜繒卌匹，玉具、劍佩、書刀、繡文印衣、無極手巾各一。」「無繰」、「無窮」、「無極」皆花紋名稱，亦取富貴長壽為誼。

（16）青絲履一兩，扁（編）楮（諸）掾（緣）

新注：一號墓報告：「扁楮即編諸。《說文》：『絛，扁緒也。』段注：『《廣雅》作編緒，《漢書》及賈生《新書》作偏諸，蓋上字作編，下字作諸為是。諸者謂合眾采也。《漢書．賈誼傳》曰：「今民賣僮者，為之繡衣、絲履、偏諸緣。」服虔曰：「如牙條以作履緣。」』」（6／211）

按：方以智曰：「織緣曰偏諸。《賈誼傳．治安策》：『緁以偏諸緣。』師古曰：『偏諸，若今之織成，以為腰襻及褾領者，古謂之車馬裠。』唐四品木路、五品軺車，皆碧裹青偏幰。偏言邊也。」〔註549〕偏諸緣，指履緣或衣緣（「緁以偏諸」指衣緣），言於履邊或衣邊合五彩加以緣飾也。《越絕書．外傳記吳地傳》：「扁諸之劍三千。」此則指劍柄有緣飾，故為劍名。段氏得「編」字，而未得「諸」字。方以智讀偏為邊，非是。《說文》：「紊，扁緒也，一曰弩腰鉤帶。」又「緒，絲耑也。」《集韻》：「紊，編繩。」《玉篇殘卷》引《說文》作「紊，編繩也。一曰弩要鉤帶也」。當以《廣雅》作「編緒」為正字，

〔註547〕唐蘭《長沙馬王堆漢軑侯妻辛追墓出土隨葬遣策考釋》，《文史》第10輯，1980年版，第48頁。

〔註548〕另參見唐蘭《長沙馬王堆漢軑侯妻辛追墓出土隨葬遣策考釋》，《文史》第10輯，1980年版，第46頁。

〔註549〕方以智《通雅》卷36，收入《方以智全書》第1冊，上海古籍出版社1988年版，第1107頁。

指編繩而言，亦可指弩要鉤帶。沈欽韓曰：「偏諸即編緒之假借。」〔註 550〕是為得之。

（17）接（靸）麤一兩

新注：朱德熙、裘錫圭：「《方言》卷 4：『扉、屨、麤，履也。』又云：『南楚江沔之閒總謂之麤。』《釋名》：『屨，拘也，所以拘足也……荊州人曰麤。』《說文》：『𧆓，艸履也。』《急就篇》顏注：『麤者，麻枲雜履之名。』『麤』疑指草履。『接』字疑當讀『靸』，《釋名》：『靸，韋履深頭者之名也。靸，襲也，以其深襲覆足也。』接麤可能就是形制如靸的草靴。」（6／213）

按：《釋名》說「麤」的名義云：「齊人謂草屨曰扉……以皮作之或曰不借，言賤易有宜各自蓄之不假借人也。齊人云搏腊，搏腊猶把作（一本作『鲊』），麤貌也。荊州人曰麤。麤，措也，言所以安措足也。」《急就篇》卷 2 顏師古注：「麤者，麻枲雜履之名，南楚江淮之閒通謂之麤。」「𧆓」的語源當是「麤」，劉成國以搏腊為麤貌，是也，故為麻枲雜履之名。劉氏又讀「麤」為「措」，則非是。《玉篇》：「𧆓，草履也。」朱駿聲曰：「凡疏略之義，皆當為𧆓之轉注，𧆓即《周禮》之疏屨也。經傳亦以粗為之。」〔註 551〕胡吉宣曰：「𧆓之言麤疏也。」〔註 552〕「搏腊」是「不借」音轉，言薄藉之也，劉成國說亦誤。又作「薄借」，《周禮·夏官·司馬》鄭玄注：「璂讀如薄借綦之綦。」《齊民要術·雜說》：「可拆麻緝績布縷作白履不惜。」注：「草履之賤者曰不惜。」（一本作「不借」）以「不惜」說之，亦非是。

（18）合青笥二合，盛聶敝（幣）

新注：一號墓報告：「《禮記·少儀》：『聶而切之為膾。』鄭注：『聶之言牒也。』意即碎片。敝即幣字，竹笥木牌正作幣。《說文》：『幣，帛也。』聶幣，即布帛的碎片。」今按：「聶幣」亦見於一號墓簽牌 4、5，三號墓遣冊簡 385，九店簡《告武夷》有「聶幣芳糧」。二、三號墓報告說：「敝與幣相通。聶即牒，意即碎片。聶幣當為以布帛碎片作為冥幣。」（6／216）

周世榮曰：「聶」通「牒」，或作「鍱」。段注：「牒者，疊也。」〔註 553〕

〔註 550〕沈欽韓《漢書疏證》卷 28，收入《續修四庫全書》第 266 冊，上海古籍出版社 2002 年版，第 788 頁。

〔註 551〕朱駿聲《說文通訓定聲》，武漢市古籍書店 1983 年版，第 406 頁。

〔註 552〕胡吉宣《玉篇校釋》，上海古籍出版社 1989 年版，第 1625 頁。

〔註 553〕周世榮《西漢長沙國貨幣新探》，《中國錢幣論文集》第 3 輯，中國金融出版

按：聶敝（幣），唐蘭亦讀為「牒幣」〔註 554〕，周世榮讀為「牒幣」〔註 555〕。《禮記》鄭注讀聶為牒者，《說文》：「牒，薄切肉也。」是切成的薄肉片。讀敝為幣，是也，而未得「聶」字之誼。聶，摺疊義。聶幣，指摺疊的布幣。《爾雅》：「守宮槐葉，晝聶宵炕。」郭璞注：「槐葉晝日聶合，而夜炕布者名為守宮槐。」《釋文》：「聶，涉之反，合也。炕，顧云：『張也。』樊本作抗。」「聶合」指槐葉摺疊。周世榮說得其義，而未得其字。聶之言攝、襵，讀為摺。《廣雅》：「僷、疊、襵、結，詘也。」王念孫曰：「攝音之涉反，與襵通……襵、攝、摺並通。《呂氏春秋．下賢篇》：『卑為布衣而不瘁攝。』高誘注云：『攝，猶屈也。』」〔註 556〕《儀禮．士昏禮》：「執皮攝之。」胡培翬曰：「敖氏曰：『先儒讀『攝』為『摺』，則訓『疊』也。』今人屈物而疊之謂之『摺』。」〔註 557〕《禮記．內則》鄭玄注：「膾者必先軒之，所謂聶而切之也。」《釋文》：「聶，本又作攝，又作牒，皆之涉反。」聶而切之，謂摺疊起來再切之。

（19）滑度（篖）席一

新注：一號墓報告：「滑，似為形容詞。度，讀為芏。《爾雅》郭注：『芏草生海邊，似莞藺，今南方越人採以為席。』」李家浩：「從『度席』與『篾席』都被『滑』修飾來看，『度席』跟『篾席』一樣，也應該是一種竹席。《方言》卷 5：『笐篖，自關而東周洛楚魏之閒謂之倚佯，自關而西謂之笐篖，南楚之外謂之篖。』『度席』當讀為『篖席』。因為『篖』是席名，所以與『席』構成複合名詞『篖席』。馬王堆漢墓所在地長沙屬『南楚』，從簡文席名『篖席』來看，在西漢初年，實際上在長沙地區方言裏也把『笐篖』稱為『篖』，不一定像《方言》所說是僅限於『南楚之外』。」（6 / 216）

社 1998 年版，第 189 頁。

〔註 554〕唐蘭《長沙馬王堆漢軑侯妻辛追墓出土隨葬遣策考釋》，《文史》第 10 輯，1980 年版，第 55 頁。

〔註 555〕周世榮《馬王堆漢墓「聶幣」考》，《中國錢幣論文集》第 2 輯，中國金融出版社 1992 年版，第 174～175 頁；其說又見周世榮《馬王堆漢墓「聶幣」與江陵馬山一號楚墓「聶幣」考》，《古文字研究》第 21 輯，中華書局 2001 年版，第 331 頁。

〔註 556〕王念孫《廣雅疏證》，收入徐復主編《廣雅詁林》，江蘇古籍出版社 1998 年版，第 292～293 頁。

〔註 557〕胡培翬《儀禮正義》卷 3，《國學基本叢書》影《萬有文庫》本，商務印書館 1934 年發行，第 39 頁。

張吟午曰：度謂丈尺高卑廣狹也。《說文》：「筵，竹席也。《周禮》曰：『度堂以筵，筵一丈。』」又「越，度也。」故度席與越席或為同物異名，有可能即「度堂以筵」之筵，蒲草編製，兼有度量職能的常規用席〔註 558〕。

按：亦見三號墓遣冊簡 382。唐蘭亦讀度為芏〔註 559〕。張吟午說大誤。「越席」之「越」亦作「趏」，是「括」的借字，指織蒲為席，與「越度」之「越」音義全異。考《方言》郭璞注：「篣篖，似籧篨，直文而麤，江東呼笪。」《玉篇》：「篣，篣篖，竹笪。笪，麤籧篨也。」然則「篖席」是以竹笪（即竹箬）編織而成的粗竹席，不能受「滑」字修飾。李家浩讀度為篖誤，又修改《方言》地理亦誤。原整理者讀為「芏席」，是草席。郝懿行曰：「今燈草席即芏草席，杜、燈一聲之轉，其草圓細似莞。」〔註 560〕丁惟汾曰：「燈草席，芏草席也。涼席謂之燈草席，燈為芏之雙聲音轉。」〔註 561〕《宣統高要縣志》卷 11：「芏席，芏草……《廣東新語》謂之通草席。《嶺南雜記》謂蒲席出端州，細滑勝於他處，名賽龍鬚，皆是物也。」〔註 562〕然則「芏席」是細草席，可以受「滑」字修飾。竊又疑簡文「度」音託，讀為籜，《玉篇》：「籜，竹籜。」《文選·於南山往北山經湖中瞻眺》李善注引服虔《漢書注》：「籜，竹皮也。」《干祿字書》：「籜，筍皮。」今吳語稱作竹箬。其語源是「蘀」，《說文》：「蘀，艸木凡皮葉落，陊地為蘀。《詩》曰：『十月隕蘀。』」故竹筍之皮謂之籜也。「籜席」即是以竹箬製成的席子，或稱作「筍席」。《書·顧命》：「牖間南嚮，敷重篾席……西夾南嚮，敷重筍席。」孔傳：「筍，蒻（篛——箬）竹。」《禮記·禮器》孔疏引《顧命》鄭玄注：「筍，析竹青皮也。」《集韻》：「筍，弱（篛——箬）竹，可為席。」「筍」同「笋」，皆「筠」字音轉，《說文》：「筠，竹皮也。」唐·陸龜蒙《茶甌》：「光參筠席上，韻雅金罍側。」簡文「籜席」與「辟（篾）席」對舉，猶《書》之「筍席」與「篾席」也。魏靈水讀「度」為「託」，解為「依託或憑藉」〔註 563〕，非是。

〔註 558〕張吟午《先秦敷陳之禮兼及楚簡名物》，《楚文化研究論集》第 6 輯，湖北教育出版社 2005 年版，第 67～68 頁。

〔註 559〕唐蘭《長沙馬王堆漢軑侯妻辛追墓出土隨葬遣策考釋》，《文史》第 10 輯，1980 年版，第 54 頁。

〔註 560〕郝懿行《爾雅義疏》，上海古籍出版社 1983 年版，第 1031 頁。

〔註 561〕丁惟汾《俚語證古》卷 8，齊魯書社 1983 年版，第 209 頁。

〔註 562〕《宣統高要縣志》卷 11，民國鉛印本。

〔註 563〕魏靈水《漢墓出土遣策選釋》，安徽大學 2006 年碩士學位論文，第 17 頁。

（20）土錢千萬，篋（簞）一千

新注：一號墓報告：「篋，疑為簞之音變。《說文》：『簞，笥也。漢律令，簞小筐也。』簡文之篋，當指盛泥『半兩』錢的竹簍。」（6／219）

賀強曰：「篋」當為「籩」，同音借字。《集韻》：「籩：一曰竹器。」〔註564〕

按：唐蘭亦讀篋為簞〔註565〕。賀強說是，而未得其源。篋之言提也。《管子·山權數》：「君請起十乘之使、百金之提。」尹注：「提，裝也。」裝金的竹簍亦謂之提，簡文作專字「篋」。俗字亦作籩、簃，《集韻》：「籩、篋：一曰竹器，或省。」《重訂直音篇》卷4：「簃，竹器。」

二、馬王堆《三號墓竹簡遣冊》校補

馬王堆《三號墓竹簡遣冊》詞語同於《一號墓竹簡遣冊》者，另詳。

（1）宦者九人，其四人服羊車

王貴元曰：《釋名》：「羊車：羊，祥也。祥，善也。善飾之車。」《晉書·輿服志》：「羊車，一名輦車，其上如軺，伏兔箱，漆畫輪軛。」可見「羊車」是一種裝飾精美的車。服，義為駕。輦是用人拉挽的車，羊車也是用人拉的，所以羊車也可稱輦車〔註566〕。

新注：鄭曙斌：「所言羊車用於喪葬中，並非一般的羊拉之車。《釋名》：『羊車：羊，祥也。祥，善也。善飾之車，今犢車是也。』《禮記·曲禮上》：『祥車曠左。』鄭玄注：『祥車，葬之乘車。』」何有祖：「『羊車』疑讀作『祥車』。《包山楚簡》275號簡有『羊車』，整理者讀作『祥車』，指喪車。」王貴元：「『羊車』是一種裝飾精美的車，用人拉，而非羊拉。（6／227～228）

按：「羊車」是人拉的車，語源是「祥車」，後世亦或以牛代人力。《釋名》：「贏車、羔（羊）車，各以所駕名之也。」〔註567〕《御覽》卷775引作「羊車，以羊所駕名車也」，蓋臆改。《南齊書·輿服志》：「今不駕羊，猶

〔註564〕賀強《馬王堆漢墓遣策整理研究》，西南大學2006年碩士學位論文，第37頁。

〔註565〕唐蘭《長沙馬王堆漢軑侯妻辛追墓出土隨葬遣策考釋》，《文史》第10輯，1980年版，第55頁。

〔註566〕王貴元《馬王堆三號漢墓字詞考釋》，《中國語文》2007年第3期，第277頁。

〔註567〕各家校「羔」作「羊」，參見任繼昉《釋名匯校》，齊魯書社2006年版，第408～409頁。《宋史·儀衛志》引正作「羊」字。《廣博物志》卷40引已誤作「羔」。

呼牽此車者為羊車云。」是漢代已經誤解為羊拉之車矣，《南齊書》承其誤。簡文言宦者九人，其中四人拉羊車，而不是指四人乘坐羊車。《玄應音義》卷 15：「犢車：古名羊車，《釋名》云云。」《釋名》又指出「羊車」即當時的「犢車」，「犢車」即「鹿車」，又作「轆車」，都是「轆轤車」的省稱，亦即《方言》卷 5 的「轣轆車」，即今之獨輪小車，是人拉或推的小車，非謂牛駕之車也〔註 568〕。段玉裁理解為「駕之以犢」〔註 569〕，彭衛說「漢代人所說的『犢車』就是牛車」〔註 570〕，皆望文生義也。《晉書·輿服志》明確指出「羊車」即「輦車」，正是人拉或推的小車。《周禮·地官·鄉師》鄭玄注：「輦，人輓行。」《釋名》：「輦車，人所輦也。」《周禮·考工記·車人》：「羊車二柯，有參分柯之一。」鄭司農曰：「羊車，謂車羊門也。」鄭玄正先鄭之誤，曰：「羊，善也。善車，若今定張車，較長七尺。」賈公彥疏：「後鄭云『羊，善也。善車若今定張車』，雖舉當時漢法以曉人，漢時去今久遠，亦未知定張車將何所用，但知在宮內所用，故差小為之，謂之羊車也。」鄭玄說與《釋名》相同。賈公彥疏：「車人造大車、柏車、羊車，是駕牛車。」《欽定周官義疏》卷 44：「此亦駕牛之車也，注以羊為善，想古有此訓，故善、美、義等字並從羊，非以羊駕也。」謂羊車是駕牛車者，蓋以後世之制說之。「羊車」是小車，本用於行於宮中，亦可以生前之制臨時用作喪車。《說文》：「笍，羊車騶箠也，箸箴其耑，長半分。」此注文「車」字當是衍文。《集韻》：「笍，羊箠，耑有鐵。」正無「車」字。《說文》：「錣，羊箠也，耑有鐵。」「鐵」謂鐵鍼。「錣」古音近「笍」，當是異體〔註 571〕，亦無「車」字。《說文》：「匿讀如羊騶箠。」蔣斧印本《唐韻殘卷》引《廣雅》：「錣（錣），羊捶。」《廣韻》引《廣雅》：「錣（錣），羊箠。」皆是其證。《篆隸萬象名義》卷 7：「笍，杖頭有鐵。」《集韻》：「錣，策端有鐵，或作銳。」「銳（錣）」同「笍」。皆謂羊箠耑有鐵鍼。《玉篇》、《廣韻》並云：「笍，小車具也。」改釋作「小車具」，則所見本已誤衍「車」字矣。羊騶箠者，謂禦羊之箠，其端有鐵鍼，非禦羊車之箠。王筠曰：「謂羊車之騶之箠也。」其說非是。徐

〔註 568〕參見蕭旭《「鹿車」名義考》，收入《群書校補（續）》，花木蘭文化出版社 2014 年版，第 2123～2134 頁。

〔註 569〕段玉裁《說文解字注》，上海古籍出版社 1981 年版，第 196 頁。

〔註 570〕彭衛《「羊車」考》，《文物》2010 年第 10 期，第 71 頁。

〔註 571〕參見馬敘倫《說文解字六書疏證》卷 27，上海書店 1985 年版，本卷第 66 頁。又參見黃侃《說文同文》，收入《說文箋識》，中華書局 2006 年版，第 101 頁。

灝《注箋》「鍪」字條據「笍」字注語，於「羊」下補「車」字〔註 572〕，傎矣。羅小華據安陽殷墟郭家莊商代墓藏 M146 羊坑中出土銅軛首、銅鑣，又據《說文》「羊車騶箠」的記載，謂「有理由推測當時確實存在著一種以羊為動力提供者的車——羊車」〔註 573〕。我認為這個結論不成立。今本《說文》「羊車騶箠」的記載不可靠，商代墓藏羊坑中出土的銅軛首、銅鑣，僅是殉葬品中的象徵物，取吉祥的喻義。《新語・輔政》：「文公種米，曾子駕羊。」《說苑・雜言》同。《淮南子・泰族篇》：「文公樹米，曾子架（駕）羊。」此自是曾子做的傻事，故與「種米」並言。三種早期文獻把駕羊作為反面教材，明確記載羊不可以駕車。《封氏聞見記》卷 8 引《鄒山記》：「鄒山，蓋古之繹山，始皇刻碑處文字分明，始皇乘羊車以上，其路猶存。」秦始皇所乘的羊車是人力車無疑，羊拉之車斷無上山之力。馬德曰：「（乘羊車）大概是用以表示要像羊一樣馴服。」〔註 574〕尤臆說不可信。《晉書・后妃傳》：「帝莫知所適，常乘羊車，恣其所之，至便宴寢宮人。宮人乃取竹葉插戶，以鹽汁灑地而引帝車。」此確是羊駕的車，是晉武帝行樂的糊塗事兒，非古制也。

（2）遛犬二

新注：二、三號墓報告：「或可釋為作為寵物的愛犬。」伊強：「『遛犬』大概是一種犬的名稱。」（6／231）

劉玥曰：「遛犬」應指一種樂器。「犬」是「犮」字之誤。「犮」通「鈸」。遛，或通「鎦」。遛犬，即「鎦鈸」，指表面光滑的銅鈸〔註 575〕。

按：遛，讀為留，留止也，執留也，猶言抓捕、捉拿。作為狗名，字亦作獙，指善執禽或獸之狗。《集韻》：「獙，執獙，狗名，言善執留禽獸。」《穆天子傳》卷 1：「天子之狗走百里，執虎豹。」郭璞注：「言劬力壯猛也。」《莊子・天地》：「執留之狗成思，猨狙之便自山林來。」《釋文》：「留，如字，本又作獙，音同。司馬彪云：『獙，竹鼠也。一云：執留之狗，謂有能，故被留

〔註 572〕王筠《說文釋例》，徐灝《說文解字注箋》，並收入丁福保《說文解字詁林》，中華書局 1988 年版，第 13650～13651 頁。

〔註 573〕羅小華《「羊車」補說》，《四川文物》2013 年第 5 期，第 55 頁。

〔註 574〕馬德《敦煌壁畫交通工具史料述論（上）》，《敦煌研究》1995 年第 1 期，第 55 頁。

〔註 575〕劉玥《漢墓遣冊詞語考釋七則》，《寧夏大學學報》2013 年第 5 期，第 15 頁。

係，成愁思也。』」司馬二說皆非是。

（3）美人四人，其二人讎，二蹇

新注：二、三號墓報告：「讎讀裘。『蹇』與『褰』通。〔《小爾雅》：『褲謂之蹇（褰）。』〕均指服飾而言，前者指服袍服，後者指短裝。」伊強：「說『讎讀裘』很難成立。『讎』可以讀作『醜』，皃惡。『蹇』可以讀作『姸』。」今按：伊說「讎」不可讀為「裘」可從，但讀「讎」、「蹇」為「醜」、「姸」仍需更多例證支持。（6 / 231，「小爾雅」七字據原文補引，原引文「褰」誤作「蹇」。）

賀強曰：「讎」讀為「綢」。蹇，整理小組釋「蹇」與「褰」通，可從〔註 576〕。

陳松長曰：《說文》：「讎，對應也。」又「蹇，走貌。」……其中兩個作對答狀，二個作行走狀〔註 577〕。

伊強曰：在漢代畫像石裏，「篲」有時與「盾」同時甚至是配對使用。「蹇」當讀作「干」，楯也。或作「戰」〔註 578〕。

按：「蹇」上當脫一「人」字。簡 395：「蹇、帚各一。」「讎」即「帚（箒）」音轉字，韻同幽部，聲則禪、章旁紐雙聲。蹇，疑讀為楗，門閂；或讀為鍵，鑰匙。簡文用作動詞，言美人四人，其二人執掃箒，二人執門閂（或鑰匙）。

（4）軺車二乘

新注：二、三號墓報告：「《說文》：『軺，小車也。』《釋名》：『軺車：軺，遙也，遠也，四向遠望之車也。』」鄭曙斌：「《漢書・平帝紀》顏注引服虔曰：『軺，立乘小車也。』《史記・季布傳》《索隱》：『謂輕車，一馬車也。』」（6 / 234）

按：《玉篇》、《廣韻》、《集韻》並同《說文》。從刀之字多短小義，小車謂之軺，小船謂之舠（船），小魚謂之鮉，其義一也〔註 579〕。小車則輕快，

〔註 576〕賀強《馬王堆漢墓遣策整理研究》，西南大學 2006 年碩士學位論文，第 44 頁。

〔註 577〕陳松長《馬王堆三號墓出土遣策釋文訂補》，收入《出土文獻與傳世典籍的詮釋——紀念譚樸森先生逝世兩週年國際學術研討會論文集》，上海古籍出版社 2010 年版，第 391 頁。

〔註 578〕伊強《馬王堆三號漢墓遣策補考》，收入《〈長沙馬王堆漢墓簡帛集成〉修訂研討會論文集》，復旦大學 2015 年 6 月 27～28 日，第 272 頁。

〔註 579〕參見蕭旭《韓非子校補》，花木蘭文化出版社 2015 年版，第 108～109 頁。

故又訓輕車。《釋名》以「遙遠」為語源，《集韻》因製俗字「軺」，皆失其誼。孫機曰：「軺車的定義以《釋名》之說最可取……即這是一種四面敞露之車……以敞露為特點。」〔註 580〕斯亦失考也。

（5）胡人一人，操弓矢，贖（韇）觀（丸）

王貴元曰：居延舊簡 28.19：「出弓櫝丸七。」又 87.12：「弓一，櫝丸一，矢十二。」櫝丸是藏弓矢器。《左傳·昭公二十五年》杜預注：「冰，櫝丸蓋，或云櫝丸是箭箙，其蓋可以取飲。」「櫝丸」又作「韣丸」，《方言》卷 9：「所以藏箭弩謂之箙，弓謂之鞬，或謂之韣丸。」也作「韇丸」，《儀禮·士冠禮》鄭玄注：「今時藏弓矢者謂之韇丸也。」「贖觀」即「櫝丸」。居延簡有「弓櫝丸」，說明《方言》櫝丸為弓藏的說法是正確的……櫝丸也可以裝箭，櫝丸應是以藏弓為主，也兼藏箭的器具〔註 581〕。

新注：伊強：「『贖觀』可讀作『韇丸』。韇丸，或謂藏弓之器，或謂藏箭之器。孫機《漢代物質文化圖說》說：『過去根據《士冠禮》鄭注所說「今之藏弓矢者，謂之韇丸也」，曾以為櫝丸除裝箭外兼可裝弓。據出土物觀察，櫝丸是不能裝弓的。』」王貴元：「居延簡有『弓櫝丸』云云。」（6 / 234）

賀強曰：疑「贖觀」就是無裝飾〔註 582〕。

按：《方言》卷 9 戴震《疏證》曰：「韣，本作韇，古通用櫝。《後漢書·南匈奴傳》：『弓鞬韇丸一。』注云：『《方言》：「藏弓為鞬，藏箭為韇丸，即箭箙也。』《春秋·昭公二十五年左傳》：『公徒釋甲執冰而踞。』服虔注云：『冰，櫝丸蓋也。』疏引《方言》：『弓藏謂之鞬，或謂之櫝丸。』今據此兩引訂正……《廣雅》：『鞬，弓藏也。韣䪨，矢藏也。』韣䪨即韇丸。鞬與韇丸，《後漢書》注所引《方言》與《廣雅》合。」〔註 583〕《詩·大叔于田》《釋文》引馬融曰：「掤，犢丸蓋也。」又引杜預曰：「犢丸，箭箙也。」《六經正誤》卷 6、《慈湖詩傳》卷 6 引杜注亦作「犢丸」。孔疏：「賈逵云：『冰，櫝丸蓋也。』則是相傳為此言也。《方言》曰：『弓藏謂之鞬，或謂之櫝丸。』如彼文，則櫝丸是盛弓者也。此或說櫝丸是箭箙，其蓋可以取飲，《十三年傳》

〔註 580〕孫機《漢代物質文化資料圖說》，文物出版社 1991 年版，第 90～92 頁。

〔註 581〕王貴元《馬王堆三號漢墓字詞考釋》，《中國語文》2007 年第 3 期，第 279 頁。

〔註 582〕賀強《馬王堆漢墓遣策整理研究》，西南大學 2006 年碩士學位論文，第 46 頁。

〔註 583〕戴震《方言疏證》，收入《戴震全集（5）》，清華大學出版社 1997 年版，第 2412 頁。

云：『司鐸射，奉壺飲冰。』謂執此也。《詩》云：『抑釋掤忌，抑鬯弓忌。』鬯藏弓，則冰藏矢也。毛傳云：『掤，所以覆矢。』掤與冰字雖異，音義同，是一器也。」居延漢簡 346.2：「餘犢丸。」「櫝丸」、「韇丸」、「轂𡘊」、「犢丸」、「贖觀（丸）」並同，丸之言圓也〔註 584〕，《學林》卷 10 引杜預注正作「櫝圓」。「韇」是圓形器具，可以藏弓或矢。《說文》：「韇，弓矢韇也。」正不分別弓或矢而混言之也，《士冠禮》鄭玄注與許君說同。「櫝丸」省稱則曰「櫝」，居延漢簡 51.113：「櫝一，完。」字亦作韇、韥、韣，《集韻》：「韇、韥，《說文》：『弓矢韇也。』今謂之胡鹿，或從皮。」又「韣，弓衣，或作韥。」又「𠔉，刀劍室。」《禮記·少儀》：「劍則啟櫝。」鄭玄注：「櫝謂劍函也。」其物蓋皮製，故字從革，或從韋，或從皮，木製的則從木，所以別其質地也。用以藏刀劍，則易其形符從刃。戴震改「韇」作「韥」，殊無必要，華學誠從其說改字〔註 585〕，亦失考也。孫機、王貴元藏弓、藏箭之辨，殊為無謂，不曾會通其語源義也。《儀禮·士喪禮》鄭玄注：「韇，藏筴之器也。今時藏弓矢者謂之韇丸也。」又《明堂位》鄭玄注：「弧，旌旗所以張幅也，其衣曰韣。」然則藏筴、弧的圓形器物也可稱作「韇（韣）」，又庸辨乎？字亦作襡，《禮記·內則》：「斂簟而襡之。」鄭玄注：「襡，韜也。」字亦作繈，望山 2 號墓楚簡簡 48：「絣（丹）緅之繈。」整理者括注為「襡」〔註 586〕。是所盛者，各物皆可，因以各易義符而製字。又稱作「胡鹿」，亦作「胡祿」、「胡盝」、「胡簶」、「胡韊」、「胡簶」、「胡簏」、「胡麗」、「箶簏」、「箶簶」、「鞁簏」、「鞁簶」、「狐簶」、「弧簶」。「胡鹿」是「胡盧」的音轉，合音即為「壺」，弓箭室是圓形，故因以名焉〔註 587〕。

（6）其一人操附（駙）馬

新注：伊強：「根據簡文文例，兵器、樂器一般用『操』，馬匹用『牽』。疑『操』是『牽』字之誤。」（6／235）

〔註 584〕《墨子·備穴》：「穴內口為竈，令如窯，令容七八員艾。」孫詒讓曰：「員即丸也，《論衡·順鼓篇》云：『一丸之艾。』」孫詒讓《墨子閒詁》，中華書局 2001 年版，第 552 頁。

〔註 585〕華學誠《揚雄〈方言〉校釋匯證》，中華書局 2006 年版，第 617～618 頁。

〔註 586〕《望山楚簡》，中華書局 1995 年版，第 112 頁。

〔註 587〕參見蕭旭《「果蠃」轉語補記》，收入《群書校補（續）》，花木蘭文化出版社 2014 年版，第 2297～2299 頁。

按：「操」字不誤。駕馭馬匹、舟船曰「操」，謂執其轡或棹也。《楚辭·九章·思美人》：「勒騏驥而更駕兮，造父為我操之。」《莊子·達生》：「津人操舟若神。」

（7）鮍、鯉、肉、蒝白羹一鼎

新注：《集韻》：「蒝，艸名。」（6／235）

按：白羹，范常喜改釋作「甘羹」〔註588〕。《說文》：「蒝，艸木形。」《玉篇》：「蒝，莖葉布也。」都是形容詞，《集韻》釋為艸名，疑是「蒝荽」的省稱。「蒝荽」又名「胡荽」，可作葅。疑「肉蒝」是一詞，蒝讀為䭴。《方言》卷13：「餌，或謂之䭴。」《御覽》卷860引之，有注：「䭴，音原。」《廣雅》：「䭴，餌也。」P.2011王仁昫《刊謬補缺切韻》卷1：「䭴，餌。」䭴之言圓。今吳語尚有「肉圓」之語。《外臺秘要方》卷37有「石汁中炰豬肉餌法」。

（8）糃（餲）一器

新注：二、三號墓報告：「糃，從米，當為糧食作物。」伊強：「『糃』可能讀為『餲』。《御覽》卷860引《通俗文》：『寒具謂之餲。』《齊民要術·餅法》：『環餅，一名寒具。截餅，一名䗐（引者按：原文作「蝎」字）子。皆須以蜜調水溲麵，若無蜜，煮棗取汁。牛羊脂膏亦得，用牛羊乳亦好，令餅美脆。』」（6／246）

伊強曰：「糃」字見於《集韻》：「糃，白米。」簡206～305都是「……一器」的句式，「一器」前的詞語都是各種食物的名稱，因此，簡文中的「糃」與《集韻》中的「糃」字意義是否相同，還值得進一步探討。考慮到《集韻》一書的時代較晚，我們懷疑簡文中的「糃」也有可能讀為「餲」〔註589〕。

按：劉玉環亦引《集韻》「糃，白米」說之〔註590〕。《玉篇》：「糃，白米。」此《集韻》所本。胡吉宣曰：「糃之言皛也。皛，白也。」〔註591〕《玉篇》、

〔註588〕范常喜《馬王堆漢墓遣冊「甘羹」新釋》，《中原文物》2016年第5期，第54～57頁。

〔註589〕伊強《談〈長沙馬王堆二、三號漢墓〉遣策釋文和注釋中存在的問題》，北京大學2005年碩士學位論文，第50頁。賀強《馬王堆漢墓遣策整理研究》說同，西南大學2006年碩士學位論文，第57頁。

〔註590〕劉玉環《長沙馬王堆一號、三號漢墓遣策文字補釋》，《寧夏大學學報》2016年第2期，第17頁。

〔註591〕胡吉宣《玉篇校釋》，上海古籍出版社1989年版，第3002頁。

《集韻》雖成書較晚，收字要有所本，不會憑空杜撰。比如《集韻》所收「糨」字（《類篇》又鈔錄自《集韻》），他書未見，而此字在漢簡中已見（參上文）。不知墓藏實物云何，或當讀如字，指白米。當然伊強讀糨為餲，亦有可能。「餲」當是「蝎」後出俗字，音胡葛反，與《說文》「餲，飯餲也」指食物腐敗穢臭的「餲」（烏芥反）是同形異字，音義全別。「蝎」又是「截（截）」疊韻音轉字，以製作方法而命名〔註 592〕。

（9）盭（綟）㲉（縠）長襦一，桃華掾（緣）

新注：二、三號墓報告：「綟，綠也。」（6 / 248）

按：簡 348、362、407 亦云「桃華掾（緣）」。「桃華」不是桃樹花的顏色（粉紅色），而是指黃白二色相雜的顏色〔註 593〕。

（10）早（皂）複衣一，早（皂）掾（緣）。

新注：伊強：「『皂』古書中亦作『皁』，指黑色。簡 407 作『草複衣』、『草掾』，簡 331 有『早巾』，江陵鳳凰山 8 號墓遣冊簡 3 有『早緒禪衣』，『草』、『早』均用為『皂』。」（6 / 248）

按：伊強說是。王觀國曰：「『草』可以染帛為黑，故黑色曰草。後世既用皁字，故草字用為草木之字。」〔註 594〕《鹽鐵論·散不足》「大夫士復薦草緣」，亦借用「草」字。楊樹達曰：「『草緣』為不可通，疑當作『革緣』，謂以革緣飾其邊也。」馬非百曰：「草緣，以草緣飾席邊。」其說皆誤〔註 595〕。

（11）劍枝一

新注：二、三號墓報告：「枝，指掛劍的支架。」（6 / 249）

賀強曰：「枝」為「支撐、支持」意，或作「支」〔註 596〕。

按：枝，讀為箷，亦借篋字為之。《爾雅》：「竿謂之箷。」《釋文》：「箷，

〔註 592〕參見蕭旭《麵食「餺飥」、「餢飳」、「蝎餅」名義考》。

〔註 593〕參見蕭旭《「桃華馬」名義考》，《中國文字研究》第 22 輯，2015 年 12 月出版，第 187～191 頁。

〔註 594〕王觀國《學林》卷 9，收入《叢書集成新編》第 12 冊，新文豐出版公司 1985 年版，第 81 頁。

〔註 595〕參見蕭旭《鹽鐵論校補》，收入《群書校補（續）》，花木蘭文化出版社 2014 年版，第 950 頁。

〔註 596〕賀強《馬王堆漢墓遣策整理研究》，西南大學 2006 年碩士學位論文，第 42 頁。

李本作箟，同。」郭璞注：「衣架。」以竿所作之架曰榹，用以架衣，自亦可懸掛他物。字亦作箷、榹、杝、簃，或省作施。裴務齊《正字本刊謬補缺切韻》：「榹，案《說文》：『衣架。』又〔作〕箷。」P.3696《切韻》同《說文》作：「榹，衣架。」《玉篇》：「榹，衣架也。」《玄應音義》卷13：「榹架：又作箷，《埤蒼》作施，同。竿謂之榹，榹可以架衣也。《蒼頡篇》：『榹，格也。』亦衣桁也。經文作簃，音丈支反。」又卷14亦引《蒼頡篇》：「格、榹，架也。」《禮記·內則》：「男女不同榹枷。」鄭玄注：「竿謂之榹。」《釋文》本作「杝」，云：「杝，本又作榹。」《御覽》卷765引《爾雅》及《禮記》作「搋」，俗譌字。

（12）劫〈劍〉一，象，金首鐔一

新注：二、三號墓報告：「《說文》：『鐔，劍鼻也。』」伊強：「『劫』可讀作『劍』，也可能是『劍』字誤書。」今按：將「劫」視為「劍」的誤字較直接。（6／249）

按：簡文與「刀」、「劍」簡並列，「劫」當是兵器的名稱，但讀為劍則未聞。劫，讀為鈒。《說文》：「鈒，鋋也。鋋，小矛也。」《急就篇》卷3：「鈒、戟、鈹、鎔、劍、鐔、鍭。」顏師古註：「鈒，短矛也。鐔，劍刃之本入把者也。」鈒之言扱，插也，本指插於車旁的小矛。

（13）琴一，青綺綂（綉—韜）

王貴元曰：「綂」疑是「橐」字異體，禿、橐皆透母字，禿為屋韻，橐為鐸韻，韻可旁轉。《說文》：「橐，囊也。」這裏指樂器套〔註597〕。

新注：李家浩：「『禿』、『秀』一字分化，『綂』是『綉』字異體。簡381『青綺琴囊』就是『青綺綉』。『綉』讀為韜。」（6／251）

劉玉環曰：此字（引者按：指「綂」）當為「紩」，讀為帙，書衣也，小囊也〔註598〕。

按：王貴元說可備一解。竊謂綂讀為韣、韇，韻皆屋部，聲則透、定旁紐

〔註597〕王貴元《馬王堆三號漢墓字詞考釋》，《中國語文》2007年第3期，第278頁。其說又見王貴元《簡帛文獻字詞研究》，中國社會科學出版社2020年版，第90頁。

〔註598〕劉玉環《長沙馬王堆一號、三號漢墓遣策文字補釋》，《寧夏大學學報》2016年第2期，第16頁。

雙聲。「韣」本指裝弓的袋子，亦泛指裝其他物品的袋子（參見上文）。簡文裝琴的袋子是青綺所製，故易作糸旁，又改其聲符。簡 244、245 有「瑟一，繡繡」、「竽一，錦繡」，指錦繡的裝瑟竽的袋子。

（14）漆畫檢（奩），俓（徑）尺，高韰成五寸二合

新注：「高韰成五寸二合」此句斷句、含義尚待研究。（6 / 252）

伊強曰：王貴元指出應釋為「高藍」，是。江陵鳳凰山 167 號墓漢簡：「藍器一。」注釋認為「『藍』乃『鹽』的借字」。「藍器一」的「藍」和「高藍」可能有關係〔註 599〕。

按：江陵漢簡「藍器」確是「鹽器」，此簡「高韰」是飾器，二者沒有關係。簡文疑當乙作「高五寸，韰成二合」。賀強乙作「俓尺五寸，高、韰成，二合」〔註 600〕，非是。簡 274：「漆畫盛十合。」成，讀為盛。檢，當讀為籨，俗字作簽、匳、奩、槃、簽。《說文》：「籨，鏡籨。」《列女傳》卷 5：「置鏡奩中。」《玉篇》「籨」字條引作「籨」。張家山 247 號漢墓簡 34、49、51 並有「簽一合」的記載，是省形字。蕭家草場 26 號漢墓遣冊簡 11 又作「檢」。亦泛指裝其他物品的匣子。韰，讀為嚴，整飭、修整、打扮。古詩《孔雀東南飛》：「雞鳴外欲曙，新婦起嚴妝。」是其例。簡文「韰成」用作名詞，指裝打扮物品的器具。單稱作「嚴」，《北史·后妃傳》：「三人掌簪珥花嚴，典櫛。」「韰成」在文獻中稱作「嚴器」，《御覽》卷 717 引魏武《上雜物疏》：「油漆畫嚴器一，純金參帶，畫方嚴器一。」又引《汝南先賢傳》：「戴良嫁女，以〔竹方〕笥為嚴器。」〔註 601〕《南史·齊高帝諸子傳》：「得金巾箱、織金篋為嚴器。」又稱作「嚴具」，《獨斷》卷下：「理被枕，具盥水，陳嚴具。」《書鈔》卷 136 引魏武《內嚴器誡（誡）令》：「孤不好鮮飾，嚴具所用，雜新皮韋（葦）笥，以黃韋（葦）緣中。遇亂，無韋（葦）笥，乃〔更〕作方竹嚴具，以帛（皂）衣麁布作裹，此孤之平常所用者也。」〔註 602〕又考陸雲《與平原書》：「一日案行，並視曹公器物，牀薦席具，寒夏被七枚，介幘如

〔註 599〕伊強《談〈長沙馬王堆二、三號漢墓〉遣策釋文和注釋中存在的問題》，北京大學 2005 年碩士學位論文，第 19 頁。

〔註 600〕賀強《馬王堆漢墓遣策整理研究》，西南大學 2006 年碩士學位論文，第 60 頁。

〔註 601〕「竹方」二字據《書鈔》卷 136 引補。

〔註 602〕《御覽》卷 717 引「誡」作「誡」，「帛」作「皂」，「韋」俱作「葦」，又「作」上有「更」字，皆是也。

吳幘，平天冠、遠遊冠具在嚴器，方七八寸，高四寸餘，中無鬲（隔），如吳小人嚴具狀，刷膩處尚可識。」曹公嚴器方七八寸高四寸餘，比簡文所記略小。方以智曰：「（嚴器）即籢器也。」吳玉搢曰：「嚴器亦即籢器，當以音近借用耳。」〔註 603〕所說或誤。又稱作「粧具」，《御覽》卷 711 引《風俗通》：「京師長者皆以葦辟方笥為粧具。」〔註 604〕此是同義替換，孫機說東漢避明帝劉莊諱，改「裝」為「嚴」〔註 605〕，或非是。

（15）雲越錦沈（枕）一，績番

新注：番，讀法待考。（6 / 256）

按：番，讀為鞔。「鞔」是漢人習語，覆蓋之義。《玄應音義》卷 14：「《蒼頡篇》：『鞔，覆也。』今謂覆蓋為鞔。律文作縵、漫二形，假借也。」又卷 21「覆蓋」下有「物」字，餘同。P.2011 王仁昫《刊謬補缺切韻》卷 1、《慧琳音義》卷 37 引《韻詮》並云：「鞔，覆也。」S.617《俗務要名林・聚會部》：「鞔，亦覆也。」《慧琳音義》卷 34 引《考聲》：「鞔，蓋也。」字亦作縵，睡虎地秦簡《法律答問》：「以錦縵履不為。」整理者讀縵為鞔〔註 606〕。字亦作幔，《廣雅》：「幔，覆也。」簡文用為名詞，指覆枕的錦。

（16）生綺複棨衣一

新注：二、三號墓報告「棨」後括注「褩」。伊強：「上古音『棨』、『褩』較遠，因此將『棨』讀為『褩』似不合適。『棨』該作何解尚不清楚。」（6 / 258）

劉玥曰：「棨衣」應讀作「褩衣」，指夾棉的外衣〔註 607〕。

按：棨，讀為裚。《集韻》：「裚，複襦。」又「袻，裚也。」「袻」是「襦」省文，「裚」、「袻（襦）」互訓。《說文》：「襦，短衣也。」複襦，與「單襦」對稱，指有裏的短衣〔註 608〕。《方言》卷 4：「複襦，江湘之閒謂之襜。」襜之

〔註 603〕方以智《通雅》卷 34，收入《方以智全書》第 1 冊，上海古籍出版社 1988 年版，第 1032 頁。吳玉搢《別雅》卷 2，收入景印文淵閣《四庫全書》第 222 冊，臺灣商務印書館 1986 年初版，第 675 頁。

〔註 604〕《後漢書・五行志》脫「辟」字。

〔註 605〕孫機《漢代物質文化資料圖說》，文物出版社 1991 年版，第 260～262 頁。

〔註 606〕《睡虎地秦墓竹簡》，文物出版社 1990 年版，第 131 頁。

〔註 607〕劉玥《馬王堆漢墓遣冊詞語考釋札記》，《漢字文化》2013 年第 5 期，第 25 頁。

〔註 608〕《漢語大字典》（第二版）云：「裚，複襦，棉衣。」把「複襦」理解為「棉

言豎，即「襦」音轉，襦猶言侏儒，亦短小也。㡜之言佌，《爾雅》：「佌佌，小也。」又考《集韻》：「袦，䘹也。」《玉篇》：「䘹，襌衣。」即單衣，指沒有裏的衣服。「袦」當是「㡜」異體，《集韻》的解釋或誤。

（17）繡干（衦）一

新注：二、三號墓報告：「『干』或讀作『衦』。《集韻》：『衦，布囊。』」（6／259）

按：《玉篇》：「衦，布袋。」字亦作幰，《類篇》：「幰、衦，布囊。」此簡與「錦因一」、「繡因一」相厠，「因」為「裀」省文，《廣雅》：「複襂謂之裀。」字亦作絪，尹灣二號墓木牘 YM2D1：「練□單襦二領，□鮮支絪二領。」「絪」與「單襦」對舉，當是複襦，即夾衣，亦即複襂。如視「因」為「絪」或「茵」省文，「茵」指車上的墊褥，則「干」宜讀為衦、幰，指車幔、車蓋。P.2011 王仁昫《刊謬補缺切韻》：「幰，車幪。亦作衦。」《玄應音義》卷 14、22 引《蒼頡篇》：「布帛張車上為幰。」江陵鳳凰山 8 號漢墓竹簡簡 37：「豹首車絪。」「絪」亦指車墊。羅泊灣 M1：「坐絪一囊。」馬王堆一號墓遣冊簡 252：「郭（槨）中絪度一。」「絪」分別指坐墊、棺墊。

（18）卑餘一（6／263）

伊強曰：簡 252：「卑（椑）餘一。」注釋說：「《說文》：『椑，圜榼也。』」但簡文中的「卑」是否可讀作「椑」尚不好確定〔註 609〕。

按：「卑餘」即「比余」、「比疏」音轉，文獻中亦稱作「疏比」〔註 610〕，俗字作「梳篦」。羅泊灣 M1：「比餗（疏）二。」雲夢大墳頭一號漢墓遣冊簡：「□疎一具。」缺字當是「比」。其義有二說。《史記·匈奴傳》：「服繡袷綺衣、繡袷長襦、錦袷袍各一，比余一，黃金飾具帶一，黃金胥紕一。」《集解》引徐廣曰：「比余，或作『疏比』也。」《索隱》：「《漢書》作『比疎一』。

衣」是錯誤的。崇文書局、四川辭書出版社 2010 年版，第 3290 頁。

〔註 609〕伊強《談〈長沙馬王堆二、三號漢墓〉遣策釋文和注釋中存在的問題》，北京大學 2005 年碩士學位論文，第 57 頁。

〔註 610〕伊強《馬王堆三號漢墓遣策補考》亦有此說，收入《〈長沙馬王堆漢墓簡帛集成〉修訂研討會論文集》，復旦大學 2015 年 6 月 27～28 日，第 277 頁。我原文即如此，與伊強暗合，見拙文《馬王堆漢墓簡帛解故》，《湖南省博物館館刊》第 11 輯，2015 年 7 月出版，第 7 頁。會後我曾去函請求修改，喻燕嬌老師 2015 年 7 月 2 日回覆說已定版，不能推版，附識於此。

比音鼻。小顏云：『辮髮之飾也，以金為之。』《廣雅》云：『比，櫛也。』《蒼頡篇》云：『靡者為比，麄者為梳。』按蘇林說，今亦謂之『梳比』，或亦帶飾者也。」《漢書》顏師古注又曰：「踈字或作余。」吳國泰曰：「餘者，疏字之借。比疎，今作『篦梳』。」〔註 611〕

三、《三號墓簽牌》校補

（1）衣薈乙笥

新注：二、三號墓報告：「『薈』本義為草木繁密貌，此處似指香草。『衣薈』意為衣服與香草共聚。」今按：此說可疑，待考。（6 / 265）

范常喜曰：「薈」當是會聚、會集之義。「衣薈」與後世的「文薈」、「詩集」、「詞彙」等構詞應相類。「衣薈乙笥」是衣服會聚之乙笥〔註 612〕。

按：薈，讀為襘。《說文》：「襘，帶所結也。《春秋傳》曰『衣有襘』。」指衣領交會之處。衣薈指衣領。「衣薈乙笥」指裝衣領的第二個笥。

本文部分詞條以《馬王堆漢墓簡帛解故》為題發表於《湖南省博物館館刊》第 11 輯，2015 年 7 月出版，第 5～8 頁。主體內容以《馬王堆漢簡遣冊、簽牌校補》為題發表於《秦漢研究》第 16 輯，西北大學出版社 2021 年 12 月出版，第 313～332 頁。

〔註 611〕吳國泰《史記解詁》第 4 冊，1933 年成都居易簃叢著本，本冊第 18 頁。

〔註 612〕范常喜《讀〈長沙馬王堆漢墓簡帛集成〉札記八則》，收入《〈長沙馬王堆漢墓簡帛集成〉修訂研討會論文集》，復旦大學 2015 年 6 月 27～28 日，第 87 頁；又《讀〈長沙馬王堆漢墓簡帛集成〉札記二則》，《出土文獻研究》第 17 輯，中西書局 2018 年版，第 236 頁。

銀雀山漢簡再校

一、銀雀山漢簡《孫臏兵法》再校

漢簡《孫臏兵法》，收錄於《銀雀山漢墓竹簡〔壹〕》〔註1〕，整理者說稱作「原注」。復收錄於《銀雀山漢墓簡牘集成〔貳〕》〔註2〕，整理者張海波，其說稱作「新注」。《集成》全文收錄「原注」，本文標示《集成》頁碼。

《見威王》校補

（1）夫兵者，非士恒埶也

原注：士，疑讀為「事」或「恃」。《孫子・虛實》：「故兵無常勢，水無常形；能因敵變化而取勝，謂之神。」

新注：郭永秉（2009）：疑「埶」應讀為「設」。「恒設」就是古書裏常見的「常設」。此句大概是說士不以兵為常設，這正可與下文「樂兵者亡，而利勝者辱」呼應。（P8）

按：①郭氏改字斷不可信，孫臏生當戰國，焉得有兵不常設之說乎？郭君亦未舉出書證〔註3〕。《尉繚子・兵令上》：「兵者，凶器也……戰國則以立

〔註1〕《銀雀山漢墓竹簡〔壹〕》，文物出版社1985年版，第45～73頁。

〔註2〕《銀雀山漢墓簡牘集成〔貳〕》，文物出版社2021年版。

〔註3〕郭永秉《以簡帛古籍用字方法校讀古書札記》，《簡帛語言文字研究》第5輯，巴蜀書社2010年版，第463頁；又收入郭君《古文字與古文獻論集》，上海古籍出版社2011年版，第301～302頁。當標作「郭永秉（2010／2011）」。整理者誤其篇名作《讀書札記（兩篇）》（見第72頁所列《參考文獻》），因而標作「郭永秉（2009）」，疏甚！

威、抗敵、相圖，不能廢兵也。」〔註4〕《呂氏春秋·蕩兵》：「古聖王有義兵而無有偃兵。兵之所自來者上矣，與始有民俱。」此皆兵不可廢之明文。有哪家說兵不要常設乎？至於下文「然夫樂兵者亡，而利勝者辱」，則是說兵不可玩，好戰必亡，著轉折語「然夫」，明顯是另一層面的闡述。《司馬法·仁本》：「故國雖大，好戰必亡；天下雖安，忘戰必危。」《吳子·圖國》：「昔承桑氏之君，修德廢武，以滅其國；有扈氏之君，恃眾好勇，以喪其社稷。明主鑒茲，必內修文德，外治武備。」帛書《十六經·兵容》：「兵不刑天，兵不可動。不法地，兵不可昔（措）。」《說苑·指武》：「夫兵不可玩，玩則無威；兵不可廢，廢則召寇。昔吳王夫差好戰而亡，徐偃王無武亦滅。故明王之制國也，上不玩兵，下不廢武。」此皆就好戰與廢武二面論之。②士，讀為持，守也，取也。句言兵者不取其常勢。

（2）其間數年，堯身衰而治屈，胥天下而傳之舜……舜身衰而治屈，胥天下而傳之禹

原注：屈，窮盡。

新注：蔡偉（2011）：《淮南子·主術》：「年衰志憫，舉天下而傳之舜。」治，讀為志，謂心智。「胥天下」即「舉天下」。（P8）

按：蔡偉又說「『屈』疑即『拙』之借字」〔註5〕，不知整理者怎麼不引？蔡君讀胥為舉，可取。「治」當讀如字，謂政治。屈，當讀為闕，謂闕失。

《威王問》校補

（1）威王曰：「毄（擊）鈞（均）奈何？」孫子曰：「營而離之，我并卒而毄（擊）之，毋令適（敵）知之。」

原注：營，惑。

新注：陳偉武（2002）：《十陣》：「陳而支之，規而離之。」張震澤釋「規」為規合，引《淮南子·主術》「若欲規之，乃是離之」為證。「營」亦當訓規合。（P13）

〔註4〕《治要》卷37引「相圖」作「弱國」，屬下句。

〔註5〕蔡偉的意見最初發佈於2011年網絡，正式發表於復旦大學2015年博士學位論文《誤字、衍文與用字習慣——出土簡帛古書與傳世古書校勘的幾個專題研究》，第135頁；花木蘭文化出版社2019年以同題出版，第138頁。

按：陳偉武又說：「『營』有周匝聚合之義」〔註6〕，不知整理者何故刪除？陳說是也，但未指出本字。營，讀為環，環圍也。又《莊子·在宥》「若彼知之，乃是離之」，是《淮南子》所本。知，接也。《文子·自然》「規」作「狹」，狹讀為挾，亦接也。《淮南》之「規」讀為歸，就也，依也〔註7〕。《十陣》、《十問》「規而離之」亦同，洪德榮說「規」是「謀求、謀劃之意」〔註8〕，非是。

（2）壁延不得者何也……壁延不得者螶寒也

原注：壁延，疑是「辟易」之音變，退避之意。螶寒，疑與見於古書之「渠答」、「渠幨」為一物，乃城上防禦矢石的裝置……「答」、「幨」二字古音近，「渠答」疑即「渠幨」之音變。「螶」與「渠」通，「寒」疑當讀為幨幰之「幰」或捍蔽之「捍」，也可能「渠寒」亦為「渠幨」之音變。

新注：張震澤（1984）：壁，謂城壁。延，蓋指延道。（P13～14）

按：「螶寒」是「渠幨」、「渠詹」、「渠襜」音變，《淮南子》又音變作「渠塹」、「渠塹」，是城上用於守備的二種器具。《墨子》、《尉繚子》、《漢書》等文獻之「渠答」，疑是「渠詹」形誤。壁延，猶言攀爬牆壁，不是「辟易」音變。延，緩慢延行。句謂爬不上城壁，以有螶寒等守備設施。

（3）孫子曰：「鼓而坐之，十而揄之。」

原注：坐，疑即坐陣之坐。《尉繚子·兵令上》：「有立陣，有坐陣……立陣所以進也，坐陣所以止也。」十而揄之，未詳。一說坐借為挫，揄訓為引。意謂擊鼓進軍，挫敗敵人；以多種辦法引誘敵人。

新注：陳偉武（1996）：揄當訓舉。「十而揄之」句謂擊鼓十次則讓士卒起立。「揄」與「坐」義相對立。（P14）

按：原整理者說「坐」是坐陣之坐，是也。銀雀山殘簡有「坐列之卒」〔註9〕。陳偉武說得其義，但未得其字。揄訓舉者，指引舉、舉起，而不是指起立。揄，讀作侸。《說文》：「侸，立也，讀若樹。」簡文「十」指十鼓。謂一鼓則坐之，十鼓則立之。

〔註6〕陳偉武《秦漢簡帛補釋》，《中國語文》2002年第1期，第80頁。

〔註7〕參見蕭旭《淮南子校補》，花木蘭文化出版社2014年版，第180頁。

〔註8〕洪德榮《〈銀雀山漢簡〔壹〕·官一〉考釋三則》，《中國文字學報》第8輯，商務印書館2017年版，第158頁。

〔註9〕吳九龍《銀雀山漢簡釋文》，文物出版社1985年版，第89頁。

《篡卒》校補

（1）其富在於亟歸

原注：亟歸，急歸。意謂軍用不絀在於速戰速決。（P21）

按：富，讀為福。句謂用兵之福在於戰勝敵人而急速還師。

《地葆》校補

（1）凡地之道……直者為剛（綱），術者為紀

原注：術，疑當讀為屈。蔣禮鴻《義府續貂》指出：「『術』通『遹』，謂迂回，不能讀為屈。」（P26）

按：術，可讀為屈。徐靈府注本《文子·道原》「好憎成形，而智出於外」，道藏《纘義》本、日本內閣文庫藏本同；景宋本、朱弁本「出」作「怵」，《困學紀聞》卷5引同。蔣斧印本《唐韻殘卷》「怵」、「䞞」與「黜」、「炪」同音丑律反。「鬱術」、「鬱述」音轉作「鬱屈」、「炪爩」。「䞞」、「趉」同訓走皃，當是異體字。

《兵情》校補

（1）弩張棅（柄）不正，偏強偏弱而不和，其兩洋之送矢也不壹，矢唯（雖）輕重得，前後適，猶不中〔招也〕

新注：整理小組（1975b）：柄謂弩臂。洋，疑當讀為翔。弩弓橫置，如鳥舒兩翼，人張兩臂，故謂之翔。招，箭靶。張震澤（1984）：洋當讀為廂。兩邊謂之兩廂。（P31）

按：「兩洋」是疊韻連語，是「踉蹡」、「踉蹌」轉語，行不正皃。送矢，謂以矢逐物也。句謂弩臂不正，腳步踉蹌而放箭，箭雖善，卻仍然射不中箭靶。

《行篡》校補

（1）此無窮……民皆盡力，近者弗則，遠者無能（《行篡》）

原注：一說此句「弗」字下寫脫一字，「則」字當連下讀。

新注：張震澤（1984）：此句無脫文。「則」與「賊」古通。能，當讀態，借為怠，為慢放懈倦之意。（P33）

按：張震澤說可備一通。「則」、「能」合韻。則，讀為塞，指閉塞下情。《易·井》「為我心惻」，帛書本「惻」作「塞」，上博楚簡（三）本作「𡫸」。

或讀則為側，《釋名・釋姿容》：「側，逼也。」《文選・上林賦》「偪側泌瀄」，李善注引司馬彪曰：「偪側，相迫也。」側亦偪也，同義連文。《孫臏兵法・官一》簡 5+6「襄國邑以水則」，言以水逼迫國邑也，新注引李均明說「水則，水流的規律」（P40）〔註 10〕，非是。能，讀為台。《方言》卷 6：「台，失也，宋、魯之間曰台。」言親近者不偪迫，疏遠者無離失也。

《延氣》校補

（1）將軍乃□短衣絜裘，以勸士志，所以厲氣也（《延氣》）

原注：絜，當讀為褐。褐裘，疑即「裘褐」，粗衣。（P36）

按：張震澤曰：「絜，疑當讀為結。結裘，謂結裘之襟袖於腰際。」我舊說從之〔註 11〕。吳九龍說「絜」借作「潔」〔註 12〕。今讀絜為褻。褻裘，指家中常著之裘衣。短衣褻裘，非正式服裝，將軍穿之者，以示與士卒親近，所以激勵士氣也。

《官一》校補

（1）陳（陣）少卒以合雜。合雜，所以圉（御）裹也

按：劉小文曰：「『合』有聚集義。『雜』亦有聚集義。」〔註 13〕「合雜」即「合匝」、「匼匝」音轉，猶言周繞、圍繞。本字為「匌帀」，《說文》：「匌，帀也。」簡文「合雜」用作陣名，當指圓形之陣。下文「雲折重雜」，雜亦讀作匝。

（2）龍隋陳伏，所以山鬭也

新注：張震澤（1984）：「龍隋」為雙聲聯綿詞，當是形容軍隊疲靡不振作之狀。（P41）

按：張說非是。吳九龍說「隋」借作「隨」〔註 14〕，無解釋。白忠才曰：

〔註 10〕李均明實襲自白忠才說：「水則，水的規律。」白忠才《孫臏兵法〈官一〉考釋》，《松遼學刊》1989 年第 3 期，第 31 頁。

〔註 11〕蕭旭《銀雀山漢簡〈孫臏兵法〉校補》，收入《群書校補》，廣陵書社 2011 年版，第 64 頁。

〔註 12〕吳九龍《銀雀山漢簡中的古文、假借、俗省字》，《出土文獻研究續集》，文物出版社 1989 年版，第 219 頁。

〔註 13〕劉小文《〈孫臏兵法校理〉獻疑》，《圖書館雜志》2007 年第 6 期，第 78 頁。

〔註 14〕吳九龍《銀雀山漢簡中的古文、假借、俗省字》，《出土文獻研究續集》，文物

「尤（龍），山勢。隋，垂下。龍隋，山勢起伏。」〔註15〕駢宇騫曰：「龍隋，強龍降伏，引申指強兵示弱。」〔註16〕二氏尤為望文生義。簡22殘存「龍隋陳」三字。龍隋，讀作「壟埵」，指丘阜、土堆。《說文》：「壟，丘壟也。」「埵」俗作「堆」、「塠」、「垛」。《論衡·說日》：「太山之高，參天入雲，去之百里，不見埵塊。」埵即堆也。《漢書·西域傳》：「且通西域，近有龍堆，遠則蔥嶺。」《漢紀》卷15作「隴堆」。《法言·孝至》：「龍堆以西，大漠以北。」《楚辭·九思·疾世》：「踰隴堆兮渡漠。」「龍堆」、「隴堆」為山名，當即「壟埵」音轉，取土堆之義。《左傳·文公三年》「盟於垂隴」，「垂隴」為鄭國地名，當即「壟埵」倒文，亦取土堆之義。「隴堆」又音轉作「龍斷」、「隴斷」、「壟斷」，見《孟子·公孫丑下》、《列子·湯問》。句謂在丘阜設置伏兵，是用於山地作戰。

（3）欶（剿）陣䡨車，所以從遺也

按：張震澤曰：「䡨車，或以為即『輂車』。《左傳·哀六年》『其臣差車鮑點』，《說文繫傳》引作『輂車』。《爾雅》：『差，擇也。』差車即擇車……此文『䡨車』，蓋經過選擇的快車之稱。從，逐也。『遺』為『逸』之借，逃也。」〔註17〕白忠才曰：「䡨車，即『馳車』，快速戰車。從遺，追擊逃跑的敵人。」〔註18〕「欶」是「敹」形誤。《說文》：「輂，連車也。從車，差省聲，讀若遲。」段玉裁注：「謂車牽聯而行，有等差也。」〔註19〕裴務齊《正字本刊謬補缺切韻》：「輂，次也。」《左傳》「差車」即「輂車」，謂次第相連而行的車，非此簡之誼也。䡨，讀為柴。「柴車」又是「棧車」、「輚車」音轉〔註20〕，指

出版社1989年版，第215頁。

〔註15〕白忠才《孫臏兵法〈官一〉考釋》，《松遼學刊》1989年第3期，第27頁。原文作簡體字，「龍」形誤作「尤」。

〔註16〕駢宇騫等《孫子兵法·孫臏兵法》，中華書局2006年版，第199頁。

〔註17〕張震澤《〈孫臏兵法·官一〉試解》，《遼寧大學學報》1978年第1期，第65頁。張震澤《孫臏兵法校理》，中華書局1984年版，第117頁。本文引用據後出之《校理》。

〔註18〕白忠才《孫臏兵法〈官一〉考釋》，《松遼學刊》1989年第3期，第27頁。原文作簡體字，「龍」形誤作「尤」。

〔註19〕段玉裁《說文解字注》，上海古籍出版社1981年版，第730頁。

〔註20〕《公羊傳·哀公四年》「揜其上而柴其下」，《周禮·媒氏》、《喪祝》鄭玄注「柴」並作「棧」。《論衡·別通》「屋其上柴其下」，《類聚》卷39引「柴」作「棧」。《賈子·淮難》「通棧奇之徒」，《漢書·賈誼傳》作「柴奇」。盧文弨、李貽德、章太炎謂「棧」與「柴」通。盧文弨《賈誼新書》校本卷2、4，收入《諸子百家叢書》，上海古籍出版社1989年影印浙江書局本，第17、

不加裝飾的簡易之車。《韓詩外傳》卷 10：「駑馬柴車，可得而乘也。」《御覽》卷 428 引《新序》作「棧車」。《周禮・考工記》：「棧車欲弇。」鄭玄注：「士乘棧車。」《玉篇殘卷》「輚」字條引《考工記》及鄭注作「輚車」，并指出「古文輚作棧」。《集韻》：「輚，一曰兵車，或作轏，通作棧。」也稱「棧輿」，見《詛楚文》及《鹽鐵論・散不足》。遺，讀為潰。從潰，指追擊潰兵。

（4）浮沮而翼，所以燧鬪也

原注：浮沮，《武經總要》前集卷 8 作「罘罝」。（P41）

按：《說文》：「罟，兔罟。」又「罦，覆車也。罦，罦或從孚。」又「罝，兔網也。」「罘」為「罟」省文。「覆車」是車之兩轅張網之車。《禮記・月令》「田獵罝罘」，《治要》卷 7 引作「罝罦」，鄭玄注：「獸罟曰罝罘。」《淮南子・主術篇》「罝罦不得布於野」，《文子・上仁》作「罝罘」。是陣名「罘罝」者，指羅網之陣。《文選・為曹洪與魏文帝書》李善注引《雜兵書》：「八陣，一曰方陣，二曰圓陣，三曰牡陣，四曰牝陣，五曰衝陣，六曰輪陣，七曰浮沮陣，八曰鴈行陣。」又《封燕然山銘》李善注引三、四二陣名互易，餘同。張震澤讀燧為隧〔註 21〕，是也。句謂羅網陣用於隧道的戰鬪。

（5）襌袥虆避，所以莠槖也

原注：襌袥，疑當讀為「嘽緩」，又作「闡緩」、「嘽咺」，乃徐緩之意。虆避，疑當讀為「磐辟」，回從往復不正之貌也。槖，疑當讀為躡。疑此句意謂行軍時故意顯示遲緩拖沓之狀，以誘使敵人追擊。

新注：洪德榮（2017）：「襌袥」讀為「襌褻」，即指兵卒沒有嚴格裝束及披甲帶胄，衣裝隨意穿著。「虆避」讀為「奔避」，即奔逃、走避之意。「莠槖」從原整理者釋為「誘躡」，即引誘敵人跟踪。（P41）

按：張震澤曰：「襌，即單衣。袥，當是括髮之括。『襌括』即單衣光頭，是不甲不胄、隨隨便便的裝束。」張氏於「虆避」、「莠槖」說同整理者〔註 22〕。吳

34 頁。李貽德《春秋賈服注輯述》卷 16，收入《皇清經解續編》卷 772，上海書店 1988 年版，第 3 冊，第 1022 頁。章太炎《太炎文錄》卷 1《「賓柴」說》，收入《章太炎全集》（4），上海人民出版社 1985 年版，第 34 頁。

〔註 21〕張震澤《〈孫臏兵法・官一〉試解》，《遼寧大學學報》1978 年第 1 期，第 65 頁。張震澤《孫臏兵法校理》，中華書局 1984 年版，第 118 頁。又張氏已引《文選・封燕然山銘》李善注。

〔註 22〕張震澤《〈孫臏兵法・官一〉試解》，《遼寧大學學報》1978 年第 1 期，第 65～

九龍說「蘩」借作「繁」〔註 23〕，無解釋。①禪，讀為譠。《方言》卷 10：「譠謾，欺謾之語也。」《廣雅》：「謾、譠，欺也。」字亦作誕、但，《淮南子‧說山篇》：「媒但者，非學謾他（訑）。」〔註 24〕「但」即「誕」〔註 25〕。栝，從𠯑（昏）得聲，非從舌得聲，讀為婚（姡），音轉作獪、狘、蹶〔註 26〕。《方言》卷 2：「劋、蹶，獪也（郭注：「古『狡狘』字。」）。秦、晉之間曰獪，楚謂之劋，或曰蹶；楚鄭曰蔿，或曰姡（郭注：「言黠姡也。今建平郡人呼狡為姡。」）。」又卷 10：「姡，獪也……凡小兒多詐而獪……或謂之姡。」「劋」即「狡」借字，「劋蹶」即「狡狘」，亦即「狡獪」〔註 27〕。譠姡，猶言欺詐。②蘩避，整理者說近是，當讀為「般辟」，字亦作「盤辟」、「槃辟」、「蟠辟」，「磐辟」是俗借字，盤旋曲折之義。重言則曰「嫳嫳」，《廣雅》：「嫳嫳，往來也。」③整理者讀莠為誘，是也。彙，讀作懾，懼怕也。句謂故意欺詐敵方，盤旋曲折往往復復地行軍，目的是誘使敵方誤以為懼怕他。

（6）堅陳（陣）敦刃，所以攻槥也

新注：洪德榮（2017）：敦，厚也。「刃」指兵器。「槥」可通「衛」。此句意即厚實、堅強軍陣，督理兵器，是用來進攻敵方的守衛之人。（P41）

按：敦，讀為銳，一聲之轉，謂銳利也。《荀子‧哀公》「無取口哼」，《說苑‧尊賢》「哼」作「銳」〔註 28〕。銳刃，猶言銳兵。槥，讀作圍。「攻圍」即「圍攻」。言堅固之陣銳利之兵用以圍攻敵人。

（7）柀（揆）䜌（斷）藩薄，所以泫（眩）疑也

66 頁。張震澤《孫臏兵法校理》，中華書局 1984 年版，第 118 頁。本文引用據後出之《校理》。

〔註 23〕吳九龍《銀雀山漢簡中的古文、假借、俗省字》，《出土文獻研究續集》，文物出版社 1989 年版，第 220 頁。

〔註 24〕《淮南子》據景宋本、道藏本，漢魏叢書本、明刻本「他」脫誤作「也」。

〔註 25〕參見方以智說，王念孫、朱駿聲說同。方以智《通雅》卷 5，收入《方以智全書》第 1 冊，上海古籍出版社 1988 年版，第 215～216 頁。王念孫《淮南子雜志》，收入《讀書雜志》卷 14，中國書店 1985 年版，第 83 頁。王念孫《廣雅疏證》，收入徐復主編《廣雅詁林》，江蘇古籍出版社 1992 年版，第 184 頁。朱駿聲《說文通訓定聲》，武漢市古籍書店 1983 年版，第 738 頁。

〔註 26〕《說文》：「𠯑，讀若厥。」此「蹶」、「姡」音轉之證。

〔註 27〕「狡狘」出《詩‧隰有萇楚》鄭玄箋：「恣謂狡狘淫戲不以禮也。」《釋文》：「狘，古快反，本亦作獪，古外反。」

〔註 28〕《韓詩外傳》卷 4 作「讒」，讀為鑱。《說文》：「鑱，銳也。」

原注：揆，有破義。《呂氏春秋・知士》「划而類，揆吾家」，《戰國策・齊策一》作「划而類，破吾家」。

新注：張震澤（1984）：藩薄，以草木為籬落障蔽也。李均明（1992）：薄，草木叢生處。（P41～42）

按：《呂氏春秋》、《戰國策》「划」作「剗」，原整理者引誤作「划」，張海波不知檢正。揆，讀為刲，字亦作刲，刺也，割也。藩，籬笆。薄，讀作縛，作名詞，指繩索。藩縛，指籬笆上的繩索。

（8）佰奉離積，所以利勝也

新注：陳偉武（1997）：「離積」猶言「委積」，「佰奉」當讀為「百倍」。指百倍地儲備軍用物資。（P42）

按：張震澤曰：「『佰奉』、『荓（荓）蜂』、『甹夆』、『德律』是疊韻（雙聲）聯綿詞。《爾雅》：『甹夆，掣曳也。』注：『謂牽拕。』軍用之積，散置各地，故此言『離積』。」〔註29〕嚴國慶曰：「佰，當即『拍』字之借，擊也。『拍』與『離』對舉，『奉』和『積』對舉。此言擊退敵人的供養部隊，離散他們的軍糧之積。」〔註30〕佰，讀作帛。奉，指軍中供養之物。離，讀為羅、列，並一音之轉，陳列也。《方言》卷7：「羅謂之離，離謂之羅。」郭璞注：「皆行列物也。」

二、銀雀山漢簡《尉繚子》再校

漢簡《尉繚子》，收錄於《銀雀山漢墓竹簡〔壹〕》〔註31〕，整理者說稱作「原注」。復收錄於《銀雀山漢墓簡牘集成〔三〕》〔註32〕，整理者賈連翔，其說稱作「新注」。《集成》全文收錄「原注」，本文標示《集成》頁碼。

《治談》校補

（1）〔開之〕，大而不咷（窕）；關之，細而不欬

〔註29〕張震澤《〈孫臏兵法・官一〉試解》，《遼寧大學學報》1978年第1期，第67頁。張震澤《孫臏兵法校理》，中華書局1984年版，第120頁。本文引用據後出之《校理》。《校理》「荓」形誤作「荓」，《試解》不誤。又文中「疊韻」二字當從《試解》改作「雙聲」。

〔註30〕嚴國慶《〈孫臏兵法〉拾箋》，《徐州師範學院學報》1990年第3期，第106頁。

〔註31〕《銀雀山漢墓竹簡〔壹〕》，文物出版社1985年版，第77～86頁。

〔註32〕《銀雀山漢墓簡牘集成〔三〕》，文物出版社2021年版。

原注：宋本作「大不窕，小不恢」。「欿」與「恢」古音相近，在此疑當讀為「閡」。《小爾雅》：「閡，限也。」

新注：鍾兆華（1982）：欿，《說文》：「欯氣也。」正與「塞」、「偪」義近。（P6）

按：鍾說非是。「欿」是名詞，當讀作閡，閉塞也。

（2）〔甲〕不出睪

原注：《治要》作「甲不出暴」，宋本作「車不暴出」。簡文「睪」字當讀為「櫜」。「睪」字古有「皋」音，或作「睾」。「皋」、「櫜」古通。《尉繚子·兵教下》：「組甲不出於櫜。」《治要》及宋本皆誤「睪」為「暴」，宋本又誤「甲」為「車」，並將「出暴」二字顛倒。

新注：裘錫圭（1981）：古書中「睪」字讀「皋」之例很常見。「皋」、「櫜」同音。把《兵教下》的「組甲不出於櫜」跟「甲不出睪」對照起來看，把「睪」讀為「櫜」釋為甲衣，都是合適的。「睪」、「暴」二字形近易混。陳偉武（2002）：「睪」當讀為「橐」。考「睪」字古有二音，一為羊益切，一為哥鼇切。「橐甲」為古之恒語，《呂氏春秋·悔過》：「過天子之城，宜橐甲束兵。」今按：睪，此讀作「櫜」、「橐」皆可通。（P7）

按：「睪」為「睾」形誤，睾讀作櫜。「睪」音哥鼇切者，乃據「睾」之誤字注音。未見「橐甲」，「櫜甲」才是古之恒語。陳偉武所引《呂氏》「橐甲束兵」，《左傳·僖公三十三年》《正義》引作「櫜甲」，又引服虔曰：「無禮，謂過天子門，不櫜甲束兵。」是服氏所見亦作「櫜」字。《左傳·昭公元年》：「子皙櫜甲以見子南。」《釋文》：「櫜，古刀反。」《攷工記·函人》鄭玄注引「櫜」同〔註33〕。《易林·遯之節》：「櫜甲戎服，雖荷不賊。」〔註34〕《左傳·襄公二十四年》：「皆取冑於櫜。」《釋文》：「櫜，古毛反。」〔註35〕冑、甲相類。

（3）小魚（漁）魚（漁）淵而禽（擒）其魚，中魚（漁）魚（漁）國而禽（擒）其大夫，大魚（漁）魚（漁）天下而禽（擒）其萬國諸侯，故大之注大矣，壹收而天下并

〔註33〕《御覽》卷351引同，又卷355引「櫜」作「橐」，非其舊本。

〔註34〕《易林》據道藏本，津逮秘書本、士禮居叢書本、學津討原本、龍谿精舍叢書同，《四部叢刊》影元刻本「櫜」作「橐」，非其舊本。

〔註35〕《御覽》卷308引「櫜」作「橐」，非其舊本。

新注：「大之注大」意謂大水注入大川。（P9）

按：新注非是。「大矣」是「大之注」的狀詞。注，猶言置立、舉措。「大之注」指大漁漁天下的舉措。《廣雅》：「鉒，置也。」王念孫曰：「《韓詩外傳》：『於此有絺綌五兩，敢置之水浦。』《列女傳》作『願注之水旁』，是『注』為『置』也。（『注』與『鉒』通。）」〔註36〕《荀子・榮辱》：「則君子注錯之當，而小人注錯之過也。」楊倞注：「注錯，謂所注意錯履也。亦與措置義同。」王念孫曰：「楊後說得之。注、錯二字同義。《廣雅》：『措、鉒，置也。』『措鉒』即『注錯』。」〔註37〕收，猶言收獲、獲取。

（4）故名將而無家，絕苫俞（逾）根（垠）而無主

原注：「苫」疑當讀為「險」。《尉繚子・兵教下》：「為將忘家，逾垠忘親，指敵忘身。」與簡本「故名將」以下三句意近，故知「俞根」當讀為「逾垠」。

新注：陳偉武（1996）：《方言》卷6：「閻、苫，開也，東齊開戶謂之閻、苫，楚謂之闓。」《說文》：「閻，里中門也。」錢繹云：「閻、苫疊韻字。」「絕」有「度過」、「跨越」之義。「絕苫」指跨越里門，與「逾垠」互文見義，且與「無家」正好銜接。張悅（1997）：《淮南子・俶真》：「設於無垓坫之宇。」注：「垓坫，垠堮也。」「絕苫俞根」即「絕坫踰垠」，「坫」、「垠」同義，都是指邊界。（P10）

按：劉小文曰：「絕，離開。苫，編茅蓋屋。此處『苫』當指屋，有『家』之義。逾，越過。垠，邊際、界限。『絕苫逾垠』比喻軍隊離開國境，深入敵境作戰。」〔註38〕我舊說云：「苫，疑當讀為阽，危也。」〔註39〕白于藍說同〔註40〕。「絕苫踰垠」與「無主」相關，不是與「無家」相關，諸說均

〔註36〕王念孫《廣雅疏證》，收入徐復主編《廣雅詁林》，江蘇古籍出版社1992年版，第286頁。

〔註37〕王念孫《荀子雜志》，收入《讀書雜志》卷10，中國書店1985年版，本卷第65頁。

〔註38〕劉小文《〈銀雀山漢墓竹簡〔壹〕〉軍事用語研究》，四川大學2007年博士學位論文，第306～307頁。

〔註39〕蕭旭《〈銀雀山漢墓竹簡（一）〉校補》，收入《群書校補（續）》，花木蘭文化出版社2014年版，第91頁。原文一部分以《銀雀山漢簡〈尉繚子〉校補》為題於2010年曾預先發佈於某網站。蔣魯敬《銀雀山漢墓竹簡〈尉繚子〉〈晏子〉〈六韜〉集釋》曾據網文收錄拙說，吉林大學2012年碩士論文，第22頁。

〔註40〕白于藍《戰國秦漢簡帛古書通假字彙纂》，福建人民出版社2012年版，第903

誤。①《尉繚子・兵教下》作「踰垠」。原整理者讀根為垠，是也。《尉繚子・戰威》、《戰權》並有「踰垠之論」語，劉寅《武經七書直解》卷 1：「垠是岸也。即太公所謂『越江河渡溝塹』之義。」阮元稱其說「精審」〔註 41〕。劉寅用《說文》「垠，一曰岸也」之訓〔註 42〕。《六韜・虎韜・軍用》有「渡溝塹」、「渡大水」二種具體戰法，殆即《直解》所引，此與「名將無主」說不關聯，當非確解。②苫，讀為閻，字亦作檐，指廟門。《儀禮・士冠禮》「執以待于西坫南」，鄭玄注：「古文坫作檐。」此其音轉之證。《說文》：「閻，閻謂之樀。樀，廟門也。」《爾雅・釋宮》「閻」作「檐」。《國語・吳語》：「王背檐而立，大夫向檐。」韋昭注：「檐謂之樀。樀，門戶。」《玉篇》、《廣韻》「閻」字條並引《語林》：「大夫向閻而立。」考《白虎通義・三軍》：「天子遣將軍必于廟何？示不敢自專也。獨于祖廟何？制法度者祖也。《王制》曰：『受命于祖，受成于學。』此言于祖廟命遣之也。」是將軍受命于祖廟，出廟門則君主不得制之，即所謂「無主」也。陳偉武所引《方言》卷 6「閻、苫」，亦是「閻」音轉，此文不當訓里中門。③垠之言限也，指門限，俗稱作戶檻、門檻，「檻」即「限」聲轉〔註 43〕。《說文》：「限，一曰門榍。」又「榍，限也。」俗字作「閬」，《玉篇》：「閬，俗為門限字。」《文選・甘泉賦》「天閫決兮地垠開」，李善注：「鄭玄《禮記》注曰：『閫，門限也。』決亦開也。」垠亦閫也，此李善所未及。「天閫地垠」指天地之門限。《附釋文互註禮部韻略》卷 1「垠」字條說「垠」訓地埒。張震澤曰：「垠，疆界。」〔註 44〕鄭文曰：「地垠，猶言地界。」〔註 45〕均非是。垠字亦音轉作機、畿，《廣雅》：「橛、機、闑，朱也。」「朱」是古「困」字，借作「梱（閫）」。王念孫曰：「機，字或作畿。《呂氏春秋・本生篇》注云：『機橛，門內之位也。』《邶風・谷風篇》：『不遠伊邇，薄送我畿。』毛傳云：『畿，門內也。』《正義》云：『畿者，期限之名，故《周禮》有九畿。』《說苑・政理篇》云：『正橛機之禮，壹妃匹之際。』蔡邕《司徒袁公夫人馬氏靈表》云：『不出其機，

頁。《簡帛古書通假字大系》，福建人民出版社 2017 年版，第 1378 頁。

〔註 41〕阮元《揅經室集》外集卷 5《〈尉繚子直解〉五卷提要》，收入《叢書集成新編》第 1 冊，新文豐出版公司 1985 年版，第 369 頁。

〔註 42〕此訓音轉亦作「碕」、「埼」、「陭」、「隑」。

〔註 43〕參見朱駿聲《說文通訓定聲》「榍」字條，武漢市古籍書店 1983 年版，第 634 頁。

〔註 44〕張震澤《揚雄集校注》，上海古籍出版社 1992 年版，第 68 頁。

〔註 45〕鄭文《揚雄文集箋注》，巴蜀書社 2000 年版，第 46 頁。

化導宣暢。』」〔註46〕再考《史記・馮唐傳》：「臣聞上古王者之遣將也，跪而推轂，曰：『閫以內者，寡人制之。閫以外者，將軍制之。』」《漢書》「閫」作「閬」。是郭門門限以外，制在將軍，君主不得制之，即所謂「無主」也。此簡文「垠」訓門檻之確證也。《六韜・龍韜・立將》：「將既受命，乃命太史鑽靈龜，卜吉日。齋三日，至太廟以授斧鉞。君入廟門，西面而立。將入廟門，北面而立。君親操鉞，持首，授將其柄，曰：『從此上至天者，將軍制之。』復操斧，持柄，授將其刃，曰：『從此下至淵者，將軍制之。』軍中之事，不聞君命，皆由將出。臨敵決戰，無有二心。若此則無天於上，無地於下，無敵於前，無君於後。」「無君」即是「無主」。《尉繚子・武議》亦說將軍決戰「無天於上，無地於下，無主於後，無敵於前」。《六韜》詳細記載了將軍受命於太廟，出廟門則不受君主制御。《後漢書・馮緄傳》：「進赴之宜，權時之策，將軍一之，出郊之事，不復內御。」此言將軍出郊則不受君主制御，亦是出郭門門限也。④《淮南子・兵略篇》與《六韜》略同，又云：「（將）乃爪鬋，設明衣也，鑿凶門而出……其臨敵決戰，不顧必死，無有二心……上將之道也。」「設明衣，鑿凶門而出」以示戰死不復還家，即是「無家」。絕苫逾垠者，謂越過廟門、郭門門限，指離開郭門赴敵，不受制於君主，故曰「無主」也。

（5）……耳之生恖（聽），目之生明

按：二「生」字，圖版作「主」，當是「主」字。明翻宋本《鶡冠子・天則》：「昔者有道之〔君〕取政，非〔取〕於耳目也。夫耳之主聽，目之主明。」道藏本同。《御覽》卷13引作：「昔者有道之君取政，非取於耳目也。夫耳之生聰，目之生明。」今本有脫文，當據《御覽》所引訂補，惟二「主」字《御覽》誤作「生」。《類聚》卷2引《鶡冠子》「夫耳之主聰，目之主明」二句，《御覽》卷366引「夫耳主聽」一句。《劉子・專學》唐袁孝政注：「目主明，耳主聽。」《說文》：「耳，主聽〔者〕也。」

（6）……地利，中失民請（情）

按：《荀子・富國》：「上失天時，下失地利，中失人和。」又《正論》：「則上失天性，下失地利，中失人和。」據此「地利」上可補「上失天時下

〔註46〕王念孫《廣雅疏證》，收入徐復主編《廣雅詁林》，江蘇古籍出版社1992年版，第534頁。

失」六字。《荀子・王霸》:「則上不失天時，下不失地利，中得人和。」此反面之筆，亦足資佐證。

（7）……木，弩如羊角，民人無……□昌于于者，勝成去

原注：宋本作「〔兵〕如總木，弩如羊角，人人無不騰陵張膽，絕乎疑慮，堂堂決而去」。簡本「昌」上一字殘存下半「心」旁，疑即「慮」字。

新注：劉春生（1993）:《書鈔》卷125引此作「兵如揔木，弩如羊角，無不破膽絕慮也」。疑簡本缺文為「不破膽絕慮」五字。今按：「民人無」與「□昌」之間約缺七字。「者」字下有斷讀符，今依此斷句。（P13）

按：劉說可取。「昌」字下當脫重文符號。讀作「民人無〔不破膽絕慮〕，昌〔昌〕于于者，勝成去」。「昌昌」與「堂堂」、「闉闉」一聲之轉。《說文》:「闉，闉闉，盛貌。」「于于」讀作「趨趨」、「懇懇」，《說文》:「趨，安行也。」又「懇，趣步懇懇也。」《廣韻》:「趨，趨趨，安行皃。」《集韻》:「懙，懙懙，行步安舒也。或作惥，亦書作懇。」又省作「與與」，《論語・鄉黨》:「君在，踧踖如也，與與如也。」《集解》引馬氏曰：「與與，威儀中適之貌。」昌昌于于，狀得勝的軍隊堂堂盛容，行步安詳地返回。

《守權》校補

（1）則幼□毀□者并於後

原注：宋本作「分歷毀瘠者并於後」，《武經七書直解》本「分歷」作「么（幺）磿（麼）」。「么（幺）」、「幼」二字音義皆近。

新注：鄭良樹（1982）:《廣雅》:「麼，微也。」幼麼，即童稚之謂也。今按：鄂局本「分歷」作「么麼」。竹簡本「幼」下一字上從「山」。（P16）

按：「幼」下上部從「山」之字當是「微」字。幼微，猶言幼小，指童稚。

《將理》校補

（1）故今世千金不死，百金不胥靡

原注：宋本作「今世諺云：千金不死，百金不刑」。不胥靡猶言不為刑徒。《荀子・儒效》楊倞注：「胥靡，刑徒人也。」

新注：鍾兆華（1982）:《漢書・楚元王傳》「二人諫，不聽，胥靡之」，顏師古注:「聯繫使相隨而服役之，故謂之胥靡，猶今之役囚徒以鎖聯綴耳。」

（P17）

按：《史記．貨殖列傳》引諺曰：「千金之子，不死於市。」又《越王句踐世家》陶朱公曰：「吾聞千金之子，不死於市。」「胥靡」是「縃縻」借字，猶言拘繫，指拘縛之刑〔註 47〕。

（2）今申戍十萬之眾

新注：「申」疑訓為重，句謂重複設立十萬戍軍。（P18）

按：申，讀為敶，俗作陳，猶言布列。

《原官》校補

（1）（上殘）償，尊參會，移（侈）民之具也

原注：宋本作「好善罰惡，正比法會，計民之具也」。

新注：蕭旭（2010）：償，讀為賞。今按：「移」疑讀為「侈」，義為擴充、增多。與宋本文義有別。（P19）

按：我舊說又云：「計，考核。典籍多作『稽』字。」〔註 48〕整理者未取。移，讀為支，計量、度量也。《說文》「芰」或作「茤」，是其音轉之證。「支」、「計」古音亦通。疑簡文當讀作「（上殘）償尊，參〔互〕會移，民之具也」，宋本當讀作「好善罰惡，正比法，會計，民之具也」。簡文「參」字下疑脫「互」字，《周禮．天官．冢宰》：「而聽其會計，以參互考日成，以月要考月成，以歲會考歲成。」「參互」亦作「參午」、「參伍」、「參五」，猶言交錯。《周禮．地官．小司徒》：「乃頒比法於六鄉之大夫，使各登其鄉之眾寡，六畜車輦，辨其物，以歲時入其數。」是「比法」成詞，是「國比之法」的省稱，指考查戶口財產的法令。《周禮．地官．鄉師》：「以國比之法，以時稽其夫家眾寡，辨其老幼貴賤廢疾，馬牛之物，辨其可任者，與其施舍者。」「比」謂考核。「會移」即宋本「會計」，作動詞用，猶言核筭。《六韜．龍韜．王翼》：「法算二人：主會計三軍營壘糧食，財用出入。」

〔註 47〕舊說甚多，惟錢大昕等說得之。參見蕭旭《荀子校補》，花木蘭文化出版社 2016 年版，第 185 頁。錢大昕說轉引自錢大昭《廣雅疏義》，收入徐復主編《廣雅詁林》，江蘇古籍出版社 1992 年版，第 613 頁。

〔註 48〕蕭旭《〈銀雀山漢墓竹簡（一）〉校補》，收入《群書校補（續）》，花木蘭文化出版社 2014 年版，第 95 頁。整理者所據為我以《銀雀山漢簡〈尉繚子〉校補》為題於 2010 年預先發佈於某網站的網文。

（2）刑賞明省，畏誅重姦，止姦（下殘）

原注：宋本作「明賞賚，嚴誅責，止姦之術也」。（P20）

按：簡本「止姦」下據宋本補「之術也」三字。「畏誅重姦」疑當作「嚴誅重罰」，「姦」字涉下文「止姦」而誤。《韓子・奸劫弒臣》有「重罰嚴誅」語。句謂刑、賞二途既修明而不煩，嚴誅而重罰，此止姦之術也。

《兵勸》校補

（1）〔兵以〕靜固，以槫（專）勝。力分者弱，心疑者北

原注：宋本作「兵以靜勝，國以專勝，力分者弱，心疑者背」。《淮南子・兵略》：「兵靜則固，專一則威，分決則勇，心疑則北，力分則弱。」

新注：北，宋本作「背」，此可如字讀，訓敗退。下一簡「心疑必北」亦如是。（P21）

按：「北訓敗退」乃取劉小文說而不注出處〔註49〕。其說非是。北、背，古今字。《說文》：「北，乖也，從二人相背。」《集韻》：「北，違也。」《淮南子・兵略篇》：「故將以民為體，而民以將為心。心誠則支體親刃，心疑則支體撓北。」「撓北」之「北」亦乖違之義，絕不可訓敗退。

（2）威在志位，志位不代（忒），威乃（下殘）

原注：宋本作「愛在下順，威在上立，愛故不二，威故不犯。」「立」、「位」二字古通。「不代（忒）」與「不二」同意。

新注：忒，變也。不忒，即不變。（P22～23）

按：《說文》：「忒，更也。」即變更義。字或借「岱」為之，故簡文省作「代」。字又借「貣（貳）」為之，形近誤作「貳」，故宋本復改作「二」。

（3）……以名信，信在孱兆

原注：宋本作「不然，雖刑賞不足信也。信在期前，事在未兆」。（P23）

按：劉春生曰：「孱兆，微小的徵兆。孱，弱小，微小。」〔註50〕孱，當讀為前。《說文》：「孨，讀若翦。」是其音轉之證。《淮南子・繆稱篇》：「同言而民信，信在言前也。」《文子・精誠》無「民」字，《中論・貴驗》、《御覽》

〔註49〕劉小文《〈尉繚子〉軍事用語研究》，西南師範大學2003年碩士學位論文，第45頁。

〔註50〕劉春生《尉繚子全譯》，貴州人民出版社1993年版，第35頁。

卷 390、430 引《子思子》同。

（4）是故眾聚不虛散，兵出不徒〔歸〕

原注：宋本作「故眾已聚不虛散，兵出不徒歸」。（P23）

按：《淮南子·兵略篇》：「故眾聚而不虛散，兵出而不徒歸。」

（5）搕（溘）戰毋（無）勝兵，佻戰毋（無）全氣（P81）

原注：宋本作「挑戰者無全氣，鬬戰者無勝兵」。簡本「搕戰」疑當讀為「合戰」。

新注：劉春生（1993）：佻，輕薄，不莊重。劉小文（2003）：「佻戰」可釋為「輕率地發動戰鬬」。今按：「搕」或可讀為「溘」，訓為驟然。「佻」可如字讀，訓為輕疾。（P23）

按：「搕讀為溘」是取我舊說而不注出處。我又說：「《集韻》引《說文》：『溘，奄忽也。』《玉篇》：『溘，奄也。』溘戰，倉促之戰。」〔註 51〕今補充如下：《集韻》所引《說文》，出《說文新附》。《慧琳音義》卷 93 引《考聲》：「溘，大水忽至。」「盇」是「溘」古字。字本作「盇」，與「奄」聲轉，猶言匆遽、急忙。《方言》卷 2：「茫、矜、奄，遽也。吳、揚曰茫，陳、潁之間曰奄，秦、晉或曰矜，或曰遽。」「矜」亦是「奄」聲轉〔註 52〕。

2022 年 3 月 10 日～3 月 16 日初稿，3 月 17 日～3 月 18 日二稿。

〔註 51〕蕭旭《〈銀雀山漢墓竹簡（一）〉校補》，收入《群書校補（續）》，花木蘭文化出版社 2014 年版，第 93 頁。蔣魯敬《銀雀山漢墓竹簡〈尉繚子〉〈晏子〉〈六韜〉集釋》曾據網文收錄拙說，吉林大學 2012 年碩士論文，第 35 頁。

〔註 52〕朱駿聲則說「矜，叚借為緊」。丁惟汾亦說「緊遽，矜遽也」，當本於朱說。我不取此說。朱駿聲《說文通訓定聲》，武漢市古籍書店 1983 年版，第 838 頁。丁惟汾《俚語證古》，齊魯書社 1983 年版，第 89 頁。